本书为国家哲学社会科学基金重大项目"广州十…
（18ZDA195），广州市人文社会科学重点研究基地…

U0584728

广州十三行与行商研究

王元林　主编

中国出版集团有限公司

世界图书出版公司
广州·上海·西安·北京

图书在版编目（CIP）数据

广州十三行与行商研究 / 王元林主编 . —广州：世界
图书出版广东有限公司，2023.9
ISBN 978-7-5232-0788-8

Ⅰ．①广…　Ⅱ．①王…　Ⅲ．①十三行—对外贸
易史—清代　Ⅳ．①F752.949

中国国家版本馆CIP数据核字（2023）第170119号

书　　名	广州十三行与行商研究
	GUANGZHOU SHISANHANG YU HANGSHANG YANJIU
主　　编	王元林
策划编辑	陈名港
责任编辑	冯彦庄
装帧设计	王　勇
责任技编	刘上锦
出版发行	世界图书出版有限公司　世界图书出版广东有限公司
地　　址	广州市海珠区新港西路大江冲25号
邮　　编	510300
电　　话	（020）34201967
网　　址	http://www.gdst.com.cn
邮　　箱	wpc_gdst@163.com
经　　销	新华书店
印　　刷	广州市迪桦彩印有限公司
开　　本	710 mm × 1 000 mm　1/16
印　　张	21.75
字　　数	404千字
版　　次	2023年9月第1版　　2023年9月第1次印刷
国际书号	ISBN 978-7-5232-0788-8
定　　价	68.00元

目录
CONTENTS

贸易与商馆研究

一张欠款单，一份跨国情——乾嘉时期的中瑞贸易

程存洁 *

摘要： 广州博物馆珍藏一份中瑞两国商人开展贸易时遗留下来的欠款单据。这份单据同时用中文和瑞典文书写，签约时间为 1803 年 3 月 8 日。本文通过细致考证文书相关内容，认为文书中所提及的"吉"与"G. Gadd"是同一人，即瑞典东印度公司的一名商船主，并还原了中瑞双方欠款还款细节，由此简要地分析了东印度公司时期中瑞贸易状况。

关键词： 瑞典东印度公司；欠款单据；中瑞贸易

中国出口的各式商品为西方世界带去了迷人的东方色彩。从 18 世纪起，欧洲掀起了一股"中国风"，各国纷纷成立东印度公司，经营远东贸易。地处北欧的瑞典，同样成立了东印度公司，经营中瑞贸易，从此中瑞两国开创了贸易史上第一个黄金时期。中瑞两国商人在开展贸易的过程中相互支持，诚信经商，结下了跨国友情。

2013 年 5 月，瑞典友人甘文乐（Björn Gremner）先生向广州博物馆捐赠了一份纸质文书。这是一张落款为 1803 年 3 月 8 日的欠款单据，横 16.6 厘米，纵 20 厘米，分别用瑞典文和中文书写（图 1）。中文内容如下：

此纸：吉船主欠到广东鹪昇货银捌十大元，言明至嘉庆玖年清还。兹吉船主在船已故，今浼船上班未氏吟嗱带回瑞国，代收转寄回广。此据。

图 1

* 程存洁，广州孙中山大元帅府纪念馆馆长，研究员。

字据写明,瑞典"吉"船主欠广东鹬昇货银80大元,言明嘉庆九年即1804年清还,后"吉"船主在船上去世,故请托船上 ① "未氏吟哗"带回瑞典,代收转寄回广州。

单据中十二行瑞典文陈述的内容则更为详细:

Sedan jag undertecknad till chinesiska köpemannen/

Enshing Bortforslat 9 kolli med S.E.W.N.109, 117. som enligt/

Herrar J.C.Warberg givna ospecificierade bort innēhålla/

3070 bitar diverse glas och buteljer, men med uppackningen/

uti Canton befants fatta 400st diverse glass och buteljer/

och nämnda Enshing därför begärt återbetalning/

förbinder jag mig betala den med åttio 80 kr/

perfatet dä jag vill god nästa resa återkomma/

från försäkring—Canton den 8 Marsty 1803—/

G. gadd/

Transporteras på supercargören M. J. P. Tranchell/

Enshing—/

上述瑞典文转译成英文如下:

Since I signed to Chinese businessman Enshing have shipped 9 packages with S.E.W. N.109, 117, which according to Men J.C.Warberg given non-specific should include 3070 pieces assorted glass and bottles, but when unpacking in Canton it was missing 400 assorted glass and bottles and therefore Enshing requested a refund. I agress to pay the 80kr. per plate when I want good next trip return from insurance.

—Canton 8 March in 1803. G. Gadd

Transferred on supercargo M. J. P. Tranchell

Enshing

这段文字的大意: "因我向中国生意人鹬昇签约,船运9箱附 S.E.W. 第109和117号货物,根据 J. C. Warberg 勋爵的规定,3 070件各式玻璃和瓶子等为非特指物品。这批货物在广州未拆包时,却不见了400件,故鹬昇要求偿还。我同意在我下次顺利返回广州时再从保险那里支付80大元。广州,1803年3月8日,G. Gadd。"显然这是船主 G. Gadd 于1803年3月8日在广州写下的一份保证书。

在这份保证书的后面,还有后补的两行瑞典文,大意是"委托上班 J. P. Tranchell

---

① 船上: 此处指上班, 负责悬挂旗帜、瞭望等需要攀登桅杆的工作。

支付给鹎昇"。

根据上述文字内容，我们推测，S.E.W 似为船名，G. Gadd 为船主，J. P. Tranchell 为船主的同事。据 1920 年在瑞典哥德堡出版的《东印度公司的故事：瑞典最奇特的生意史》(*Ostindiska Compagniets Saga: Historien om sveriges märkligaste handelsföretag*) 一书第 120 页"东印度公司所有船舶检查清单（接收船名称、船长姓名、出发时间、到达时间、押运船名称）"：

Prinsessan, Gabriel Gadd, maj 1802-aug.1803 Jonas P. Tranchell；

Maria Carolina, Johan C. Strandman, jan.1804-mars 1806. J. P. Tranchell。

可知，Gabriel Gadd 是瑞典东印度公司商船 Prinsessan 号船主，即上述欠款单据中的欠款人 G. Gadd，Jonas P. Tranchell 即欠款单据中受船主委托需支付欠款的 J. P. Tranchell；该艘商船 Prinsessan 号是在 1802 年 5 月从瑞典出发前往广州，次年 8 月从广州返回到了瑞典；1804 年 1 月，J. P. Tranchell 随商船 Maria Carolina 号再度前往广州，后于 1806 年 3 月从广州返回到了瑞典。

通过比对上述欠款单据中的中文和瑞典文，我们可知当时广东生意人鹎昇称瑞典船主 G. Gadd 为"吉"，J. P. Tranchell 为"未氏吟嗻"。同时，我们推断，这张欠款单据应当是在不同时间段书写完成的：最早书写的内容应是欠款单据中前十行瑞典文，即吉（G. Gadd）在广州书写的内容；后遭变故，"吉"在欠款单据后补写了后两行瑞典文，即上文提到的"委托上班 J. P. Tranchell 支付给鹎昇"一句；待"未氏吟嗻"（J. P. Tranchell）到广州后，当面将这张欠款单据交给广东鹎昇，由鹎昇用中文补写上了前文提到的三行中文。这张欠款单据由此保留在鹎昇手中。待下一年即 1804 年"未氏吟嗻"（J. P. Tranchell）返回广州清还货物欠款后，鹎昇又将这张欠款单据交回给了"未氏吟嗻"（J. P. Tranchell）。于是，这张欠款单据被带回了瑞典，并一直保存在瑞典。200 余年后，这张欠款单据重回广州，当中蕴含了一份浓浓的跨国情。

据此亦可知，这张欠款单据反映的人和事均与瑞典东印度公司有关。

据美国马士（Morse）著的《东印度公司对华贸易编年史》（第一、二卷）一书记载，1802 年瑞典有 5 艘商船来广州贸易，1803 年瑞典没有商船来广州贸易，1804 年瑞典又有 3 艘商船来广州贸易。因此，我们可推断，Gabriel Gadd 和 Jonas P. Tranchell 两人虽然是瑞典东印度公司的雇员，但 1803 年这一年，他们二人前来广州贸易应当是搭乘别国东印度公司的商船而来的。

值得注意的是，广东鹎昇不是清朝政府特许的行商。这就表明，虽然清朝政府于 1750 年开始实行保商制度，1775 年再度重申保商制度的必要性，要求欧洲船只到达黄埔埠后，须将各项输入货品售给保商组织，保商即承保该船，又须从保商处购入回航货物，但是，这张欠款单据显示保商制度并未完全得到严格执行，外国商人应有少量货物是在与商馆区附近的其他商人进行交易。

瑞典东印度公司成立于 1731 年 6 月 14 日，总部设在哥德堡，次年 3 月 7 日，即派遣第一艘商船"菲特烈国王号"（Friedericus Rex Sueciae）从哥德堡启航前往广州。自此到 1809 年破产止，瑞典东印度公司共拥有 37 艘船，前后进行了 132 次航行，其中有 127 次航行是以广州黄埔埠为目的地。

当时的航线是经过西班牙港口加的斯（Cadiz），再从那里前往中国广州的黄埔。据《中国丛报》第一册第 216—228 页介绍：1751 年，瑞典东印度公司派遣的一艘商船 Prince Charles 号从加的斯起航，经 5 个月 4 天的航行，8 月底抵达黄埔；这一年来广州贸易的欧洲商船共有 18 艘，其中瑞典商船有 2 艘；这 2 艘商船在我国停留了 4 个月 10 天，于 1752 年 1 月 4 日启程返航回瑞典。

与欧洲其他东印度公司相比，瑞典东印度公司虽然规模较小、船少、职员少，但除个别年份之外，每年都会派遣商船来华贸易，少则一两艘，多则三四艘，最多也仅有五艘。

瑞典东印度公司最大的两艘轮船是"哥德堡号"（Götheborg）和 Riddarhuset 号。1745 年 1 月，瑞典"女王号"（Drottningen av swerige）和"斯德哥尔摩号"（Stockholm）沉没；1745 年 9 月，"哥德堡号"又沉没。瑞典东印度公司成立时间虽然较晚，但它的远东贸易活动卓有成效。随着 1813 年东印度公司宣布破产和退出对华贸易，中瑞贸易开始进入另一个贸易时代。

（本文原刊于《文物天地》2014 年第 4 期。有改动）

浅析十三行伍家的对外贸易

王　健*

摘要：清代广州十三行以经营中外进出口商品为主，曾一度成为全国最大的外贸市场。伍家为广州十三行最大的行商家族之一，曾经营源顺行、怡和行，并以怡和行盛名在外，有着较丰富的贸易经验。十三行伍家在进出口货物、贸易对象、贸易网络方面的构建，一步步从无到有、从弱到强，是广州对外贸易重要的组成部分。十三行伍家的对外贸易，代表着清代广州贸易的鼎盛发展，同样彰显着广州行商在商贸领域发挥的重要作用，对研究"一口通商"时代的广州贸易有着实际意义。

关键词：清代；十三行；伍家；对外贸易

十三行伍家，一般以福建安海入籍广州的伍氏为代表。伍氏自闽入粤，数代人的经商贸易积累了不少对外贸易经验，其中以伍钊、伍国莹、伍秉钧、伍秉鉴、伍元华的经营最具显著。清代广州十三行贸易兴盛之际，伍钊曾创办源顺行，伍国莹及其子伍秉钧、伍秉鉴曾创办怡和行，双方共同致力于十三行伍家的对外贸易。关于十三行伍家的研究，中外学界已有一定成果，此类成果多集中于对伍氏家族发展状况的考察以及行商人物的考证，进一步完善了十三行行商家族的研究。[①] 回顾十

---

* 王健，上海大学文学院 2021 级博士生，广州大学广州十三行研究中心硕士。

① 章文钦《从封建官商到买办商人——清代广东行商伍怡和家族剖析》(《近代史研究》1984 年第 3、4 期) 从怡和行经营时期的三个阶段入手，分别剖析了伍家十三行商人中的伍国莹、伍秉钧、伍秉鉴、伍元华、伍崇曜等祖孙三代关键人物，逐一梳理了怡和行的发展史迹，是国内外研究怡和行伍家的集大成之作；梁嘉彬《广东十三行考》(广东人民出版社，1999 年) 将源顺行、怡和行单独作为行商家族进行简介；伍凌立、胡文中《怡和行创始人伍国莹后人足迹点滴》(《羊城今古》2006 年第 4 期) 以伍家后人的身份，利用族谱追溯先代事迹；陈国栋《经营管理与财务困境——清中期广州行商周转不灵问题研究》(花城出版社，2019 年) 同样对十三行伍家进行简介并提出一些新的看法；[美] 范岱克《粤澳商人：18 世纪中国贸易成败》(*Merchants of Canton and Macao: Success and Failure in Eighteenth-Century Chinese Trade*) (香港大学出版社，2016 年) 以翔实的海外史料进一步对早期的十三行伍家进行分析；王迪安《19 世纪全球贸易——伍家与广州体制》(*Global Trade in the Nineteenth Century—The House of Houqua and the Canton System*) (剑桥大学出版社，2016 年) 对伍家的海外贸易做了更广泛的考察，是一部关于伍秉鉴和他的广州贸易著作。除此之外，罗国雄、顾伟民、王硕、廖贤娟、格林比、朴基水、Richard，J. C 等人也有涉及怡和行伍家的研究，但研究内容及范围仍旧同前辈学者大致相当，在此不一一赘述。

三行伍家的发展轨迹，以怡和行为代表的行号曾在清代广州对外贸易史上占据重要地位，但与之相比，该家族在商贸领域的研究却仍显不足。故本文将结合《东印度公司对华贸易编年史（1635—1834 年）》[1]（后文简称《编年史》）等商贸史料，从进出口货物、贸易对象、贸易网络等三个方面分析十三行伍家的对外贸易情况，进一步深化十三行商业贸易领域的研究。

一、伍家经营的进出口货物

（一）主要出口货物

中国自古以来是茶叶之乡，外国人逐渐养成的饮茶习惯使他们越来越依赖中国茶叶的出口，清代广州十三行贸易时期茶叶外销更是达到鼎盛。据有关学者研究，在 1764 至 1833 年间广州的茶叶出口占全国"海上贸易总量的 40%—60%，主要集中在 50% 左右"[2]。从中可看出茶叶在当时作为我国本土货物，于出口贸易中占据着十分重要的地位。国内茶叶产量大、成本低，国外市场对其需求充足、稳定，因而茶叶利润的高回报率成为行商们致富的首选考虑，十三行伍家也不例外。据英国东印度公司（以下简称"英公司"）贸易记录，作如下伍家部分茶叶出口一览表（表 1）。

表 1　伍家部分茶叶出口一览表

经办人	时间 /年	茶叶品种（单种约占比）[3]	约占十三行茶叶总出口 /%	伍家排名 / 行商数	编年史出处
伍国莹	1778	100 箱贡熙茶（16.7%）	0.5	6/7	第 2 卷 32 页
	1783	600 箱武夷茶（未知）	未知	未知	第 2 卷 104 页
伍　钊	1783	600 箱武夷茶（未知）、700 担屯溪茶和松萝茶（未知）	未知	未知	第 2 卷 106 页
	1784	4 000 担武夷茶（12.5%）、1 000 担屯溪茶和松萝茶（9%）	11.6	4/6	第 2 卷 114 页
	1793	1 000 箱武夷茶（11.9%）、12 000 箱工夫茶（12.1%）、1 000 箱贡熙茶（10%）	11.4	4/7	第 2 卷 223 页

①［美］马士：《东印度公司对华贸易编年史（1635—1834 年）》（五卷本），区宗华译，广东人民出版社，2016。
②胡小军：《清代广州茶叶外贸的兴衰及其社会影响》，华南师范大学硕士论文，2007，第 15 页。
③因茶叶品种不同所承装容器不同，其计量单位在某些年份也不同，故本统计仅按换算的统一计量单位取值，取当时一担 =133$\frac{1}{3}$磅；一箱武夷茶 360 磅、一箱工夫茶 88 磅、一箱色种茶 75 磅、一箱屯溪茶 80 磅、一箱贡熙或贡熙骨茶 66 磅。参见［美］马士：《东印度公司对华贸易编年史（1635—1834 年）》（五卷本），区宗华译，广东人民出版社，2016，卷一第 8 页，卷三第 349 页。

续表

经办人	时间 /年	茶叶品种（单种约占比）	约占十三行茶叶总出口 /%	伍家排名 / 行商数	编年史出处
伍秉钧	1793	600 箱武夷茶（7.1%）、10 000 箱工夫茶（10.1%）、1 000 箱贡熙茶（10%）	7.8	6/7	第 2 卷 223 页
伍 钊	1796	17 000 箱茶叶（11.9%）	11.9	2/10	第 2 卷 298 页
伍秉钧	1796	19 000 箱茶叶（13.4%）	13.4	4/10	第 2 卷 298 页
伍秉钧	1798	660 箱武夷茶（15.7%）、15 000 箱工夫茶（15.8%）、1 000 箱色种茶（22.2%）、4 500 箱屯溪茶和松萝茶（15%）	15.8	3/9	第 2 卷 332 页
伍秉钧	1800	1 300 箱武夷茶（15.7%）、24 000 箱其他茶叶（17.2%）	17.1	3/8	第 2 卷 385 页
伍秉鉴	1803	200 箱武夷茶（2.5%）、28 000 箱其他茶叶（16.8%）	16.1	3/8	第 2 卷 430 页
	1805	600 箱武夷茶（17.6%）、31 000 箱其他茶叶（17.8%）	17.8	3/9	第 2 卷 461 页
	1808	500 箱武夷茶（16.7%）、13 500 箱其他茶叶（17.5%）	17.5	2/10	第 3 卷 66 页
	1809	800 箱武夷茶（17.8%）、19 600 箱其他茶叶（19.8%）	19.7	1/9	第 3 卷 117 页
	1810	34 400 箱其他茶叶（18.1%）	17.6	1/9	第 3 卷 117 页
	1811	17 000 箱工夫茶（13.5%）、800 箱色种茶（15.4%）、5 000 箱屯溪茶（13.8%）、1 400 箱贡熙茶（15.6%）、800 箱贡熙骨茶（14.5%）	13.7	2/10	第 3 卷 176 页
	1813	24 000 箱工夫茶（18.2%）、8 000 箱屯溪茶（16.7%）	17.1	1/10	第 3 卷 213 页
	1814	26 000 箱工夫茶（16.3%）、8 000 箱屯溪茶（17.8%）	16.3	1/10	第 3 卷 231 页
	1816	35 600 箱茶叶（13.4%）	13.4	1/12	第 3 卷 274 页
	1817	26 600 箱茶叶（13.3%）	13.3	1/12	第 3 卷 274 页
	1818	9 600 箱工夫茶（10.7%）、4 000 箱屯溪茶（11.1%）	9.2	1/11	第 3 卷 348 页

续表

经办人	时间 /年	茶叶品种（单种约占比）	约占十三行茶叶总出口 /%	伍家排名 / 行商数	编年史出处
伍秉鉴	1819	21 000 箱工夫茶（12.4%）、5 000 箱屯溪茶（10.9%）	11.7	1/11	第 3 卷 392 页
	1821	36 000 箱工夫茶（17.5%）、8 000 箱屯溪茶（16%）	17	1/12	第 3 卷 416 页
	1822	28 800 箱已定（16.4%）和 12 000 箱带条件（25%）的工夫茶、8 000 箱屯溪茶（16%）	17.2	1/10	第 4 卷 11 页
	1823	28 800 箱已定（16.1%）和 12 000 箱带条件（25%）的工夫茶、11 000 箱屯溪茶（22%）	18.7	1/10	第 4 卷 79 页
伍元华	1827	36 499 箱工夫茶（19.9%）、2 566 箱色种茶（30.5%）、11 000 箱屯溪茶（18.3%）、2 035 箱贡熙茶（19.1%）、1 290 箱贡熙骨茶（29.7%）	19.3	1/10	第 4 卷 166 页
	1828	28 000 箱工夫茶（19.2%）、13 000 箱屯溪茶（20%）	18.4	1/7	第 4 卷 196 页
	1830	8 000 箱武夷茶（15.3%）、25 000 箱工夫茶 15.3%、14 000 箱屯溪茶（25.1%）、2 000 箱贡熙茶（24.4%）、600 箱贡熙骨茶（23.4%）、1 200 箱色种茶（16.2%）	18.7	1/10	第 4 卷 257 页
	1831	合约 20 000 箱茶叶（18%），实际 39 202 箱茶叶（19.2%）	19.2	1/10	第 4 卷 293 页
	1833	3 000 箱广东武夷茶（12%）、8 000 箱福建武夷茶（15.1%）、24 000 箱工夫茶（16.8%）、12 000 箱屯溪茶（19.4%）	16.6	1/11	第 4 卷 391 页

　　由上表可知大致于 1778—1833 年，伍家经营茶叶品种繁多，主要有武夷茶、工夫茶、色种茶、屯溪茶、松萝茶、贡熙茶、贡熙骨茶等种类茶叶，每种茶叶供应量占十三行各种单品茶叶供应量的 10% ～ 30%，大多集中在 20% 左右。伍家每年总出口的茶叶占十三行每年总出口茶叶的 10% ～ 20%，家族的茶叶份额在逐年爬升并且出口占比与伍家行商地位呈正相关，茶叶出口成为伍家乃至十三行的支柱性产业。

　　生丝与南京布为伍家经营本土货物又一侧重点。中国的生丝与南京布作为小农经济的产物，其因工艺精良、价格低廉而曾受到欧美社会的广泛追捧。伍家已知最早有明确数据在册的商业记录，便是 1772 年伍国莹交"21 担生丝"①给英公司，虽说当时份额较少，但也说明伍家能够经营生丝。随后 1778 年伍国莹又有 112 包生丝的交易记录，1819、1821 年伍秉鉴作为独家供应商，分别提供 300、400 担生丝给英公司，1822、1823 年又继续增加至每年 500 担生丝供应。②同样伍家还经营南京布的出口，1800 年英公司给伍秉钧的南京布预付款就达"11.16 万两"③，1801 年伍秉鉴即开始交付南京布给英公司④，准备开拓这一块的小市场。1818—1819 年、1821—1822 年各阶段出口达 50 000、50 000、40 000、100 000 匹⑤，这一段时间伍家的南京布供应量一直在行商中独占鳌头。生丝与南京布作为中国丝绸深受外国人喜爱，而外国人对丝绸供应商的选择也非常谨慎，伍家经营丝绸方面可谓实力雄厚，才得以获得大量稳定的订单。

　　除上述有清晰数据记录的出口货物之外，学者范岱克还曾广泛搜罗荷兰海牙国家档案馆、丹麦国家档案馆、英国国家档案馆、美国宾夕法尼亚大学图书馆、瑞典哥德堡大学图书馆等藏有罕见海外十三行贸易资料的地方，整理资料后认为伍家还曾出口"雀舌茶、小种茶、熙春皮茶、白毫茶、皮茶、熙珠珠兰茶、拣焙茶、大黄、瓷器、铅、樟脑、土茯苓、高良姜、丁香"⑥等本土货物。如此众多的本土货物，通过伍家的经营流通海外，给海外人民带来了诸多物质享受，伍家也因此而赚得利润与名声。

（二）主要进口货物

　　毛织品是海外输入广州十三行的主要货物，非我国必需进口货物，但查阅十三行贸易数据时发现，十三行商人往往持续从海外购置毛织品。究其原因，莫过

①［美］马士：《东印度公司对华贸易编年史（1635—1834 年）》卷五，区宗华译，广东人民出版社，2016，第 201 页。

②［美］马士：《东印度公司对华贸易编年史（1635—1834 年）》（五卷本），区宗华译，广东人民出版社，2016，卷二第 32 页，卷三第 392、416 页，卷四第 11、79 页。

③［美］马士：《东印度公司对华贸易编年史（1635—1834 年）》卷二，区宗华译，广东人民出版社，2016，第 383 页。

④John D. Wong: *Global Trade in the Nineteenth Century—The House of Houqua and the Canton System* (Cambridge: Cambridge University Press, 2016), p.49.

⑤［美］马士：《东印度公司对华贸易编年史（1635—1834 年）》（五卷本），区宗华译，广东人民出版社，2016，卷三第 348、392、416 页，卷四第 11 页。

⑥Paul A. Van Dyke, *Merchants of Canton and Macao: Success and Failure in Eighteenth-Century Chinese Trade*, Hong Kong (Hong Kong University Press, 2016), pp.258−265.

于中外双方商人贸易时，规定外商买入一定茶叶，被购者需"等比例购入公司进口到中国的英国毛料"[1]，毛织品在广州销售虽有亏损风险，但因茶叶利润过大，两者挂钩交易仍有一定赚头。为此行商不得不铤而走险收入一定量的毛织品，以扩大自己的外贸份额。伍家在十三行贸易地位上升中，自然少不了进口毛织品平衡双方贸易。据英公司贸易记录，作如下伍家部分毛织品进口一览表（表2）。

表2 伍家部分毛织品进口一览表

经办人	时间/年	伍家份额/公司总份额	约占公司总份额/%	伍家排名/行商数	编年史出处
伍 钊	1784	2/16	12.5	4/6	第2卷114页
	1793	2/16	12.5	4/7	第2卷223页
伍秉钧	1793	1/16	6.3	6/7	第2卷223页
伍 钊	1796	2/16	12.5	2/10	第2卷298页
伍秉钧	1796	2/16	12.5	4/10	第2卷298页
	1798	3/17	17.6	3/9	第2卷332页
	1800	3/18	16.7	3/8	第2卷385页
伍秉鉴	1803	3/18	16.7	3/8	第2卷430页
	1808	3/17	17.6	2/10	第3卷66页
	1809	4/20	20.0	1/9	第3卷117页
	1810	4/20	20.0	1/9	第3卷117页
	1811	3/22	13.6	2/10	第3卷176页
	1813	4/22	18.2	1/10	第3卷213页
	1814	4/22	18.2	1/10	第3卷231页
	1816	3/24	12.5	1/12	第3卷274页
	1817	3/24	12.5	1/12	第3卷274页
	1818	3/28	10.7	1/11	第3卷348页

1793—1818年，伍家进口英国毛织品处于一个"波谷—波峰—波谷"状态。伍家前期贸易受制于英公司，需要收购大量毛织品增加自己的茶叶收入，后期实力做大做强成为首席行商后不再受英公司管制，毛织品进口平稳下滑。毛织品作为进口商品对国内的市场有一定影响，先进的欧美工业技术带来的毛织品在后期

---

① 陈国栋：《清代前期的粤海关与十三行》，广东人民出版社，2014，第238页。

广泛流入内地,逐渐冲击了我国的小农经济,这是十三行进出口贸易带来的后续影响之一。

伍钊在农贸产品方面曾"收购 1/5 的胡椒,即 1000 担"① 贩卖内地,而他还有"对成品及日本式铜两种出价都是 16 两"② 的记录,表明其有意涉足英国的黄铜制品。这些举动彰显了伍家进口货物领域的宽广、融入世界市场的迅速。"在 1805 年,比尔·麦尼克号曾经和浩官(伍秉鉴)约定卖给他棉花,棉花是由孟买的亚历山大·阿当森委托的"③,伍秉鉴很早就开始从印度孟买委托当地商人从事棉花进口。除此之外,印度大米也是伍秉鉴进口的货物之一,浩官"按每包米 4 元,无折扣价格,船外收购"④。水银也曾作为伍家的进口货物,但需求不是很稳定,亨特在他的回忆中就曾记载伍秉鉴为帮助人而收购水银一事⑤。作为首席行商的伍家进口国外货物繁杂多样自不必说,众多新奇商品的购入,有的是以盈利为目的,有的则是以收藏赠予为目的,不论怎样都是一个将世界货物引入中国的过程。

二、十三行伍家的贸易对象

(一)英国人

英国在广州的正式贸易,要从 1715 年粤海关与英公司签约⑥ 算起,那一年英国以东印度公司为代表,全权代理英国人在广州的贸易并设立广州商馆常驻。自从英公司在广州驻足后,贸易发展越来越迅速,一度占据中国对外进出口市场的最大份额,而这时候与伍家打交道最多的就是英国商人。

伍家屡次受到英商的垂青。1781 年伍国莹卖给英商一批茶叶,后在 1783 年被退回要求偿还价款,当时伍国莹因被官府派去承充盐商,经济拮据无力偿还,只得请求英国大班帮助,而大班很爽快地应许伍国莹以新茶抵债并说:"我们认为他会起作用。"⑦ 伍秉钧在初承行商时,英商对这位新行商并无过多戒备,更是

① [美]马士:《东印度公司对华贸易编年史(1635—1834 年)》卷二,区宗华译,广东人民出版社,2016,第 106 页。
② [美]马士:《东印度公司对华贸易编年史(1635—1834 年)》卷二,区宗华译,广东人民出版社,2016,第 158 页。
③ [英]格林堡:《鸦片战争前中英通商史》,康成译,商务印书馆,1961,第 72 页。
④ [美]马士:《东印度公司对华贸易编年史(1635—1834 年)》卷三,区宗华译,广东人民出版社,2016,第 42 页。
⑤ [美]亨特:《广州番鬼录;旧中国杂记》,冯树铁、沈正邦译,广东人民出版社,2009,第 52 页。
⑥ [美]马士:《中华帝国对外关系史》卷一,张汇文等译,上海书店出版社,2006,第 69 页。
⑦ [美]马士:《东印度公司对华贸易编年史(1635—1834 年)》卷二,区宗华译,广东人民出版社,2016,第 104 页。

放心大胆地希望沛官（伍秉钧）在第一年便可承保他们的商船。[①] 当伍秉鉴接手行务快十年的时候，英商便认为他"已是行商的中坚"[②]，逐步提升对伍家的贸易份额，并希望伍秉鉴能与另一位行商联合独占羽纱贸易份额[③]，充分认可伍秉鉴的能力。伍家与英商在债务方面合作较为顺利，如表3所示，双方贸易成交量大、持续时间长且互有持债，伍家更具贸易主动性，曾一度拥有英公司最大债务。

表 3　伍家与英国东印度公司部分债务关系

年份	债权人	债务人	债务金额 / 两	编年史出处
1786	伍　钊	公　司	176 767	第 2 卷 137 页
	伍国莹	公　司	72 514	
1798	伍秉钧	公　司	382 450	第 2 卷 336 页
1809	公　司	伍秉鉴	316 967	第 3 卷 111 页
1810	公　司	伍秉鉴	170 180	第 3 卷 143 页
1812	伍秉鉴	公　司	359 087	第 3 卷 192 页
1813	伍秉鉴	公　司	548 974	第 3 卷 210 页
1815	伍秉鉴	公　司	662 813	第 3 卷 253 页
1816	伍秉鉴	公　司	215 711	第 3 卷 272 页
1819	伍秉鉴	公　司	470 393	第 3 卷 372 页
1820	伍秉鉴	公　司	531 378	第 3 卷 411 页
1822	公　司	伍秉鉴	130 082	第 4 卷 55 页
1823	伍秉鉴	公　司	767 204	第 4 卷 76 页
1824	伍秉鉴	公　司	857 330	第 4 卷 96 页
1825	伍秉鉴	公　司	292 979	第 4 卷 111 页
1826	公　司	伍元华	132 738	第 4 卷 134 页
1827	公　司	伍元华	33 274	第 4 卷 162 页
1831	伍元华	公　司	59 870	第 4 卷 285 页
1832	伍元华	公　司	279 805	第 4 卷 362 页
1833	伍元华	公　司	265 536	第 4 卷 384 页

[①] John D. Wong: *Global Trade in the Nineteenth Century—The House of Houqua and the Canton System*, (Cambridge: Cambridge University Press, 2016), p.46.

[②]［美］马士：《东印度公司对华贸易编年史（1635—1834 年）》卷三，区宗华译，广东人民出版社，2016，第 176 页。

[③]［美］马士：《东印度公司对华贸易编年史（1635—1834 年）》卷三，区宗华译，广东人民出版社，2016，第 177 页。

伍家与英国人贸易最频繁的是伍秉鉴，英商对他的态度是复杂的，达到了既推崇又抵触的地步。双方频繁贸易时，伍秉鉴成了英国人值得信任的银行家，"里德·比尔行在 1801 年遇到困难就和沛官（此处应指浩官）借了五万元……浩官甚至充当公司商馆的银行，有一次（1813 年）借给它二十五万两银子"①。浩官还亲自替英公司付钱给小行商"以应缴纳欠政府捐税的需要"②，而英公司结余钱款也多次"用公司的印信盖封，交沛官保管"③。有时候英公司又一反常态，"指控他（伍秉鉴）挑起官员对英国人的轻视"④并且还"致函浩官埋怨他的反复"⑤。当英公司于 1834 年退出广州贸易后，英国散商贸易兴起，而这时候"浩官是他们最讨厌的"⑥。英国人之所以对浩官态度产生大变化，主要是因为浩官在后期多与美国人走得近，间接打击了兴起的英国散商贸易。曾有记录显示，英国私商詹姆斯·因纳斯（James Innes）在外国商馆前肆意纵火，表达对英国人商业特权地位下降的愤懑，"浩官经常要面对这种暴力的威胁"⑦。伍秉鉴总是经不住英国人的折腾，最后只得掏钱息事宁人。

伍家在与英国人贸易过程中，对他们的影响是巨大的。笔者据英公司记录统计⑧，如表 4 所示，1783—1833 年长达半世纪期间，以伍家作为保商的英国商船就多达 140 艘左右，平均每年近 3 艘英国商船选择信任伍家承保，而伍家最著名的"浩官 Howqua"这一名号更是伴随英国的商船传向欧洲、东南亚、澳洲等世界各地。1801—1833 年英公司有记录可查的 20 个贸易季度中，同伍家之间的贸易额和贸易量双双排名第一的有 12 个季度，仅贸易额排第一的就有 14 个季度，伍家成为英国人最大的贸易合作伙伴。⑨英公司解散后，英国的散商非常倾慕伍家怡

---

① [英] 格林堡：《鸦片战争前中英通商史》，康成译，商务印书馆，1961，第 61 页。
② [美] 马士：《东印度公司对华贸易编年史（1635—1834 年）》卷三，区宗华译，广东人民出版社，2016，第 342 页。
③ [美] 马士：《东印度公司对华贸易编年史（1635—1834 年）》卷三，区宗华译，广东人民出版社，2016，第 275、372 页。
④ [美] 马士：《东印度公司对华贸易编年史（1635—1834 年）》卷三，区宗华译，广东人民出版社，2016，第 244 页。
⑤ [美] 马士：《东印度公司对华贸易编年史（1635—1834 年）》卷四，区宗华译，广东人民出版社，2016，第 63 页。
⑥ [英] 格林堡：《鸦片战争前中英通商史》，康成译，商务印书馆，1961，第 54 页。
⑦ [美] 雅克·当斯：《黄金圈住地：广州的美国人商人群体及美国对华政策的形成，1784—1844》，周湘、江滢河译，广东人民出版社，2015，第 39 页。
⑧ [美] 马士：《东印度公司对华贸易编年史（1635—1834 年）》（五卷本），区宗华译，广东人民出版社，2016，卷后附录。
⑨ [韩] 朴基水：《清代广东行商伍秉鉴（1769—1843）在行商中的位置——以和英东印度公司的关系为中心》，《中国史研究》2015 年第 97 辑，第 232—233 页。

和行的实力，香港报纸曾有报道[1]称原英国商人创办的"怡和洋行"[2]这一名号即是借鉴自伍家怡和行。著名的浩官伍秉鉴曾在 1848 年被以蜡像的艺术形式出现在英国伦敦的杜莎夫人蜡像馆，英国人给他的介绍是中国著名的茶商，在当时作为商人的亚洲人，能够获得英国人的认识是一件非常不容易的事情。[3]中英贸易在早期是商人之间的互相来往，伍家与英国人长期的贸易使双方有了默契，英国人透过伍家看尽中国商人社会，给他们留下了深刻印象。

表 4　伍家为英国东印度公司作保商的商船

年 份	商 船	保 商	数 量	编年史出处
1783	弗兰西斯号、斯托蒙特号	伍　钊	2	第 2 卷 485—486 页
1784	鹰号、纳索号	伍　钊	2	第 2 卷 486—487 页
1785	霍顿号、巴韦尔号	伍　钊	2	第 2 卷 487—488 页
	阿特拉斯号、埃塞克斯号	伍国莹	2	
1786	订约者号、桥水号、威廉要塞号、约克号	伍　钊	4	第 2 卷 488—490 页
	皇家夏绿蒂号、诺斯勋爵号（存疑）、休斯爵士上将号、玛尔斯号	伍国莹	4	
1787	贝斯巴勒号、霍顿号、奥斯特利号、沃伦黑斯廷斯号	伍　钊	4	第 2 卷 490—492 页
	拉塞尔斯号、沃尔辛厄姆勋爵号	伍国莹	2	第 2 卷 490—491 页
1788	皇家夏绿蒂号、卡姆登勋爵号、埃塞克斯号、亚细亚号	伍　钊	4	第 2 卷 492—494 页
	色列斯号	伍国莹	1	第 2 卷 492 页
1789	拉塞尔斯号、沃波尔号、布克勒夫公爵号	伍　钊	3	第 2 卷 494—495 页
1790	皇家夏绿蒂号、印度斯坦号、休斯爵士上将号、沃尔辛厄姆勋爵号	伍　钊	4	第 2 卷 495—497 页
1791	库特将军号、汤顿炮台号	伍　钊	2	第 2 卷 497—498 页
1792	米德尔塞克斯号、怀库姆伯爵号、皇家海军上将号	伍　钊	3	第 2 卷 498—499 页

① 转引自伍凌立：《伍氏莆田房符龙公广州十三行支脉族引谱》，2010 年，广东省立中山图书馆藏，第 4 页。
② 怡和洋行是英国商人威廉·渣甸（William Jardine）、詹姆士·麦迪逊（James Matheson）合伙创办的洋行，原名为渣甸 & 麦迪逊洋行，后在中国广州成立办事处，以怡和洋行作为中文注册商名，后实力雄厚影响颇大。参见陈宁生、张学仁编译：《香港与怡和洋行》，武汉大学出版社，1986。
③ 王迪安（John D. Wong）: *Global Trade in the Nineteenth Century—The House of Houqua and the Canton System*, Cambridge: Cambridge University Press, 2016, p.222.

续表

年　份	商　　船	保　商	数　量	编年史出处
1793	布伦斯威克号、奥斯特利号	伍　钊	2	第2卷499—500页
	印度斯坦号、色列斯号	伍秉钧	2	
1794	汤顿炮台号、米德尔塞克斯号、卡纳蒂克号	伍　钊	3	第2卷500—501页
	艾尔弗雷德号、沃波尔号、阿尔比恩号	伍秉钧	3	
1795	西里赛斯特号、安娜号、瞭望塔号、不列颠尼亚号	伍　钊	4	第2卷502—503页
	库特将军号	伍秉钧	1	第2卷502页
1796	布伦斯威克号、卡纳蒂克号、艾尔弗雷德号	伍　钊	3	第2卷503—504页
	威尔斯王子号、布克勒夫公爵号、气精号、霍恩比号（散）	伍秉钧	4	
1797	阿尼斯顿号、色列斯号	伍　钊	2	第2卷505页
	西里赛斯特号、阿伯加文尼伯爵号	伍秉钧	2	
1798	孟买炮台号、沃波尔号	伍秉钧	2	第2卷506页
1799	汤顿炮台号、格拉顿号	伍秉钧	2	第2卷507页
1800	色列斯号、休英格里斯号	伍秉钧	2	第2卷508页
1801	卡纳蒂克号、布克勒夫公爵号	伍秉钧	2	第2卷509—510页
1802	阿尼斯顿号、沃尔默炮台号、阿特拉斯号	伍秉鉴	3	第2卷511—512页
1803	亨利阿丁顿号、孟买炮台号	伍秉鉴	2	第2卷512—513页
1804	沃尔默炮台号、卡夫内尔斯号	伍秉鉴	2	第2卷513—514页
1805	豪伯爵号、沃利号	伍秉鉴	2	第3卷435页
1806	斯科特号、西里赛斯特号	伍秉鉴	2	第3卷436页
1807	诺丁汉号、卡姆登伯爵号	伍秉鉴	2	第3卷437—438页
1808	皇家乔治号、阿尼克炮台号	伍秉鉴	2	第3卷438—439页
1809	诺丁汉号、斯科比炮台号	伍秉鉴	2	第3卷439—440页
1810	卡夫内尔斯号	伍秉鉴	1	第3卷440页
1811	天佑号	伍秉鉴	1	第3卷442页
1812	卡巴尔瓦号、海王星号	伍秉鉴	2	第3卷443页
1813	沃尔默炮台号、英格利斯号	伍秉鉴	2	第3卷444—445页
1814	韦克斯福德号、亨特利炮台号、斯潘塞伯爵号	伍秉鉴	3	第3卷445—446页
1815	卡夫内尔斯号、卡姆登侯爵号	伍秉鉴	2	第3卷447—448页

续表

年　份	商　船	保　商	数　量	编年史出处
1816	格伦维尔号、埃克塞特侯爵夫人号、休伊特将军号、天佑号	伍秉鉴	4	第 3 卷 448—450 页
1817	多塞特希尔号、桥水号	伍秉鉴	2	第 3 卷 450—451 页
1818	奥韦尔号巴尔、坚持号	伍秉鉴	2	第 3 卷 451—452 页
1819	阿波罗号、滑铁卢号、孟买号	伍秉鉴	3	第 3 卷 453—454 页
1820	巴尔卡拉斯伯爵号、摄政王号、梅尔维尔夫人号	伍秉鉴	3	第 3 卷 454—455 页
1823	孟买号、格兰特号	伍秉鉴	2	第 4 卷 420 页
1824	托马斯·库茨号、卡姆登侯爵号、伦敦号	伍秉鉴	3	第 4 卷 422—423 页
1825	劳瑟炮台号、滑铁卢号、沃伦·黑斯廷斯号	伍秉鉴	3	第 4 卷 423 页
1826	鲁滨逊号、贝里克郡号	伍元华	2	第 4 卷 425 页
1827	艾尔弗雷德号	伍元华	1	第 4 卷 427 页
1828	贝里克郡号	伍元华	1	第 4 卷 429 页
1829	约克公爵号、击溃号、梅尔维尔夫人号、桥水号	伍元华	4	第 4 卷 430、432 页
1830	拉金斯号、托马斯·库茨号、鲁滨逊号	伍元华	3	第 4 卷 432 页
1831	英格利斯号、萨塞克斯公爵号、沃伦·黑斯廷斯号	伍元华	3	第 4 卷 433、435 页
1833	亨特利侯爵号	伍元华	1	第 4 卷 437 页

（二）美国人

继与英国人贸易兴起后，伍家与美国人也走得很近。美国人在 1784 年驾驶中国皇后号[①]商船抵达广州后，中美双方的商业贸易往来就此展开，其贸易量紧随在英国人后面。美国人成为伍家的又一大客户。

伍秉鉴一直以来就受美国商人的欢迎，"浩官的人品在美国是非常著名的"[②]，他们的交集非常密切，伍家对美国人的生意也是格外关照。从茶叶售卖来看，或

① 1784 年 2 月中国皇后号从美国纽约出发，目的地是中国广州，船名有仰慕中国之意。中国皇后号上载有一批美国商品，8 月贩运至广州后有着意义重大，它成为第一艘与中国贸易的美国商船，回航时购置中国商品运回，从此开启了漫长的中美贸易史。参见［美］菲利普·查德威克·福斯特·史密斯编：《中国皇后号》，《广州日报》国际新闻部、法律室译，广州出版社，2007。

② ［美］泰勒·丹涅特：《美国人在东亚——十九世纪美国对中国、日本和朝鲜政策的批判的研究》，姚曾广译，商务印书馆，1959，第 53 页。

许是因为品质不同，又或许是伍家故意扶持美商，他们对外出售的红茶"美商购买的价格确实较低"[①]，使美国商人获利更大。1817年停泊在澳门洋面的美国商船"沃巴什号"惨遭强盗劫掠，美商损失巨大，当盗匪缉捕归案后，除总督赔偿美国船长钱财外，作为保商的"沛官同样亦送给他2 000元"[②]资助，帮助美国商人度过难关。1819年伍秉鉴还曾借钱给一位财务困难的美商威尔科考斯（Benjamin Chew Wilcocks），帮助这位美国人偿还欠行商的债务，使他得以继续在广州经商。[③]1820年4月21日伍秉鉴给美商吉拉德（Stephen Girard）的信件中，更是专门告诫这位美商偷运鸦片的危险，劝阻美国人暂时不要往来鸦片贸易。[④]美国人亨特还曾记述，伍秉鉴对承包过的一艘美国商船表现十分宽容大量，就像对待"他的一位老朋友经营的一样"[⑤]，宁愿让自己少赚点也要让美国朋友有所收获。当然伍家与美商做贸易时也并不总是一帆风顺，有的美商资金不充裕时，往往向行商们赊欠货物，造成行商日后资金周转困难。与美商关系甚好的伍家自然受到更多美国人的赊欠困扰，伍氏虽说家大业大，但还是逐渐养成对美商"在赊欠方面要比较有畛域之分"[⑥]的习惯。

伍家或许预知英公司及英国商人未来灰暗的前景，在十三行贸易后期便逐渐将外贸重心由英国转向美国。"（伍家）专门同美国人做现金出售茶叶的交易"[⑦]，当英国商人不再具有吸引力时，在伍秉鉴主导下伍家率先调整经营策略，选择与新兴的美国商人保持高度合作关系。"1829年后，浩官几乎把所有的外贸都归给旗昌洋行"[⑧]。这是伍家在经营十三行贸易后期的一大转变。美国旗昌洋行是美国商人塞缪尔·罗素（Samuel Russell）创办的外洋行号，罗素在与伍家合作后使旗昌洋行业绩突飞猛进并成为当时美国对华贸易最大商号。"彼（伍秉鉴）与罗素公

---

① 游博清：《经营管理与商业竞争力——1815年前后的英国东印度公司广州商馆》，台湾清华大学博士论文，2011，第161页。

②［美］马士：《东印度公司对华贸易编年史（1635—1834年）》卷三，区宗华译，广东人民出版社，2016，第356页。

③ Paul A. Van Dyke, *Americans and Macao: Trade, Smuggling, and Diplomacy on the South China Coast*, (Hong Kong: Hong Kong University Press, 2012), p.74.

④ Paul A. Van Dyke, *Americans and Macao: Trade, Smuggling, and Diplomacy on the South China Coast*, (Hong Kong: Hong Kong University Press, 2012), p.25.

⑤［美］亨特：《广州番鬼录；旧中国杂记》，冯树铁、沈正邦译，广东人民出版社，2009，第52页。

⑥［美］泰勒·丹涅特：《美国人在东亚——十九世纪美国对中国、日本和朝鲜政策的批判的研究》，姚曾廙译，商务印书馆，1959，第74页。

⑦［英］格林堡：《鸦片战争前中英通商史》，康成译，商务印书馆，1961，第62页。

⑧［美］雅克·当斯：《黄金圈住地：广州的美国人商人群体及美国对华政策的形成，1784—1844》，周湘、江滢河译，广东人民出版社，2015，第219页。

司及波士顿之柏金斯公司业务往来，从无书面上之契约。"①罗素与柏金斯公司即是美国旗昌洋行前身，早些年伍家与他们在商贸往来时，彼此之间保持着高度的互信。旗昌洋行由美国波士顿地区商人集团把控，伍家时常将自己的海外投资应用于美国波士顿地区，同时为了加强同美国人的合作关系，在广州贸易阶段浩官伍秉鉴还总是让利于美国波士顿商人集团，因此双方都在商务合作中互相成长。②伍家与旗昌洋行双方合作的贸易量稳定后，伍秉鉴便在众多外国行号中选择这家信用较好的美国洋行，独家代理伍家的外贸业务。英国商号巴林洋行曾有一次在伦敦擅自出卖伍家的生丝，引起伍秉鉴的不满，促使他更加笃定与信用较好的美国人保持长久合作。③英国学者格林堡也承认，浩官伍秉鉴慎重对待英国的进口商品，不再轻易经营，运输方面也仅租用美国旗昌洋行的船只售卖他自己的茶叶。④伍家对美商的信任提升到一个前所未有的高度，家族行号后期在商贸领域也多是与美国人合作。

（三）其他商人

英美商人在十三行贸易期间作为对华贸易的两大主体，占据着十三行贸易量的大部分，留下与伍家的贸易记录也是最多的。除英美商人之外，早期十三行贸易还有许多其他商人参与。显而易见，伍家的贸易对象十分宽广，这些来自不同地区、操着不同乡音的商人们或多或少与伍家有所接触，但因商贸档案资料散佚、年代久远，可供参考的对象并不多。

安海伍家源顺行伍钊的破产案中，其中就牵涉到伍钊与帕西商人⑤（亦称巴斯商人或袄教商人）、印度摩尔人的贸易。伍钊曾经营印度棉花进口，帕西人即是其印度合作伙伴之一。伍钊后因资金周转不便，欠帕西人棉花价款而被倒逼还债，最终致使源顺行无力支撑破产倒闭，怡和行伍秉钧随即接下伍钊的债务和份额。⑥怡和行伍秉鉴也时常涉足印度巴斯商人贸易中，据悉巴斯商人常通过伍秉鉴来沟通广州商贸事务，而伍秉鉴也同样作为十三行行商的代表接受巴斯商人的文书来

---

①［美］S. 格林比：《清代广东十三行行商伍浩官轶事》，载《中外关系史译丛》，朱杰勤译，海洋出版社，1984，第 326 页。

②牛道慧：《旧广州贸易时期美国波士顿地区普金斯家族与福贝斯家族中重要的广州商人》，《龙华科技大学学报》2017 年第 38 期，第 26 页。

③［美］郝延平：《中国近代商业革命》，陈潮、陈任译，上海人民出版社，1991，第 346 页。

④［英］格林堡：《鸦片战争前中英通商史》，康成译，商务印书馆，1961，第 59 页。

⑤帕西人是印度拜火教（琐罗亚斯德教）教众，他们自波斯迁往印度，后在英国东印度公司的影响下发展壮大，参与中国贸易。参见赵瑛：《印度帕西人的由来、发展及其面临的问题》，西北大学硕士论文，2015 年。

⑥Weng Eang Cheong, *The Hong Merchants of Canton: Chinese Merchants in Sino-Western Trade, 1684—1798*, (London:Curzon Press, 1997), p.263、p.266、p.285.

往。① 前文亦有提及伍家常进口印度孟买的棉花、大米等商品，而孟买即是这些巴斯商人在印度的贸易据点，伍家同他们保持着较为持久的商业往来，连接早期中印商人之间的合作。

　　丹麦人和荷兰人等欧洲其他国家商人也是伍家早期合作对象之一，他们与伍钊、伍秉钧的商业合作更明显。伍钊与丹麦、荷兰商人合作较早，1782 至 1797 年间有 12 个年份参与丹麦东印度公司贸易，总计为 24 艘丹麦商船提供货物；1775 至 1792 年间有 13 个年份参与荷兰东印度公司贸易，总计为 51 艘荷兰商船提供货物。② 伍秉钧继续保持与丹麦、荷兰商人的合作，1786 至 1800 年间有 10 个年份参与丹麦东印度公司贸易，总计为 15 艘丹麦商船提供货物；伍秉钧与荷兰东印度公司的贸易记录于 1792 年有确切记载，他为 4 艘荷兰商船提供贸易服务。③ 1794 年又有数据显示，荷兰东印度公司分别向伍钊与伍秉钧购入大量的武夷茶、工夫茶等多个品种的茶叶④，但此后关于伍家与这些欧洲偏远区域商人的贸易记录愈渐稀少。从上述可知，伍家早期与丹麦、荷兰等欧洲其他国家商人保持一定合作关系，但是随着英国商人的强势介入，伍家逐渐减少与丹麦、荷兰等国商人的合作，这同样也是整体广州十三行对外贸易趋势的一个缩影。

三、十三行伍家的商业贸易网络

（一）伍家从内地集聚产业

　　伍家在十三行的贸易，绝不仅单纯地依靠广东本地货物供应，大部分货物来自省外内地货物的供给运输。伍家作为十三行老行商家族，必定有自己清晰的贸易线路，将内地的商品源源不断集聚在广州，保持稳定优质的货源供应是伍家怡和行崛起的一大必要因素。

　　学者罗伯特·加德拉（Robert Gardella）曾在中国及福建茶叶的研究中表明，伍家在福建武夷山拥有自己的茶园产业，是为数不多能拥有茶园的行商。⑤ 单就对

---

① 郭德焱：《清代广州的巴斯商人》，中华书局，2005，第 64—65 页。

② Paul A. Van Dyke: *Merchants of Canton and Macao:Success and Failure in Eighteenth-Century Chinese Trade*, Hong Kong: Hong Kong University Press, 2016, pp.263-264.

③ Paul A. Van Dyke: *Merchants of Canton and Macao: Success and Failure in Eighteenth-Century Chinese Trade*, (Hong Kong: Hong Kong University Press, 2016), pp.264-265.

④ 蔡香玉：《乾隆末年（1794）的广州荷兰商馆》，载《广州十三行与海上丝绸之路研究》，社会科学文献出版社，2019，第 219—221 页。

⑤ Robert Gardella: *Harvesting Mountains:Fujian and the China Tea Trade, 1757-1937* (California:University of California Press, 1994), p.35.

珠三角市场供应来说，广东本地茶叶勉强能满足，但欧洲饮茶风气兴起和十三行贸易的鼎盛，致使"茶商必须要到江西、福建、浙江、安徽等省去贩茶回广州加工供应"①，以满足需求日益增长的国内外饮茶市场。伍家原籍即是福建人，先辈有种植茶叶的经历，"在武夷山区拥有大片茶园，每年将从该处出产的名茶——工夫茶运往伦敦"②。由于需要经过十三行销往海外，伍家从内地运茶至广州需要一个稳定的贸易线路。武夷山主要出产我国的工夫茶、武夷茶等，这些茶叶往往在武夷山地区进行打包、封装，于武夷山脚下崇安镇进行集结，最后统一由人力搬运走陆路至江西铅山境内的河口镇，再绕信江水路行至南昌，抵达南昌后经由赣江南下到达南安，至此又开始新一轮人力运输，翻越五岭来到广东境内的南雄，最后经过曲江、北江顺流而下抵达终点站广州。③广州外销茶叶往往从"福建武夷及江南徽州等处采买，由江西运入粤省"④，不仅武夷山区的茶叶如此来到广州，湖北、湖南、安徽等我国主要产茶区的茶叶皆大致由此路径来到广州出口。伍家凭借自身与福建武夷山产茶区的特殊关系，包揽众多福建茶叶经由江西运输至广东，在此过程中加强各个环节的沟通，积累互信，将岭外其他品种茶叶纳入其经营范围，形成一条鲜明的产业链。伍家与内地茶叶供应商及自己的茶园保持良好的关系，是稳定获得外商茶叶订单的一个重要保证。⑤

伍家乃至十三行经营的生丝前期大多由江浙地区输入。据悉江浙商人先将生丝集中于杭州，再通过富春江等水路运输到常山县，自常山县开始换陆路上的人力运输方式，搬运至江西境内玉山，再从玉山搭船走水路便进入江西信江水系，江浙生丝进入信江水系后，便同上文茶叶由赣入粤路线大体一致进入广州，交售十三行行商。⑥"一口通商"后生丝在广州受到欢迎，江南地区的丝织、绸缎产业等被广州外贸市场吸引，越来越多的货物运向广州销售。"在广州，特选委员会分别向伍秉鉴和梁经国采购'大蚕丝'和'七里丝'，伍秉鉴虽表示可供应更大量的生丝，但并未成交"⑦。伍家所掌握的优质生丝不仅满足了外商的需求，而且还有

① 黄启臣、庞新平：《明清广东商人》，广东经济出版社，2001，第83页。
② ［美］亨特：《广州番鬼录；旧中国杂记》，冯树铁、沈正邦译，广东人民出版社，2009，第56页。
③ 陈国栋：《东亚海域一千年》，山东画报出版社，2006，第249页。
④ 英国国家档案馆藏：英国外交部档案 F.O.233/189，第240页。
⑤ Paul A. Van Dyke: *Merchants of Canton and Macao:Success and Failure in Eighteenth-Century Chinese Trade*, Hong Kong: Hong Kong University Press, 2016, p.108.
⑥ 罗小霞：《近代广州港贸易兴衰与其腹地范围的变迁（1842—1911）——以丝茶等出口为例》，暨南大学硕士论文，2008，第21页。
⑦ 游博清：《经营管理与商业竞争力——1815年前后的英国东印度公司广州商馆》，台湾清华大学博士论文，2011，第97页。

剩余，可见他与内地丝商的联络非常紧密，拥有的货源十分充足。

伍家除了在茶丝贸易方面从内地集聚产业，其他内地商品同样伴随茶丝路线流入广州市场，受到伍家的青睐。"在安海、泉州曾有伍氏的近海海运两支船队"[①]，十三行贸易下内地商品入粤已然形成一条产业链，无论是传统的陆路贸易还是后来的海运贸易，都是产业集聚形成的供应链革新效应，与之相关的生产者、运输者还有散商等都有着各自的职责，成为其中不可缺少的一环。

（二）伍家向海外开拓市场

伍家对海外市场的拓展不遗余力，建立了牢靠的全球贸易网络。伍秉鉴与印度巴斯商人合作"在印度建立了独立的贸易网络"[②]，将中国货物在印度兜售而在海外获得的货款转入印度，再从印度购买货物运至中国。伍家在海外的货物非常畅销，远在荷兰阿姆斯特丹的伍家茶叶"销售额总是最好的"[③]，更有甚者"浩官之名在美洲（脍）炙人口者凡半世纪"[④]，使世界各地都有人记得伍家"浩官"的名号。繁杂的外贸事务难免会产生纷争，"一个菲列德尔菲亚商人在宾夕法尼亚法庭上控告著名行商浩官在茶叶品质方面没有遵守一八一八年的约定，并且取得赔偿 25 000 元的一项判决"[⑤]。虽然这位原告在后来被证明是一个名声糟糕的走私犯且浩官并未出席法庭，但从另一方面可看出伍家商业涉及之远，在海外市场上打交道是常有的事。

伍家常常同美国人开拓欧洲市场。"将浩官和旗昌结合在一起的最重要因素是浩官委派后者作为他在海外贸易的代理人"[⑥]。事实上即是如此，如与伍家常合作的美国人顾盛是这样一位"独立于英公司之外的在英格兰和欧洲的优越关系网络"[⑦]的人，伍家利用美国商行及人员在海外广拓市场，特别是在欧洲市场。美国商行获得伍家大量资金支持，而伍家则附庸于美国人的贸易团体以躲避官府的盘剥，

①伍凌立：《十三行伍氏入粤前居住地探究》，载《广州十三行中外档案文献学术研讨会论文集》，2019，第30页。

②［美］穆素洁：《中国：糖与社会 农民、技术和世界市场》，叶篱译，广东人民出版社，2009，第165页。

③Paul A. Van Dyke: *Americans and Macao: Trade, Smuggling, and Diplomacy on the South China Coast*, (Hong Kong: Hong Kong University Press, 2012), p.22.

④［美］S·格林比：《清代广东十三行行商伍浩官轶事》，载《中外关系史译丛》，朱杰勤译，海洋出版社，1984，第323页。

⑤［美］泰勒·丹涅特：《美国人在东亚——十九世纪美国对中国、日本和朝鲜政策的批判的研究》，姚曾广译，商务印书馆，1959，第74页。

⑥［美］郝延平：《中国近代商业革命》，陈潮、陈任识译，上海人民出版社，1991，第241页。

⑦［美］雅克·当斯：《黄金圈住地：广州的美国人商人群体及美国对华政策的形成，1784-1844》，周湘、江滢河译，广州：广东人民出版社，2015年，第214页。

积极拓展海外贸易市场。约在 1810 年有记录显示，伍家托美国人运茶至瑞典哥德堡贩卖，不幸惨遭丹麦武装民船劫掠，损失茶款 58005 美元。① 在 1833 年伍家又通过美国人租用 200 吨的普鲁士船贩茶至德国汉堡，以及 1840 年委托旗昌洋行将自家 5 万美元的茶叶先运抵新加坡贩卖，新加坡没有卖完的货再转运至英国伦敦贩卖。这些向外开拓市场的举动，在其他行商看来是不会想去做的事情。②

除了开拓欧洲市场外，伍家更是将投资目光放在了国际市场上的美国。1816年伍家便存有 46 箱金银，"这是用于对美国的某些投机业务"③，早早就为进军美国资本市场预备充足现金。美国商号旗昌洋行发展起来后，伍家注资其中，"对商号的发展方向有重要的决定权"④，成为旗昌洋行的中国话事人。旗昌洋行的合伙人之一约翰·默里·福布斯（John Murray Forbes）在回忆录中谈到过，伍家曾托付大约 50 万美元给自己用于美国股票投资。⑤ 除涉足美国股票投资之外，在伍秉鉴主导下，他们还将大量资金交予福布斯，投资于美国铁路建设、矿业发展等基础项目上。⑥伍家在当时便已嗅到美国资本市场的新商机，不惜花重金开拓此市场，即使未曾踏足这个新兴国家，他们仍对其充满殷切期望。

四、结语

从伍家进出口贸易货物上，我们可以看出茶叶、丝绸作为伍家头等出口货物占据了很大一部分比重，茶丝贸易不仅是伍家赖以生存的根基，同时也是整体十三行贸易中最为重要的出口货物。伍家依靠福建等地的茶园起家，他们拥有优质且种类繁多的茶叶来源，自然格外获得外商的青睐，同样许多有利可图的中国本土货物也在他们的经营下出口海外。伍家为了维护自身商业利益，曾一度进口大量利润浅薄的外国毛织品，以求最大程度上获得出口外商的市场份额，其他的一

①[美]泰勒·丹涅特：《美国人在东亚——十九世纪美国对中国、日本和朝鲜政策的批判的研究》，姚曾广译，商务印书馆，1959，第 51 页。
②[美]郝延平：《中国近代商业革命》，陈潮、陈任识译，上海人民出版社，1991，第 240 页；[美]穆素洁：《中国：糖与社会 农民、技术和世界市场》，叶篱译，广东人民出版社，2009，第 165 页；[英]格林堡：《鸦片战争前中英通商史》，康成译，商务印书馆，1961，第 54 页。
③[美]马士：《东印度公司对华贸易编年史（1635—1834 年）》卷三，区宗华译，广东人民出版社，2016，第 275 页。
④[美]雅克·当斯：《黄金圈住地：广州的美国人商人群体及美国对华政策的形成，1784-1844》，周湘、江滢河译，广东人民出版社，2015，第 320 页。
⑤Sarah Forbes Hughes, *Letters and Recollections of John Murray Forbes* (Boston: Houghton, Mifflin and Co, 1899), p.101.
⑥[美]穆素洁：《中国：糖与社会 农民、技术和世界市场》，叶篱译，广东人民出版社，2009，第 164—165 页。

些外洋货物也经由伍家之手流入内地。这些外洋货物种类繁多，丰富了内地人民的日常需求，而怡和行也因此渐趋成为十三行最大行号。

伍家商业兴盛的另一大原因即是拥有稳定且广泛的贸易对象。以英美为首的欧美商人占据了伍家贸易对象的主体，还有一些印度巴斯商人等其他国家商人群体参与进来，众多的外洋商人与伍家保持良好的贸易关系，促进双方基于互信共识上的商贸交流。内地传统的商贸网络在伍家的参与下显得越来越成熟与高效，一大批依附于十三行贸易的商贸产业应运而生，行商对内地经济社会的发展起到一定作用。纵览18—19世纪的世界商贸版图，不论是西欧海洋强国，还是亚洲的印度及南洋诸国，甚至是后起之秀美国，伍家的贸易线路皆能涉足其中。他们依托内地丰富的原料供应市场积极向海外布局，形成了早期中国商人在国际上的商贸网络。

18—19 世纪前期中英白铅贸易探析

张泽琳 *

摘要：清代，随着中外海上贸易的发展，金属出口贸易也趋于兴盛。白铅是中国古代冶金技术生产出来的一种重要的金属，是铸币的重要原料，因其能作为低成本的压舱物又能制作成精美的合金产品而成为中外贸易中的重要商品。明代时我国已经掌握了炼锌技术并且实现白铅的大规模生产，17 世纪时中国的白铅已通过海上丝绸之路大量出口国外。18 至 19 世纪，英国从中国大量输出白铅，18 世纪主要由英国东印度公司和英国私商购买，19 世纪前期随着清廷对白铅的限制出口政策，英国私商开始从广州大量违禁输出白铅。至 19 世纪 30 年代后，随着中国严禁白铅出口的政策、欧洲铅锌矿的发现以及金属锌生产工业化的完成，白铅渐渐失去海外市场并退出中英贸易。

关键词：18—19 世纪前期；中英贸易；白铅

白铅的冶炼技术是中国古代一项辉煌的成就，明代白铅生产达到了相当的规模，17—18 世纪时中国的白铅世界闻名，源源输向世界各国。关于中国白铅的出口贸易，学界探讨得比较少，主要有美国学者索萨和陈海莲博士对 17 至 18 世纪中国白铅在国家贸易中的作用以及中国国内白铅的生产与运输状况进行了初步的研究，刘人滋、黄超和周家聪所编著的《清代广东矿冶及其影响研究》对出口的白铅产品及其影响也有所论述。但综观已有相关的研究成果，多数集中于科学技术史范畴的问题与考察，所涉及相关的经济史层面的研究较少，对于中外白铅贸易的研究仍有拓展的讨论空间。18 至 19 世纪，英国也是中国白铅出口的重要贸易伙伴，今专就 18 至 19 世纪前期的中英白铅贸易情况试作探讨。

* 张泽琳，广州大学广州十三行研究中心暨人文学院历史系硕士研究生。

一、白铅生产和出口情况

白铅，又称倭铅、亚铅、锌材及中国锌，为铁、铜和锌的合金，是中国古代冶金技术生产出来的一种重要金属。白铅的硬度高于锌，但不如铁，坚实而有一定的可锻性[①]，古代主要用以和铜配合制作黄铜（铜锌合金）。清人郑复光所著光学著作《镜镜詅痴》中记载："闻之广东铜行，一云每铜百斤参白铅六十斤、黑铅五斤，则铜水易流注而铸器光泽；一云白铅七十五斤、黑铅三斤，则坚软得宜，不致铜多性软。"[②]

白铅作为明清时期重要的钱币材料——黄铜的组成成分，在我国的历史上有着很重要的影响。在古代，炼锌术是一项高难度的冶金工艺，明代黄铜的大量需求使得冶锌技术得到了发展。宋应星在《天工开物》卷十四"五金篇"中详细记载了冶炼白铅的工艺流程："凡倭铅古书本无之，乃近世所立名色。没炉甘石十斤，装载入一泥罐内，封裹泥固，以渐研乾，勿使见火拆裂。然后逐层用煤炭饼垫盛，其底铺薪，发火锻红，罐中炉甘石熔化成团。冷定毁罐取出，每十耗去其二，即倭铅也。"[③] 这也是世界上最早关于炼锌技术的记载。

虽然我国早在明代就已经能提炼金属锌，但关于白铅的生产情况，直到清代才正式见于记载。清代白铅的年产量以贵州为最高，其次为广西和云南，四川、湖南也有一定的产量。[④] 为此清廷也建立了一整套的供应体系，朝廷经采买或课税所获的白铅，主要供应京局和各省铸局所用。[⑤] 为防止矿徒聚众闹事，威胁统治基础，清朝一直对开矿采取谨慎的态度，但对于铸钱所需矿产则相对宽松。康熙十四年（公元1675年），清廷允许各地百姓呈请开采白铅、黑铅矿；康熙十八年（公元1679年）制定各矿管理条例，规定采矿所得20%作为课税交给官府，其余80%听民自由发卖。[⑥] 所以清代中国西南地区及两湖地区生产的白铅也得进入国内市场并大量用于出口。

中国的白铅首先由葡萄牙人以讬他臬（Tutenag）的名义出口，荷兰人则命名讬他臬为spiauter或speauter，而英国人命名这种金属为spelter。[⑦] 中国的白铅以

①[瑞典]龙思泰：《早期澳门史》，吴义雄等译，章文钦校注，东方出版社，1997，第362页。
②（清）郑复光：《镜镜詅痴》，上海：商务印书馆，1936，第52页。
③（明）宋应星：《天工开物译注》，潘吉星译注，上海古籍出版社，2008，第145—146页。
④夏湘蓉，李仲均，王根元：《中国古代矿业开发史》，地质出版社，1980，第186页。
⑤李强：《金融视角下的"康乾盛世"——以制钱体系为核心》，黄山书社，2008，第118页。
⑥李强：《金融视角下的"康乾盛世"——以制钱体系为核心》，黄山书社，2008，第118页。
⑦刘人滋，黄超，周家聪：《清代广东矿治及其影响研究》，中山大学出版社，2019，第136页。

金属锭的形式出口，通常是通过重新熔化较为纯净的白铅金属而后铸成的白铅块，重量从几千克到超过 10 千克。[①]白铅是各东印度公司首选的低成本压舱货物之一，后来欧洲的工匠们意识到这种金属可以用来给金属镀金和模仿黄金时，白铅由压舱物变成了一种有价值的商品。在 18 世纪 30 年代之前，它在西方就已经被用来为欧洲市场创造新的商品，从而开创了一种新的消费文化，其主要吸引力在于它通过压制、冲压和模压，很容易成形，可以用于制造玩具、纽扣等小物品以及金银仿制品[②]。

17 世纪 70 年代以前，中国白铅的出口量较少，每年交易金额最高为 1000 西班牙银元，而后葡萄牙人、中国人和英国人在南中国海、印度洋和欧洲开拓市场，导致了 17 世纪末期白铅出口量剧增，随后在 18 世纪初暂时减少；从 18 世纪 30 年代开始，中西白铅贸易趋于兴盛，1817 年白铅出口量超过 5 万担。[③]在 18 至 19 世纪前期，荷兰、英国和瑞典的商人经常参与中国白铅的海上贸易，大量的白铅通过海上丝绸之路的贸易路线出口到东南亚、印度、日本和欧洲等地。

二、18 世纪的中英白铅贸易情况

欧洲锌工业的发展从一开始就受到了中国白铅的有效商业垄断的阻碍。英国直到 16 世纪末才开始生产黄铜，17 世纪后期黄铜工业才迅速发展，远落后于奥地利、德国和法国等其他欧洲国家。即使是发展了黄铜工业后，实现大规模锌生产仍是十分困难。在 18 世纪 40 年代，英国锌一进入市场，商人就压低中国白铅的价格，试图迫使英国锌生产商退出市场。中国的白铅持续充斥着英国市场，极大地阻碍了英国锌生产技术的进一步发展。[④]所以在中英两国的贸易中，与茶叶、棉花、生丝、南京布等大宗商品相比，白铅虽然没有占据贸易的主要地位，但却是英国大量进口的商品。

中英之间的白铅贸易大致可以分为 18 世纪和 19 世纪前半期两个阶段，18 世纪时中国的贸易伙伴主要是英国东印度公司，19 世纪则由英国私商替代。

早在 1644 年，英国东印度公司派遣"苏拉特号"前往澳门进行第四次投机贸

---

①刘人滋，黄超，周家聪：《清代广东矿冶及其影响研究》，中山大学出版社，2019，第 137 页。

②Hailian CHEN, *Zine transfer from China to Europe via trade, ca. 1600-1800; a transnational perpective* (Technigeschichte, 2013),p80.

③刘人滋，黄超，周家聪：《清代广东矿冶及其影响研究》，中山大学出版社，2019，第 135 页。

④Hailian CHEN, Zine transfer from China to Europe via trade,ca. 1600-1800; a transnational perpective (Technigeschichte, 2013), p91.

易时，就曾经尝试用胡椒与在澳的葡萄牙人进行白丝和白铅交易，可惜最后没有成功，意图直接和中国贸易的目的也没有达成。①英国东印度公司与中国成功进行白铅贸易的最早记载是 1689 年 7 月，马德拉斯总办事处派遣载重 730 吨"防卫号"前往广州，准备装运糖及其他产品运销波斯，9 月该船因不被允许开入黄埔而停泊澳门。10 月 1 日他们与十三行行商朱亚预约订购白铅 3000 担，每担价格为 3.7 两白银，而 9 月 15 日广州的白铅市价每担仅为 3 两。②此后，直到 1698 年才有关于英国东印度公司到中国购买白铅的记载，1698 年 3 月 2 日，"麦士里菲尔德号"从唐斯启航，于 8 月 26 日抵达澳门，此次他们预约购买 250 担白铅，价格为 2.88 两每担，与行商洪顺官约定船到黄埔两个月内全部船上交货③，而 10 月份洪顺官突然陷入官司，"麦士里菲尔德号"的交易多次变动，当它于 1700 年 7 月 8 日离开广州时，几经困难装载的白铅只有 248 担，总价值 714.5 两。④1700 年 10 月 11 日，英国东印度公司派遣的"伊顿号"到达舟山，订购了白铅 820 担，总价值 2850 两⑤。1701 年 11 月，英国东印度公司派遣 330 吨的"堪特卜伯里号"前往厦门，船只于 1702 年 8 月 16 日到达，订购白铅 300 担，每担 3.6 两。⑥1703 年 5 月，英国东印度公司派遣"凯瑟琳号"从苏拉特前往昆仑岛和厦门，并于 1704 年 7 月 21 日抵达厦门港，在这里他们获得一个令人沮丧的消息："禁运白铅出口，因为海贼帆船将它们铸成军器。"⑦但最后他们还是得以购买到 550 担白铅，"是得到'在福州的总督'特别许可的，而将糖适当减少"⑧。此后，中英之间的白铅贸易基本都是在广州进行的。

---

① ［美］马士：《东印度公司对华贸易编年史（1635—1834 年）》卷一，区宗华译，广东人民出版社，2016，第 36—27 页。
② ［美］马士：《东印度公司对华贸易编年史（1635—1834 年）》卷一，区宗华译，广东人民出版社，2016，第 87 页。
③ ［美］马士：《东印度公司对华贸易编年史（1635—1834 年）》卷一，区宗华译，广东人民出版社，2016，第 99 页。
④ ［美］马士：《东印度公司对华贸易编年史（1635—1834 年）》卷一，区宗华译，广东人民出版社，2016，第 106 页。
⑤ ［美］马士：《东印度公司对华贸易编年史（1635—1834 年）》卷一，区宗华译，广东人民出版社，2016，第 121 页。
⑥ ［美］马士：《东印度公司对华贸易编年史（1635—1834 年）》卷一，区宗华译，广东人民出版社，2016，第 137 页。
⑦ ［美］马士：《东印度公司对华贸易编年史（1635—1834 年）》卷一，区宗华译，广东人民出版社，2016，第 145 页。
⑧ ［美］马士：《东印度公司对华贸易编年史（1635—1834 年）》卷一，区宗华译，广东人民出版社，2016，第 148 页。

为清晰起见，谨将英国东印度公司商船自 1689 年起在华购买白铅的情况列成表 1。

表 1　1689—1739 年英国从中国输出白铅情形表

时间/年	出发地	船名	单价/两/担	数量/担	总价/两
1689	广州	防卫号	3.70	3 000	11 100
1700	广州	麦士里菲尔德号	2.88	248	714.50
1702	舟山	伊顿号	（约）3.48	820	2 850
1702	厦门	坎特伯里克	3.60	300	1 080
1704	厦门	凯瑟琳号		550	
1719	广州	埃塞克斯号	—	260	—
1722	广州	艾尔斯号	6.00	1 200	7 200
1722	广州	沃波尔号	6.00	2 500	15 000
1723	广州	沃波尔号	6.00	2 000	12 000
1724	广州	蒙塔古号	6.00	2 000	12 000
1724	广州	麦士里菲尔德号	6.60	1 340	8 844
1730	广州	船队名不详	—	—	1 977
1732	广州	康普顿号	（约）6.58	3 500	23 027
1733	广州	温德姆号、康普顿号	—	1 620	—
1734	广州、厦门	哈里森号、格拉夫顿号	（约）6.38	1 600	10 200
1737	广州	萨斯克斯号、温切斯特号		1 500	
1738	广州	威尔斯王子号、伦敦号		1 198	
1739	广州	沃波尔号、霍顿号		595	
1739	广州	哈林顿号		1 697	

注：表格据美国马士所著《东印度公司对华贸易编年史（1635—1834 年）》英国东印度公司历年贸易数据绘制。

表 1 显示，自 1722 年开始，英国东印度公司在广州购买的白铅单价为每担 6 两，至 1732 年涨至 6.58 两，是 1700 年广州白铅价格的 2 倍多，而白铅的贸易数量也有了较大幅度的增加，最多高达 2 500 担，总价 15 000 两。1739 年后，英国东印度公司似乎没有再进行白铅一项的采买。直到 1772 年的英国东印度公司档案再次

出现中英间的白铅贸易数据,不过采购者不再是英国东印度公司,而是英国私商,具体贸易数据见表2。

表2   1772—1792年英国从中国输出白铅情形表

时间/年	出发地	船只	单价/两/担	数量/担	总价/两
1772	广州	英国私商船	—	987	—
1774	广州	英国私商船	5.8	5 998	34 788.4
1792	广州	英国私商船	7	36 578	2 506 046

注:表格据美国马士所著《东印度公司对华贸易编年史(1635-1834)》英国东印度公司历年贸易数据绘制。

　　当时印度港脚商人群体快速发展壮大,由于他们以种种借口争取停留在广州或澳门的努力,18世纪的70年代在中国出现了第一批英国私商,此后他们对中英之间的贸易产生了极大的影响。[①]1772年,英国私商在广州购买白铅987担,而同一贸易季度欧洲其他国家仅丹麦购买了401担[②];1774年,广州市场白铅的流通价格为5两8钱一担[③],英国私商购买了5 998担,同年法国船只购买了3 241担,丹麦船只购买905担,瑞典船只购买了589担[④];1792年,来广州贸易的英国私商船一共20艘,共购买白铅36 578担,成交单价为每担7两,总价值2 506 046两,而同一年丹麦船只的贸易数量为102担,瑞典船只购买的白铅数额仅为85担[⑤]。

　　虽然中英之间最早的白铅贸易记录是1689年,但比较稳定的贸易应该是从18世纪开始。英国东印度公司和散商船在1700—1792年间,有记录的白铅贸易为20年,期间白铅的价格不断上升。在18世纪的前半期,英国东印度公司对华的白铅贸易数额最低的是1700年的248担总价7 145两,最高的是1732年的3 500担总价23 027两,其贸易量总体是呈上升趋势的。而18世纪后半期,英国东印度公司退出白铅贸易后,英国私商所购买的白铅数额巨大,均高于同期的其他欧洲国家。1792年英国私商白铅的贸易数额高达36 578担,金额高达2 506 046两,是18世纪中英所有白铅贸易中交易量最大的一次。

---

①[美]格林堡:《鸦片战争前中英通商史》,康成译,商务印书馆,1961,第17页。
②[美]马士:《东印度公司对华贸易编年史(1635—1834年)》卷五,区宗华译,广东人民出版社,2016,第205页。
③[美]马士:《东印度公司对华贸易编年史(1635—1834年)》卷五,区宗华译,广东人民出版社,2016,第229页。
④[美]马士:《东印度公司对华贸易编年史(1635—1834年)》卷五,区宗华译,广东人民出版社,2016,第229页。
⑤[美]马士:《东印度公司对华贸易编年史(1635—1834年)》卷二,区宗华译,广东人民出版社,2016,第230页。

三、19世纪前期白铅的限制出口与违禁私运

清嘉庆年间，中国白铅的出口量巨大，"十年内出洋细数，内至少年分七十余万斤，至多年分三百三十余万斤，其余年份一二百万斤不等"①，其中"每百斤收正税银三钱，加以耗担归公等款，共收银五钱六分七厘，每年收白铅税银约计四五千两至一万数千两不等"②。

但随着开发日久，国内白铅的产量也在缓慢下降，使得铸币原料减少。嘉庆十二年（1807年），清廷开始限制国内白铅的出口数额。十二月初嘉庆帝下旨：

"朕闻粤海关每年出口白铅，为数甚多。白铅一项，因不能制造弹丸，无关军火之用，向未立出洋明禁。但系鼓铸必需之物，近年各直省钱局，铅斤日形短少，目系贩运出洋日多一日之故，不可不定以限制，以防流弊。着传谕常显即将粤海关每年出口白铅，查明书目，大加裁减，或竟可不令贩运出洋，奏明设禁停止，亦无不可。该监督务须体察利弊轻重，会同总督酌定章程，不可贪图小利，因循滋患也。"③

至次年（公元1808年）正月，粤海关监督常显奏言：

"伏思白铅一项出洋，由来已久，虽征税有限，实为夷人岁需之货，今若一旦禁止，不许出洋，在远夷无知，不免新生疑虑，似不足以昭恤而示怀柔。但白铅为内地鼓铸必须之物，诚如圣谕，不可不加以限制，应请嗣后夷船回货置买白铅，每年通计各船，先以最少年分七十万斤为率。查白铅向于广东佛山镇地方凭洋商购买，陆续运省报验，然后卖于夷人，出洋严密稽查，不许额外多带。"④

后嘉庆皇帝准旨，白铅每年出口额以70万斤（共计7000担）为限，同时清廷对于白铅出口的稽查也加以严格管理，外国商人若想购买白铅，则自行联系十三行行商，由行商到佛山收买，"由佛山同知查明斤两，填给印照，运至省河，复赴南、番两县验明截角，申报关部衙门覆验无异，始准夷人分装出口"⑤。

白铅的限制出口政策使得白铅出口供不应求，嘉庆十五年（1810年）八月，澳门王室大法官，兼任葡方海关司法官、王室司库官的眉额带历以"省城贴近佛山，（白铅）递年尽归洋商收买，转售黄埔各国夷船，致令澳夷采买不得，殊失公平之道，

①（清）梁廷枏：《粤海关志校注本》，袁钟仁校注，广东人民出版社，2002，第349页。
②（清）梁廷枏：《粤海关志校注本》，袁钟仁校注，广东人民出版社，2002，第349页。
③（清）梁廷枏：《粤海关志校注本》，袁钟仁校注，广东人民出版社，2002，第349页。
④（清）梁廷枏：《粤海关志校注本》，袁钟仁校注，广东人民出版社，2002，第349页。
⑤（清）梁廷枏：《粤海关志校注本》，袁钟仁校注，广东人民出版社，2002，第553页。

有负大宪一视同仁之恩"①。为由请求清廷每年从 70 万斤白铅限额中分拨 30 万斤由澳商直接前往佛山报验采买。几经周折，嘉庆十七年（1812 年）清廷终于同意每年从限额的 70 万斤白铅中拨出 14 万斤交由澳商采买。

19 世纪开始，英国东印度公司未再购买白铅，而是由英国私商在华大量采买，详细的贸易情况见表 3。

表 3　1817—1830 年广州白铅出口贸易情形表

时间 / 年	购买者	总价 / 元	实际载运量 / 担
1817	英国私商	907 500	55 000
1818	英国私商	480 634	34 331
1819	英国私商	329 924	23 566
1820	英国私商	363 328	25 952
1821	英国私商	129 192	9 298
1822	英国私商	23 387	1 799
1823	英国私商	142 114	10 151
1824	英国私商	7 614	564
1825	英国私商	3 900	300
1826—1829	无	—	—
1830	英国私商	19 200	—

注：表格据美国马士所著《东印度公司对华贸易编年史（1635—1834 年）》英国东印度公司历年贸易数据绘制。

中国白铅限额出口后，除去分拨给澳门的 14 万斤，英国在中国采买的白铅数量应不高于 56 万斤，即 5600 担。然而除了 1826 年至 1829 年可能因"棉花危机"的恐慌英国私商未曾购买白铅外，1817 年至 1830 年，其间有交易记录的十年，英国私商有 6 年从广州输出的白铅量超过限额的 7000 担。1817 年至 1825 年，私商从广州输入的白铅量最高纪录是 1817 年的 55 000 担，最低是 1825 年的 300 担，平均每年输出 17 884.6 担，远高于清廷规定的 7000 担，可见违禁运出的数额之大。正如英国格林堡在《鸦片战争前中英通商史》中所说，"散商显然早在 1842 年的强迫开放新口岸以前，就将中国对广州对外贸易的限制大部分破坏了"②，"第一代'英

---

① 《清代澳门中文档案汇编 上册》，刘芳辑，章文钦校，澳门基金会出版，1999，第 108 页。
② ［英］格林堡：《鸦片战争前中英通商史》，康成译，商务印书馆，1961，第 46 页。

国散商'的港脚贸易性质使他们长于用走私和行贿等手段逃避严刻的广州制度。第二代'英国散商'继续扩张那打破广州制度的、非法的'行外'贸易"。[1] 尽管清廷一再强调严密稽查白铅非法输出，但是仍无法阻止英国私商从中国大量输出白铅。

道光十二年（1832年）七月，"两广总督李鸿宾、巡抚朱桂桢、粤海关监督中祥等会奏，外夷各国均以产铅，无须来粤贩运，请将报部出洋白铅定额暂行停止，应如所奏，即将前定出洋额数裁停，以归核实"[2]。 至此，清廷终于下令禁止白铅出口，并加强了对白铅私运的巡查，严惩白铅走私：

> "粤东滨临大海，通洋水道甚多，现在白铅停止出洋，诚恐日久疏于防范，以致奸商贩运，复有偷漏营私等弊，着该督等严饬关津要隘地方，各随时认真巡查。遇有私贩铅斤，即照例分别严办，仍于年终取具关厂各关并无出洋白铅切实印结，送部查核，报部核办，以垂永久，而杜流弊。"[3]

1832年中国禁止出口并严惩私运白铅的政策，是中英白铅贸易停止的重要原因。但其实至19世纪初时，白铅的国外市场需求也在渐渐下降。从16世纪末至19世纪，中国白铅在出口西方的同时，也推动欧洲的炼锌业的发展。早在1738年时，英国人Champion便取得了炼锌的专利，英国商人看到了金属锌的商业价值后，也开始投资冶锌生产[4]。到19世纪时，欧洲将中国的冶锌技术引入到了工业化生产中，成功完成金属锌的工业化生产，终于能够自行生产出相当规模的锌，从而减少了从中国进口白铅的必要性[5]。另外，欧洲也陆续发现了一些蕴藏量巨大的铅锌矿，特别是中欧西里西亚（Silesia）地区铅锌矿，成为了德国工业革命的重要基础，西里西亚锌块的形状色泽完全可以代替中国出产的白铅，逐渐占据市场。而在中国白铅的主要市场——印度，白铅最终被1826年后引入的德国出产的西里西亚锌块所取代，英商也不再将中国白铅出口到加尔各答[6]。中国国内由于白铅产量不足，反而额外从欧洲进口锌块。[7]

---

① [英] 格林堡：《鸦片战争前中英通商史》，康成译，商务印书馆，1961，第67页。

② （清）梁廷枬：《粤海关志校注本》，袁钟仁校注，广东人民出版社，2002，第351页。

③ （清）梁廷枬：《粤海关志校注本》，袁钟仁校注，广东人民出版社，2002，第351页。

④ 张雨桐：《十八世纪广西河池地区两处冶锌遗址的调查与研究》，广西民族大学硕士学位论文，2016，第9~17页。

⑤ Hailian CHEN, *Zin for Coin and Brass: Bureaucrats, Merchants, Artisans, and Mining Laborers in Qing China, ca.1680s-1830s,* (Leiden: Koninklijke Brill NV, 2019), p.656.

⑥ Bonnin A. Tutenag & Paktong, *with Notes on Other Alloys in Domestic Use during the Eighteenl Century* (Oxford: Oxford Press, 1924), p.12.

⑦ Hailian CHEN, *Zin for Coin and Brass: Bureaucrats, Merchants, Artisans, and Mining Laborers in Qing China, ca.1680s-1830s* (Leiden: Koninklijke Brill NV, 2019), p.654.

四、结论

中国先进的冶锌技术和规模化的生产使得白铅在清代成为中外贸易中重要的金属商品。中英两国间的白铅贸易兴起于18世纪，衰落于19世纪30年代。英国东印度公司和英国私商前后成为中国白铅贸易的重要伙伴。18世纪中英间的白铅贸易总体呈增长趋势，至19世纪初清廷严格限制白铅出口，然而中英间的白铅贸易数量非但没有下降，反而在英国私商的违禁私运下达到高峰。19世纪30年代后，由于中国禁止白铅出口的政策和欧洲铅锌矿的发现、锌工业化生产的完成，白铅渐渐失去市场，退出了中英贸易。18世纪至19世纪前期中英两国间白铅贸易由盛转衰的过程，其实也反映了清代中国商品海外市场的发展，既为当时政府的对外贸易政策所限制，也受输入国的同类商品的生产和消费情形所影响。

（本文已被《浙江海洋大学学报（人文科学版）》录用。有改动）

清代广州同文（孚）行对外商的经营策略探析

成 卓[*]

摘要：从康熙二十四年（1685 年）粤海设关，到道光二十二年（1842 年）五口通商，广州洋行商人都处于中西商贸往来的前沿。在政治环境、贸易纷争以及中西文化差异等因素影响下，同文（孚）行对外商的经营策略存在不同变化：经济困境下依靠外商，加强双方合作；利益冲突下利用外商，维护自身利益；社会观念上鄙视外商，秉持华夷之见。

关键词：清代；十三行；同文（孚）行；经商策略

康熙二十三年（1684 年），清朝解除海禁，实行开海贸易。康熙二十四年（1685年），粤海设关，广州口岸的外洋商务"令牙行主之，沿明之习，命曰十三行"[①]。清朝政府"以官治商，以商治夷"的方式促使十三行洋商位于中西文化交汇的前沿。乾隆二十二年（1757 年），闽海关、浙海关、江海关被撤销，外国番商"将来只许在广东收泊交易，不得再赴宁波"[②]，洋商的重要性进一步凸显。在商贸过程中，洋商面对复杂的经商环境和巨大的中西文化差异，其对外商的感知程度如何，并形成怎样的经营策略，这是学界尚待解决的问题。

潘同文（孚）行经营百年，在广州对外事务中发挥着重要作用，其与外商的交往方式在行商历史中具有一定代表性。关于潘氏家族和同文（孚）行，学术界有从行名、人名及行商事迹考辨的角度切入，如梁嘉彬的《广东十三行考》[③]；有从家族史的视角对行商家族的儒商化现象进行研究，如潘剑芬的《广州十三行行商潘振承家族研究 1714—1911 年》[④]；也有从潘同文（孚）行贸易扩张、家族功

---

* 成卓，广州大学广州十三行研究中心暨人文学院历史系研究生。
① 梁廷枏《粤海关志》，袁钟仁校注，广东人民出版社，2002，第 492 页。
② 中华书局编：《清高宗实录》（高宗乾隆实录），中华书局出版社，1985，第 1023-1024 页。
③ 梁嘉彬：《广东十三行考》，广东人民出版社，2009 年。
④ 潘剑芬：《广州十三行行商潘振承家族研究（1714—1911 年）》，社会科学文献出版社，2018。

业等角度切入，如潘刚儿、黄启臣、陈国栋合著的《潘同文（孚）行》①、王丽英的《潘振承的成功之道》② 等。但从文化视角分析潘同文（孚）行对外商经营策略的论著并不多，蔡鸿生先生的《清代广州行商的西洋观——潘有度＜西洋杂咏＞评说》③，主要利用文化著作分析行商的西洋观念。故本文以潘同文（孚）行为研究对象，探寻在贸易纷争、中西文化差异等因素影响下，洋行商人与外商进行贸易采取的不同经营策略。

一、依靠外商，加强双方合作

　　同文行由潘振承创立，"陈商喜公诚实，委任全权。迨至数年，陈氏获利荣归，公乃请旨开张同文洋行，'同'者，取本县同安之义；'文'者，取本山文圃之意，示不忘本也"④。同文行创立于康雍乾盛世，该时期国内政局稳定，财政富裕，商品经济发展至历史最高水平，加之清政府指定广州为唯一的中外海上通商口岸，潘振承凭借精通夷语、诚信经商、垄断丝茶外贸等手段迅速崛起，"当时海舶初通，洋商以公精西语，兼真诚，积为钦重，是以同文洋行商务冠以一时"⑤。

　　同文行在商业上取得成功的同时，其发展面临着诸多困难。首先，清政府采取重农抑商的政策，广州洋商不光在政治上受到歧视，经济上也受到高强度的压榨，以皇帝为首的封建官僚体系对其强取豪夺。比如，洋商需要负担皇帝及清朝高级官僚的高消费支出。乾隆四十九年（1784年），尚书福康安、两广总督舒常奏议："洋行商人潘文岩等情愿将洋货和钟表等类可以呈进者，每年备办，吁恳监督代为呈进。朝廷批'无庸议'。"⑥其次，粤海关监督出于讨好上层官员或者满足个人私欲等目的，将政府所需军费、河工赈灾等费用强行摊派给洋商，又以各种名目不断要洋商垫付贡银。比如，洋商每年均需缴交由政府摊派的贡银，名曰"常贡"。乾隆五十一年（1786年）六月《两广总督孙士毅等为洋商潘文岩等情愿年缴备贡银两解贮海关国库事奏折》称："据洋行商人潘文岩等禀陈，商等开设洋行，与番舶夷人贸易，仰沐皇仁，俾得获利养赡身家，感戴圣恩，浃髓沦肌……每年情愿备银五万五千两，

---

①潘刚儿、黄启臣、陈国栋：《潘同文（孚）行》，华南理工大学出版社，2006。

②王丽英：《潘振承的成功之道》，《广东史志》2002年第4期，第67—71页。

③蔡鸿生：《清代广州行商的西洋观——潘有度〈西洋杂咏〉评说》，《广东社会科学》2003年第1期，第70—76页。

④潘福燊：《广东省广州府番禺县河南茭塘司龙溪乡日生社栖栅能敬堂潘氏族谱》，广东省立中山图书馆藏，1920。

⑤潘月槎：《潘启传略》，载梁嘉彬《广东十三行考》，广东人民出版社，2009。

⑥张廷玉、刘墉等：《清朝文献通考》，商务印书馆，1955，第65页。

解贮关库，为预备传办品物之用。"① 其中，洋商捐输军饷的数额远远高于"常贡"。乾隆三十九年（1774年），洋商捐银20万两，乾隆五十二年（1787年），潘启等又捐输30万两。"据洋行商人潘文岩……等，……情愿敬备银三十万两，充作新兵粮饷，稍伸芹曝之诚。伏查乾隆三十九年，川匪滋扰，商等凑捐军需二十万两，在藩库借支，分年缴还，荷蒙恩准。"② 另外，保商制度、公行制度和总商制度等严重阻碍洋商进一步发展，同时相关制度成为洋商后期相继破产的重要因素。保商制度规定洋商互相联保，一商亏损，其他洋商负无限的连带责任。乾隆朝中后期，洋商开始出现欠饷及欠外国商人债务，比如颜时瑛、张天球案。泰和行颜时瑛欠外商款项 1 383 976 元（相当于 996 463 两），裕源行张天球欠外商款项 452 418 元，乾隆皇帝不光下令充公两行资产、房屋，还革除二人职衔，发往伊犁当差，剩下欠款由联名具保商人潘文岩等分作十年清还。"奉朱批：……其余银两，着落联名具保商人潘文岩等分作十年清还，庶各行商人不能私借夷债，并不敢混保匪人。"③ 总商制度和公行制度互为表里，成为广州官吏和北京朝廷压榨洋行商人的工具。"如果说欧洲的一些国家是在行会制度及其规则保护下逐渐积累了资本，发展了海上贸易，建立了殖民地……并为新的市民阶级的产生奠定了基础，那么十三行的公行组织，却是在维护者封建王朝统治的经济基础，延缓着封建大厦坍塌的时日。"④

阻碍洋商发展的情况到潘启官二世（即潘有度）、潘启官三世（即潘正炜）等依旧没有发生好转，甚至进一步复杂化、严峻化。潘有度出任洋商的年代，为乾隆五十三年（1788年）到嘉庆二十五年（1820年）。首先，清朝自乾隆末期开始，吏治腐败，贪污盛行，国家财政败坏，民间动乱接连不断，洋商愈发成为国家转移财政负担的对象。"乾隆五十二年（1787年）才因台湾军需（林爽文、庄大田之役）强迫洋商捐银三十万两。随后自1788年到1820年，前后33年间，又以廓尔喀军需、湖广军需、川陕军需、北京工账、惠州剿匪、黄河河工、征剿海盗、嘉庆万寿及山东剿匪等为借口，共向洋商勒捐三百五十一万五千两。"⑤ 其次，破产商人所积欠外国商人债务的清偿问题在潘有度、潘正炜经营期间越发严重。另外，除了以粤海关监督为首的清朝官僚体系越发肆无忌惮地压榨洋商，"粤海关监督每年

① 中国第一历史档案馆，广州荔湾区人民政府合编：《清宫广州十三行档案精选》，广东经济出版社，2002，第137—138页。
② 中国第一历史档案馆，广州荔湾区人民政府合编：《清宫广州十三行档案精选》，广东经济出版社，2002，第145页。
③ 梁廷枏：《粤海关志》，袁钟仁校注，广东人民出版社，2002，第492页。
④ 马克思，恩格斯，列宁，斯大林：《马克思恩格斯选集》卷四，人民出版社，2012，第321-322页。
⑤ 潘刚儿、黄启臣、陈国栋：《潘同文（孚）行》，华南理工大学出版社，2006，第98页。

取自洋商的金额在二三十万两之间"①；东印度公司成为中国茶叶出口的主要交易对象、"港脚商人"的兴起以及美国商人来华等使得洋商对外贸易的局面更加复杂。

综上所述，从潘启创立同文行，到潘正炜歇业同孚行，由侄子潘仕成承接同孚行名号组建同孚茶行，同文（孚）行都面临着各种严峻的问题。在这种背景环境下，同文（孚）行选择加强与外商的商贸合作，和外商建立稳定的生意伙伴关系，从而保全自身，获取利润。同文（孚）行主要通过以下几种方式加强与外商的合作：

其一，以诚信为本，获取外商的信任。同文行的创始人潘振承，"承揽夷货，动辄数十万两；承保税饷自数万两至十余万两不等，责成綦重，非实在殷实诚信之人，不可胜任"②。潘启以诚实对待外商，出口的丝茶价廉物美，即使有时贩卖的商品比其他洋商贵，其商品也以质量取胜，相比之下其他洋商"不惯作大宗贸易，且每多不尽诚实者"③。同时，潘振承十分看重同文行的信用，率先对英国东印度公司退回的次茶或废茶进行赔偿。比如乾隆四十八年（1783 年），同文行赔偿在 1781 年已运到伦敦返回废茶 1402 箱，价值超过 10 000 银元，其中还有未经确定是否从同文行销出的茶叶。④表面上商品的赔偿使他遭受经济上的损失，实际上保障了同文行的信誉，并在外商心中留下诚信的良好印象。英国东印度公司职员称他为："实可称为当时行商中最有信用之唯一人物"⑤。潘启官二世（潘有度）经营同文（孚）行同样以诚信为本，靠质量取胜。例如 1798 年，东印度公司想要向潘有度为下一季（1798—1799 年）多订 5 000 箱屯溪茶时，潘有度加以婉拒："因为他通常只向特定的某些人购买某些特定的牌子，而他与这些人已有多年来往。他不希望为了增加他们的数量而损及其品质。"⑥良好的信用使得外商乐意与同文（孚）行加强合作，为同文（孚）行提供了充足的现金流。例如 1772 年，英国东印度公司管委会给潘启的生丝预付款银为十二万五千两；1774 年底，生丝预付款银为二十四万两；1780 年，又预付给潘启官的银为六十万一千五百两。⑦

其二，合理解决中外冲突，为外商排忧解难。潘振承作为外商的保商，秉持以和为贵的原则解决中外纠纷。例如，乾隆四十七年（1782 年），一个中国人在

①英国东印度公司档案，G/12/108，1795/04/28，大英图书馆藏，第 276 页。

②梁廷枏：《粤海关志》，袁钟仁校注，广东人民出版社，2002，第 498 页。

③梁嘉彬：《广东十三行考》，章文钦校注，广东人民出版社，1999，第 360 页。

④［美］马士：《东印度公司对华贸易编年史（1635—1834 年）》卷一、卷二，区宗华译，中山大学出版社，1991，第 410–411 页。

⑤梁嘉彬，《广东十三行考》，章文钦校注，广东人民出版社，1999，第 147 页。

⑥英国东印度公司档案，G/12/121，1798/04/26，大英图书馆藏，第 66 页。

⑦［美］马士：《东印度公司对华贸易编年史（1635—1834 年）》卷一、卷二，区宗华译，中山大学出版社，1991，第 331、376 页。

堆栈岛上和来自"黑斯廷斯号"的一名小童玩耍，他将爆竹扔在小童的脚上。小童走入堆栈拿出一只鸟枪企图恐吓这个人，但鸟枪不幸走火，射中这个人的额角，使他约一个小时后毙命，外商立即将此事通知给该船的保商潘启官。后来英国东印度公司广州管理会向伦敦董事部报告："由于潘启官的活动和他对官员的影响，此事得到解决，我们的贸易没有因此受到障碍。"[①] 潘启官二世（潘有度）在处理中外商贸冲突中同样得到外商的认可。即便是嘉庆十一年（1806年）至嘉庆十二年（1807年），潘有度多次拒绝英国东印度公司的进口米收购请求，惹得东印度公司职员不满，但公司职员对潘有度的评价依旧很高："同文行年代救援，与所有的欧洲人都有大笔生意往来，一般的商誉极佳。而潘有度本人在各方面也比其他商人优秀。"[②] 同文（孚）行圆滑变通地解决中外纠纷，赢得了欧洲公司特别是英国东印度公司的好感，他们认为同文（孚）行的潘启官"调度得法，是一位最可信赖的商人"[③]。

其三，深度合作，利益捆绑，双方成为稳定的商贸伙伴。从潘振承创办同文行，到潘有度经营同文（孚）行，同文（孚）行都在与英国东印度公司进行相对稳定的商贸往来，彼此扩大贸易数额进而形成利益捆绑。1753年，同文行便与英国东印度公司做成了一笔贸易数额相当大的生意，"1753年的广州船运……英国公司船6艘载运的生丝1192担，每担175两，订约时预付160两，110天—130天交货，这个合约是与潘启官签订的。同时又与他签订丝织品1900匹和南京布1500匹的合约"[④]。此后，同文行与英国东印度公司的贸易往来不断加深，1773年中的一个季度，同文行承销的毛纺织品曾达洋商承销总量的八分之五。[⑤]1775年，英国销往中国的毛织品价格总值为348241两，潘启认购达116015两的毛织品。[⑥]因此，在物物交换的成规下，潘启相应换取东印度公司向他订购较多的丝、茶。[⑦]潘有度

---

① ［美］马士：《东印度公司对华贸易编年史（1635—1834年）》卷一、卷二，区宗华译，中山大学出版社，1991，第394—395页。

② 英国东印度公司档案，G/12/154，1806/12/04，大英图书馆藏，第45—50页。

③ ［美］马士：《东印度公司对华贸易编年史（1635—1834年）》卷一、卷二，区宗华译，中山大学出版社，1991，第367页。

④ ［美］马士：《东印度公司对华贸易编年史（1635—1834年）》卷一、卷二，区宗华译，中山大学出版社，1991，第293—294页。

⑤ ［美］马士：《东印度公司对华贸易编年史（1635—1834年）》卷四、卷五，区宗华译，中山大学出版社，1991，第606页。

⑥ ［美］马士：《东印度公司对华贸易编年史（1635—1834年）》卷一、卷二，区宗华译，中山大学出版社，1991，第333页。

⑦ ［美］马士：《东印度公司对华贸易编年史（1635—1834年）》卷四、卷五，区宗华译，中山大学出版社，1991，第582—583页。

经营同文（孚）行，面对复杂多变的商贸环境，采取审慎的作风，尽量维持与英国东印度公司有最大的交易额，避免同美国及印度商人做买卖。

二、利用外商，维护自身利益

广州洋行商人同外商既是贸易伙伴，也是贸易对手，相互间有共同的利益，是一种互惠合作的关系；也有各自生意的盘算，摩擦和矛盾不可避免。"他们敬重他们的对手大班，也受到大班的尊重"，虽然"双方经常发生冲突，但是到头来，彼此是牢固不可分的朋友"。[1]潘同文（孚）行在商贸过程中，多次利用外商解决自身困难，维护洋行利益，从而获得进一步发展。1760 年，潘振承联合其他行商倡议恢复公行，以此加强行商内部的团结，避免行商互相排挤，约束行外商人，从而获取更大的利益。公行成立之初，的确符合潘振承等人设想，有利于维护行商整体利益，"（1765 年）四年来公行仍保持着向来的状态。十位行商组成的公行，今天订一种规章，明天又更改等等；但很少对外国商人有利。官员们每年提高他们所索的规礼；公行就随而增加行佣，这种对外贸易商的额外负担，迄今仍未有改善的迹象"[2]。但公行组成后，进出口货价需要共同协商，规模较大的行商无法把持垄断贸易，其利益受到严重损害。同时，公行逐渐成为清政府限制民间资本集中，强化控制广州洋商的工具。"公行实际上充当了闭关政策的工具，这表现在公行所起的作用上……洋行具有商务和外交双重职能，前一种职能是正常的，而后一种职能则是闭关政策下特有的产物。"[3]一方面，潘振承积极联络同样利益受损的英国东印度公司，寻求外商的认同并希望外商给公行造成压力，"1768 年 2 月 21 日发出的向董事部的报告中，只有下列资料涉及公行问题：'潘启官告诉我们，他在今年有希望打破公行制度——我们希望他能成功'"[4]；另一方面，潘振承积极联络官员，通过交纳十万两银子讨好两广总督李侍尧，使得公行制度暂时搁置。事后，潘振承向英国东印度公司"请功"，东印度公司的货物管理人将钱偿付给了他。"行商首领潘启声陈，关于实现这个措施他有功劳，并写陈述它使他花费十万两（约

① ［美］马士：《东印度公司对华贸易编年史（1635—1834 年）》卷二，区宗华译，中山大学出版社，1991，第 1—2 页。
② ［美］马士：《东印度公司对华贸易编年史（1635—1834 年）》卷四、卷五，区宗华译，中山大学出版社，1991，第 544 页。
③ 史远芹主编：《中国近代化的历程》，中共中央党校出版社，1999，第 40 页。
④ ［美］马士：《东印度公司对华贸易编年史（1635—1834 年）》卷四、卷五，区宗华译，中山大学出版社，1991，第 551 页。

合三万英镑），东印度公司的货物管理人把该款付给了他。"①除此之外，潘振承于1775年、1776年和1777年继续与英国东印度公司联络，暗中破坏清政府组织公行。"'（1775年8月20日）我们听说所有重建公行的想法已放弃，由于潘启官曾经极力反对，而他在官员方面是很有势力的。'潘启官在1775年像在1771年时一样，再一次推延了广州重建商人行会的时间；这种组织实际上只不过是政府管理贸易的机构。"②在潘振承和英国东印度公司的破坏下，公行屡设屡废，到1782年复设公行时，公行的作用仅限于征收行佣，不对外商有任何威胁了。

潘有度面临的贸易环境不同于潘启官一世的时代：1784年"折抵法案"的提出使欧陆商人的贸易不断衰减，英国东印度公司独霸欧洲贸易；印度港脚商人得到英国东印度公司的支持逐渐兴起；美国商人来华拓宽商贸渠道等。一方面，潘有度极力避免"商总"或"首名商人"头衔带来的麻烦。"当1787—1788年贸易季终了，英国东印度公司必须与洋商展开磋商下一年度得合约时，潘有度断然婉拒了由他成为第一个磋商对象的要求，以避免被当为第一顺位的商人"③；另一方面，洋商接连破产，洋行发展举步维艰使得潘有度表现出强烈的退休意愿，"潘有度这回决心十分强烈，因此也就不择手段。事后他虽然不肯表示曾经付出多少金钱，但广州商界则盛传他花了五十万两银子的代价才取得有关官吏的同意"④。同时，针对英国东印度公司不愿意自己离开广州洋行业，潘有度决定利用嘉庆十一年（1806年）至嘉庆十二年（1807年）"进口米事件"降低同文行在外商心中的信誉，从而减少自己离开洋商行业的阻力。潘有度首先拒绝英国东印度公司以成本价无条件收购进口米的请求，又拒绝认买同文行占东印度公司交易额比例的进口米。潘有度的做法违背了惯例上依照与东印度公司交易的规模分摊洋商共同义务的原则，同时引起了英国东印度公司职员的不满。⑤"进口米事件"让英国东印度公司职员重新审视潘有度在洋商行业中的信誉和能力。1807年3月间，潘有度向东印度公司新任大班喇佛表明了离开洋行业的决心，他也请求公司买下他手上余存未出清的茶叶（1806—1807年季末的"冬茶"），喇佛也同意了。⑥潘有度希望广州的东印度公司的职员在写信给伦敦的理事会时，向理事会说明除了其他因

①胡滨译：《英国档案有关鸦片战争资料》，中华书局出版社，1993，第277-278页。
②［美］马士：《东印度公司对华贸易编年史（1635—1834年）》卷一、卷二，区宗华译，中山大学出版社，1991，第338页。
③英国东印度公司档案，G/12/88.1788/04/02，大英图书馆藏，第188页。
④英国东印度公司档案，G/12/160，1808/01/07，大英图书馆藏，第21页。
⑤潘刚儿、黄启臣、陈国栋：《潘同文（孚）行》，华南理工大学出版社，2006，第108-109页。
⑥英国东印度公司档案，G/12/154，1807/03/02，大英图书馆藏，第28-284页。

素外,他的健康情况不佳,而且多年来尚未能将其父母的灵柩送回福建安葬等原因,都是他必须离开洋行业的考虑。东印度公司职员由于已经不反对他退休,因此也乐得做这个人情给他。[①]

三、鄙视外商,秉持华夷之见

潘同文(孚)行作为广州十三行代表商行之一,商贸成就享誉中外。与之形成鲜明对比的是,《河阳世系番禺龙溪潘氏族谱》对潘振承白手起家只有寥寥数笔,未记录他担任十三行商人首富做过的事迹,更是只字未提同文(孚)行继任者潘有度和潘正炜的商业活动。族谱仅记载族人参加科举考试或捐官的官衔,以及他们的文学著作(伍氏、梁氏商人族谱的记载亦如此)。[②]归根结底,是因为虽然清朝商品经济迅速发展,但其封建小农经济的本质没有发生改变,清朝延续"重农抑商"政策,商业长期受到鄙视,商人地位低微。

社会旧有观念和习俗依旧在潜移默化地影响着洋商,潘同文(孚)行也没有幸免,这体现在同文(孚)行同外商进行商贸往来时依旧保持着华夷观念,没有从心底里认可西洋文明。首先,潘有度的《西洋杂咏》在一定程度上表达了其对洋人、洋风和洋事的看法。《西洋杂咏》共二十首,每首七言四句,附有详略不等的自注。潘有度的《西洋杂咏》,一方面表现出其熟知西洋事务,好奇西洋文明发展,另一方面诗句中"夷"不绝口,"缱绻闺闱只一妻(夷人娶妻不纳妾,违者以犯法论),犹知举案与齐眉(夷人夫妇之情甚笃,老少皆然)"[③],"日暮层楼走千步,呢喃私语影双双(夷人每日黄昏后往来行动,以运血气,俗称'行千步'。行必有偶,偶则私语。)"[④]。潘有度作为洋商,在英国东印度公司的大班面前低三下四,"潘振承的儿子说:'他和他的父亲为公司服务长达五十年,接受公司最大的款待和厚遇;从而在他的权力以内,尽力维护公司的利益,努力进行报答。'"[⑤]但自己于文化上站在制高点,对"夷人"文化评头论足。这种表卑里亢的精神状态,说明潘有度尽管处于中西通商的前沿,却抱着"朝贡体制"的老眼光,远远没有跨越华、

---

①英国东印度公司档案,G/12/154,1806/04/03,大英图书馆藏,第166-167页。

②潘刚儿、黄启臣、陈国栋:《潘同文(孚)行》,华南理工大学出版社,2006,第26页。

③潘仪增编:《番禺潘氏诗略》,潘飞声校,广东省立中山图书馆藏,1894。

④潘仪增编:《番禺潘氏诗略》,潘飞声校,广东省立中山图书馆藏,1894。

⑤[美]马士:《东印度公司对华贸易编年史(1635年—1834年)》卷三,区宗华译,中山大学出版社,1991,第61页。

洋之间文化传通的心理障碍。① 其次,通过外商纪实,可以发现潘启官三世(潘正炜)对西洋科学抱有期待的同时,恪守"华夷之见",没有从心底里认可外商。威廉·C.亨特据他父亲美国商人亨特约在 19 世纪 30 年代的记载,写了《考克斯医生为中国病人出诊》的纪实文章:"他告诉我他的大儿子病得很厉害,如果我能让我们得医生到他那里去看看,他将很高兴……过了两三天,我们又去拜访潘启官,探问他儿子的病情,很高兴得悉他已经好一点了,但是他没能服用考克斯给他开的药……按照习惯,在服药之前,要在华佗的神位前烧香,然后用三块特制的小木头,一头是平面,另一边是凸面,求神判断这药吃了是好是坏。"② 潘正炜作为洋商代表人物之一,长期接触外商事务,亲眼目睹西洋文明的发展壮大,愿意去接触或学习外商带来的先进技术,但依旧没有摆脱传统迷信和习俗。这在本质上反映着封建社会固有的华夷观念,洋商并没有从心底里认可外商。

四、结语

以潘同文(孚)行为代表的清代广州洋行商人,针对中外商贸时局变化和自身利益增减,对外商采取的经商策略与交往理念也在随之发生变化:复杂严峻的社会环境要求洋商加强与外商的合作,并形成较为稳定的商贸伙伴;同时洋商为了自身利益,也会使用技巧利用外商为自身发展谋求便利。此外,即便洋商处于中西文化交流的前沿,亲眼目睹西洋文明的发展变化,仍旧受到传统观念、传统习俗的影响,对外商抱有"华夷之见",没有从心底里认可外商。

---

① 蔡鸿生:《清代广州行商的西洋观——潘有度＜西洋杂咏＞卷 3 评说》,《广东社会科学》2003 年第 1 期,第 72 页。

② [美]威廉·C.亨特:《广州番鬼录;旧中国杂记》,沈正邦译,章文钦校,广东人民出版社,1992,第 32—33 页。

18世纪70年代以来散商给十三行贸易体制带来的挑战

蓝国铭 *

摘要：18世纪70年代以来，散商群体在十三行贸易中的作用日益重要，但由于自身具有强大的逐利性或较为不羁的性格,他们常做出违反中国贸易规定的事，主要包括造成事故、产生商欠、运输鸦片、与行外商人贸易等，对十三行体制造成不少挑战，给中外双方带来许多麻烦。

关键词：十三行贸易；散商；挑战

一、管理方面的挑战

（一）事故和违规事件的增加

十三行贸易中的散商，通常是由印度富商派往中国的私人代理商。他们被东印度公司所认可，但不受公司约束，加上自身的逐利性或性格原因，往往作出各种违反规定的事，给中外双方带来许多麻烦。

由于商船在港时间较长，涉及许多管理，加之船上人员对中国管理规则的不熟悉，或喝酒等原因造成的不理智，散商船在黄埔港附近造成的事故和违反管理规定的事件非常普遍，给涉事方带来的影响也最大。早在1724年，黄埔就发生了散商船"国王乔治号"炮手误伤中国小童事件。这是笔者所见最早的散商船事故。此后直到1773年未见有散商船人员违规或伤人的案例，但1774年后，该类案例开始密集出现并引起了中外双方的一系列反应。当年即出现了散商不经保商而直接向行外商人购置货物的情况，致使海关监督强调，如果外商的买卖不经保商，则禁止将任何物品带上岸，亦不准将船停泊黄埔，不但商船会被驱逐离境，行商

---

* 蓝国铭，广州大学广州十三行研究中心暨人文学院历史系中国史研究生。

和通事也会受到惩罚。①1780年，英国散商船"成功号"（Success）的一名法国籍船员杀害了东印度公司船"斯托蒙特号"上的一名葡萄牙籍水手，在法国领事馆躲藏一天后被中国人在未公开审讯的情况下处以绞刑，成为欧洲人在中国被处死的首个事例②，也给中国官府留下了"惟尔咭唎国夷人往往逞强滋事"的印象。粤海关监督始终不相信东印度公司无法管理散商船，坚持认为"你们尚且要管束他，那有港脚船的夷人倒不听你们的说话"③，而英国方面同样觉得"在不列颠旗帜下的那些人，只有散商船产生麻烦和惹起纠纷"④。1784年11月24日，英国散商船"休斯夫人号"（Lady Hughe）在黄埔鸣炮致意时，意外击中停泊在附近领有执照的驳船，导致船上三名中国人受伤，其中一名重伤并于翌日去世。由于肇事炮手逃逸，大班斯密斯被扣押直至找到炮手为止，同时各国商馆都被中国派兵包围，一切贸易被迫停止。⑤

　　同样对贸易和船只造成影响的，还有1800、1809和1814年事件。1800年，散商船"鸽子号"（Dove）因违反禁止番妇前往广州的规定，被滞留了几个星期；1809年，两名通事被派往澳门检查即将前往黄埔的商船的货物，确定没有违禁品后才能雇请引水前往黄埔，但同时又允许在6月5日前到达的船只雇请引水，携带有鸦片的"巴林号"于5月29号到达，因载有鸦片而拒绝接受检查，停泊在黄埔口外长达19天。1814年，美国与英国处于战争状态，美国武装双桅方帆船"漫游者号"俘获了一艘英国散商船"阿拉贝拉号"，二者先后抵达澳门，而前者在后者到达前便驶入黄埔。由于中国是中立的第三方，这件事被中国认为是"破坏中立"，于是中方断绝皇家船只的伙食供应，停止英国和美国的贸易，并在几艘散商船开行前往印度前夕，拒绝发给离港执照。⑥

　　从以上例子可知，散商逐渐成为主角后，各种违规和事故也逐渐增多，给中外双方都带来了烦恼，双方的关系较前期略显紧张。因此，当得知东印度公司将

①［美］马士：《东印度公司对华贸易编年史（1635—1834年）》卷二，区宗华译，广东人民出版社，2016，第15页。

②［美］马士：《东印度公司对华贸易编年史（1635—1834年）》卷二，区宗华译，广东人民出版社，2016，第70页。

③许地山编：《达衷集：鸦片战争前中英交涉史料》，商务印书馆，1931，第130页。

④［美］马士：《东印度公司对华贸易编年史（1635—1834年）》卷二，区宗华译，广东人民出版社，2016，第77页。

⑤［美］马士：《东印度公司对华贸易编年史（1635—1834年）》卷二，区宗华译，广东人民出版社，2016，第116—118页。

⑥［美］马士：《东印度公司对华贸易编年史（1635—1834年）》，区宗华译，广东人民出版社，2016，卷二第397页，卷三第128、244页。

于 1833 年解散，中方随即向公司管理会提出了要英国继续派人管理在华商贸的要求："降颁谕令，命该国头目马治平，寄信回国转知该国国王，如今后该国公司散局，确系如此，即应派一头目前来广州，以便管理该国来广之外商及船只种种事务。倘无此种头目则职责不能集中。如该国散商船及外商来广贸易，船只既多，人亦不少，遇有愚鲁无知，触犯政府法令，最终谁负其责？"① 可见中国方面对散商事故带来的麻烦有着较为清晰的认知，希望能有完善的应对办法。

（二）留广散商增多

按照清政府的规定，每年贸易季节过后，只有东印度公司大班可以留在广州处理贸易事宜，事毕后返回澳门，而其他人员则没有这个"待遇"。然而，出于对利润的追求，散商会以各种理由留在广州。1780 年，《东印度公司对华贸易编年史》中第一次出现居留广州的非英国东印度公司人员②，当年在广州的有：英国人8 名——赫顿、莱斯利、乔治·史密斯、迪金森、克赖顿（John Crichton）、阿瑟·克罗姆林、弗格森（Fergusson）、道利（James Dawley）（阿瑟·克罗姆林的仆人）。法国人4 名——沃克兰（Vauguelin）、维埃亚尔（Viellard）、科斯塔（Costar）、加尔贝（Galbert）。丹麦人1 名：晏森（Ole Jenssen），库尔托尼人（Courtonne）。

1782 年，"只有两名英籍私商仍留在广州，另外"约有 30 名亚美尼亚人"③。1820 年，委员会主席向董事部提到了散商违规留在中国的问题："主席乘便提请董事部注意，大批欧洲的和印度土著的不列颠人流入，那些人都是近年来从印度乘散商船经常到中国的，他们的目的是来做生意，其中很多人居住中国的时间超过董事部所规定的期限，蔑视我们一再的通告，而契约登记是由船长或船主载运他们的。"④ 他们当中很多人都有外国领事身份，"委员会考虑这些人是由外国保护的，但对所有其他的不列颠籍人，他们张贴通告，警告要他们于 1821 年 4 月 2 日离开，如不遵从，则将他们的名字分别向印度有关的总办事处报告"⑤。

---

① ［美］马士：《东印度公司对华贸易编年史（1635—1834 年）》卷四，区宗华译，广东人民出版社，2016，第 278 页。

② ［美］马士：《东印度公司对华贸易编年史（1635—1834 年）》卷二，区宗华译，广东人民出版社，2016，第 60 页。

③ ［美］马士：《东印度公司对华贸易编年史（1635—1834 年）》卷二，区宗华译，广东人民出版社，2016，第 87 页。

④ ［美］马士：《东印度公司对华贸易编年史（1635—1834 年）》卷三，区宗华译，广东人民出版社，2016，第 420 页。

⑤ 同上。

　　1822 年大火过后，十三行国际化依旧，其中以英美商人居多。一份 1826 年的十三行人口普查资料显示有 45 位英国籍商人，其中东印度公司商人 20 位，散商 25 位，其中就涉及三家英国洋行，分别是马格尼亚克洋行、宝顺洋行和伊利沙利洋行。美国籍商人共 19 位，荷兰籍 4 位，瑞典籍 2 位，西班牙人 4 位，法国人两位。[①]10 年后，《中国丛报》在 1837 年 1 月发表了一篇调查报告称[②]；同 10 年前相比，十三行内来自欧洲大陆国家的商人数量持平。美国商人数量达到 44 人，翻了一倍，帕西人 62 名，人数增长最多的是英国商人，共 158 名。"1829 年，艾尔博瑞（Ilberry）和费伦（Fearon）分别成为汉诺威驻广州的正、副领事；托马斯·登特（Thomas Dent）是撒丁岛领事；亚历山大·罗伯森（Alexander Robertson）是西西里岛领事；渣甸（William Jardine）接替了马地臣（James Matheson）的职位成为丹麦领事"[③]。"这种策略纵然在经济上没有什么作用，但是在政治上却是有作用的，几乎所有的'英国散商'不久都采用了这种方法。"[④] 从中我们不难读出，出于对中国贸易规则的尊重，东印度公司董事会对于散商擅自留在广州同样抱反对态度，而散商则以外国领事的身份"顺理成章"地留下，从事着自己的贸易。这一方面说明十三行贸易对散商和东印度公司的巨大吸引力，另一方面也体现出十三行体制在应对贸易变局方面缺乏适应性，倒是散商能找到适应中国体制的"办法"。

二、贸易方面的挑战

（一）商欠情况的恶化

　　商欠即在十三行贸易中中国行商欠外国商人的债款，亦称"夷欠"。商欠一般"通过买卖货物的普通贸易过程以及由于外商贪图高利而作的放款"[⑤] 两种情况产生。"以皇帝为首的清政府怕'贻笑外夷'的心理，是各'夷商'放债的最有力保障"[⑥]。第一个商欠案发生在康熙五十五年（1716 年），起因是"广州黄金难以购得，很多欧洲人把他们的钱留下放债生利"[⑦]。外商以放债作为控制行商的手段的同时，

①［美］马士：《东印度公司对华贸易编年史（1635—1834 年）》卷四，区宗华译，广东人民出版社，2016，第 141-144 页。

②Chinese Repasirory, 5.January. 1837, P432.

③［美］马士：《东印度公司对华贸易编年史》卷四，区宗华译，广东人民出版社，2016，第 214-215 页。

④［英］格林堡：《鸦片战争前中英通商史》，康成译，商务印书馆 1961，第 22 页。

⑤［美］马士：《中华帝国对外关系史》卷一，张汇文等译，商务印书馆，1963，第 183 页。

⑥郭德焱：《清代广州的巴斯商人》，中华书局，2005，第 48-49 页。

⑦［美］马士：《东印度公司对华贸易编年史（1635—1834 年）》卷一，区宗华译，广东人民出版社，2016，第 175 页。

朝廷又要求行商垫付税款、购买备贡物品等，造成日益严重的商欠。乾隆二十四年（1759年），法商眛的哩（De Montignn）呈递给两广总督的禀帖中就指出粤海关存在"藉办贡物名色，需一索十之恶习，任意单派"的情况，对于官员个人所需名物，无论行商经济是否宽裕，"或索银两代买，或指已向某店买到，令还银两，若不应与，则挟恨寻事陷害"，就连进口纺织品"哔叽、羽纱缎、大小绒"也在勒索的范围之内，"如有司官所取，或尚有半价可领，若为官吏内司藉取，则血本尽属乌有"，出于对官吏的畏惧，行商"情愿揭借债负代填"，巨额的支出造成部分行商"无力办贡，向英吉利承办贡物"，"写立欠约而已！"[①]

　　18世纪70年代散商成长起来后，把大量现款借给行商以牟利，再加上乾隆三十六年（1771年）公行的解散削弱了与外商讨价还价的能力，众多资本薄弱的行商无力还债。乾隆四十二年（1777年），"11家行商中只有4人还得起债"。[②]在18、19世纪之交的十余年，广州货币市场银根紧缺，行商现金周转更为困难，只好继续拖欠外商货款。然而，外债可拖，支付内地的茶价、官吏的勒索以及缴纳关税却不得不使用现银，这给了英国散商放债的理由。他们"除了将自己的剩余资金向行商放债外，还将在印度的英国私商和船长委托给他们的有息存款借给行商"，转手之间，"年利率可由10%提高到18%，甚至达40%"。[③]乾隆四十三年（1778年）行商瑛秀的债务中，欠东印度公司45 000两，欠散商船"决胜者号"（Favourite）船长帕克斯（Capt. Parks）则达到80 000两。1779年，广州特选委员会提到八位行商之一的球秀"亦卷入漩涡，本季度无法按期清理那几位与他来往的散商船船长的债务，他会完全破产"[④]。转手放高利贷成为英国散商一项"舒服的生意"[⑤]。乾隆四十五年（1780年）行商颜时瑛、张天球商欠案后，海关监督特别提到散商问题，要求大班转告英国国王"严饬港脚鬼子，嗣后不许违禁放债"，否则"追银入官，驱逐回国"[⑥]。这显示粤海关知道散商特别是印度的巴斯商人是商欠发展的重要推手，而黄埔许多散商船的船主正是这些人。1791年，"洋商吴昭平经理不善，以致拖欠夷货价银至二十八万余两之多"[⑦]。1807年托马斯·H.帕金斯在写给广

① 汤象龙：《十八世纪中叶粤海关的腐败》，载李定一等编《中国近代史论丛》第一辑第三册，第149-150页。
② ［英］格林堡：《鸦片战争前中英通商史》，康成译，商务印书馆，1961，第18页。
③ ［英］格林堡：《鸦片战争前中英通商史》，康成译，商务印书馆，1961，第139-140页。
④ ［美］马士：《东印度公司对华贸易编年史（1635—1834年）》卷二，区宗华译，广东人民出版社，2016，第29、52页。
⑤ ［英］格林堡：《鸦片战争前中英通商史》，康成译，商务印书馆，1961，第141页。
⑥ （清）梁廷枏：《粤海关志》，袁钟仁点校，广东人民出版社，2014，第497页。
⑦ 中国第一历史档案馆、广州市荔湾区人民政府合编：《清宫广州十三行档案精选》，广东经济出版社，2002，第150页。

州洋行的信中，就提到"利用我们的船和资金有两种方法，我们认为这两种方法会被证明是比我们以最少次数的装载最好船货带来的利润都要多"，其中一种就是"把钱按照顾盛先生所说的 18% 的年利率而且每天都偿还的方式借贷出去"①。过去，粤海关曾要求洋舶出口前"取具夷人两无带欠夷字，甘结存案"②，到了嘉庆十九年（1814 年），却到了"此事竟成故套，难以凭信"③的地步。据学者研究，鸦片战争前的三大商欠案，即 1810—1815 年万成行沐士方、1827—1829 年天宝行经官、1836—1837 年因鸦片造成的商欠案（即后来《南京条约》600 万鸦片费）都和巴斯商人有关。④然而在一众行商由于散商的高利贷纷纷破产的大环境下，还是有个别行商因经营谨慎而能使自己置身事外。同文（孚）行自潘文岩担任行商以来，便有和瑞典、丹麦东印度公司商人交易的记载，但对于英美散商，同文（孚）行潘家只是选择性交易，因此到潘有度一代，当伍秉鉴、潘长耀等卷入美国商人的坏债纠纷，或伍国钊（钊官，源顺行）、沐士方（方官，万成行）等因与港脚商人交易而蒙受重大损失时，潘有度都能很好地保全自己。⑤

　　除一般的商欠以外，散商时代还有一种容易导致行商产生资金问题的情况是冬茶的买卖。茶叶是美国散商在广州购买的主要商品。由于他们不太计较茶叶的品质，资金也不如英印散商充裕，行商往往在每年贸易季节结束时，将手上未曾卖完的茶叶（即"冬茶"）以"赊欠交易"或"委托贸易"的方式交给美国商人运往美国或欧陆转售，待货款到手后将茶价汇交广州行商。这种交易方式虽一时解决了行商的存货问题，但由于债权不易收回，行商常因被美国商人倒账而亏本。⑥

（二）鸦片流入的增加与白银外流的加剧

　　18 世纪后期白银供应的不足开始导致散商和散商船地位上升，但那时的白银缺口至少还能通过正常的散商贸易收益来填补。到 19 世纪初时，由于美洲殖民地独立战争的影响，白银产量继续锐减。英国外交部在 1833 年估算，从 1790 年至 1799 年之间，以及 1800 年至 1809 年之间，世界白银产量减少了 6.6%，1810 年

---

①1807 年 5 月 13 日 J. & T. H. Perkins 致 P & Co.; James Eliot Cabot, "Extracts from the Notebooks of J. & T. H. Perkins...", 164-165. 转引自［美］雅克·当斯：《黄金圈住地》，周湘，江滢河译，广东人民出版社，2015，第 108 页。

②（清）梁廷枏：《粤海关志》，袁钟仁点校，广东人民出版社，2014，第 564 页。

③同上。

④郭德焱：《清代广州的巴斯商人》，中华书局，2005，第 82-86 页。

⑤潘刚儿、黄启臣、陈国栋：《潘同文（孚）行》，华南理工大学出版社，2006，第 116 页。

⑥潘刚儿、黄启臣、陈国栋：《潘同文（孚）行》，华南理工大学出版社，2006，第 101 页。

至 1819 年间减少了 49.5%，1820 年至 1829 年间减少了 56.6%[①]，建立在对华白银输出基础上的黄埔洋舶贸易已难以为继。在 18 世纪支撑黄埔洋舶贸易的白银，在 19 世纪 30 年代末的产量还不到 18 世纪的 40%。尽管英国东印度公司总部努力从包括印度在内的各地运送白银到广州，同时也鼓励散商运销印度商品，但东印度公司在广州的资金周转仍屡屡发生困难。乾隆五十一年（1786 年）公司在广州的财政赤字高达 86 万两白银，次年更高达 90 万两[②]。于是，东印度公司决定用任何手段平衡对华贸易的巨额逆差，而利用鸦片走私达到此目的的建议，最先由东印度公司在印度的高级职员华生上校（Colonel Watson）提出，具体做法为：英印政府组织鸦片生产并把鸦片批发给散商，散商在广州出售鸦片后，将货款交给东印度公司在广州的财库，后者支付散商以汇票，散商可以兑换成现金。[③] 东印度公司发给前往中国的私人船只的执照中就附有"船只不得载运非东印度公司生产的鸦片，否则要处以罚金"的条件。[④]

以这样的方式，18 世纪末以来，鸦片输入黄埔的数量激增。乾隆五十六年至嘉庆五年（1791—1800 年），每年从印度输往黄埔的鸦片约 2 000 箱。[⑤]1794 年，一艘专载鸦片的船只装载 290 至 300 箱鸦片驶到黄埔，公开与广州的私商直接贸易。道光元年（1821 年）以后，鸦片的储存站移至伶仃岛，与广州的往来运输则以飞剪船（Clipper）偷运的方式进行，鸦片输入量不断增加。据统计，嘉庆五年至道光十九年（1800—1839 年）的 39 年间，经澳门运至广州的鸦片达到 638 119 箱，其中英国 513 232 箱，葡萄牙 76 627 箱，美国 26 097 箱，法国 7 500 箱，其它国家 14 303 箱，从贸易量值上大大改变了广州进口贸易的商品结构。[⑥] 至道光十八年（1838 年），每年高达 4 万箱，比 40 年前增加 20 倍。从道光十一年至二十年（1831—1840 年）的 9 年间，印度鸦片输入数量相当于过去一个世纪的数量[⑦]。通过鸦片贸易，英公司彻底解决了在华贸易的赤字问题，从嘉庆十二年（1807 年）起，东印度公

① British Padiamcntary Papers. Vol.37.lrish: Irish University, 1971). p.427. 转引自魏俊:《清代广州十三行的兴衰：白银供应的角度》，广西师范大学出版社，2018，第 124 页。
② Morse, The Chronicles, Vol.2, PP. 95, 118, 135.
③ 张晓宁:《天子南库：清前期广州制度下的中西贸易》，江西高校出版社，1999，第 144 页。
④ 马克思、恩格斯著，中共中央马克思恩格斯列宁斯大林著作编译局编:《马克思恩格斯选集》卷二，人民出版社，1972，第 2 页。
⑤ Morse, The International Relations of the Chinese Empire, 1834-1911, (Global Oriental, 2004), P238.
⑥ 陈柏坚:《广州是中国经久不衰的外贸港市》，载王晓岭主编《哥德堡号与广州海上丝路》，中国评论学术出版社，2008，第 12—64 页。
⑦ 谭中:《英国—中国—印度三角贸易，1771—1840 年》，载《中外关系史译丛》第 2 辑，上海译文出版社，1985。

司开始从广州运出白银。道光十九年（1839 年）林则徐到达广东后，与两广总督邓廷桢调查鸦片流行情况，"查奸夷喳，系咭唎国所属之港脚人，盘踞粤省夷馆历二十年之久，混号'铁头老鼠'，与汉奸积惯串通，鸦片之到处流行，实以该夷人为祸首"①。这说明广东官府已然知道散商是直接造成鸦片大量输入的原因。

19 世纪初，北美毛皮来源枯竭，广州的人参市场因长期大量输入也出现积压现象，于是美国经过一番搜索，最终也把目光投向了鸦片贸易。

美国输华鸦片主要是土耳其鸦片。美商从事对华贸易初期，先从土耳其将鸦片运抵美国，再从美国装船运往黄埔。嘉庆十年（1805 年）十一月，美船"恩登号"（Entan）从巴尔的摩出发，携带鸦片 46 箱 253 盒直航广州，3 个星期后，另一艘美船"气精号"也携带 33 箱鸦片从费城出发前往广州。道光元年（1821 年），英国政府允许美国商船在印度和广州之间自由航运，美国商人得以加入印度鸦片输出的行列，从此以后，美国拥有土耳其和印度两个鸦片产区，相应地，美商输华白银数量在 1828 年为 200 万—400 万两，至 1831—1840 年比前十年减少 38%。②鸦片输入的增加还导致携带武器的鸦片走私船与广东官府冲突的增加。1838 年，英国国商务监督义律在发给外相巴麦尊的书信中曾提到，"最近两个月中，在伶仃岛与广州之间从事这种非法贸易的英国船只数目大增，在鸦片交货时常常引起这些船只与政府的缉私艇之间的武装冲突"③。

欧美各国之所以走私鸦片，是因为"这可以作为一种减少西方国家白银储备大量外流的手段"。这导致了白银的外流，因为白银是"提供和留作购买茶叶的货币"④。输出的白银包括"西班牙银圆、美国银圆、纹银、南美银条"，还有以前由美国商船自南美洲运来的"少量的银饼（plata pina）"。⑤"非法交易的鸦片贸易之所以能够改变白银流动的方向，"是因为鸦片交易时需要当即付清现款"⑥。1830 年至 1840 年这十年间，平均每年输入清朝的鸦片约二万四千箱，价值一千六百余万元；十年总计约有二十四万八千箱，价值约一万六千三百三十八点四万元。⑦户部侍郎苏楞额在一奏折中也提到外商与行商勾结，以"护回夷兵盘费"为

①林则徐全集编辑委员会编：《林则徐全集》第 3 册，海峡文艺出版社，2002，第 129-130 页。
②J.S. Homans. Foreign Commerce of United Stated, New York, 1923, P181. 转引自张晓宁：《天子南库：清前期广州制度下的中西贸易》，江西高校出版社，1999，第 148 页。
③［美］马士：《中华帝国对外关系史》卷一，张汇文等译，上海书店出版社，2006，第 209 页。
④［美］马士：《中华帝国对外关系史》卷一，张汇文等译，上海书店出版社，2006，第 200 页。
⑤姚贤镐：《中国近代对外贸易史资料（1840—1895）》第 1 卷，中华书局，1962，第 344 页。
⑥魏俊：《清代广州十三行的兴衰：白银供应的角度》，广西师范大学出版社，2018，第 153 页。
⑦李伯祥、蔡永贵、鲍正廷：《关于十九世纪三十年代鸦片进口和白银外流的数量》，《历史研究》1980 第 5 期，第 82 页。

名偷运白银出口的情况，每年数量"竟至百数十万两之多"，故建议朝廷"饬下两广督臣、粤海关监督严禁各口，如有夷商偷运内地银两及贩进洋钱交易者，从重惩办。并请旨交各省督抚，将现在民间使用洋钱，应如何筹酌，办理饬禁，悉心妥议，俾不致骤形亏折，庶利弊肃清而商民盈裕矣"[①]。这表达了朝廷的担忧，表现了试图阻止白银外流的努力。1800—1840年，估计中国白银流入了英国鸦片商人的钱袋有3亿—4亿元[②]，加上当时英国不允许白银输入到中国，白银输出多输入少，引起中国银价飞涨，银源涸竭，国库空虚。白银短缺使商品交换和货币流通速度受到阻碍，破坏了广州的金融体制，成为商业萧条原因之一。

日益严重的鸦片和白银问题，使清廷禁烟的决心愈加坚定。第一个鸦片禁令颁布于雍正七年（1729年），但当时鸦片量不大，禁令并未被认真执行。到了19世纪初，朝廷密集颁布有关鸦片的谕令，《粤海关志》记载的从嘉庆十二年（1807年）到道光十四年（1834年）间的鸦片禁令就有多次，分别是嘉庆十二年（1807年）十月，嘉庆十六年（1811年）三月，嘉庆十八年（1813年）六月，嘉庆十九年（1814年）五月初四，嘉庆二十年（1815年）三月，道光元年（1821年）十月，道光二年（1822年）十二月初八，道光三年（1823年）八月，道光十一年（1831年）二月、五月、七月，道光十四年（1834年），当中包括禁止洋船运来，禁止民人吸食、种植、贩卖等多个方面。[③]其中道光元年（1821年）十月的谕令中明确提到鸦片是由英国、美国和葡萄牙船只运来的。而鸦片走私之所以被广东官员默许，是由于这个走私是隐藏在合法的大米进口背后的，并且使得茶叶贸易有明显增长，二者均掩盖了走私的实情。[④]

（三）与行外商人贸易的增加

外商与行外商人贸易，在整个十三行贸易期间都是中国官方十分在意并多加限制的事。在散商未成气候时，东印度公司船已有大量与行外商人的贸易，这主要与货物种类及价格有关。对于行外商人的经营范围，1720年成立的公行规定为"手工业品如扇、漆器、刺绣、图画之类"[⑤]，而1760年的公行则规定了必须由行商经营的商品，其他商品都可以由行外商人经营。由于十三行贸易时期东印度公司的商船大多是租来的，东印度公司允许商船的职员进行"私人贸易"以增加收

①《苏楞额奏》，载《文献丛编》第9辑，故宫博物院，1930，第3-4页。
②潘刚儿、黄启臣、陈国栋：《潘同文（孚）行》，华南理工大学出版社，2006，第192页。
③（清）梁廷枏：《粤海关志》，袁钟仁点校，广东人民出版社，2014，第362-370页。
④［美］范岱克：《1842年前珠江三角洲地区的走私网络：澳门与美国对中国内地贸易的内在联系》，周洁译，《海洋史研究》2012年12月，第223-247页。
⑤梁嘉彬：《广东十三行考》，广东人民出版社，1999，第85页。

入。一方面，与东印度公司不垄断这些私人商品的贸易一样，中国行商同样不垄断这些商品，于是外国人便需要在被称为"店铺主"的行外商人处购买。另一方面，大宗货物本是行商垄断，但行外商人通过行商的担保也经营这些货物。这种交易方式之所以可能，"是由于缺乏资本的资格较浅的行商常常同小商铺建立关系，并且允许（愿意）替这些行外人从他们自己的行里起运货物"①。这样的交易是违反朝廷法律的，但"因为他们（指海关官员）从这种生意中取得规费，……也就默许了"②。行外商人之所以需要行商担保，是因为朝廷规定行商对所有交易的关税都要负责，但事实上，行外商人经常都偷漏税款，加上行外商人不需要缴纳各种额外的费用（他们用行商的执照经营），因此能给予外国人更低的价格，所以外商很快就发现"同那些小商铺（指行外商人）做大宗货物如丝、土布甚至茶叶等生意是有利的"③。而粤海关之所以禁止行外商人与外商交易，也正是因为"这种小商人不将他托交的税饷缴付，致令税收受损失"④。

但散商日益重要以来，散商与行外商人的贸易迅速发展，行商垄断贸易的权限也有所松弛。1787 年，不少内地散商开始直接与外商进行商品贸易。嘉庆后，行商包揽贸易权限进一步降低，除少数重要商品外，其他货物外商可以与内地商贩自由交易。⑤ 在美国里德·比尔行 1804 年的一封往来信件中，提到同一个"具有很大财产和身份"的行外商人签订原棉契约的事。1822 年怡和洋行的威廉·查顿的日记指出，他初次侨居中国时，从行外人手里买进的货物要比从行商那里买的还要多。孖地臣是同"泉州人"有直接联系的，他的确从广州不合法的小商铺那里买了很多东西。⑥ 1823 年，巴斯人的散商船"美人鱼号"（Mermaid）在未申请到保商的情况下，已经把部分货物售给行外商人，因此没有行商愿意承保该船。⑦ "这个事件道出了巴斯商人的倾向，假如他们能够获得较高的价格，不惜冒

---

① 《（英国）下议院审议报告》，1830 年，Q.683，转自 ［英］格林堡：《鸦片战争前中英通商史》，康成译，商务印书馆，1961，第 49 页。
② 1801 年 11 月 6 日致孟买阿当森函。转自 ［英］格林堡：《鸦片战争前中英通商史》，康成译，商务印书馆，1961，第 49 页。
③ ［英］格林堡：《鸦片战争前中英通商史》，康成译，商务印书馆，1961，第 49 页。
④ ［美］马士：《东印度公司对华贸易编年史（1635—1834 年）》卷二，区宗华译，广东人民出版社，2016，第 15 页。
⑤ 魏俊：《清代广州十三行的兴衰：白银供应的角度》，广西师范大学出版社，2018，第 23 页。
⑥ ［英］格林堡：《鸦片战争前中英通商史》，康成译，商务印书馆，1961，第 49-50 页。
⑦ ［美］马士：《东印度公司对华贸易编年史（1635—1834 年）》卷四，区宗华译，广东人民出版社，2016，第 83 页。

巨大风险，这就是发生很多债务要清理的基础"[1]。英国散商与行外商人的贸易数量较难考证，但从 1817 年两广总督和粤海关监督一下子封闭了 200 几家行外商铺可看出贸易量应该不少[2]。但这并未能阻挡散商与行外商人贸易的发展。到了 1817 年只有少数重要货物如茶叶、生丝、纺织品等仍由行商操纵，其他商品多由外商和散商私下进行交易。[3]1828 年，对行外商人的限制进一步放宽，允许他们经营丝绸出口和外国棉货进口。[4]

　　以上所述 18 世纪 60、70 年代以来散商对公司和十三行双边制度的挑战，既说明了散商势力大增，也体现了十三行与东印度公司制度开始走向衰落。在洋舶、洋人与十三行贸易制度的关系中，前者开始逐渐处于较为主动的地位，从而逐渐推动着中西关系向有利于洋人的方向转变。

---

① ［美］马士：《东印度公司对华贸易编年史（1635—1834 年）》卷四，区宗华译，广东人民出版社，2016，第 83 页。

② 李宽柏、凌文峰：《鸦片战争前英国散商对广州贸易体制的冲击》，《郧阳师范高等专科学校学报》2007 年第 5 期。

③ 魏俊：《清代广州十三行的兴衰：白银供应的角度》，广西师范大学出版社，2018，第 23 页。

④ 牟安世：《鸦片战争》，上海人民出版社，1982，第 28—29 页。

清前中期广州十三行与福建地区的商贸往来及其影响

杜晓宇 *

　　摘要：清前中期，福建和广东之间的互动极其频繁，两地间的人口流动、文化交流和商贸往来都相当密切，而其中闽粤两地间的商贸往来对两地的社会发展产生了深刻影响。广州十三行与福建地区的商品流通是闽省与粤省间商贸往来的重要组成部分，由此带来的人员流动和资金往来成为促进闽地与粤地经济发展的重要力量。但广州十三行与福建地区间的互动也存在着局限性，如两者间的茶叶交易量受到制约、闽籍行商的数量日渐下降。

　　关键词：十三行；福建；茶叶；商贸

　　十三行行商在清前中期活跃于广州口岸，在这一时期的中外贸易中发挥了重要作用。学界在十三行研究方面已取得不少成果，在家族史方面，潘建芬在其著作梳理了潘氏家族的发展脉络[①]，颜祖侠等人注重行商间的密切联系，对不同行商间的联姻关系进行了详尽分析[②]。潘刚儿作为潘家后人，对家族商行的经营提出了独到见解。[③]陈天在《十三行时期中西文化交流与岭南画派的形成》一文中着重探讨了行商在中西文化交流所发挥的重要作用。[④]张荣玲则从图像的角度切入，注意探讨行商的园林及相关绘画著作。[⑤]何平注意到了行商担保制度与美国的存款保险制度之间的关系，提出行商担保制度为美国后续建立的存款保险制度起到了积极

* 杜晓宇，广州大学广州十三行研究中心暨人文学院历史系 2020 级研究生。
① 潘剑华：《广州十三行行商潘振承家族研究（1714-1911 年）》，社会科学文献出版社，2017。
② 颜志端、颜祖侠：《十三行闽籍行商家族联姻初探》，《岭南文史》2019 年第 3 期，第 48-53 页。
③ 潘刚儿、黄启臣、陈国栋：《潘同文（孚）行》，华南理工大学出版社，2006。
④ 陈天：《十三行时期中西文化交流与岭南画派的形成》，《广东社会科学》2019 年 03 期，第 80-87 页。
⑤ 章荣玲：《清代广州十三行行商园林相关绘画研究》，《艺术与民俗》2020 年 02 期，第 83-91 页。

的借鉴作用。[①] 此外，范岱克的著作聚焦于影响早期行商经营商业的政治经济因素方面。[②] 而在行商与其密切交往的地区及合作伙伴的关系方面，《广州洋货十三行》[③] 在描述以广州市场为中心的商品流通时提到福建为货源地之一，但没有专章对其进行阐发，除此之外并无专著或论文对此进行讨论，现试以茶叶的对外贸易为线索，探究广州十三行与福建地区的交往及其影响。

一、福建地区与十三行的交往及其影响

传统的茶叶产地大多位于南方地区，福建地区的地形以山地为主，气候湿润，适宜茶叶生长，出产的茶叶品质也较高，其中武夷茶尤其受到国外市场的欢迎。长期发展下来，福建省成为当时销往英国茶叶的主要产区，武夷茶在宋代已有种植，到清代得到很大发展，武夷山周围形成了众多的茶市[④]，可见福建地区为十三行提供了大量可供出口的茶叶货源。此外，由于福建地区人多地少，当地居民为求谋生，选择广东作为移民的目的地，而这些移民中的经商人才受到对外贸易的巨额利润的诱惑，纷纷进入十三行行商的行列，参与对外贸易。因此福建地区对十三行的主要贡献有二：一为提供对外贸易中所需的茶叶货源，二为向十三行提供经商人才。

（一）福建地区为行商提供茶叶货源

十三行行商在清朝的对外贸易中占有重要地位，在政府实行"一口通商"政策时，广州是唯一向欧美商人开放的口岸，因此广州成为当时中西贸易的重镇。在中西贸易中，行商与外国人进行交易的商品种类丰富，行商对外出口茶叶、丝绸、瓷器等货物，进口毛料、棉花等商品。在出口产品中，中国丝绸与外国出产的丝绸的竞争，瓷器的重要性也随着欧洲制瓷业的兴起而受到削弱，茶叶则因没有受到上述挑战，在18世纪中期成为中国出口的最大宗商品。福建地区的地形以山地为主，气候湿润，适宜茶叶生长，出产的茶叶品质也较高，其中武夷茶尤其受到国外市场的欢迎。

行商的主要贸易对象包括英国东印度公司、英国散商和美国商人，其中英国东印度公司是行商长期以来最大的贸易合作伙伴。英国东印度公司进口的中国茶叶份占比最大，可以说英国东印度公司与行商的茶叶交易在出口华茶贸易中最具

① 何平：《广州十三行担保制度与美国存款保险制度的创立》，《学术研究》2020年07期，第77—84页。
② Paul A. Van Dyke, *Merchants of Canton and Macao: Politics and Strategies in Eighteenth-Century Chinese Trade*. Vol. 1. (Hong Kong: Hong Kong University Press, 2011);*Merchants of Canton and Macao: Success and Failure in Eighteenth-Century Chinese Trade*. Vol. 2. (Hong Kong: Hong Kong University Press, 2016)
③ 彭泽益：《广州洋货十三行》，广东人民出版社，2020。
④ 杨仁飞：《清前期广州的中英茶叶贸易》，《学术研究》1997年第5期，第61页。

有典型性。英国人对茶叶的偏好在 18—19 世纪中不断发生变化，由武夷茶为主转为工夫茶、屯溪茶为主，而这三类茶叶在福建均有出产，福建为十三行的茶叶贸易提供了大量优质货源。

（二）福建为十三行提供了经商人才

福建地区素有"三山六海一分田"之说，当地地形以山地为主，平原面积狭小，耕地有限，而人口不断增长，人地矛盾突出。而福建具有临海的地理优势，出海便利，当地居民向来有出海谋生的传统，因此这些多余劳动力往往通过海路抵达他地谋求生计，其中广东沿海、东南亚则是福建移民的落脚点。[1]

实际上，不仅贩运闽茶至粤省多是闽商，而且与洋商进行茶叶交易者也不乏闽人。广东十三行经手所有内地茶叶外销，很多福建商人由闽来粤，直接经营茶叶等中国商品的外销。[2] 十三行设立之初，各地商人云集，"额定广商五家，闽商五家，徽商三家"[3]，闽商在数量上仅次于本地广商，为初期行商中的第二大群体。梁嘉彬也提到："在洋行十三人中，有十二人原籍福建……十三行行商多为福建，诚属事实。"[4]

事实上确有多位行商出自闽地，其中包括同文行潘振承、义成行叶上林、怡和行伍秉鉴与泰和行颜亮洲。出身于福建地区的事实在以上行商的族谱中都有所体现，其中颜家迁粤时间最早，其家族为避战乱，于明末由福建避居粤地，"西畴颜氏系出闽泉晋江安平镇，明季十一世避地迁粤，隶籍焉"[5]。叶家稍晚，于康熙年间来到广东，"清康熙二十陆年丁卯由闽迁粤"[6]。潘家后人则在修订族谱之初，就指出入粤寄籍的潘氏族人原本来自"福建省泉州府同安县积善里明盛乡二十都白昆阳堡栖栅社"[7]，带领族人入粤的潘振承死后也葬于故乡同安县。潘、伍、叶、卢四个家族在十三行的行商中最具有实力，除卢家之外的三个行商家族均来自福建，并且这些出自闽地的行商在不同时期成为十三行的领袖，可见福建为十三行商行输送人才行为持续了相当一段时间，输送人才质量也较高，一定程度上推动了十三行的商贸繁荣。

---

① 颜志端、颜祖侠：《十三行闽籍行商家族联姻初探》，《岭南文史》2019 年第 3 期，第 49 页。
② 庄国土：《鸦片战争前福建外销茶叶生产和营销及对当地经济产生的影响》，《中国史研究》1999 年第 3 期，第 147 页。
③ 台北"中国文化大学"美术院主编：《中华百科全书》第 1 册，台北"中国文化大学"出版部，1981，第 38—39 页。
④ 梁嘉彬：《广东十三行考》，广东人民出版社，1999，第 4—5 页。
⑤ 颜亮洲：《颜氏族谱》，载北京图书馆编《北京图书馆藏家谱丛刊·闽粤（侨乡）卷》第 17 册，北京图书馆出版社，2000 年影印本，第 1 页。
⑥ 叶官谦修：《叶氏家谱》（不分卷），民国十三年铅印本，广东省立中山图书馆藏，第 6b 页—7a 页。
⑦ 潘福桑修：《河南潘氏谱》（不分卷），民国九年稿本，广东省立中山图书馆藏，第 2b 页。

茶叶是福建和广东两地间的商品交换中最重要的商品之一。福建北部多有山脉丘陵，适宜茶叶种植，出产高品质的红茶，如武陵茶。1757年乾隆下令关闭其他三个关口，留下广州这一港口与外国交易，西方的商人和公司汇聚到广州一口。十三行商在对外贸易中处于垄断地位，他们在贸易中主要充当中间商和贸易商的地位，茶叶必须由他们卖给外国商人。闽籍行商利用出身福建当地的优势，在闽北地区兴修茶园，从源头把握茶叶品质，自主运输茶叶至广州，节省了资金，提高了效率，留出了丰厚的利润空间。与出身其他地区的行商相比，他们在与外商的茶叶贸易中占据更大的优势。

这些新近加入广州地区贸易的福建商人群体中向来存在着诚信经营的传统，为在广东立足，他们更加重视商誉，注重货物质量，擅长经营，潘振承首开赔付外商退回茶叶之举即为一例。这些福建商人的加入给其他行商造成压力，其他行商被迫向外商提供更优质的产品与服务，形成了良性竞争，对十三行外贸事业的长期发展具有促进作用。

二、十三行对福建地区的影响

在行商垄断时期，茶叶是中西贸易中出口量最大的中国商品。根据清朝官方规定，茶叶贸易基本上由广州十三行垄断，对西方社会及中国社会均产生了重要影响。在中国方面，从茶叶贸易中获利最多的为十三行行商，其次为各主要产茶区的茶商，而福建作为清朝最重要的主要产茶区之一，受到十三行的直接影响。首先，十三行表现出来的外国商人对茶叶的巨大需求刺激了福建地区扩大茶叶种植面积，为保障茶叶品质，当地茶商还延长茶叶的加工环节，对茶叶进行深加工；其次，在这一时期福建产茶区的人身依附关系被进一步削弱，促进了茶业及其他产业的发展；最后，外来资金涌入福建，改变了当地经济社会发展的面貌。

（一）兴盛的茶叶出口贸易促进了福建产茶区的茶业发展

一方面，福建地区多贫瘠山地，降水充足，适合茶叶种植。另一方面，福建的茶叶出口具有特殊优势。清朝所有产茶区中，只有福建未实行茶引制度，各地商人可自由买卖当地茶叶，购茶成本减少，提高了福建茶叶的竞争力。鸦片战争前，出口茶叶主要分为红茶和绿茶两类，红茶更受欧美消费者欢迎，因此福建出产的大量红茶通过广州行销欧美。

在清朝中后期，十三行行商垄断了中国与欧美国家的贸易。在十三行出口的商品中，最受国际市场欢迎的商品包括茶叶、丝绸、瓷器等，丝绸和瓷器都需与外国同类产品展开竞争，而茶叶的重要地位并没有受到挑战，且茶叶贸易的利润较高，因此茶叶成为清朝出口的最重要的大宗商品之一。与此同时，作为行商的最大贸易伙伴的英国东印度公司垄断了国内的茶叶贸易，最终行商与英国东印度公司都从茶叶贸易中获取了高额利润。根据清朝的官方规定，外国商人只能和行商开展贸易，出口商品也只能由行商卖给外商，"外商欲购入茶丝及其他商品，亦不能不委托行商代办。外商不须自行收买货物，应俱由公行代为办理"①。在广州市场上，最普遍的茶叶贸易模式为茶商将茶叶卖给行商，行商再将茶叶转卖给外国商人，行商在整个茶叶交易流程中扮演中介的角色。欧美对茶叶的需求量逐渐增大，而中国的茶叶品质较高，符合外国的品味，因此在国际市场上大受欢迎，使从事茶叶贸易的商人获利颇多。根据东印度公司的记录，出口茶叶的利润在所有出口商品中处于较高水平，因此茶叶的出口为行商带来了巨额利润。在陈国栋的著作中有着关于茶叶的利润的叙述："由于在 1796 至 1797 年贸易季后每年卖给英国东印度公司的茶叶一般不会超过 20 万担，即使按最低的每担按四两算，行商群体依旧能获利 80 万两。"② 茶叶贸易不仅让行商获利，而且给产茶区的茶商带来了丰厚的利润。在利润的驱使下，产茶区茶叶种植面积不断增大，茶园增多，甚至身价厚实的行商会派人直接在产茶区开辟茶园，以此减少中间环节，降低成本。

为了从茶叶的对外贸易中获得更多利润，除开辟茶园外，茶商还对茶叶的加工流程作出更严格的要求，确定了茶叶的采摘、烘焙及装箱程序。具体做法为招募季节工人对茶叶做初步加工，并为适应行商的要求贴上有关行号的标志，严密封箱。

福建当地的民众还根据国际市场的需求来调整出口茶叶品类，以求占据更大市场份额。而福建最为著名的就是乌龙茶和红茶，特别是红茶，在欧洲市场非常受欢迎。③

（二）福建地区的人身依附关系减弱

明清时期商品经济蓬勃发展，农民在农闲时常常到各地做短工，从事手工业生产活动。出于对农民进行管理清朝和保障农民权益的需要，清朝颁布法规，"若农民佃户雇请耕种耕作之人，并店铺小郎之类，平时其坐进食，彼此平等相称，不为使唤服役，素无主仆名分者，亦无论其有无文契年限，俱依凡人料断"④，在法律上确定了无契约关系的雇佣者与雇主之间平等的地位。农业生产和手工业中

① 梁嘉彬：《广东十三行考》，广东人民出版社，1999，第 144 页。
② 陈国栋：《经营管理与财务困境——清中期广州行商周转不灵问题研究》，花城出版社，2019，第 54 页。
③ 郭峰：《清代茶叶贸易制度变迁与政府管理》，硕士学位论文，山西大学经济系，2010，第 30 页。
④ 《大清律例》卷二八《刑律》，乾隆五十五年刊本，第 15—16 页。转引自庄国土：《鸦片战争前福建外销茶叶生产和营销及对当地经济产生的影响》，《中国史研究》1999 年第 3 期，第 146 页。

存在的人身依附关系进一步减弱，这一趋势也体现在产茶区的雇主与佣工关系中。清朝规定两者法律地位平等，加之乾隆年间取消了对人口流通的限制，人口可自由流动。随着茶叶出口的扩大，国家市场需要的茶叶数量日渐增加，为了满足国际市场的需要，各主要产茶区纷纷修建茶园，福建亦是如此。茶叶的生产逐渐扩大，但闽北产茶区的人口较少，在茶叶收获季节难以满足用工需要，这意味着需要大量外来劳动力从事茶叶采摘和加工工作，在这种条件下，雇主难以对佣工进行超经济控制，两者的关系较为和缓，有利于茶业的长远发展。

（三）福建地区的经济社会发展受到影响

通常情况下，外商通过交付定金的"预买制"向行商预定来年的茶叶货源，而行商也是通过这一方式向茶商订购茶叶。外商往往将茶叶货款的50%—80%作为定金交由行商，行商拿着这笔款项去产茶区向茶商订购茶叶，茶农资本较少，无力购买茶树，往往依赖茶商的贷款进行茶叶种植。外来资本涌入福建的产茶区，对当地的经济环境产生冲击，使越来越多的人口从事茶叶相关产业：普通民众以茶叶种植和加工为生，茶商从与行商的交易中获利，当地政府在茶叶输出的主要关口征税，以此满足当地经济社会发展的需要。

三、行商与福建地区的交流及其局限性

鸦片战争前，广州行商同福建地区的关系十分紧密。十三行从福建得到茶叶、经商人才，而福建地区获益于同十三行的茶叶贸易，因此重视对茶叶的深加工，茶业的产业结构日渐完善，两地之间的物质文化交流频繁而深刻，最终政府设立了福潮行，用以管理来往福建与潮州间来往的船只及纳税诸事。然而，在十三行与福建地区密切互动的过程中出现了一些问题，行商制度影响了福建茶叶贸易的进一步扩大，政府对行商的制约和严格控制削弱了他人充当行商的意愿，愿意担任行商的闽商人数逐渐减少，闽籍行商在整体行商中的比例下降；在茶叶贸易中，获利较多的为外国公司和广州行商，茶商获得的利润相对微薄，无法迅速扩大产业规模，影响了茶叶贸易的扩张。

（一）行商与福建地区的互动

福潮行建立。福潮行的建立进一步促进了福建与广东地区之间的交往。清代国内市场发展日渐成熟，广东、福建两地间商贸繁盛，商品交换频繁，商贸繁盛，为了对两地间逐渐增多的商贸活动进行管理，政府设立福潮行，管理潮汕地区至福建的商品流通与货税完纳，"乾隆初年，洋行有二十家，而会有海南行。至二十五年，洋商立公行，专办夷船货税，谓之外洋行；别设本港行，专管暹罗贡使及

贸易纳饷之事，又改海南行为福潮行，输报本省潮州及福建民人诸货税。是为外洋行与本港、福潮分办之始"①。除负责征收商税外，福潮行的职能似乎有所拓展，除潮州和福建两地的商船外，由北方口岸运货入广州商船，亦需通过广州的福潮行缴送船册具结到粤海关，由粤海关先委员详查，再将船册具结咨送两广总督存案委员查验，同时咨会广东巡抚，并向钦差大臣报告。②

（二）交往中存在的局限性

广州十三行与福建地区之间的经贸往来也存在着固有的问题，在限制茶叶贸易规模和闽籍行商数量方面体现得尤为明显。

1. 行商制度制约了与福建茶叶贸易的进一步扩大

乾隆年间，政府将对外贸易限定在广州一处，而产茶区大多位于长江中下游和福建地区，广东和主要产茶区间的距离遥远，陆上交通受到五岭的阻隔，多有不便。但朝廷禁止使用海运来运输茶叶，因此即便闽粤两地相邻，也必须从陆路途径获得茶叶。运送茶叶的时间长，在运输途中难免有变质、受潮的茶叶出现。另外茶叶贸易需要大量现金周转，一般做法是行商向茶商交付预付金，茶商用这些现金去购买茶叶，而后行商支付尾款来换取茶商手中的茶叶，而行商通常都处于周转困难、现金不足的境地，而清朝法律并不保护国内债权人的权益，因而在许多行商破产的案例中，国内茶商都没有得到相应的赔偿，这在一定程度上阻碍了茶商与行商扩大合作的意愿。另外行商垄断茶叶的对外贸易，以远高于成本的格钱卖给外国商人，高昂的价格让出口茶叶的数量受到限制。此外，广州十三行行商的数量一般在10人左右，依靠行商群体能出口的茶叶数量是有限的，茶叶的大规模出口真正出现在鸦片战争后，茶叶的种植区也就不限于在少数州县了，而是扩大到整个福建省及邻省地区，"茶固闽产，然只建阳、崇安数邑。自咸丰初请由闽洋出运，茶利益溥，福、延、建、邵郡种植殆遍"③。

此外，国内的茶叶产区集中在长江中下游，包含江西、安徽，此外还有福建等地。福建的茶叶中尤以武夷茶为最佳。武陵茶品质虽好，但也要与来自其他产茶区的茶叶进行竞争，这就导致了福建茶叶在出口茶叶中所占的比重受到制约。

2. 闽籍行商数量日益减少

在十三行出现初期，政府对行商的管理较为宽松，行商在较为自由的环境中

① 梁廷枏:《粤海关志》，广东人民出版社，1999，第491页。
② 刘志伟:《鸦片战争前广州贸易体系中的宁波商人——由"叶名琛档案"中有关宁波商人的几份文件谈起》，《海洋史研究》2011年第2辑，第113页。
③ 丁绍仪:《东瀛识略》，成文出版社，1984，第16页。

与外商展开贸易,获利丰厚,因此吸引了来自其他地区包括福建地区在内的许多商人进入行商行列。随着中外贸易的总额不断增加,中西交流日渐增多,清政府对行商的管理趋向严格,通过保商制度和经济上的"连坐"对行商正常的经营生产产生干扰,对行商行业打击最大的是行商基本没有申请退休或申请破产的权利,这就意味着行商没有有序的退出机制。此外,行商还需对外国人在广州的行为负责,并且还要不时应付官员的勒索。种种规定对行商行业产业的负面影响极大,导致极少有人自愿充任行商。闽籍商人到广州的主要目的是谋生和养活家人,虽然通过充任行商可以获得丰厚利润,但入行后风险极大。趋利避害是人的天性,为了自保闽籍商人此后较少踏足行商事业,因此十三行中的闽籍商人数量逐渐减少。

茶商在茶叶贸易中处于劣势地位。行商垄断对外贸易时期,茶叶必须经由行商之手才能出口,茶商只能得到行商支付的尾款,而对外贸易的巨额利润则由行商与英国东印度公司共同占有。茶商对这一现状非常不满,为自己的利益起来反抗。1818年,茶商向广州地方当局呈送了一份请愿书,抱怨他们的茶叶受到被大量退还、降等级、降价格等不公正的对待[①],而后他们的抗议活动在东印度公司的利诱和官府的镇压下失败了。从茶商的请愿书中可以看出,茶商被排除在茶叶的定价、品质评级程序之外,但仍要为后续的茶叶退回负责,忍受茶叶退回带来的经济及商业信誉上的损失。从茶商抗议的失败中可以了解到,无论是东印度公司还是清朝官方都不支持茶商的诉求,在这一问题上他们的立场与行商一致。直到鸦片战争后,茶商可以直接与外国人进行茶叶贸易而无需通过行商,这才改变了茶商在茶叶对外贸易中的不利地位。

四、结语

在清朝,茶叶作为广东与福建地区商贸交往的主线,行商与福建的合作大多围绕茶叶贸易展开,行商与福建茶商为茶叶贸易展开了贸易往来,进行金融方面的合作,一系列举动对两者都产生了深远影响,促进了广东与福建地区的经贸往来和人才交流,两地交往的广度与深度都超过以往,达到了新的高度。但随着清廷的衰落,十三行与福建间的交流渐趋沉寂,两地的经济重心转往新开辟的通商口岸。

(本文原载于《福建史志》2022年2月第1期。有改动)

---

① 杨仁飞:《清前期广州的中英茶叶贸易》,《学术研究》1997年第5期,第58页。

清代早期涉外命案与司法审判模式的酝酿

利梓淇 *

摘要： 清前中期广州府辖下的广州、澳门两个地区聚集着大量域外夷人，因各种原因与本地民人引起了一定数量的涉外命案。初时处理此类刑事案件并无成文法例进行司法管辖，地方官府在对其进行审判时亦尤为谨慎，不少案件被虚报瞒报，令外夷愈发放肆。乾隆九年（1744年）以澳门陈辉千案的解决为定例，开始规范涉外命案的审判，后经数次数次案件中的修订，最终形成一项特殊的涉外命案司法模式，并于其后在广州府地区得到广泛应用。

关键词： 涉外命案；法例条文；司法管辖；中外交涉

清康熙二十四年（1685年），康熙谕令开放海禁，广州成为对外贸易的一个重要窗口。同时，澳门的特殊海外贸易地位也得以保留[1]，一时间大量的外国人汇集在广州府治下的广州与澳门一带。这些多为来粤贸易的外商及水手，在他们与本地居民接触的过程中，因其行事粗鲁，加上与广州当地语言不通，双方不时有冲突发生，其中一部分成为杀人案件的诱因。由于有关史料相对零散，前人的研究更多关注于几个较为著名的案件，因而忽略了这一时期在案件解决过程中体现出的司法管辖转变的问题，也缺乏对整体性司法体系的把握及其在小型案件中的体现。[2] 本文拟通过梳爬这一时期中外相关史料，互为勘正，力求厘清这一时期各起涉外命案查办过程与处罚结果，在此基础上分析清前中期广州府涉外命案的司法体系的运行模式与发展变化，为中外关系史研究提供新的方向。

---

* 利梓淇，广州大学广州十三行研究中心暨人文学院历史系研究生。

[1] "今督臣以通商裕国为请，然前事可鉴，应仍照故明崇祯十三年禁其入省之例，止令商人载货下澳贸易可也"，载《清实录·世祖顺治实录》卷三十三，中华书局，1986，第275页。

[2] 详见吴孟雪：《略伦古代中国对涉外司法权的认识与应用》，《求索》1998年第1期，第131-134页；郭成伟、孟庆超：《清代司法程序中的惰性因素分析》，《政法论坛》2002年第05期，第141-151页；王巨新：《论清朝前期涉外法的渊源》，《理论学刊》2010年第9期，第82-85页。

一、康雍时期省澳涉外命案及其处理

广州府一带最早的涉外命案发生在康熙二十八年（1689年）。英国商船"防卫号"（Defence）在广州向军营中的人索要船只的桅杆时，与岸上的兵丁发生冲突，随后的交火导致了一名中国兵丁身亡，并造成了双方数人受伤。同时，"防卫号"船长希恩（Capt. Heath）的仓皇逃跑也使得七名英国水手以及一名随船医生成为中国军营的俘虏。在冲突发生的次日，英国东印度公司驻广州的第四大班瓦茨（Watts）出面与广东地方官员商讨此事，许诺给出2 000两的赔偿金，并要求兵营释放被捕人员。但广东官员要求给予5 000两的补偿，双方坚持不下，最后"防卫号"于10天后离开。瓦茨希望通过行商"定官"①（Deanqua）继续与官府周旋，试图解救英国船员，但除去两名船副设法逃离外，其余被捕人员继续被关押在兵营中。②此事不见有后续记载，对于命案似乎并未有官方的审讯。

此次事件被认为中英贸易史上第一次严重的斗殴事件。事实上，"防卫号"船长希恩在此冲突爆发前已有多次"不轨行为"，而在其上岸索取船只桅杆过程中亦显鲁莽。商船来粤贸易照例应在黄埔下锚，将桅杆暂时放置于岸上，由兵官看管，待到贸易季结束后再按照相关手续赎回。③此案中船长希恩非但未经许可直接取走桅杆，甚至下令开火攻击兵丁。然而事后广东地方官员并未继续追究其责，而是仅要求赔偿5 000两，甚至在最后"防卫号"未曾理会官员要求并扬长而去时，广东地方官员亦无所表示，最终案件不了了之。此案的处理结果使得众多外国商人对触犯中国法律更加无所忌惮，并对此后数十年的涉外命案的处理影响深远。

康熙六十年（1721年），英国商船"博奈塔号"（Bonitta）一名船员在广州黄埔枪杀了一名在海关子口工作的中国人。④虽然在众多史料中并未详细记载这次凶案的原因以及发生的经过，但在冲突发生之后，广东地方政府并未就此立案审查，而是任由凶夷逃至英国商馆。在商馆内的英国大班甚至对此进行抱怨"虽然从正义、道理和法律的规则各方面来说，在广州的人对这个意外的事件不能被认为是有罪的，特别是黄埔这个地方离此处约14到15海里，除他自己的行为外，谁也不应该为此

---

① 梁嘉彬《广东十三行考》中将此人译作"邓官"。见梁嘉彬：《广东十三行考》，广东人民出版社，1999，第60页。

② ［美］马士：《东印度公司对华贸易编年史（1635—1834年）》卷一，区宗华译，广东人民出版社，2016，第90—92页。

③ ［美］范岱克：《广州贸易：中国沿海的生活与事业（1700—1845）》，江滢河、黄超译，科学文献出版社，2018，第101页。

④ ［美］马士：《东印度公司对华贸易编年史（1635—1834年）》卷一，区宗华译，广东人民出版社，2016，第186页。

事负连带责任。"① 显然，在此时的英国商人已经近乎无视清政府的法律，而广东官府的态度更是默许了这种行为。在几天后，一名官员抓捕了数名被认为与此案相关的英国水手，但在英国大班以停止贸易相要挟下，两广总督立马下令释放这些被捕船员，且对实施抓捕的官员进行处罚，但最后并未对凶犯进行任何处罚。

康熙六十一年（1722 年），英国散商船"国王乔治号"（King George）击毙儿童的事件更为明显。"国王乔治号"上的一名炮手在广州的稻田上打鸟时，不慎击中一名正在收割的牧童。这本是一起意外事件，按《大清律例》载"过失杀人者，照斗杀绞罪，准依律收赎，给付死者之家，是则科款抵绞，本为法所准，惟数目不若是多尔"②，理应照例赔款，但英国大班却在回复此事时强调"他们经常卑鄙地利用这种不幸的事件，去增加他们个人的财富"③。这说明在此次命案发生之前，已经有数次这样的意外发生，而且常常是以赔款了事，未引起刑事诉讼，因此史料中并无详细记载，但这种处理方式往往是这一时期涉外命案的主导。此次事件亦是如此，最后只草草赔偿遇害小童家属 2 000 两，除去该船的出港船牌曾被扣留了一段时间外，开枪杀人的凶夷并未有任何惩罚。④

这种情况在乾隆元年（1736 年）发生的一次案件中得以扭转。在此年的贸易季中，有几名法国人到黄埔打猎，其中一人的猎枪不慎走火，恰好击中了中国平民莫伦志，此人于次日伤重身亡。⑤倘若按照以往的做法，这次事件亦是一次意外，然而广东地方官员却执意要就此事进行刑事审讯，并在上报朝廷的奏折中认为"当经番禺县知县述英验讯明确，实系误伤，通报在案"⑥。虽然此次事件被定性为误伤，事后也并未就此关停贸易，但仍向法国商馆索偿 10 000 两。⑦

自康熙二十八年"防卫号"案件到乾隆初年，广州一带发生了数宗涉外命案。这些命案的原因各不相同，但官府对此的态度都较为消极，许多命案发生后并未经过司法程序审讯，往往采用私了赔偿的方式解决，更有一些事件因处理不及时

---

①［美］马士：《东印度公司对华贸易编年史（1635—1834 年）》卷一，区宗华译，广东人民出版社，2016，第 187-188 页。

②马建石、杨育裳：《大清律例通考校注》卷二十六，中国政法大学出版社，1992，第 800 页。

③［美］马士：《东印度公司对华贸易编年史（1635—1834 年）》卷一，区宗华译，广东人民出版社，2016，第 194 页。

④［美］马士：《中华帝国对外关系史》卷一，张汇文等译，上海书店出版社，2006，第 112 页。

⑤［美］马士：《东印度公司对华贸易编年史（1635—1834 年）》卷一，区宗华译，广东人民出版社，2016，第 284—285 页。

⑥《连广总督鄂尔达奏覆莫伦志案查系误伤不便因此不准洋船湾泊黄埔折》，载《明清时期澳门问题档案文献汇编》卷一，人民出版社，1999，第 183—184 页。

⑦Henri Cordier, LES MARCHANDS HANISTES DE CANTON. pp.301-02.

导致罪犯逃脱，最后只能不了了之。这种处理方式是早期广州地方政府处理涉外命案的主要模式。

在乾隆元年命案发生之后，至乾隆四十七年，广州再无涉外命案的报告，但仍可从外国记录中找到蛛丝马迹。乾隆四年（1739年），"哈林顿号"（Harrington）委员会就曾因为一次"意外事件"向医生与几名行商支付了一笔费用。① 乾隆十九年（1754年）在黄铺货舱附近发生枪击，一艘英国驳船向岸上开枪，混乱中有人中弹，但事件结果如何并无记录，两广总督也被认为并没有采取进一步的行动。② 可见，在这一段"真空期"中，并不是没有发生类似的命案，而是被广州地方官府刻意瞒报。此时官员明显并不愿意处理此般外国人杀害中国人的案件，无论是有意为之或是误杀行为，一律采用较为"冷处理"的态度，甚至如康熙六十年"博奈塔号"案件一样，对办案官员进行处罚，而非去厘清事件真相，这也使得在乾隆元年后广州地区对涉外命案的处理更加消极。

同时期的澳门地区同样发生了一定数量的涉外命案，但在当地这样的赔款调解经常遭人蔑视，当地人在凶案发生后，更偏向于向中国地方官员呈报，同时嫌疑犯会被逮捕并投入监狱，由葡方进行审理，收集证词。而待到中国的官员到来时，则将凶犯与证词一同交予广东地方官员，并将其带往广州执行死刑。③

这一旧例于康熙四十九年（1710年）发生改变。当时葡萄牙籍船长曼努埃尔·阿尔瓦雷斯·德·奥利维依拉（Manuel Alvares de Oliverira）在澳门杀害了一名中国平民，并将尸体装进口袋扔到海里，但没有注意到口袋上有他的标记，导致了事情的败露，最后引起了当地中国人与葡萄牙人之间大规模的冲突。④ 事后为了平息事态，葡澳当局将凶手捉拿归案，并以120两银贿赂香山知县，将此凶夷在澳门就地正法。这一做法改变了以往由中国官员进行最后审讯定罪的惯例，直接将凶犯在当地执行刑罚，虽在案件中属于为平息当地民愤的无奈之举，但其开创的先例却成为了葡澳官员在解决涉外命案时的效仿对象。

两年后，在康熙五十一年（1712年）三月，一名帝汶人在澳门杀害了一名中国平民后，被澳门总兵官下令置于炮台轰死，其同伙也被押送至马尼拉卖出。⑤ 犯

---

① [美] 马士：《东印度公司对华贸易编年史（1635—1834年）》卷一，区宗华译，广东人民出版社，2016，第304页。

② [美] 马士：《东印度公司对华贸易编年史（1635—1834年）》卷五，区宗华译，广东人民出版社，2016，第16页。

③ [瑞典] 龙思泰：《早期澳门史》，吴义雄等译，章文钦校注，东方出版社，1997，第98页。

④ [葡] 施白蒂：《澳门编年史》，小雨译，澳门基金会，1995，第81—82页。

⑤ [葡] 施白蒂：《澳门编年史》，小雨译，澳门基金会，1995，第84—85页。

案的夷人应是来自帝汶的黑奴，而按照葡萄牙法律，杀害他人者应用炮火轰死，而免死罪犯，则应流放地满（即帝汶）受罪终身，[1]此案的判决与量刑均依此律执行。可见，在澳门对夷人的审判已是按照葡萄牙法律进行，而非按照中国律例拟罪。

　　至此，在广州府属下地方发生的涉外命案，已然发展成为两种不甚相同的模式。其一为在广州一带发生的事件，主要由英国或法国商人造成，并会在事后由中国官府审讯定罪，而官府也往往持着大事化小的态度，要求凶夷所属公司进行赔款，并未完全遵循《大清律例》对行凶夷人进行惩罚。而在早期的澳门地区，犯案凶夷会被送往广州，按照中国法律进行问责治罪，直至1710年葡萄牙船长杀害中国平民一案改变了这一做法，形成了澳门当地案件由当地官员按照葡国法律审讯的模式。

　　事实上，无论是广州抑或是澳门的处理模式，均为一种约定俗成的惯例，向来并未有过书面形式的规定，以至于数年后暂理两广总督策楞在查办澳门陈辉千案时发现"以故历查案卷，从无澳夷杀死民人抵偿之案"[2]。因此乾隆九年（1744年）策楞借此机会上书朝廷，要求制定一种处理涉外命案的政策，希望以此规范澳门地区涉外命案的处理。

二、澳门陈辉千案的处置与乾隆九年谕令

　　乾隆九年（1744年）正月十五日，广州将军暂理两广总督策楞上奏禀报乾隆八年（1743年）年末在澳门发生的一起外夷蓄意杀害民人事件：

> 窃查香山县澳门地方，系民番杂处之地。乾隆八年十月十八日，有在澳贸易民人陈辉千酒醉之后，途遇夷人晏些卢，口角打架。陈辉千被晏些卢用小刀戮伤身死。据县验伤取供填格通报，并密禀西洋夷人犯罪，向不出澳赴审，是以凶犯于讯供之后，夷目自行收管，至今抗不交出。[3]

　　案件被禀报广东官府后，策楞与广东巡抚王安国一同前往澳门查办此案，并要求澳门总兵官唛嘧哆交出凶夷，但不料遭其拒绝。该夷目称，外番在澳门境内凡有犯事，均在澳门地方处置，几百年来从不将凶夷上交广东地方官府收监，而今晏些卢将陈辉千杀害，理应遵照中国法律将其定罪，但一旦交由广东官府看押，

---

[1]（清）印光任、张汝霖：《澳门记略·官守篇》，赵春晨点校，广东高等教育出版社，1988，第35页。

[2]《光绪香山县志》卷二十二，清光绪刻本，第916页。

[3]《广州将军策楞等奏报办理晏些卢扎伤商人陈辉千致死案缘由折》，载《明清时期澳门问题档案文献汇编》卷一，人民出版社，1999年，第198页。

则又违反了本国禁令。① 而策楞也承认,以往广东地方官员在面对夷人犯罪时,往往对其外夷的身份有所顾忌,时常隐瞒不报,即使上禀到地方衙门,也定会移易情节,避重就轻,如将故意杀人当作过失,翼图省事。②

此后策楞仍与唛嚟哆多次进行商讨,最后他认为澳门一地夷人已经寄居二百余年,有番男妇女不下三四千人,均为葡萄牙国王派遣夷目唛嚟哆一官进行管理,以往番人有罪,夷目均照夷法处治,如若坚持让夷人交出罪犯,则恐怕招致夷人心生愤懑,别生事端。③ 在这种情况下,策楞选择与葡澳当局妥协,同意可将凶夷在澳行刑,不必带往广州。同时令广州知府金允彝前往澳门宣布圣上德威,严切晓谕,使在澳夷人无不心生敬畏。而凶夷晏些卢也于乾隆九年正月初三日被处以绞刑,在场观看的人有金允彝、葡澳理事官④ 以及受害者家属。

在处理完此案后,由于案情复杂,加之此前并没有相关案例或法令可供参照,策楞在上奏时请求特降谕旨,明定条例,依国法抵偿,依彼法免解禁,并将此定例作为日后解决澳门地区涉外命案的根据:

> 化外之人有犯,原与内地不同,澳夷均属教门,一切起居服食,更与各种夷人有间,照例解勘成招,夷情实有不愿,且凶犯不肯交出,地方官应有处分,若不明定条例,诚恐顾惜考成,易启姑息养奸之弊。可否仰邀圣明,特降谕旨,嗣后澳夷杀人罪应斩绞,而夷人情愿即为抵偿者,该县于相验之时,讯明确切,由司核明,详报督抚再加覆核,一面批饬地方官同夷目将犯人依法办理,一面据实奏明,并钞供报部查核。庶上申国法,下顺夷情,重案不致稽延,而澳夷桀骜不驯之性,亦可渐次悛改矣。⑤

以往澳门地区的涉外命案被瞒报,一方面地方官有受贿嫌疑,另一方面也与葡澳当局不愿轻易将案犯移交给广东官府有关,而广东官员又唯恐因此被扣上审办不力的罪名,影响考成,遂纵容姑息,容易滋生事端。为此策楞提议朝廷,允许葡澳

---

① 《在澳贸易民人陈辉千酒后与洋人晏些卢口角酿成命案》,载中国第一历史档案馆《明清宫藏中西贸易档案》第二册,北京:中国档案出版社,2010,第688页。

② (清)梁廷枏:《粤海关志》卷二十六,袁钟仁点校,广东人民出版社,2014,第510~511页。

③ 《在澳贸易民人陈辉千酒后与洋人晏些卢口角酿成命案》,载中国第一历史档案馆《明清宫藏中西商贸档案》第二册,北京:中国档案出版社,2010,第689页。

④ 葡澳理事官原文为 Cabeca dos Chinas em Macao,其无权管理在澳中国人的事务,但被要求协助中国官方处理涉及到中国臣民的事项。详见(清)印光任、张汝霖:《澳门记略·官守篇》,赵春晨点校,广东高等教育出版社,1988,第37页。

⑤ 《广州将军策楞等奏报办理晏些卢扎伤商人陈辉千致死案缘由折》,载《明清时期澳门问题档案文献汇编》卷一,人民出版社,1999,第199页。

当局免将凶犯交给中国官府，而是由中国官员会同葡萄牙官吏在澳门依法处置。

同年二月二十日，该奏议被正式批准："嗣后民、番有谋、故、斗、殴等案，若夷人罪应斩绞者，该县于相验时巡明确切，通报督抚，详加复核。如案情允当，即批饬地方官，同该夷目将该犯依法办理。其情有可原，罪不至死者，发回该国自行惩办"①。同时告知葡澳当局以下命令："自此以后，如若中国人杀了澳门之欧逻巴人，将按中国律例进行审判；如若欧逻巴人谋杀中国人，则用刀或绳索执行死刑。其他事项，诸如先审讯罪犯，将其投入监牢，再将其交给中国地方官员，则不必要。"②

可见，此条例旨在简化案件审理之流程，并以乾隆八年陈辉千一案的处理为蓝本，试图设计出一套适用于澳门地区的涉外命案司法程序，在一定程度上改变了以往应对涉外命案中司法审判混乱的局面。在澳居住之夷人同样认可这个规条，他们认为"在澳门，中国人很早就采取了措施，将刑事管辖权保留在自己手上，他们决不允许葡萄牙人有刑事管辖权，即便是欧洲人的案件，也不许葡萄牙人插手"③。

然而，无论是广州地区亦或是澳门地区，在此后数十年中，官府处理涉外命案的方式都与此条例不甚相同，其落实情况实际上并不理想。加上乾隆十一年（1746年）策楞查封澳门天主教教堂，不许内地民人前往澳门入教，④使得中葡双方关系日趋紧张，广东地方官府对于涉外命案司法权的控制也逐渐加强，乾隆九年定例中照夷法处治的原则也遭到了破坏。

三、18 世纪中叶内澳涉外命案的解决与澳门模式的形成

乾隆九年（1744 年）至乾隆三十四年（1769 年）间，大约发生了四起涉外命案，其基本集中在澳门地区，其中造成影响最大的是乾隆十三年（1748 年）的李、简二人被杀案。是年七月，广东巡抚岳濬奏报澳门民人李廷富、简亚二人被在澳夷人杀害一案：

> 今乾隆十三年四月初九夜二更时分,有寓歇柳允才家之剃头匠李廷富、泥水匠简亚二两人,乘间黉夜出街,潜入夷人若瑟巴奴家内,被哑吗嚧、晏哆呢起身捉获,虽查未失去物件,但夜入人家,潜身货屋,其为行窃无疑,

①《钦命督理粤海关税务内务府郎中兼公中佐领延批》，载英国外交部档案。F. O. 233/189/121.
②[瑞典] 龙思泰：《早期澳门史》，吴义雄等译，章文钦校注，东方出版社，1997，第 99 页。
③强磊：《论清代涉外案件的司法管辖》，辽宁大学出版社，1991，第 23 页。
④《查封澳门进教寺不许内地民人入教》，载中国第一历史档案馆《明清宫藏中西贸易档案》第二册，中国档案出版社，2010，第 808—813 页。

当将李廷富、简亚二两人拴缚屋柱，原欲等候天明送官究治，讵延富、亚二求脱未得，辱骂不休，遂被哑吗嚧将简亚二连殴毙命，晏哆呢亦将李廷富殴伤致死，二夷复又同谋定计，将两尸乘夜扛弃入海，似此凶蛮，法难轻纵。先据该同知禀报，臣与督臣楞策随饬严查，务获正凶缚送究拟，该夷目夷兵等始尤抵赖不承，迨后臣与督臣复又严檄饬行，谆切晓谕，宣布皇恩，示以国法，又令该同知张汝霖亲往挨查，该夷目不能狡饰，随将哑吗嚧、晏哆呢及事主、邻证、凶器，并简亚二遗下布鞋一双，一并送出。该同知逐加严究，供出行窃被获殴死弃尸各实情，悉无遁讳，其追出遗鞋，亦经尸亲、店主认明无错。①

在此案中，李廷富、简亚二人实为入室盗窃，而夷人哑吗嚧等人已将此二人缉拿，再动用私刑将其杀害，后又弃尸入海，在澳门当地引起了不少争议。若照《大清律例》中《夜无故入人家》律文"凡夜无故入人家内者，……，其已就拘执而擅杀伤者，减斗杀伤罪二等；至死者，杖一百徒三年"②，又按《刑律·人命》中"弃尸入水者，杖一百，流三年"③，以哑吗嚧为首的凶犯应受到严厉的惩罚。而负责查办此案的岳濬则认为应完全遵行乾隆九年之例，饬照夷法处治，并以"夷人例无遣配之条"为由，同意将凶夷流放帝汶，不许其再回澳门。至此该案初步审讯结束，其处理也与乾隆九年照夷法查办的定例相一致。

然而，乾隆十四年正月，广州将军锡特库上奏斥责岳濬在李廷富、简亚被害案中处理不妥。他在奏折中说道"鬼子在我地方居住，即便民人夜入其宅，彼亦理当拿送官府，等候办理，彼竟擅自杀伤"，并且锡特库认为岳濬将凶夷交付葡澳当局处罚，"其是否流放，流放发往何处，其定不能得知"。锡特库主张此案应"彼杀我民一人，彼即当偿还一命"。又以前日审讯安南国人伤害内地兵丁一案为例，安南国王将凶犯送至内地，由督抚审讯，并且审讯时内地官员坐于上位，安南随行官员只得席地而坐，以此告诫岳濬办理涉外案件时应更加积极，将主动权掌握在手中。④

相较于岳濬的处理方式，锡特库的主张明显违背了乾隆九年谕旨中按夷法查办的准则。而朝廷则认为李廷富、简亚二人死无可证，若仅凭夷人一面之词，难

---

① 《广东巡抚岳濬奏闻哑吗嚧等殴毙民人李廷富等依法办理情形折》，载《明清时期澳门问题档案文献汇编》卷一，人民出版社，1999，第238—239页。
② 马建石、杨育裳：《大清律例通考校注》卷二十五，中国政法大学出版社，1992，第760页。
③ 马建石、杨育裳：《大清律例通考校注》卷二十六，中国政法大学出版社，1992，第772页。
④ 《广州将军锡特库奏闻哑吗嚧杀害李廷富等案岳濬办理错误奉旨申饬现由硕色办理折》，载《明清时期澳门问题档案文献汇编》卷一，人民出版社，1999，第240页。

以窥探全貌。外夷前来中国，自应小心恭顺，遵守中国法律，而今在澳外夷接连杀害中国民人，已为强横，又在此案中弃尸入海，尤为凶狡。为此，清廷更为支持锡特库的主张，要求应"一命一抵"，并且"若谨照内地之例，拟以杖流，则夷人桀骜之性，将来益无忌惮，办理殊为错误。况发回夷地，照彼国之法安插，其是否如此办理，何由得知，设彼国竟置之不问，则李廷富、简亚二两命，不几视同草菅乎"。^① 可见，朝廷的态度更为强烈，不仅要求进一步彻查此案追办凶夷，更是认为不得按照夷人法例审判涉外命案，而应以更为严格的内地法律来规范夷人行为。

为此，岳濬立即会同澳门同知张汝霖，令澳门总兵官唛喽哆速将哑吗嚧等凶犯押往广州提审。然而直至乾隆十四年十二月，仍未将凶夷收监。岳濬再次追查，发现凶夷已于前日搭载第十五号万威利瓜路洋船发往地满。岳濬只能一面派船追回凶夷，一面调查夷犯发配经过，最后发现澳门夷目在发遣前并未通知有关官员，此行为更似畏罪潜逃。^② 岳濬只得将责任推往澳门同知张汝霖身上，并认为由于其玩忽职守，才导致夷犯能够出逃。^③ 最后，新到任的两广总督硕色再次彻查此事经过，并将其详细汇报朝廷，他认为此案到此地步要追回凶夷已无可能，只得照夷例发往地满期作为惩罚，并且其警告澳门夷目应严加约束澳夷，不得再次与民众寻衅闹事，"倘再有干犯，定行从重治罪"^④。

此案的结束标志着以乾隆九年谕旨为原则的涉外命案解决方式已然失效，事实上此案也是有记载的唯一完全准照乾隆九年谕旨，以外夷法例为判罚标准执行的案例。乾隆十四年（1749 年）张汝霖与澳门理事官庇利那共同制定新条《澳夷善后事宜条例》，置于澳门议事会之前。条例中详细规定了澳门一地夷犯解讯的方式：

> 嗣后澳夷除犯命盗罪应斩绞者，照乾隆九年定例，于相验时讯供确切，将夷犯就近饬交县丞，协同夷目，于该地严密处所，加谨看守，取县丞钤记，收管备案，免其交禁解勘。一面申详大宪，详加复核，情罪允当，当即饬地方官眼同夷目依法办理，其犯该军流徒罪人犯，止将夷犯解交承审衙门，在澳就近讯供，交夷目分别羁禁收保，听候律议，详奉批回，督同夷目发落。如止杖笞人犯，檄行该夷目讯供，呈复该管衙门，核明

---

① 《清高宗实录》第三四零卷第十三册，中华书局，第 708-709 页。
② 《广州巡抚岳濬奏报哑吗嚧等殴毙民人已搭船出洋请参处失职官员折》，载《明清时期澳门问题档案文献汇编》卷一，人民出版社，1999，第 241-243 页。
③ （清）印光任、张汝霖：《澳门记略·官守篇》，赵春晨点校，广东高等教育出版社，1988，第 56 页。
④ 《两广总督硕色奏报哑吗嚧等已搭船回国请准照夷例完结折》，载《明清时期澳门问题档案文献汇编》卷一，人民出版社，1999，第 243-245 页。

罪名，饬令夷目照拟发落。①

　　此后在乾隆三十一年（1766年）郑亚彩被杀案中，经地方官员会同澳门夷目依法办理，判处凶夷绞刑，并由广州知府顾光督与香山知县杨楚枝一同前往澳门，将凶夷就地处死，以彰国法。②乾隆三十三年（1768年）方亚贵被害一案同样由地方官员会同夷目审理，并照《大清律例》判处死刑后，由广东官员监督其处绞。③同样的处理方式也适用于乾隆三十四年（1769年）杜亚明杜亚带兄弟被戮案中，凶夷亦是由广东地方官员与澳门夷官进行会审，并按中国法例被判死刑。④

　　这几起涉外命案的原因不尽相同，有因语言不通引起的纠纷，有积怨已久的报复性行为，甚至有因嫌弃出恭晦气造成的争吵。但无论案件原因过程如何，判罚的依据均按《大清律例》斗殴及故杀人律文中"凡斗殴杀人者，不问手足、他物、金刃，并绞"⑤一条，将凶夷判处绞刑。由此可见，此时对于澳门地区发生的涉外命案，已然建立起了一套以乾隆九年定例为基础，以《澳夷善后事宜条例》为准则的司法体系。即在涉外命案发生后，先由葡澳官员将凶犯抓拿看押，问询供词，在此之后将供词送往广州，会同广州府官员共同审理，并按照《大清律例》中条例治罪，一旦确认罪名成立，则由广东地方官员（一般为广州知府与香山知县二人）一同前往澳门监督行刑。在此体系下，一方面能够顾及澳夷不愿出境的请求，另一方面以中国法律为判罚标准，虽不及照夷法办案方便，却能有效弘扬国威，震慑夷人，对澳门的管理也更为直接。此后澳门地区的涉外命案均以此制度为准查办案件，广州地区审讯时亦同样有所参考。

四、小结

　　本文梳理了自康熙二十五年到乾隆三十四年以来广州府治下发生的涉外命案，这类涉外命案主要发生在广州与澳门两地，其中尤以澳门为主。在这一时间段中，逐步形成了以乾隆八年陈辉千案处理方式为蓝本的案件司法制度，即夷人在澳门杀害中国人，将参照葡国法律惩处，行刑地点也定在澳门境内。乾隆十三年澳门

①（清）印光任、张汝霖：《澳门记略·官守篇》，赵春晨点校，广东高等教育出版社，1988，第37页。
②《署两广总督杨廷璋等奏报水手咈些呢掷伤民人郑亚彩致死已在澳门勒死折》，载《明清时期澳门问题档案文献汇编》卷一，人民出版社，1999，第382-383页。
③《两广总督李侍尧等奏报唉哆呢哋殴死民人方亚贵按律拟绞折》，载《明清时期澳门问题档案文献汇编》卷一，人民出版社，1999，第390-391页。
④《两广总督李侍尧等奏报让呢咕刀伤民人杜亚明等致死拟绞折》，载《明清时期澳门问题档案文献汇编》卷一，人民出版社，1999，第392-393页。
⑤马建石、杨育棠：《大清律例通考校注》卷二十六，中国政法大学出版社，1992，第794页。

李简二人被害案后，将刑罚标准改为照中国律例，进一步完善了澳门涉外命案审判之例，并在《澳夷善后事宜条例》中作出明确的解释。这种处理方法主要适用于澳门地区，在此后数十年的涉外命案中均能体现。而在同时期的广州地区，由于案情复杂，加上广州将军对办案官员的施压，使得同时期发生在广州地区的涉外命案处理显得更为消极，鲜有夷人因此遭受刑罚。澳门制度在日渐成熟的情况下，其作用与影响辐射到整个广州府地区，省城内官员亦通过经济与行政手段，重新掌握了涉外命案处理的主动权。

嘉庆六年广州羽纱走私案探析

龚衍玲*

摘要： 嘉庆六年（1801 年）广州总巡口拿获羽纱走私一案，基于英国馆藏外交部档案 FO233/189 系列档案的分析，该案件基本可定性为英国东印度公司商船与广州口岸私商（行外商人）进行的走私贸易。羽纱本身的获利性与 1800 年鸦片禁令的颁布更是诱发走私的内外动因。随着案件发酵，广州贸易体系中各方相互牵连的利益关系以及粤海关体系下保商制度重税轻商的弊端亦显露了出来。

关键词： 潘长耀（昆水官）；英国东印度公司；羽纱走私；广州贸易

嘉庆六年（1801 年）在广州总巡口拿获羽纱走私一案。该案件虽部分见录于许地山所编《达衷集：鸦片战争前中英交涉史料》（以下简称《达衷集》）下卷①，但对该案件更详细、全面的记载则收录于英国国家档案馆藏外交部档案 FO233/189 系列档案②中。前人学者对该案件已有所关注，但只是简要提及。如梁嘉彬《广东十三行考》在论述粤海关对行商的勒索时提及该案③，陈国栋在《经营管理与财务困境——清中期广州行商周转不灵问题研究》一书中介绍休业行商昆水官时亦提及该案④。前人对该案件发生之缘由始末，所论甚少；案件中各方利益之牵连关系，更有待探究和明晰。因此本文基于档案史料的解读分析，重现案件始末经过，并进一步探讨羽纱走私一案爆发的内外动因，试图从中窥斑见豹，窥见广州贸易中英国东印度公司、行商、粤海关之间错综复杂的利益关系以及粤海关体系下保商制度的弊端。

---

* 龚衍玲，广州大学十三行研究中心暨人文学院历史系中国史研究生。
① 许地山编：《达衷集：鸦片战争前中英交涉史料》，商务印书馆，1931。
② 感谢广州大学十三行研究中心提供英国国家档案馆所藏相关档案文件资料。
③ 梁嘉彬：《广东十三行考》，广东人民出版社，1999，第 363 页。
④ 陈国栋：《经营管理与财务困境——清中期广州行商周转不灵问题研究》，花城出版社，2019，第 292-299 页。

一、英国馆藏羽纱走私案档案及案件始末

英国国家档案所藏外交部档案 FO233/189 系列档案中收录了四份与嘉庆六年羽纱走私一案相关的文书，该四份文书亦被编入《达衷集》下卷。分别是《粤海关因走私羽纱案下潘长耀谕》（嘉庆六年三月初十日）[①]、《潘长耀因走私羽纱事致澳门红毛大班书》（嘉庆六年六月二十七日）[②]、《英商为海关重罚保商事呈粤督禀》（嘉庆六年六月二十八日）[③]、《行商因走私羽纱事覆大班及咽吔哎等书》（嘉庆六年六月二十八日）[④]。依据上述四篇文书，我们虽对案件有所认识但不甚全面。该系列档案中另有三份十分珍贵且尚未被刊载的文书档案，则成为我们全面了解该案十分关键的史料，分别是"粤海关监督奏陈羽纱走私一案"之原奏折档案（嘉庆六年四月初四日）[⑤]，以及潘长耀在嘉庆六年六月二十三日[⑥]和嘉庆六年七月初七日[⑦]致英国东印度公司大班的文书。从奏折中我们可以获知粤海关监督对该案件的态度，而往来的文书则可以帮忙我们深入了解涉案各方的利益联系。

结合上述档案原件材料，笔者大致梳理嘉庆六年羽纱走私案的始末经过如下：

嘉庆六年三月，总巡口拿获走私羽纱一案。"讯据押货人黎亚二供称，买卖人是冯士英、冯达英。装载船户陈广大，即（陈）亚带。……招据广大供讯，于上年五月间在黄埔冯士英家装过羽纱二十版。现据羽纱是喇呗臣夷船之货。于十月十五、十七等日装过两次，先后共装过羽纱三次。并有在黄埔村居住之艇户冯树先，亦同在喇呗臣船装过羽纱二次。"据二者供词，粤海关查知"喇呗臣夷船是丽泉行商人潘长耀所保"。今因丽泉行"所保喇呗臣船果有冯士英、冯亚树等私因上该船载装羽纱，且经数次，自不知止"。粤海关认为"该商断无不知情之理；显故智复萌，

---

① 英国国家档案馆档案 FO233/189，第 44、216 页；亦见于《达衷集》下卷，第 196-198 页。该文书是粤海关监督向潘长耀下发的谕令。文书简要陈述了案件的整体情况和对潘长耀的处罚。

② 英国国家档案馆档案 FO233/189，第 49、212 页；亦见于《达衷集》下卷，第 199-203 页。该文书是潘长耀在案发被罚后递给东印度公司大班的书信。书信中不仅表明自身无辜受累，并向大班请求帮助。

③ 英国国家档案馆档案 FO233/189 第 209 页；亦见于《达衷集》下卷，第 204-211 页。该文书是英国东印度公司大班对潘长耀因保商制度遭受重罚一事而向粤海关呈交的禀文。禀文中英国东印度公司反对粤海关监督重惩潘长耀，并担心此案波及自身贸易。

④ 英国国家档案馆档案，FO233/189，第 52-54、207-208 页；亦见于《达衷集》下卷，第 203-204 页。该文书是行商对东印度公司禀文的回复。信中提到案情已成定局，邀约东印度公司大班到广州面谈接下来的商务事宜。

⑤ 英国国家档案馆档案 FO233/189，第 50-51、210 页，该文书是粤海关监督佶山上交的奏折，奏请重罚听任走私的保商潘长耀。

⑥ 英国国家档案馆档案 FO233/189，第 50、211 页，该文书附于"奏折"前，记录了案发之后各行商与粤海关对走私一案的基本态度。

⑦ 英国国家档案馆档案 FO233/189，第 56、204 页，该文书是潘长耀在定案后递给英国大班的书信。信件中提及粤海关佶山严令其按时上缴罚款。

串同偷漏"。于是粤海关监督佶山于四月初四将案件上折奏报，议请重罚保商潘长耀。六月二十二日行商接到粤海关谕令。谕令要求"该商等遵照即将发出现获之羽纱四十八版，按照时值变价呈缴，并转饬潘长耀照羽纱数目应征税饷若干加一百倍罚出充公，先示薄惩"①。六月二十七日，潘长耀因走私羽纱一事致书求助于澳门红毛大班。同日，英国东印度公司大班呈粤海关监督禀文，反对重罚潘长耀。六月二十八日，就羽纱走私一案，行商代表复信英国东印度公司大班，表明案件已定，邀约大班面省接下来的商务。七月初七，定案之后，潘长耀再次致书英国东印度公司大班希望其能代为求情尽量减少罚款。

综上所述，嘉庆六年羽纱走私一案看上去便是广州贸易中一件极其简单的走私案。可是笔者细考其案件疑点与缘由，却发现案件并非乍看上去的简单。

二、案件疑点分析

笔者对该案件中的两大疑点展开初步分析：一是该羽纱走私船所属英国东印度公司还是港脚商人？二是行商潘长耀是否参与走私或包庇走私？

从案件可知，艇户陈广大与黄埔村艇户冯树先走私装载羽纱的船皆是喇哒臣夷船。经查，1800 年—1801 年贸易季英国东印度公司到广贸易的船只有 20 艘，其中由昆水官（潘长耀）所保的船只为"西里塞斯特号"和"孟买炮台号"②，乍看上去与案件的喇哒臣夷船没有任何联系。基于陈国栋先生对英国东印度公司档案 G12 系列档案的解读，可知档案所载的"喇哒臣"并不是船号，应当是"西里塞斯特号"船长罗伯森（Captain Robertson）名字的粤语发音。③陈国栋先生虽未展开论述，在书中便直接将该案描述为英国东印度公司没有合法缴纳关税，走私了部分羽纱。

而这就值得我们深入探究，为何英国东印度公司对该羽纱走私案自始至终都持着否认与质疑态度？案发之后英国东印度公司认为"羽纱虽是公司的独占商品之一，并构成公司正常贸易的一部分，并未许可私人和散商贸易运销"④。可实际上珠江口岸仍旧存在部分散商或别国商船运载羽纱来华贸易的情况。"根据通事提供的情报，1801 年经私人贸易，由公司船运入广州的羽纱为 7 861 匹，另 874 匹

---

① 该段所引皆出自英国国家档案，FO233/189，第 43 页，亦见于《达衷集》下卷，第 80-82 页。
② ［美］马士：《东印度公司对华贸易编年史（1635—1834 年）》卷二，区宗华译，广东人民出版社，2016，第 508-509 页。
③ 陈国栋：《经营管理与财务困境——清中期广州行商周转不灵问题研究》，花城出版社，2019，第 294 页。
④ ［美］马士：《东印度公司对华贸易编年史（1635—1834 年）》卷二，区宗华译，广东人民出版社，2016，第 401 页。

是由散商船运入的，全部是英国羽纱；而美国船运入的英国羽纱 1903 匹，荷兰的为 494 匹，又丹麦船运入的荷兰羽纱为 278 匹"①。因此东印度公司以此为由，对案件持质疑否定态度，认为粤海关监督在找不到当事人的情况下便怀疑该走私案与 1800 年昆水官（潘长耀）所保的"西里塞斯特号"英国船有关联的做法，是"海关监督似乎并不是有充分的证据，而是在滥用职权"。探究清楚英国东印度言行间矛盾的原因才能更接近案件本貌，这亦是第三小节将重点探讨的内容。

对第二个疑点的解答实际是对粤海关制度下的保商制度进行深刻反思。

因为正常情况下，喇呎臣夷船进入珠江，停靠黄埔之后需立即投行，须由潘长耀的丽泉行负责。"乾隆二十年（1755 年）以后，政府再三申令，使欧西贸易完全操控于行商之手，绝对禁止散商及店户参加"②，因此行商在对外贸易中有着一定程度的垄断权利，并且对商船卸下和买进货物拥有优先购销权，其余货物经销也须经该商行的认可。虽然此后限制稍弛，但是输入中国的棉花、纺织品的经营权还是在行商手中。梁嘉彬《广州十三行考》："至嘉庆二十二年（1817 年）依据定章外国贸易犹只限于行商，但实则已有多少变通，仅余少数重要贸易——出口丝茶，入口生棉、纺织品——尚归公行行商一手操控而已。其他商品多由外船长官与内地行栈私相贸易之。"③因此，在潘长耀走私案发生的嘉庆六年（1801 年），羽纱此类进口毛织品的行销权仍是行商所有，理应由行商负责统一销售。

因此在保商制度之下，粤海关监督认为喇呎臣船走私羽纱，潘长耀不该不知情，很有可能是在包庇走私。再加上潘长耀在拿到行照之前便以行外商人的身份与英国东印度公司开展贸易活动的行为，使得他在粤海关体系内缺少良好的形象与名声。④正如谕告中所称"本关部素闻该商积惯走私，因无确据，尚未查办"⑤，而潘长耀在案发后一再强调此事为"实不知情之事，波累而受罚"⑥，据其后追捕归案的冯士英等犯亦供称"保商与通事实不知情"⑦。可见潘长耀因此案而无辜受累被罚确实是保商制度之弊端所致，这一点将结合案件中的各方利益牵连在第四小节展开论述。

---

① [美]马士：《东印度公司对华贸易编年史（1635—1834 年）》卷二，区宗华译，广东人民出版社，2016，第 401 页。
② 梁嘉彬：《广东十三行考》，广东人民出版社，1999，第 373 页。
③ 同上。
④ 陈国栋：《经营管理与财务困境——清中期广州行商周转不灵问题研究》，花城出版社，2019，第 293-294 页。
⑤ 英国国家档案馆档案 FO233/189，第 44 页；亦见于《达衷集》下卷，第 197 页。
⑥ 英国国家档案 FO233/189，第 43 页。
⑦ 英国国家档案馆档案 FO233/189，第 49 页；亦见于《达衷集》下卷，第 201 页。

综上初步分析，嘉庆六年（1801 年）的羽纱走私案可以定性为英国东印度公司商船逃避关税，与中国私商（行外商人）进行的走私贸易。而英国东印度公司为何走私，以及潘长耀为何会无辜受累，其中各方利益的相互牵连，皆见下文论述。

三、羽纱走私之内外动因

结合探究羽纱走私之内外动因，论述为何英国东印度公司走私羽纱却又表现出否认态度，将是本节的主要内容。

羽纱作为海上贸易输入中国的舶来品之一，早在清前期便作为贡物上贡朝廷。《香祖笔记》载："羽纱、羽缎，出海外荷兰、暹罗诸国。康熙初入贡止一二匹。"[①]17世纪中叶，随着欧洲纺织业的大发展，毛织品制作工艺随之得以革新，品类众多的毛织品也日渐成为西方国家进行对外贸易的大宗输出产品。《南越笔记》有载："广南尚羽毛纱缎，悉携自蕃船，以出贺兰者为上。红毛诸处亦有贩至者。即不能同其软薄矣。"[②]荷兰虽有最早进贡羽纱的记载，并且其羽纱制作工艺亦为最佳，可随着英国海上势力的崛起与海上殖民贸易的开拓，在 18 世纪中叶以后，英国东印度公司逐渐在对华贸易中占据更高的地位[③]。

英国作为最大的对华贸易输出国，其出口商品中的 2/3 以上甚至 9/10 都是毛纺织品。英国的毛纺织品分三种：长幅呢、宽幅呢和羽纱。1775—1795 年的 20 年间，长幅呢占进口毛纺织品总值的 65%，宽幅呢占进口毛纺织品总值的 30%。羽纱虽只占公司进口毛纺织品总数的 5%，但在 20 年间，只有它是获利的，总盈利为165424 两，相当于成本的 29%。[④]因留存史料有限，无法准确获知每一年羽纱的获利情况。但我们可以从《东印度公司对华贸易编年史（1635—1843 年）》记载的 1798—1799 年季度的贸易数据（表 1）获知，嘉庆六年（1801 年）羽纱走私案发前，羽纱在广州贸易体系中依旧处于盈利状态。

表 1　1798—1799 年季度毛织品贸易数据表

毛织品	主要成本 / 镑	售得款 / 两	盈（+）亏（−）/%
绒毛（3 600 匹）	79 637	234 793	−1.7

①王士禛：《香祖笔记》卷一，上海古籍出版社，1982，第 3 页。
②李调元：《南越笔记》卷五，见录于《丛书集成初编》，商务印书馆，1937，第 93—84 页。
③严中平：《中国近代经济史资料统计选辑》，中国社会科学出版社，2012，第 4—5 页。
④张晓宁：《天子南库：清前期广州制度下的中西贸易》，江西高校出版社，1999，第 115 页。在广州销售的毛料种类与占比表格，亦可参考陈国栋：《经营管理与财务困境——清中期广州行商周转不灵问题研究》，花城出版社，2019，第 57 页。

毛织品	主要成本/镑	售得款/两	盈（+）亏（-）/%
长厄尔绒（93 640 匹）	237 060	701 092	-1.4
羽纱（640 匹）	5 169	23 447	+51.0
毛绸（140 匹）	1 355	4 066	+0.0

资料来源：《东印度公司对华贸易编年史（1635—1834 年）》第二卷[①]。

在英国东印度公司毛织品贸易整体亏损的情况下，羽纱能够赚得如此高的利润，是因为羽纱是少数几种仿效荷兰织染的毛织品。[②]同时在粤海关的税则中"羽纱每丈税六钱"明显高于同类毛织品，如"哔叽每丈税一钱五分"，"羽布每丈税一钱五分"。[③]可见羽纱在毛织品市场中一直有着更高的市场价值。因而走私羽纱实则是有利可图之举。

英国东印度公司进行羽纱走私的外在原因则与 1800 年禁止出售鸦片法令的颁布有着重要联系。1773 年是英国商人把鸦片从加尔各答输入广州最早的一年，在此的几年前鸦片运输都掌握在私商手里，但在 1780 年英国东印度公司实现了鸦片贸易出口的垄断。从印度输出的鸦片，在 1790 年便增加到 4 054 箱，并从中获利。由于洋药的供应，在广州吸食鸦片的毒害日渐蔓延，1796 年（嘉庆元年）（该年在广州进口的数量便达 1 070 箱）。[④]该年嘉庆帝诏裁鸦片税额，禁止鸦片输入。1800年（嘉庆五年）降谕查禁从外洋输入鸦片和在国内种植罂粟，复重申烟禁，严厉执行。[⑤]公行和东印度公司这两个垄断组织遵照 1800 年所颁发的谕旨停止了在广州的鸦片交易。为了不破坏与中国的茶叶贸易，东印度公司限令它自己的船只不能载运毒品。[⑥]因此鸦片作为商品正当的贸易被终止，在一定程度上影响了英国东印度公司鸦片贸易作为正常商品的获利。因而此后鸦片只能通过私商走私到黄埔进行兜售。在鸦片贸易被禁止，而对华毛织品贸易又整体亏损的大环境下，英国东印度公司船只对具有获利性的羽纱商品进行走私以获取更大的收益，便成为了意料之事。

①［美］马士：《东印度公司对华贸易编年史（1635—1834 年）》卷二，区宗华译，广东人民出版社，2016，第 194 页。
②同上。
③（清）梁廷枏：《粤海关志》卷九《税则二》，第 178-179 页。
④［美］马士：《中华帝国对外关系史》卷一，张汇文等译，上海书店出版社，2006，第 195 页。
⑤《东华录续编·嘉庆朝》，转载姚薇元《鸦片战争史实考》，新知识出版社，1955 年，第 11 页。
⑥［美］马士：《中华帝国对外关系史》卷一，张汇文等译，上海书店出版社，2006，第 197 页。

而据粤海关监督佶山上呈的摺奏可知，此次搜查正是为了防止保商纵容之下"任听汉奸勾引客商私相买卖"。佶山认为"此次拏获漏税羽纱至四十八版之多，计核正耗税银四百七十九两，实非寻常零星偷越可比"。而辛酉（1801 年）、壬戌（1802 年）两年共计收"该国（英国）王货税、进出税银自四十五万至五十余万两。溯查历年此款税饷，从未赶及此数。其向为夷人勾结汉奸走漏税课，不啻盈千累万者已"①。面对粤海关走漏税课的指控，如果英国东印度公司承认走私则意味着默认偷漏关税的行为，不仅会折损东印度公司的形象，亦势必影响其在广州茶叶贸易的正常进行，更严重地造成公司获益的亏损。而在粤海关证据不足的情况下，始终持否认态度便是保障其利益最大化的最佳选择。

四、羽纱走私案件的发酵与各方利益牵连

羽纱走私案件不断发酵，很大程度上是受到了涉案各利益方的相互推动。具体表现在以下几对利益关系中。

一是对税收极其重视的粤海关监督佶山对英国东印度公司偷漏税收的不满，而导致了 1801 年十月份对羽纱类毛织品突然征收行佣②。据《英国东印度公司对华贸易编年史（1635 年—1834 年）》记载："这个贪婪和强横的海关监督（佶山），为了找寻新的财政来源，他叫行商将另外可以征税的其他商品列表呈报。"最后呈上来所列举"包括的货物不下 294 种，每个表都写有宽幅绒、长厄尔绒和羽纱"。对毛织品突然增加的征税，无疑加大了英国东印度公司毛织品贸易的亏损。因为据统计"这三种商品构成 1801 年公司从英伦输入品的价值约达 90%，售款为 2 334 227 两；按税率 3% 计（这是近年来的税率），则公司就多受 70 000 两的亏损，因为货物售出是经常亏损的，按发票价值船上交货成本则亏损 3%，而按全部成本计，则约亏损 20%③。"可见突然增加的行佣是否会影响广州贸易的良性发展并不是粤海关监督所关注的事情，反而在其任内广州口岸每年的税收能否到达要求并且有所盈余才是更为重要的事情。虽然英国东印度公司对此不满，亦只能无奈

---

① 该段所引皆出自英国国家档案馆档案 FO233/189，第 210 页。

② 行佣是行商自动对外国贸易品的课证，就进口货物而言，其征税的几种商品主要是棉花及其他几种印度产品，而对进口的毛织品则是免征的。见［美］马士：《东印度公司对华贸易编年史（1635—1834 年）》卷二，区宗华译，广东人民出版社，2016，第 393、399 页。

③［美］马士：《东印度公司对华贸易编年史（1635—1834 年）》卷二，区宗华译，广东人民出版社，2016，第 399—400 页。

地等到佶山离任、新一任粤海关监督三义助到任后上奏"恳请照旧"①才取消额外征收行佣，风波才得以平息。

二是保商制度之下，行商潘长耀与粤海海关、东印度公司之间的利益关系。所谓保商制度可简单表述为"依夷船来粤旧例，系由各洋商循环轮流具保。如有违法，唯保商是问"②。因此在本案中，虽然潘长耀并没直接参与走私，却因为是喇呫臣船的保商，他除了需要补缴四十八版羽纱正税四百七十九两外，还需罚银五万两。为了保证潘长耀按时上交罚款，粤海关佶山还"饬令首名商人潘致祥督催（潘长耀）呈缴，同入官羽纱变价银两一并解交造办处充公"③。面对突然而来的巨额罚款，潘长耀直言"倾家所有、尽卖子女，亦无可抵填"。潘长耀自知"查此案走私自有走私之人（所指冯士英等人）"而船为英国船，而此走私之事"此是公司之事"，自己却是因保商制度而无辜受累。面对自己蒙受的冤屈，潘长耀却又不得不向走私的主犯英国东印度公司的大班求助："转嘱各行商，斟酌相帮所奏罚之项。抑或大班公司格外恩施，帮弟免我敝行之开空倒累。"④其后，英国大班虽替潘长耀向粤海关监督求情，而其出发点则是"公司与他交易甚大，已交定货银子太重，寄贮货物甚多，一旦罚他五万两之多，恐其行立倒，必不能交出货物。我等恐公司之项，无所归着"⑤。而且在禀文中英国东印度公司依旧对走私持否认态度，并借口托词有二："一则，向来到广之羽纱不但尽由英吉利来的，意者未必就是我国之人走私。二则，或是见无对证，妄诬我国之人走私。"⑥

显然可见，设立保商制度是粤海关为了在行政层面上对广州口岸的商贸实现一定程度的监管，同时也依靠有力的监管来保障广州口岸每年税收的稳定。但当嘉庆六年羽纱案发生时，明知走私主犯是英国东印度公司与行外商人，而无辜的保商潘长耀却要为该走私案承担全部责任以及巨额的罚款。当行商利益遭到损害之时，粤海关监督不仅没有严查走私主犯，甚至为了保证该年的税收而严令要求潘长耀如期上交罚款。保商制度之下，粤海关重税轻商的弊端暴露无遗。相反，在经济贸易层面上，行商与英国东印度公司的利益在某种程度上却因保商制度而被捆绑在一起，建立起更加紧密的商业利益关系，才会出现案件中潘长耀向英国

---

① 见两广总督吉庆等议复佶山条奏关税事宜奏折（嘉庆六年十一月二十八日），故宫博物院编：《清代外交史料·嘉庆朝》，1933。
② 胡巧利主编：《广东方志与十三行——十三行资料辑要》，广东人民出版社，2014，第217页。
③ 英国国家档案馆档案 FO233/189，第211页。
④ 该段所引皆出英国国家档案馆档案 FO233/189，第49、210、211页；亦见于《达衷集》下卷，第83-87页。
⑤ 该段所引皆出英国国家档案馆档案 FO233/189，第52、203页；亦见于《达衷集》下卷，第88-97页。
⑥ 同上。

东印度公司大班求助，英国东印度公司为了维持与行商的贸易而出面求情的情况。纵观全案，行商在整个广州贸易中的地位与处境并非想象中的尊崇与安逸，实际上行商更多地承受了来自整个广州体系下的剥削与无奈。

五、小结

以上为笔者爬梳档案史料后，对嘉庆六年（1801 年）广州口岸发生的走私羽纱案所做的探析。通过档案史料理清案件的始末经过，基本可将此案件定性为英国东印度公司商船与广州口岸私商（行外商人）进行的走私贸易。在整体亏损的毛织品贸易中羽纱是唯一具有长期获利性的毛织商品，这一点是促使英国东印度公司走私羽纱的内在动因。外在动因则是嘉庆五年（1800 年）鸦片禁令颁布后，以正当商品经营鸦片的形式遭到禁止而直接影响了英国东印度公司的获利。案发之后，面对粤海关指控的偷漏走私的事实，英国东印度公司为了保障不因案件而牵连其在广州贸易中的利益，对走私一事坚持否认的态度。而粤海关监督为了保障税收，突然下令对毛织品征收行佣，并且严令潘长耀为走私案承担全部责任，也使得羽纱走私案件进一步发酵。涉案的各方利益关系，亦向我们揭露了粤海关体系下保商制度重税轻商的弊端。

（本文原刊于《兰台世界》2021 年 11 期。有改动）

嘉庆十年英船"四轮马车号"搁浅被抢案探析——以英国国家档案馆外交部中文档案分析为中心

方富泽 *

摘要： 嘉庆十年（1805 年），英国战船"四轮马车号"（H. M. S Phaeton）在棉兰老岛俘获一艘西班牙帆船，带着价值 103 900 银元的货物驶往澳门，途中在巽寮损坏，漂至平海搁浅。其后，战船的水手被地方官员监禁，同时船中的货物被当地平民洗劫一空。中英双方因此次的海难事件进行了长达三年的交涉，其中更有十三行行商和澳门通事因此事受到牵连。中英双方在"四轮马车号"的交涉中，广东官府力图以放宽英国兵船的航行权平息事件，而英方亦短暂地获得停泊虎门补给的权力。这些牵涉的利益纠纷深远地影响中英关系。

关键词： 嘉庆十年；四轮马车号；搁浅事件；中英关系

鸦片战争前，清政府对于外国来华船只一直采取严格的管理措施，尤其在处理外国兵船方面更颁布诸多禁令，以限制其驶进珠江口。不过随着 19 世纪初拿破仑战争的爆发及中国沿海的海盗日渐猖獗，英国的兵船更频密地进入中国水域活动。其间英国和法、西等国经常处于敌对状态，并不时地出现英法双方及其盟友互相掠夺、捕获敌船等，利用货船上的战利品补给国库，再加上没有引水人的情况下，来华战船对于中国沿海的水域及天气并不熟悉[1]，意味着外国战船面临搁浅、被俘等船难的风险随之增加。"四轮马车号"事件正是基于这些背景下发生的。

目前有关清代海难的研究已有较为丰硕的成果，但这些研究集中探讨来自海

---

* 方富泽，广州大学广州十三行研究中心暨人文学院历史系中国史研究生。

[1] 在清代海难救助的研究成果里，对于琉球遭难船只的探讨较为深入。参见李少雄：《清代中国对琉球遭风船只的抚恤制度及特点》，《海交史研究》1993 年第 1 期，第 50-57 页；岑玲：《清代档案所见之琉球漂流船的海难救助》，载中国社会科学院近代史研究所编《近代中国的社会保障与区域社会》，社会科学文献出版社，2013，第 352-363 页；特木勒：《康熙六十一年琉球贡使海难事件重构》，《海交史研究》2015 年第 2 期，第 64-73 页。

难救助及相关的处理制度。① 相较之下，对于西方来华船只的遭遇海难的研究较
为缺乏②，而对于来华外国战船的遭遇抢劫的事件更尚无专门论述。"四轮马车号"
事件的独特性在于该案件既有海难的事故又牵涉到中外双方利益谈判的双重性质。
通过挖掘一场船难抢劫案的谈判，有助于呈现 19 世纪早期"广州体制"的外交和
政治实态。本文基于英国档案馆所藏的中文档案（F.O.233/189 及 F.O.1048），并参
照其他史料对这艘船的搁浅及交涉的始末予以考述，分析在搁浅案件里中英双方
的角色及作用。不足之处，恳请方家正之。

一、英船"四轮马车号"在平海搁浅始末

英船"四轮马车号"搁浅的地点位于平海，属惠州府管辖，对于航行来说地
理环境复杂，同时是海盗劫匪的聚集之地。《广东通志》载："大星、平海皆属惠
州内洋，其贼匪出没，与潮无异。"③ 而同属于惠州海域的巽寮④，也就是"四轮马
车号"发生损坏的地方，曾有海盗船因为躲避广东官府追缉而搁浅。嘉庆十年五月
十六日（1805 年 6 月 13 日），两广总督那彦成收到平海营的禀报："平海营参将
范世韬禀报：见有盗船驶至巽寮港外，撞沙搁浅，督率勇役擒获张亚二等七名。"⑤

对于"四轮马车号"搁浅的原因，东印度公司大班、平海地方官员以及当
事人伍德船长的记载略同，都将事故发生的原因归咎于遭遇恶劣天气。据东印度
公司的大班记载："英国战船'四轮马车号'于 1805 年 9 月间，在棉兰老岛俘
获一艘满载货物价值达到 103 900 元的西班牙双桅帆船然后驶往澳门，但途中大
概在巽寮湾附近损坏，后因天气恶劣搁浅在平海的一个海湾里。"⑥ "四轮马车
号"搁浅后，粤海关监督延平在发给行商的谕文中，对该次海难发生的时间、地
点以及事故原因，有更为详细的记录："据平海司巡检施毓周禀称，本月二十
一日（9 月 13 日）酉刻，东山洋面有遭风小夷船一只被礁击破……该夷船遭风
处所在东山外洋，离大星汛五十余里，会勘得双桅小夷船一只，身量长四丈七

---

① 参见游博清：《安全与效率：1786—1816 年间英国东印度公司对华的船运管理》，《清华学报》2013 年第 2 期，
　第 255-282 页；郭嘉辉《清道光前期（1821—1839）广东对海难救助之研究——以欧洲船只、船员为例》，
　《海洋史研究》2015 年 2 期，第 149-171 页。
② 道光《广东通志》卷一二三，清道光二年刻本，第 34 页。
③ 光绪《惠州府志》卷一，光绪七年影印本，第 24b 页。
④ 那彦成：《那文毅公奏议》卷十二，清道光十三年年刻本，第 5 页。
⑤ ［美］马士：《东印度公司对华贸易编年史（1635—1834 年）》卷三，区宗华译，广东人民出版社，2016，
　第 10 页。
⑥ 《粤海关因遭风夷船处置事下外洋行商人谕》，嘉庆十年八月十日，英国档案馆藏，F.O.233/189/104.

尺，宽一丈三尺，深五尺八寸。桅杆俱无，并无货物，船底穿烂，搁在礁石之上，不能驾驶。"①而"四轮马车号"的船长伍德则在信件中透露："本年七月二十日（9月12日），近粤海洋面面湾泊，缘风系属东北，并无险碍。忽然西南大作，漂压至平海地面面，势不得已，情愿坏船至浅，图保性命，奋力垄岸。"可以确定的是，"四轮马车号"大概在惠州府附近的外洋海域遭风，飘至平海触礁搁浅，伍德船长无奈之下只能作出弃船的操作。

仅仅将搁浅事故归根于地理或者人为因素并不恰当，因为还忽略了其中一个客观因素，就是在事故发生前"四轮马车号"的船体结构已经出现了重大的隐患。有文献记载："1805年8月2日，'四轮马车号'连同'猎兔狗号'（H.M.S Harrier）在棉兰老岛与法国海军战舰'闪耀号'（the Sémillante）发生一场遭遇战。战斗结束后，'四轮马车号'的帆、船杆、桅杆因为受到炮火的打击受到严重损坏，同时船身遭到9发炮弹的洗礼。"②船体遭受损伤的"四轮马车号"为航行带来安全隐患，再碰上恶劣天气以及陌生的地理环境，搁浅事故自然而然地发生了。

搁浅事故后，最大的争议是"四轮马车号"俘获价值103 900元的战利品被当地居民抢劫，以及失事船员被"当地官员严加监禁"③。平海的地方官员称："查勘船已沉搁礁石之上，并无货物，难夷十人，言语不通，不知系何国夷人，载何货物，由何处遭风飘流而至。当将难夷带回平海税馆给与房屋居住，恤给口粮。"④伍德对平海官员的说法存有异议，不满平海的地方官员纵容当地平民洗劫他的战利品，并监禁受难的船员："（登岸后）设立布帐，将船上好货扛抬过半后，有官民等人不许我等在此看守。称说官保货物无虞，我等数人被拘入城，羁留一宿。次早带我回布帐积货所在，只存空箱，货物尽掠一空。船上尚有百数人搜求什物，官竟不禁止。"此外，还遭到当地官员的威胁："押我写回一纸，要称他厚待我们，无奈顺从，若不写字，他定然不放我等回来。所食不过粗米红薯，此等至粗之物，不俾饱食。数天如同犯人一般拘禁。"⑤可见双方证词互有矛盾。由于事件没有得到合理的解决，在双方各执一词下，伍德开启了与广东官府长达三年的交涉过程。

①《英吉利国兵船官央活书奉两广总督》，嘉庆十年八月，英国档案馆藏，F.O.233/189/103.
② William James, *The Naval History of Great Britain from The Declaration of War 1805-1807,* (London: Harding, Lepard & Co, 1826), pp.219-221.
③［美］马士：《东印度公司对华贸易编年史（1635—1834年）》卷三，区宗华译，广东人民出版社，2016，第11页。
④《粤海关因遭风夷船处置事下外洋行商人谕》，嘉庆十年八月十日，英国档案馆藏，F.O.233/189/104.
⑤《英吉利国兵船官央活书奉两广总督》，嘉庆十年八月，英国档案馆藏，F.O.233/189/103.

二、中英交涉的过程及广东官府的处理

由 1805 年 10 月 6 日伍德船长送上第一封信起，英方开始了三年的交涉过程。第一封信件由军舰"猎兔狗号"船长拉塞特（Capt. Ratsay）转呈，内容是陈述当天遇难的经过，请求总督追还货物，并列出追偿的货单："燕窝七十担，原价每斤该银十六元，估价每斤银十元，共该银七万元；白蜡一百六十担，每担估价银五十元，共该银八千元；海参四十五担，每担估银二十元，共该银九百元；玳瑁壳十担，每担估价二百五十元，共该银二千五百元。"[①]

但是在拉塞特送信的过程中，在没有引水和经过总督和行商同意的情况下将"猎兔狗号"驶往黄埔，因为按照以往管理外国船只的规定"商船准其进口在黄埔地方，兵船则在澳门外洋湾泊"[②]。同样，外国人找中国人代写信件和私自送信是不允许的，面对这种冒犯那彦成十分震惊："天朝定例各国夷船进口必用引水带进，不准擅自闯关。即进表、进贡使船到粤，亦理应寄信洋商转为禀准，方照旧定章程仪注办理。今该夷虽因失货具呈，岂得违例，擅自驶进黄埔！"同时对货物清单产生了分歧："查阅单开失去货物，有何凭据？且失单字迹与原禀不符，又系何人代写？"[③]次日，伍德再次写信为清单的事情辩护："现有被抢之船主及各水手可以作据此事，不能作无据之话。"[④]虽然，那彦成采用蔑视的态度处理伍德的申诉，但拉塞特违例入黄埔，以及坚持对等礼仪的做法确实引起中国官方反感，亦为接下来的谈判失败埋下伏笔。

拉塞特与那彦成交涉过程中因礼仪的问题再次产生矛盾："总督坐在椅子上不让拉塞特坐下，但是拉塞特认为自己理应享受与英国官员同等的待遇。"[⑤]其后由于总督接收信件时没有起立，拉塞特深感不满："入署递禀要督宪大人起座接收，如不起座，我不肯递。"[⑥]拉塞特的无理取闹令总督十分震怒。令人诧异的是，总督并没有直接处罚拉塞特，而是对负责转告信息的潘启官罚款 100 000 两银。[⑦]

在 1806 年 1 月至 2 月期间，香山县调查了涉及此事的一位澳门翻译郭遂意，因其在沙滩私挖别人埋藏的原本所属"四轮马车号"的燕窝。1 月 2 日，香山知县彭昭麟传令澳门理事官："现奉臬案扎开，案照英吉利夷官央活（John Wood）货

---

① 《英吉利国来广兵船官央活书奉》，嘉庆十年八月十四日，英国档案馆藏，F.O.1048/5/1.
② 梁廷枏：《粤海关志》卷二八《夷商三》，袁忠仁点校，广东人民出版社，2014，第 541 页。
③ 《两广总督批央活所禀事件》，嘉庆十年八月，英国档案馆藏，F.O.233/189/102.
④ 《央活请求归还被劫货物禀》，嘉庆十年八月，英国档案馆藏，F.O.233/189/101.
⑤ 〔美〕马士：《东印度公司对华贸易编年史（1635—1834 年）》卷三，区宗华译，广东人民出版社，2016，第 11 页。
⑥ 《潘启官致大班喇佛书》，（时间不详），英国档案馆藏，F.O.233/189/100.
⑦ IOR（India Office Record）G/12/150, 1805/11/28, London: British Library, p.150.

船，在平海搁浅被抢一案。先获犯王亚有有供："係林亚爱等三人拾获燕窝，闻拿埋在沙滩，被该犯看见私挖后，林亚爱等向伊赎回。'"①2月7日，船长比斯尔（Capt. Bissell）送信催促新任的总督吴熊光交代调查进度："至于送书与前任大人，已有四月之久，自必办妥，如何将原价给回？如何将匪人治罪？"②不久后，彭昭麟就向澳门理事官发出逮捕郭遂意的官谕："查先准惠潮嘉道查讯通禀：'郭遂意係澳门通事'。而关书陶柯供称：'郭遂意係澳门夷行火工，懂得夷话，原非通事。'本案船只被风后，澳门夷人于八月初七日（1805年9月29日）令郭遂意驾船前往，将难夷十人，并铜炮二门、铁炮一门、洋枪两杆，连番箱八个一并载回澳门行内。"③郭遂意的出发时间距离事发已超过7天，此时"四轮马车号"早已被搜掠一空。郭遂意只参与搜救剩下的不贵重货物，并不是广东官府想搜获的"正犯"。对于地方官员来说，或许郭遂意是理想的交涉筹码。虽然清朝有条例严禁外国人雇佣中国居民，实际上"澳门的外国人经常不遵守这一规定，请中国工人的现象很普遍"④。作为通事，郭遂意受雇于洋人更是准许的："查夷人来广贸易，除设通事买办外，原不许雇内地民人，听其指使服役。"⑤但是遇到中方与外国的冲突时，处于夹缝的通事常成为双方对弈的筹码。中国官员往往占尽上风，通事最终只会成为牺牲品。⑥不过香山的官员最后也找不到足够理由让郭遂意顶罪，处置郭遂意一事了无下文。

　　1806年9月3日，伍德乘"四轮马车号"再次来到澳门，继续追问抢劫案的调查进度，潘启官、卢茂官和伍浩官三位行商抵达澳门转达两广总督的口讯，吴熊光答应会积极调查并准许接见伍德舰长，前提是不再将船只驶进黄埔而且申诉的信件要由行商转递⑦。恰好"四轮马车号"有船员患病，趁着这个机会，伍德呈信总督，申请进入黄埔买办食物和安置船员："兹兵船漂海日久，多有患病，正以食物为要。今买办畏累，所承买食物，俱不敷用，年加一年更多虚费，势必进埔寻取日食。故请大人与关部大人，酌量给牌与买办。"⑧并且坚持要亲自向总督

①刘芳：《香山知县彭昭麟为质审英船在平海遭风被抢案传通事郭遂意行理事官札》，《葡萄牙东波塔档案馆藏清代澳门中文档案汇编》下册，章文钦校，澳门基金会，1999，第763页。
②《英吉利国兵船官悲士儿书奉》，嘉庆十年十二月十九日，英国档案馆藏，F.O.233/189/98.
③刘芳：《香山知县彭昭麟为质审英船在平海遭风被抢案饬将郭遂意拘出批解下理事官谕》，《葡萄牙东波塔档案馆藏清代澳门中文档案汇编》下册，章文钦校，第764页。
④杨仁飞：《清中叶前的澳门平民阶层及社会流动》，《广东社会科学》2006年第2期，第161—167页。
⑤许地山编：《达衷集：鸦片战争前中英交涉史料》卷下，商务印书馆，1931，第169页。
⑥王宏志：《1814年阿耀事件：近代中英交往中的通事》，《中国文化研究所学报》2014年第59期，第2—30页。
⑦[美]马士：《东印度公司对华贸易编年史（1635—1834年）》卷三，区宗华译，广东人民出版社，2016，第38页。
⑧《英吉利国来广兵船官央活因去年遭风被俘一事书奉》，嘉庆十一年七月二十九日，英国档案馆藏，F.O.233/189/96.

申诉："今经一年，货物必然全追，匪徒必亦尽办。论本将军命远官本应驾船到广，面见大人，因遇一员委员老爷。故修此书烦为转递。若大人不能尽悉远官之情或亦驾舟赴省。"①总督原本是禁止兵船驶入黄埔，但为了息事宁人，准许伍德的请求。至于追查"四轮马车号"一事，吴熊光表面答应办妥，实质用客套的语气应付伍德："上年该国夷船在平海遭风据禀被抢，叶经前督部堂那（那彦成），严饬缉拿匪犯。本部堂接任后，复经节次饬催。缘洋面辽远，难以克期，跟获真犯。现又檄饬严拏，务将人赃并获。"②搁浅事件已将近一年，对陷于处理海盗问题的吴熊光来说，彻查此事也有心无力，只能以"洋面辽远，难以克期，跟获真犯"的借口搪塞。无奈之下，英国对"四轮马车号"的索偿和追究只能暂时搁置。

1807 年 3 月 8 日，受"海王星号"事件影响，英国战船船长罗尔斯（Capt. Robert Rolles）希望会见总督，并写信解释"四轮马车号"和"海王星号"等几件突出的事情，不过信函遭到省城官员拒收。③又一次交涉遇到挫折后，英国方面决定暂缓"四轮马车号"的申诉。

1808 年 2 月期间，英国方面试图作最后一次申诉。英国东海军司令佩卢爵士（Capt. Pellew）计划再次给两广总督写信，追查"四轮马车号"货物的下落。④不过两广总督因为应对海盗问题，已前往澳门视察。⑤再者，1807 年的"海王星号"事件还没有处理完毕，中国方面已无暇顾及"四轮马车号"的交涉。在这些重大事件的掩盖之下，广东官府对"四轮马车号"事件的处理不了了之。时隔三年的交涉，伍德没有讨回货物，广东官府也没有赔偿伍德的损失。在未取得圆满结果的情况下，"四轮马车号"的交涉告一段落。

19 世纪初，广东官府忙于应对沿海的海盗问题，对于遭遇海难而被抢掠的外国船只，都是采用消极的态度处理。如 1803 年 9 月，西班牙船"乌尔卡号"（Urca）由吕宋出发，船中载有 1 500 000 元，因遭遇恶劣天气在汕头碙石搁浅。随后难船被当地乡民抢劫，最后打捞出的银元只剩下 66 500 元。⑥地方官员却选择包庇当地乡民："传集该处水保澳甲人等反覆究诘，据称：夷人呈控土人捞抢之事毫无影响。该游击刘学修系始终其事之人，亦称并未见有土人捞抢情事。质之该夷人，

---

①《两广总督批央活所禀事件》，嘉庆十一年八月六日，英国档案馆藏，F.O.233/189/97.

②《英吉利国来广兵船官央活去年遭风被俘一事书奉》，嘉庆十一年七月二十九日，英国档案馆藏，F.O.233/189/96.

③IOR (India Office Record) G/12/156, 1808/3/8, London: British Library, pp.24-25.

④[美]马士：《东印度公司对华贸易编年史（1635—1834 年）》卷三，区宗华译，广东人民出版社，2016，第 76 页。

⑤详见刘芳：《葡萄牙东波塔档案馆藏清代澳门中文档案汇编》上册，章文钦校，澳门基金会，第 366 页。

⑥[美]马士：《东印度公司对华贸易编年史（1635—1834 年）》卷二，区宗华译，广东人民出版社，2016，第 437 页。

据称：文武眼同弹压时无人捞抢。伊等入城觅食时，有人捞取，但未眼见等语。"①朝廷的答复更毫无追究之意："若土人实无捞抢情事，而遭风处所在一片汪洋並无岛屿港口，间有遗失，自所不免。"②一方面，惠州沿海地区的海盗问题尤为严重，直到 1805 年下旬才勉强平息："（嘉庆）十年秋，海寇扰归善，职生邓兆龙奉檄招抚，遂降黄正嵩等三千余人，黄正嵩者张保仔党魁也。踞东路洋面劫掠商旅。是年率众入归善，沿海各乡屡被其害。"③基于这种情况下，地方官员对货物追查无能为力。另一方面，由于拉塞特船长的冒犯行为激怒两广总督，使得交涉不能顺利地进行。其实在 1806 年 2 月，比斯尔就接到行商的通知："总督对这个申请已预先存有反对的偏见，因此不能期望从申诉这个案件中得到好处。"④这些因素都预示了伍德的申诉最终失败。

三、"四轮马车号"事件的影响

对于行商潘启官而言，在"四轮马车号"事件中充当的角色是十分无辜的，因为拉塞特的行为而被两广总督罚款 100000 两，即使总督后来宽恕了潘启官，将启官罚款改为向皇帝的"自愿捐献"⑤，但依然改变不了其勒索的性质。此前潘启官曾因为有兵船驶近虎门而遭到总督警告："如仍前驶至三门一带内港，除严行押令开往潭仔外，并将不先派引水在洋等候带引水之洋商等斥革，重治其罪。"⑥不过兵船闯入内河的行为本身不是行商能够掌控的，完全将责任推诿给行商并不合理。更重要的是，涉外案件的发生对行商是一场巨大的灾难。因为洋人的不法，向来都是官府勒索的借口，这种勒索的强度取决于商人的财力⑦。而从行商榨取的钱财，通常会由粤海关监督、两广总督、广东巡抚及其部下共享⑧。从潘启官的罚款中受益最大的当然是那彦成，更何况那彦成在清剿海盗时面临最大的问题是"财力不足"⑨，这时候地方官员就会创造和利用一些合适的时机向行商榨取钱财。潘有度曾在写给特选委员会的信件中，无奈地控诉道："奏明治罪或从重罚银，充

---

① 故宫博物院编：《清嘉庆朝外交史料》第 1 册，故宫博物院，1932，第 16 页。
② 故宫博物院编：《清嘉庆朝外交史料》第 1 册，故宫博物馆，1932，第 17 页。
③ 光绪《惠州府志》卷一八《郡事下》，第 16b 页。
④ [美] 马士：《东印度公司对华贸易编年史（1635—1834 年）》卷三，区宗华译，广东人民出版社，2016，第 11 页。
⑤ IOR (India Office Record) G/12/150, 1805/10/17, London: British Library, p.107.
⑥ 许地山编：《达衷集：鸦片战争前中英交涉史料》卷下，第 178 页。
⑦ 冷东、沈晓鸣：《黄亚胜案件辨析》，《学术研究》2014 年第 12 期，第 112-121 页。
⑧ 陈国栋：《经营管理与财务困境——清代中期广州行商周转不灵问题研究》，花城出版社，2019，第 116 页。
⑨ 穆黛安：《华南海盗 1790—1810》，刘平译，中国社会科学出版社，1999，第 103 页。

公船主等于心何安？况兵船护货来广贸易，原为公班衙起见。若弟等已经被累，即公司生理亦岂能安然无事？弟等与公班衙交易多年，总求平安无事并无别样意见。"① 潘有度早在 1800 年就有辞去洋商职务的意图②，当然"四轮马车号"事件并不是最直接的导火索，但经历过此事的潘启官更加坚定了退商的想法。终于在嘉庆十二年（1807 年），嘉庆帝批准潘致祥退商③，宣告潘启官正式退休。

就英国而言，在"四轮马车号"事件中虽然损失了价值 10 万西班牙元的货物，但是也"因祸得福"收获了其他利益。随着欧洲战争的爆发和华南沿海的海盗问题恶化，19 世纪初英国兵船驶近中国海面更加频繁。但是英国兵船只能停泊零丁、潭仔、澳门等处，禁止进入虎门水域。加上虎门附近洋面能够避风和方便补给，英国对驶入虎门碇泊和买办补给的权利垂涎已久。1805 年，英国海军"冲击号"（Dasher）曾停泊穿鼻洋，对附近洋面进行测量，并告知委员会："穿鼻角外面是一个非常好的碇泊所。"④ 同年 8 月，特选委员会企图以修葺补给和防范海盗的藉口获取虎门停泊权："况兵船在广不过为鲜肉鸡牛及食水各物，因船俱是咸于之味。或有疾病之伴，图此鲜味以养病；或因漂海日久，船身坏烂；或桅缆要用之物，俱在黄埔公船上借用修葺。关宪以鸡颈水浅，兵船不能至。若泊鸡颈之外恐巨风盗贼，食物俱有阻碍等情，亦难以湾泊。常闻内河外海无日不有劫船陷命之事。故此，我兵船欲在虎门或黄埔，一为船用修葺之料便捷，而食用之物俱比澳办便宜。"⑤1805 年 11 月份的时候，两广总督为了缓和交涉时的紧张关系，透过海关监督给买办执照，准许供应穿鼻洋的皇家战船，同时还给舰长伍德和"四轮马车号"一些优待。⑥ 英国方面如愿以偿地取得虎门停泊和补给买办的权利。嗣后更以"防备海难"为由，侵犯中国的水域。1806 年，特选委员会派出"羚羊号"在广东附近海域测绘，大班多林文（James Drummound）致函潘启官："上年常有本国船被风飘至于不识深浅之洋面，竟误烂其船，大有干碍。故今特差此船（羚羊号）到此，所有本国船经由洋面左右，试探水路之深浅，石排之有无，写画行船图形，想回此事一两载之久，非一朝一夕可得。"⑦ 更猖獗的是，东印度公司在 1808 年 1 月 4 日的报告中宣称："皇家船只已取得碇泊虎门附近穿鼻碇泊所的成

---

① 《潘启官致大班喇佛书》（时间不详），英国档案馆藏，F.O.233/189/99.
② 陈国栋：《清代前期的粤海关与十三行》，广东人民出版社，2014，第 206 页。
③ 中国第一历史档案馆：《嘉庆道光两朝上谕档》第 12 册，广西师范大学出版社，2000，第 649 页。
④ ［美］马士：《东印度公司对华贸易编年史（1635—1834 年）》卷二，区宗华译，广东人民出版社，2016，第 470 页。
⑤ 《特选委员会致众行商书》，嘉庆十年闰六月二十一日，英国档案馆藏，F.O.233/189/114.
⑥ ［美］马士：《东印度公司对华贸易编年史（1635—1834 年）》卷三，区宗华译，广东人民出版社，2016，第 14 页。
⑦ 《大班多林文致潘启官书》，嘉庆十一年五月十六日，英国档案馆藏，F.O.1048/6/1.

就，现在已经得到默认；而按期从黄埔给各船运送供应品，则已得到中国政府的公开准许。"① 直到"英军入澳事件"惊动朝廷后，才重新收紧兵船进入内河的限制："饬守口员弁严密稽查，如有外夷护货兵船驶入内港，立即呈报，一面驱逐，一面停止贸易。庶于边防益昭严肃。"②

四、余论

综上，"四轮马车号"事件原本是一场微不足道的海难，因为前期广东官府的处理不当，酿成了中英关系史中重要的交涉事件，更有行商、通事无辜卷入。整个事件里，"四轮马车号"被抢货物的去向，或许是个永远无法破解的谜团。从两广总督和伍德船长的交涉过程可以看到，表面上中国略占上风并一直掌控整个交涉过程的主导权，但是在暗地里，两广总督那彦成对英国兵船在虎门航行权的让步，也让英国暂时获得碇泊虎门的"特权"。"四轮马车号"事件经历了两任两广总督，那彦成从一开始就没有意愿追查，因为沿海海盗问题令他无法抽身，而且当时惠州府沿岸的海盗仍未平定，无疑给追查带来更大的困难，能够从伍德的交涉里全身而退是最为理想的选择。同样，吴熊光也不会认真履行追查货物的承诺，首先他是因为那彦成未处理好的海盗问题而调任两广总督，清剿海盗才是他的首要任务，其次帮助伍德并不能让他从中获取利益，更不会影响他的仕途。受国际战争及沿海海盗困扰，英国兵船经常从珠江口一带游弋，极大冒犯了中国的海权，但是由于广东官府无论从军事或者外交都上缺乏有效的应付手段，所以这种双方看似"互赢"的结果实质上是中英双方利弊权衡和互相妥协，折射出英国在南中国海影响力的扩张带来军事实力的优势已促使中国已经无法扭转中英关系中权力结构变迁的趋势。再者，从牵连此事的行商潘启官及通事郭遂意可以窥探出"广州体制"下的小人物被迫卷入中英双方角力缩影，与外国人接触和交往的身份亦意味着他们的命运由中外双方微妙的变化支配，中英双方关系处于紧张下，就容易沦为双方交涉的筹码甚至成为牺牲品。虽然"四轮马车号"事件以英方交涉无果而终，但是其处理过程却呈现了 19 世纪早期中英关系的变动趋势。

---

① [美] 马士:《东印度公司对华贸易编年史（1635—1834 年）》卷三，区宗华译，广东人民出版社，2016，第 40 页。
② 故宫博物院编:《史料旬刊》第 1 册，北京图书馆出版社，2008，第 220 页。

鸦片战争后十三行商馆（区）的转变
(1841—1861 年)

肖东陶[*]

　　摘要： 鸦片战争后清政府被迫开放五口通商。而关于外国商民在华居住的问题，清政府则实行"华夷分治"的政策，并参照此前外国人在广州居住的习惯，划出商馆区专租外国人居住，使其具有一定的租界特征。鸦片战争后，外国人基本获得了对商馆区的自治权利。这一时期，商馆区亦屡遭火灾，其东西两翼皆曾被火，在数次重建后，又扩建了美国花园、教堂等设施。咸丰六年（1856 年）商馆区发生第三次毁灭性大火。咸丰九年（1858 年）英、法等国以"恢复商馆洋行"为由，要求租借沙面，新建商馆房舍。随着咸丰十一年（1861 年）《沙面租界协议》签订，原十三行商馆也在次年全部迁至沙面，沙面也成为具有领事馆、教堂、洋行等的外国租界（居留地）。与此同时，中外民间对商馆（区）有不同的认识视角，通过这些描述可以更好地勾勒其历史形象和价值。

　　关键词： 两次鸦片战争；十三行商馆（区）；衰变；历史评价

　　清代广州十三行商馆（区）是清代广州十三行贸易的中心，位于广州城外西南珠江边。商馆（Factory）是在十三行专营贸易的背景下，清政府为便于管理来广贸易的外商，允许行商给外商租借房屋而设的，以便于中外贸易。道光二年（1822年），商馆区遭大火焚毁，重建后形成了 13 座商馆（12 座外国商馆，1 座行商外洋行）和 3 条商业街的规模。鸦片战争后，以英国为首的外国人通过不平等条约逐渐从清政府手中获得了居留权和自治权。当前，有关鸦片战争后十三行商馆（区）转变的研究少见，也未对转变的过程和原因做较深入探讨。[①] 因此，本文拟在梳理

---

* 肖东陶，广州大学广州十三行研究中心暨人文学院历史系 2019 级硕士研究生，广州大学附属中学历史教师。
① 相关研究成果有：王尔敏：《广州对外通商港埠地区之演变》，《汉学研究》1985 年第 3 卷第 2 期；曾昭璇、曾新、曾宪珊：《广州十三行商馆区的历史地理——我国租界的萌芽》，《岭南文史》1999 年第 1 期；赵春晨：《繁盛与危机：18 世纪后期至 19 世纪 30 年代的广州十三行商馆区》，《文化杂志》2013 年冬季刊；王宏斌：《从蕃坊到租界：试探中国近代外侨政策之历史渊源》，《史学月刊》2017 年第 5 期。

鸦片战争后十三行商馆（区）变迁相关史实的基础上，重点探讨商馆区的衰败过程，以及从商贸区向近代租界迁移、转变的过程与原因，最后结合中外视角的不同记载试探析其历史价值。

一、鸦片战争后十三行商馆区的性质转变与衰败（1841—1855 年）

道光二十二年（1842 年），中英签订《南京条约》，规定："自今以后，大皇帝恩准英国人民带同所属家眷，寄居大清沿海之广州、福州、厦门、宁波、上海等五处海口，贸易通商无碍。"[1]该条约使英国人获得了在通商口岸（广州）的居住权，与此前相比，"蕃妇"亦可进入内地居住。而次年的《五口通商附粘善后条款》则详细规定了英人在华（广州）的居留权细则：

> 广州等五港口英商或常川居住，或不时来往，均不可妄到乡间任意游行，更不可远入内地贸易，中华地方官应与英国管事官各就地方民情地势，议定界址，不许逾越，以期永久彼此相安。……
>
> 允准英人携眷赴广州、福州、厦门、宁波、上海五港口居住，不相欺侮，不加拘制。但中华地方官必须与英国管事管各就地方民情，议定于何地方，用何房屋或基地，系准英人租赁；其租价必须照五口之现在所值高低为准，务求平允，华民不许勒索，英商不许强租。[2]

由此可见，英人此时实际上获得了一处"合法的"居留地，所谓"不许逾越"，则显示了英人在商馆区内的自治权，这一结果也基本实现了英国在乾嘉年间三次访华中提及的获得居留地及其自治诉求。与此同时，道光二十四年（1844 年），美国通过《望厦条约》、法国通过《黄埔条约》的片面最惠国待遇原则，也获得了以上权利。[3]在鸦片战争结束之初，商馆区成为具有类似租界特征的外国人居留地。

从道光二十二年（1842 年）的图画（图 1）可见，鸦片战争期间商馆区并未有明显损坏。当年冬天，当一批英国人获知《南京条约》允许英人寄居广州的消息后，准备从澳门返回广州商馆，但新豆栏街东侧的几座商馆遇火损坏。起因是一大群来自黄埔船上的"印度水手"，在广州休假活动时与附近店铺主发生冲突，他们逃入小溪馆躲避，当晚大批民众冲进英国花园，并点燃了新英国馆。大火波及了新英国馆东侧的荷兰馆和小溪馆，"寂静的深夜，大火显得十分壮观"[4]。道

---

① 王铁崖编：《中外旧约章汇编》第 1 册，读书·生活·新知三联书店，1957，第 31 页。

② 王铁崖编：《中外旧约章汇编》第 1 册，第 35 页。

③ 王铁崖编：《中外旧约章汇编》第 1 册，第 51、57 页。

④ *During the Year 1842, Chinese Repository,* vol.11, Dec 1842, p.687.

光二十三年（1843 年），另一场大火肆虐了商馆区西端的丹麦馆、同文街、西班牙馆和法国馆。到这时，除了商馆区中部的 7 座商馆尚属完好外，东西两端的商馆均沦为一片废墟。

图 1　1842 年十三行商馆

资料来源：［英］孔佩特著，于毅颖译《广州十三行：中国外销画中的外商（1700—1900）》，第 162 页。

这一时期，这批新签订的条约成为外国人重建商馆的主要依据，外国此时已具有自由重建的权利。璞鼎查（Henry Pottinger）向广州官府提出，要利用清政府新划给外国人的这块商馆区的土地重建商馆，并在这块地围上围墙。李太郭（George Tradescant Lay）绘制的商馆区新平面图展示了商馆区的形态和重建计划。李太郭认为，商馆区要继续向丹麦馆以西扩张，在此重建规模更大的新英国馆和英国花园，清理西端的丹麦馆、西班牙馆和同文街为一条大路，拆除新豆栏街、靖远街和十三行街的商铺，并在商馆区的东、西、北三面修筑围墙以将清人隔离。[1] 显然，这一计划遭到当地店铺主的反对，商馆区受灾的店铺纷纷自行重建。[2] 道光二十四年至二十五年（1844—1845 年），商馆区依然陆续完成重建。《中国丛报》在道光二十六年（1846 年）刊出了商馆区的最新地图（图 2）。该图中，商馆区的范围基

---

① 英国基尤国家档案馆：FO 17/70，p.260. 参见［英］孔佩特著，于毅颖译：《广州十三行：中国外销画中的外商（1700—1900）》，商务印书馆，2014，第 170 页。

② *Junrnal of Occurrences, Chinese Repository,* vol.12, Dec 1843, p.616.

本不变，东端的 3 座商馆合并为一座新英国馆，西端和中部土地进一步向珠江伸出。在西端建筑原址上重建了丹麦馆、同文街、西班牙馆和法国馆。丹麦馆的门前新筑了一些民房和商铺。同文街至靖远街之间以南的土地修筑了 3 座新的商馆（含 1 座外洋行）。商馆区中部的商馆广场面积扩大，并改为了美国花园（American Garden）[①]。道光二十七年（1847 年），英人购入新豆栏街南端的土地，于次年建成了一间教堂。[②]自此，商馆区呈现了其最终的形态,也成为了外国人的居留地。（图 3）商馆区内各式的西式建筑、英国花园、美国花园和崭新的教堂，构成了广州城外独特的景象。

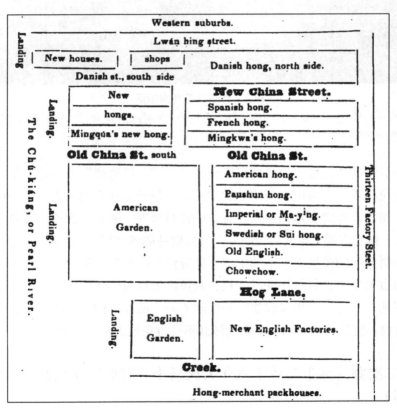

图 2　1846 年商馆区平面图

资料来源：*Notices of the Riot in China, Chinese Repository,* vol.15, July 1846, p.373.

---

① 美国花园修建于道光二十三年（1843 年）。

② *Junrnal of Occurrences, Chinese Repository,* vol.16, June 1847, p.320.

图 3　1855 年广州南馆区

资料来源：*Martyn Gregory, Eastward Bound: Historical pictures by Western and Eastern artists on the China coast,* London: Martyn Gregory, p.51.

鸦片战争后，随着五口通商，广州失去了"一口通商"贸易的制度优势，贸易中心地位不再，上海成为新的外贸中心，广州外贸在全国所占比重下降。这一时期，广州的对外贸易也多被设在香港的洋行垄断，航运、保险、汇兑也都操诸外国洋行、银行之手，原来商馆的专营对外贸易亦随之衰落。[①] 同时，商馆区倚靠的"以商制夷"的政策亦被条约中"华夷分治"的政策所取代，而向外商租借房屋的行商也失去了其贸易特许经营权，商馆区的性质已转变为具有租界特征的外国人居留地，与原来"租屋暂住"的性质不同。虽在外国人的主导下，商馆经重新规划建设，但广州贸易的衰落依然使其不可避免地走向最后的岁月。

二、第二次鸦片战争与咸丰六年大火后十三行商馆区的终结（1856—1861 年）

1856 年的第二次鸦片战争使商馆区遭受较大破坏，这年十三行街区也遭受了第三次大规模火灾，直接导致商馆区全部被毁，结束了其历史。咸丰六年（1856 年），第二次鸦片战争爆发，英国海军上将西马靡各厘（Admiral Michael Seymour）攻

---

① 黄启臣编：《广东海上丝绸之路史》，广东经济出版社，2003，第 629-630 页。

破广州新城，焚毁靖海门、五仙门一带民居，又占领了商馆区的新豆栏街，并拆毁商馆区北面和东面的民房（即十三行街和西濠一带民房）。当年十一月十七日（12月14日）夜，这些铺屋民房废墟开始燃起大火，最后商馆区几乎全部化为灰烬。《南海县续志》载："巴下（夏）礼纵火欲烧新城外各坊，忽返风烧其楼居，蛮货尽。怒纵火烧谷埠、回栏桥迄迪隆里沿海各行栈。"[1]而裨治文反称："本月（十一月）十七日子时，被中国人放火洋行楼头，由奉泰、隆顺、瑞、孖鹰、广源等行之头纵火，必由中国大宪预密饬行，因每见火起时，多由远处延蔓而来，且有应不能及烧之处，竟忽然炎上，瞬息间又为灰烬况屡闻英国官兵亲见中国人手持火把，引烧各房屋，等情。"[2]双方就商馆区大火一事互相推诿，真假难辨。马士（Hosea Ballou Morse）则认为，此事为中国民众为对抗英军而纵火，这场大火烧至次日午后，仅有旧英国馆的一幢房屋幸免。[3]这一系列的破坏使商馆区"完全变成废墟，甚至找不到两块叠在一起的石头"[4]。

　　商馆区被毁的同时，第二次鸦片战争仍在进行。对外国人而言，广州的时局并不明朗，需另寻一安置商馆之处。道光二十七年（1847年），清政府正式承认了外国人使用河南岛（Honan Island）[5]房屋和仓库的权利，[6]因此在商馆区被毁后众多外国商馆及其机构向十三行对岸的河南西部迁移。（图4）外国人在河南继续经营贸易，许多洋行、领事馆亦设办于此。[7]从这一时期的图画可见，河南北岸临江一带房屋稠密，其中夹杂着些许西式商馆，江面上中外船舶川流不息，彷如十三行商馆门前的繁荣景象。（图5）咸丰七年至咸丰十一年（1857—1861年），从十三行商馆区迁出的商馆商馆在此度过了短暂时光。

---

①（清）同治《南海县续志》卷三《舆地略》，广东省地方史志办公室：《广东历代方志集成》（广州府部11），岭南美术出版社，2007，第465页。

②台湾"中央"研究院近代史研究所编：《中美关系史料（嘉庆、道光、咸丰朝）》，"中央"研究院近代史研究所，1968，第262页。

③［美］马士：《中华帝国对外关系史》卷一，张汇文等译，上海书店出版社，2006，第473页。

④［美］亨特：《广州番鬼录；旧中国杂记》，冯树铁、沈正邦译，广东人民出版社，2009，第37页。

⑤整个河南岛约今广州海珠区，文中外国人用作商住的区域主要在河南西部临近海幢寺一带。

⑥*Chinese Repository,* vol.16, July 1847, pp.363-364.

⑦［英］孔佩特：《广州十三行：中国外销画中的外商（1700—1900）》，于毅颖译，第215-221页。

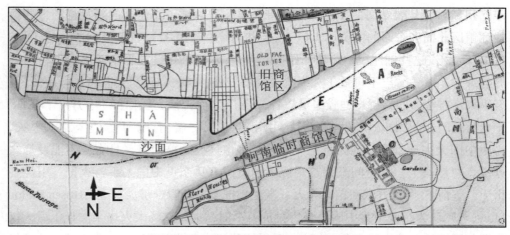

图4 1860年广州城与城郊全图（局部）

资料来源：澳大利亚国家图书馆（National Library of Australia）MAP LMS 636号藏品。该图根据原图改绘，标注了旧商馆区、沙面、河南临时商馆区等处的位置。

图5 约1860年河南岛以及"维拉米特号"

资料来源：［英］孔佩特著，于毅颖译《广州十三行：中国外销画中的外商（1700—1900）》，第217页。

当咸丰八年（1858年）第二次鸦片战争以清政府签订《天津条约》而暂告一段落时，广州的外国人（英国人）开始寻觅一处新的租界，以便更好地隔离清人。巴夏礼（Harry Smith Parkes）相中了位于原商馆区西南的沙面（Shameen，或Shamien）。这时的沙面（今广州沙面）是珠江白鹅潭北岸的沼泽滩地，与今沙面河横平道竖直的样貌不同，位于十三行商馆区以西，与商馆区相去不远。（图4）沙面填筑工程"耗资大约28万银元，由英国政府从中国政府的战争赔款中列支……但是其他种种资料显示，建造任务花费了32.5万银元。英国政府和法国政府分别支付了这笔费用的五分之四和五分之一，换取了相应比例的填筑土地"①。咸丰十一年（1861年），沙面岛填筑工程完工，沙面变成了与广州相隔一条运河的小岛，必须通过东、北两座桥方可进入，桥上还各修有一扇门。（图6）同年，英、法通过"交纳地税的方式租借沙面，中国政府政府自行订立七月筑堤造岛"②，实则通过《沙面租界条约》③获得了这片东西长2 850英尺、南北宽950英尺，具有治外法权和行政自治权的租界，除了英法两国设施所需土地外，剩余土地则向其他各国拍卖。④

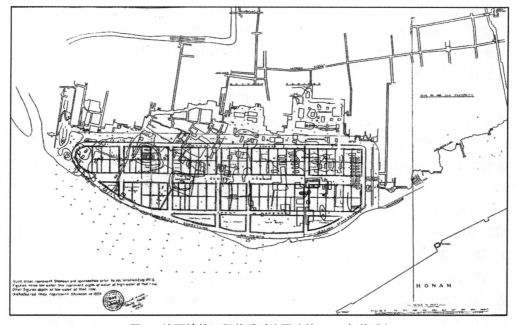

图6 沙面填筑工程前后对比图（约1860年前后）

资料来源：［英］哈罗德·斯特普尔思－史密斯（Harold Staples-Smith）编著，麦胜文译，［德］李浩然校译《沙面要事日记（1859—1938）》，第11页。该图中深色较粗的线条勾画了沙面岛筑填后的样貌，与今几乎无异，下层较细的浅色线条则勾勒了原江边的沼泽滩涂。

---

① ［英］哈罗德·斯特普尔思－史密斯：《沙面要事日记（1859—1938）》，麦胜文译，［德］李浩然校译，花城出版社，2020，第9页。

② ［英］哈罗德·斯特普尔思－史密斯：《沙面要事日记（1859—1938）》，麦胜文译，［德］李浩然校译，花城出版社，2020，第9页。

③ 广东省地方史志编纂委员会编：《广东省志·外事志》，广东人民出版社，2005，第112页。

④ ［英］哈罗德·斯特普尔思－史密斯编著：《沙面要事日记（1859—1938）》，麦胜文译，［德］李浩然校译，花城出版社，2020，第9-13页。

通过这一手段，外国驻广州的领事馆、洋行等设施均从十三行商馆区迁至沙面岛，十三行商馆区完成向近代租界的转变，商馆（区）不复存在，正式结束了其约150年的历史。沙面租界的形成，也使在广州的外国人最终实现了自乾隆末年（1795年）以来获得一处独立具有自治权的居留地的诉求。

三、中外视角中的十三行商馆（区）及其价值

在漫长的十三行商馆（区）存在的岁月中，中外商民对其描绘多见，这种印象是基于中外不同人之间的不同视角而产生的。在清人的眼中，商馆（区）是极尽繁华富裕之地，由此产生了对其穷奢极糜生活和官商腐败的批判，同时也有对西式建筑、物件的新奇之感。而在西方人眼中，商馆区是"欧洲人的'隔离区'"①，由此也产生不少有趣的印象。通过清代中外视角中的商馆（区），也可以进一步窥探其独特的历史价值。

乾嘉时期，商馆区的中外贸易活动已非常活跃，中外客商云集，这一时期的诗文既描绘了这种繁华，也批判了其奢靡的生活。乾隆八年（1743年）大火时，诗人罗天尺撰长诗《冬夜珠江舟中观火烧十三行因成长歌》，该诗除了有"香珠银钱堆满市""洋货如山纷杂处"等描绘繁华景象语，其后半部分则用较大的篇幅强调"扑之不灭岂无因，因禄尔是趋炎人"。②乾嘉诗人乐均有诗言"粤东十三家洋行，家家金珠论斗量。楼兰粉白旗杆长，楼窗悬镜望重洋"，最后笔锋一转谓"昔时勾至由贪民，大舶满载波斯银。岂知番人更狡诈，洋货日贵洋行贫""南山百物无见时，荡尽私囊欠官债"。③道光二年（1822年）大火时，诗人温训则批判十三行商馆（区）之奢靡，"粤故踞海，通夷舶，珠贝族焉。西关尤财货之地，肉林酒海，无寒暑，亦无昼夜，一旦而烬，可哀也已。粤人不惕，数月而复之，奢甚于昔"④。这些诗文在撰述史事的同时，无不表明部分士人对十三行商馆（区）的讽刺之意。

在清代十三行贸易中后期，也有一些诗文感叹商馆区的繁华，并反映了其西式建筑、西式物件多有新奇之感受。乾隆四十七年（1780年），曾七如到访荷兰商馆，

---

① [法]伊凡：《广州城内：法国公使随员1840年代广州见闻录》，张小贵、杨向艳译，广东人民出版社，2008，第26页。
② （清）罗天尺：《罗瘿晕集》，（清）罗云山编：《广东文献》第4册，江苏广陵古籍刻印社，1994，第68页。
③ （清）乐均：《青芝山馆诗集》卷九《古近体诗》，载《清代诗文集汇编》编纂委员会编《清代诗文集汇编》第481册，上海古籍出版社，2010，第164页。
④ （清）温训：《登云山房文稿》卷二，载《清代诗文集汇编》编纂委员会编《清代诗文集汇编》第561册，上海古籍出版社，2010，第97页。

对其中西式建筑和钟表、望远镜等西洋物件有详尽的描述。① 约嘉道年间，香山文人黄培芳引叶詹岩《广州杂咏》诗言："十三行外水西头，粉壁犀帘鬼子楼。风荡彩旗飘五色，辨他日本与琉球。"② 赵光亦有文称："是时（道光四年，即 1824 年），粤省殷富天下，洋盐巨商及茶贾丝商资本丰厚，外籍通商者十余处，洋行十三家。可谓'洋行十三家。夷楼海船，云集城外，由清波门至十八甫，街市繁华，十倍苏杭'。③ 道光时期，商馆风格华丽，西洋物件精美奇异，吸引了不少广东官员到访。道光十四年（1834 年），两广总督卢坤造访新英国馆；道光二十年（1840 年），广东巡抚朱桂桢"欲入洋行（商馆）观自鸣钟"④。

而在外国人的视角中，他们对商馆（区）充满了特殊的情感，一方面他们享受在商馆（区）的生活，另一方面他们则对商馆区的谋些生活环境表示不满，这也是外国人试图将商馆区打造成外国人居留地的原因之一。自广州"一口通商"后，到达广州的外国旅行者（传教士、画家、领事）人数增多，对商馆（区）日常生活和周边环境的记载也渐增。外国人眼中的商馆区生活是安逸惬意但较为乏味的，山茂召在其日记中写道：

> 在丹麦商馆，每个星期天的晚上有一场音乐会，由几个国家的绅士演奏，每个人只要愿意都可以出席，这是仅有的看上去好像全然是一个可供全体欧洲人交往的机会。总的来说，欧洲人的境遇不值得羡慕，就他们在这个国家居住的时间长短，甘愿忍受的约束和限制，与他们的姻亲关系的极大的疏远，社交以及几乎所有的消遣乐趣的匮乏而论，应当体谅这些欧洲人，他们挣钱的代价是非常高的。⑤

而对于商馆周边的街巷和广场，外国人则显得有些不满。商馆广场"一直是'藩鬼'们专用的……中国人常常把广场当作通衢大道，一些沿街叫卖的小商贩也喜欢麇集在里做小本生意"，⑥ 而"只要这些外来者的行动变得无法忍受，不时有某个愤怒的外国人到公行投诉"⑦。至于著名的新豆栏街，外国人对其一贯贬低，在他们看来，新豆栏街是"肮脏的"，狭窄得"两个人并肩几乎都不能通过这里"，

---

① （清）曾七如：《小豆棚》卷十六《南中旅行记》，南山点校，荆楚书社，1989，第 322-323 页。

② （清）黄培芳：《黄培芳诗话三种》，广东高等教育出版社，1994，第 146 页。

③ （清）赵光：《赵文恪公自订年谱》，来新夏：《近代三百年人物年谱知见录》，上海人民出版社，1983，第 182 页。

④ （清）陈徽言：《南越游记》卷三《巡抚遗爱》，广东高等教育出版社，1990，第 187 页。

⑤ ［美］乔西亚·昆西：《帝国的相遇：美国驻广州首任领事山茂召实录》，常征译，人民出版社，2015，第 183-184 页。

⑥ ［美］亨特：《广州番鬼录；旧中国杂记》，冯树铁、沈正邦译，广东人民出版社，2009，第 207 页。

⑦ ［美］雅克·当斯：《黄金圈住地——广州的美国商人群体与美国对华政策的形成，1784—1844》，周湘、江滢河译，广东人民出版社，2015，第 18 页。

街上"臭名昭著"的店铺中充斥着"低档酒馆",以及不时发生"酒醉之后令人厌恶的骚乱事件"。①

总之,商馆区封闭且外国人麇集,是广州独特的一块区域,商馆的建筑风格和生活方式是西式的,在广州城隅显得别具一格。商馆是外国人在广州的家,是他们做生意、娱乐、储藏货物的地方,甚至也充当教堂。②"整个商馆像一座完全孤立的巨型建筑,几乎像傅立叶的空想社会主义学说中希望用来供养人们的大军营。"③而亨特(William C. Hunter)则说道:"由于这里的生活充满情趣,由于彼此间良好的社会感情和无限友谊的存在……任何一个曾在这里居住过一段较长时间的'老广州',在离开商馆时,无不怀有一种依依不舍的惜别心情。"④商馆区出了为外商提供贸易便利以外,还丰富了他们在华的生活,使他们产生深刻印象。

透过中外视角的描绘,后人得以窥见商馆(区)在历史上的风貌和波澜壮阔的岁月。商馆(区)不仅是清代广州对外贸易的重要场所,还是中外交流的一扇窗口。清代外国传教士来华往往先往商馆落脚,再行传教。如乾隆四十六年(1781年),传教士多罗、马记诺来广接替前任席道明的传教事务时,即住"省城外晋元夷馆"。⑤而早在雍正年间,外国传教士从商馆出发,在广州甚至内地传教,雍正十年间广州有天主堂16座,外国传教士数人。⑥道光十五年(1835年),美国传教士伯驾(Peter Parker)在丰泰行7号设眼科医局,创造了中国西医史上的许多第一。⑦同时,裨治文等人创办的《中国丛报》,其办公地亦在商馆内。商馆区内三条商业街和十三行街销售的中国手工艺品由此走向世界,让世界认识中国。

四、结语

鸦片战争后,十三行商馆(区)命途多舛,道光末年(19世纪40年代中期后)商馆(区)走向了最后的岁月。《南京条约》和《五口通商附粘善后条款》赋予了外国在商馆(区)的特权,这是此前数十年里外国人一直希望获得的权利。第二

---

① [法]伊凡:《广州城内:法国公使随员1840年代广州见闻录》,张小贵、杨向艳译,第26页。[美]雅克·当斯:《黄金圈住地——广州的美国商人群体与美国对华政策的形成,1784—1844》,周湘、江滢河译,第20页。

② [美]雅克·当斯:《黄金圈住地——广州的美国商人群体与美国对华政策的形成,1784—1844》,周湘、江滢河译,第14页。

③ [法]伊凡:《广州城内:法国公使随员1840年代广州见闻录》,张小贵、杨向艳译,第24页。

④ [美]亨特:《广州番鬼录;旧中国杂记》,冯树铁、沈正邦译,第37页。

⑤ 中国第一历史档案馆编:《清中前期西洋天主教在华活动档案史料》(第1册),中华书局,2003,第340页。

⑥ 中国第一历史档案馆编:《明清宫藏中西商贸档案》(第1册),中国档案出版社,2010,第410-418页。

⑦ [美]嘉惠霖、琼斯:《博济医院百年》,沈正邦译,广东人民出版社,2009,第44页。

次鸦片战争和大火对商馆（区）的毁坏是致命的，英、法两国通过强占和不平等条约获得了沙面岛，并在该处建立了完全意义上的外国租界，商馆（区）的洋行、领事馆等均迁往沙面。在空间位置上，十三行商馆（区）向沙面租界转移；在实际性质上，原来清政府具有管治权的租与外国人经营贸易的商馆（区）转变为外国人具有行政自治权和治外法权的近代租界。鸦片战争后十三行商馆（区）的衰败与转变的主要原因是广州丧失"一口通商"地位，十三行贸易体制终结，使商馆失去了制度倚靠和专营贸易的环境。此外，近代租界更能满足外国人在广州的居住、商贸等需要，因此商馆区被取代成为必然。中外视角的商馆（区）虽有所不同，但十三行商馆（区）在为广州对外贸易提供便利的同时，也是中西交流的窗口。

广州十三行遗址区域语言景观的历史形成与演变初探

叶霭云 *

摘要： 广州在清朝凭借"一口通商"政策，吸引了各国商人来粤贸易并居住在十三行。当时有众多外销画、地图、报刊、地方志等史料描述了十三行街区的景象，后来各时期也有大量照片、视频和文字档案，是分析广州这个"千年商都"语言景观的历史形成和演变的极佳素材。为此，本文对十三行街区的语言景观进行历时考察，初步把十三行街区的语言景观分为八个历史阶段：形成期（1757—1856 年）、复兴期（1857—1911 年）、鼎盛期（1912—1938 年）、动荡期（1939—1948 年）、再复兴期（1949—1965 年）、再动荡期（1966—1976 年）、再鼎盛期（1979—1998 年）、探索期（1999 年至今），并梳理各时期的经济发展、政治形势、城市规划、语言政策等因素对语言景观的影响，旨在为当今的城市语言景观设计者提供历史的借鉴，提高广州居民对当地语言景观和历史文化的认同感与自豪感，促进粤港澳大湾区的经济发展和融合。

关键词： 广州十三行；语言景观；历时研究；粤港澳大湾区

一、引言

语言景观作为一个专门的研究领域，缘起于上个世纪末西方语言学家界。1997 年，加拿大学者 Landry and Bourhis 率先提出并使用"语言景观"（linguistic landscape）的定义，即"出现在公共路牌、广告牌、街名、地名、商铺招牌以及政府楼宇的公共标牌之上的语言共同构成某个属地、地区或城市群的语言景观"[1]。具体而言，语言景观研究主要关注社会公共空间中各类标牌上的语言选择和使用

---

* 叶霭云，广州大学外国语学院英语系讲师。

[1] Landry, R. & R. Y. Bourhis. Linguistic landscape and ethnolinguistic vitality: An empirical study. *Journal of Language and Social Psychology* 16(1), 1997. 23–49.

问题。如 Huebner[1] 所言，官方标牌反映了显性的语言政策及官方语言意识形态，而私人标牌则体现隐性的语言政策及"草根文化认同"。然而，如今的广州十三行街区的语言景观没有得到官方进行持续有效的规划和管理，十三行街区已经成为城市脏乱差的代名词，人们对其认同感偏低。

对于这个问题，学界也非常关注，有不少学者从十三行历史街区改造的角度，关注该区域的历史与发展。例如，杨宏烈教授发表多篇论文，并出版两部专著《广州十三行历史街区文商旅研究》（2019）和《广州十三行文化遗址研究》（2020），对十三行街区的改造提出了专业的宝贵意见；曲少杰[2]，张智敏[3]，罗柳甜、吴林[4]等人的论文也有类似的建议。此外，杨颖宇[5]、倪文君[6]、程美宝[7]的论文，黄素娟[8]和周祥[9]的专著，从更宏观的角度提及十三行历史街区的变迁与城市发展的关系。本文借鉴和吸取了前人的研究成果，发现众多的清代外销画、地图、老照片、报刊、地方志等史料记录了十三行街区的语言景象，故以此为切入点，尝试总结该区域近两百多年来语言景观的流变，以求教于方家。

二、广州十三行历史街区语言景观的八个发展阶段

本文的研究目标是探索广州十三行街区两百多年来的语言景观的历史形成和演变。其中，研究的地理区域是广州十三行历史街区，具体而言是西起粤海关博物馆，东至广州民间金融街，南至珠江岸边，北至怀远社区的一个呈三角状的区域。其中，以商馆遗址的文化公园为核心的区域为"旧商馆区"，以1903年建成的长堤为"辐射区"。

研究内容是广州十三行街区历史上的和当下的语言景观语料。这些语料主要

①Huebner, T. Bangkok's linguistic landscapes: Environmental print, codemixing and language change. *International Journal of Multilingualism* 3(1), 2006. p31–51.
②曲少杰：《广州十三行历史街区规划探析》，载《规划师》，第20卷第2期，2004，第30–31页。
③张智敏：《传统骑楼街与现代商业的一次对话——基于历史保护的上下九步行街更新改造设计》，《南方建筑》，2011，第11卷第2期，第51–55页。
④罗柳甜、吴林：《博弈论下的十三行历史街区旅游资源开发》，《四川旅游学院学报》，2017，第131卷第4期，第77–82页。
⑤杨颖宇：《近代广州长堤的兴筑与广州城市发展的关系》，《广东史志》2002年第2卷第4期，第12–17页。
⑥倪文君：《西方人"塑造"的广州景观（1517—1840）——以旅行者、传教士和使团成员的记述为中心》，复旦大学博士学位论文，2007。
⑦程美宝：《破墙而出：清末民初广州西关地区景观的延续与变迁》，载《中国近代城市文化的动态空间发展》，浙江大学出版社，2012。
⑧黄素娟：《从省城到城市：近代广州土地产权与城市空间变迁》，社会科学文献出版社，2018。
⑨周祥：《广州城市公共空间形态及其演进(1759—1949)》，2019，社会科学文献出版社。

分为两类：官方标牌（top-down signs），即由当地或中央政府机构包所设定的标牌，包括路名、街名、建筑名、公示语等；还有是私人标牌（bottom-up signs），即私人或企业设立的用作商业信息介绍的标牌，包括店名、招揽、广告牌、海报等。根据广州的历史进程和目前掌握的语料，本项目初步把研究分为以下八个阶段，其官方标牌和私人标牌的特征大致如下。

（一）形成期（1757—1856 年）

从"一口通商"时期到第二次鸦片战争期间，该区域有十多家中外商馆和三条主要商业街，从当时的外销画、地图和文字史料可观察到街区上开始出现中英文对照的商馆牌匾、街道牌坊和商店招幌，具有浓厚商业气息的语言景观初步形成。

这种语言景观的形成，是继承和发扬了广州作为海上丝绸之路始发地的悠久外贸传统，因为清代十三行所在之处，与唐代阿拉伯人来华通商的"蕃坊"相距不远，与明代招待外国朝贡商人的"怀远驿"更是近在咫尺。除了外国商人以外，当地吸引了大批本地居民，以及福建、四川和广东各地的民众前来谋生。因此，当地出现了一些带有浓厚的家族念故特色的地名，例如"同文街"的"同"取自潘家商人原籍同安之意，"文"则取其故乡"文圃"之地名，以示不敢忘本。而且，为了吸引外国商人的关注，商业街的店铺都有英语的店名和标语，部分还有中英文对照的店铺匾牌和招牌纸。其实，这都是违背了清代的语言政策和主流价值观，因为清朝明确规定"悬挂夷字招牌，肆行猷法，回非正经贸易良民可比，必须全行禁止"，民间也有 "敬惜字纸"的传统。然而，在商业利益的驱使下，由商人团体主导的语言景观与官方政策背道而驰，而官方对此则采取默许的态度。

（二）复兴期（1857—1911 年）

旧商馆区在第二次鸦片战争时被彻底烧毁，政府转而通过填海、筑路、筑堤、建房，区域内逐渐恢复商铺林立的景象，并开辟长堤发展保险、酒店、餐饮等行业，不断出现新的路名、街名、建筑名、店名、广告招牌等，语言景观全面复兴。

就店名招牌而言，其文字信息非常丰富，店铺竖挂的招牌和门框的横匾都写满广告词。以今天的桨栏路为例，它的旧名为桨栏街，满街都是药店的招揽，例如"架上丹丸能济世，壶中日月可回春"。这些招揽除了宣传各家的药品功效，还常带有浓厚的封建迷信色彩，如"制药无人见，存心有天知"，把科学治病的药物跟"因果报应"这些迷信意识联系在一起。这展示了语言景观与清末社会风貌新旧交替的同步性，以及商人团体更积极主动地参与语言景观的构建。同时，张之洞在 1886 年提议长堤修建铺廊时，一方面为了排除水患，另一方面将沙面租界与华界进行对比，因为当时出现了租界"堤岸坚固，马路宽平"，华界"街埠逼窄，棚寮破碎"的明显对比。这种官方对洋人始而羡，继而学习，终于要互争雄长的心理，推动了该区域语言景观的复兴，也从侧面印证了十三行外贸的没落以及附近专业集市的繁荣。

（三）鼎盛期（1912—1938 年）

民国初期，广州加大力度修建该区域。1921 年正式成立广州市政厅后，政府引入了新型的土地开发模式，并按照近代化商业街市的功能格局进行规划和管理，使得该区域商业价值极高，各种银行、保险公司、金融公司、酒店、百货公司纷纷进驻，各国政要、使团来广州也多选择在此落脚，缔造了十里洋场的繁华，具有国际气息的语言景观也随之进入鼎盛时期。

这一时期的统治阶级依然受到内忧外患的困扰，中西文化冲突不断，在街道上既看到中英文语言景观和谐共存、华洋混杂的景象，在 20 年代后期和 30 年代的国货运动的背景下又看到"抵制洋货""宣扬国货"等公示语和广告语。关于这些广告语和店名等私人招牌，除了有上述的竖挂招牌和横匾，还有写在白墙上的特大字体。西式的招牌主要是在门框上挂凸型的匾额和橱窗、外墙上用英语或罗马字体表示店名和商品的名称。关于官方标牌，路名、街名等更换频繁，例如 1919 年建成太平南路；1926 年把"十三行街"改名为"十三行路"；"沙基大街"因 1925 年 6 月 23 日发生的沙基惨案，由广州市政府更名为"六月二三路"，后简化为"六二三路"，并一直沿用至今。

（四）动荡期（1939—1948 年）

抗日战争期间，广州城严重受创，西堤街路彻底被毁，仅有江边的几座建筑等被日军占领和易名，例如新华大酒店改名为"海军招待所"，东亚酒店改名为"大东亚酒店"。区域街头不仅出现日资企业的汉语和日语店名和广告，还有"中日亲善"的宣称海报和公示语，语言景观和政治局势一并进入动荡期。

在这一时期，官方彻底主导了语言景观的建构，以服务于其推行的所谓大东亚主义。同时，日伪开办多间日语学校，强令人们学习日语，街头上有众多日语的店名、广告牌、公示语等。而且，在日伪统治下的广州，烟赌盛行，妓馆林立，酒店和餐厅主要用于招待日本军政要人以及富商巨贾，这些在语言景观上也有所反映。例如，日本人在 1938 年在西堤开设广州园酒家，1942 年因酒家亏损易主，由冯俭生等人集资经营，并改名为大同酒家，意为"世界大同"，其中文牌匾出自著名书法家陈景舒之手，英文名则使用传统的粤式拼音"Tai Tung Restaurant"。在这种政权冲突和更替的过程中，无论是官方标牌还是私人标牌，都是根据统治阶级的变换而更改，展现了语言景观作为向民众展示新的权力和灌输新的意识形态的工具性。

（五）再复兴期（1949—1965 年）

广州解放后，区域内大部分道路和建筑得以重建，部分还更改了名字，例如大新公司在 1954 年重修并易名为南方大厦。1952 年，为促进城乡经济发展，广州政府在旧商馆区遗址举办了华南土特产展览交流大会，后来该会址改名为岭南文物宫，1956 年再次易名为广州文化公园，三次定名均由叶剑英题字。十三行路周边则是银行、钱庄、大小店铺再次林立。1958 年，广州进行商业网点大调整，长堤一带的餐厅、电影院、百货商店纷纷张贴标牌和广告，具有消费时尚特点的语言景观全面复兴。

这个时期的官方标牌展现出社会主义的特征，坚定人民对党的认同，公示语、路名、街名整齐划一。私人标牌则依然百花齐放，招牌、广告、宣传语内容丰富，占据较多的城市街道空间，英文店名依然保留粤式拼音，例如爱群大酒店的英文名是"Oi Kwan Hotel"，而且有很多英语音译的粤式商品名的广告，例如"阿华田""菲林""嗒唥"等，这些中外语词、音译词、生造词的频繁使用充分展示岭南方言和商业文化特色。

（六）再动荡期（1966—1976 年）

"文革"期间，广州响应"破四旧"运动，出现改名潮，例如太平南路改名为人民南路，并一直保留至今，新亚酒店、新华大酒店、爱群大厦分别改名为东方红旅店、红旗旅店、人民大厦。具有革命时代特色的大字报铺天盖地出现在街头上，而所有外语语码的标牌全被拆掉，进入特殊的再动荡时期。

这个时期的改名风潮有民间广泛参与，当时的报纸上每天都有改名启事，无论是商店、学校还是工厂，都纷纷改名，并且有部分名字一改再改，诸如"卫东""向群""永红""永忠"之类的名字铺天盖地。该区域的官方标牌修改幅度大，私人标牌更是朝夕令改，展示官方与民间在语言景观设计上亦步亦趋的权力关系，并且凸显特殊时期的语言景观象征功能远远大于信息功能，因为前者承载了人们特殊的身份认同。

（七）再鼎盛期（1979—1998 年）

改革开放后，由于北京路、上下九步行街尚未完全发展，长堤和人民南路是当时广州的主要商业、餐饮和娱乐中心，而旧商馆区从当铺和银行集聚地变成衣服、药材、海味等商品批发地。语言景观具有较高的国际化程度和语码多样性，再次进入鼎盛时期。

受到市场经济的影响，该区的招牌置放出现新的特点，即更多使用霓虹灯、外语、符号、图案等手段展示商铺特色，而广告语的字数和招牌所占的空间比前几个时期大幅减少，语言结构的设计更加简短精要，展示出该区域"寸金尺土"的商业优势地位。与之前六个时期相比，该时期的公共标牌相对稳定，路名、街名、建筑名改动较少。

（八）探索期（1999 年至今）

广州进一步改造城区以来，城市中心东移，长堤一带经营惨淡，目前长约 800 米的长堤大马路两边的私人标牌语言景观不足 40 条。旧商馆区的情况也不容乐观，特别是随着新中国大厦在 1999 年于十三行路口开业，附近街巷成为中低端服装批发集散地，凌乱的招牌覆盖了大部分老字号匾牌，语言景观流动性大、审美程度低，显示城市语言景观规划能力的严重不足，依旧需要改善和探索。

这一时期的语言景观主要由官方制定，并受到城市规划改变的商业重心转移所造成的严重影响。例如，2003 年长堤发展成"酒吧街"，涌现出灯红酒绿的店名和广告，显得杂乱无章。这些酒吧后来逐渐倒闭，店铺招牌和广告随之消失。2012 年，政府把长堤打造成"民间金融街"，但目前已经萧条冷清。

三、余论

语言不仅具有工具属性和文化属性，而且具有经济属性。本文研究的十三行街区，在清代是广州获得"一口通商"垄断权的发轫地，在当今是"广州民间金融街"的所在地。研究这种具有典型商业特征的语言景观发展历程，不仅可以擦亮广州"千年商都"的名片，还可以促进粤港澳大湾区的经济发展和融合。可惜的是，自从广州在 1998 年进行改造以来，城市对传统语言景观的保护明显不足，造成如今改为"民间金融街"的长堤大马路上语言景观的衰落，还有十三行路一带的服装批发区里语言景观的混乱。然而，这一区域经历了鸦片战争、抗日战争、"文革"动荡的考验，至今依然是广州重要的历史名片，其两百多年的语言景观兴衰历程里蕴含着宝贵的经验和教训。

早在 2018 年，习近平总书记在参加十三届全国人大一次会议广东代表团审议时就强调，广东要在营造共建共治共享社会治理格局上走在全国前列。为深入贯彻实施此指示，广州政府多番进行"微改造项目"，取得较大成果的永庆坊、恩宁路、泮塘五约等"城市记忆"项目在十三行街区的西侧，而"北京路步行街"改造提升工程在长堤东侧，它们的成功经验不仅值得该区域语言景观制定者借鉴和学习，还应根据十三行特有的商业历史文化传统而大力宣传，以打通广州老城区的东西两翼的文化旅游资源，打造"永庆坊—十三行—长堤—北京路"的历史文化旅游区，为广州市和整个粤港澳大湾区构建连贯、规范、有本土历史文化特色的语言景观。

行商研究

19 世纪广州商人的类型、来源及其经济影响

夏巨富*

摘要： 19 世纪广州商人呈现出类型化与新旧分野的趋势，由传统商人向近代商人转变，出现新旧商人并存的局面，抑或新旧商杂糅的现象。商人的来源主要有两个途径：一是传统商人的转变，二是新式商人的产生，前者由于传统商人的转变而来，后者是适应新政治经济环境的需求而产生的。该时期广州商人的新旧分野与分化蜕变，促使广州经济贸易地位转变和新旧商人团体组织的分合。通过考察 19 世纪广州市商人的类型及其来源，阐述其对广州产生的经济影响，从而透视该时期广州商业生态所呈现出"守旧"和"趋新"的特征。

关键词： 广州商人；来源；经济影响

　　商人，广义上指一切与贸易有关的人，狭义上指贩卖、经营和管理商品的人。近代商人的概念实际上是一个动态的指称，指各时期不同行业产生不同类型的商人，商人概念外延扩大化了，但由于特定行业或行规的制定日益细化等原因，商人概念也会发生范围缩小的情形。胡其瑞认为商人属于流动性颇大的职业，广州商人包括广州市内从事商业活动的商人，以及全国各地从事商业广州籍的商人，甚至侨居海外广州商人在内。① 雅克·当斯系统考察了 1744—1844 年广州的美国商人群体与美国对华外交形成之间关系。② 范岱克考察了 19 世纪上半叶广州贸易体制

---

* 夏巨富，历史学博士，广州大学广州十三行研究中心暨人文学院历史系讲师，主要研究中国近现代经济社会史。

① 胡其瑞：《近代广州商人与政治（1905—1926）》，台湾政治大学硕士论文，2003，第 9 页。
② [美] 雅克·当斯：《黄金圈住地：广州的美国人商人群体与美国对华政策的形成（1784—1844）》，周湘、江滢河译，广东人民出版社，2015，第 476-503 页。

及其弊端，其中论述了广州买办和代理商。[1] 关于广州十三行商研究[2]，学界研究成果比较丰富。总之，目前学界对 19 世纪广州商人研究，主要集中在广州十三行商及其体制研究，涉及广州外国商人，呈现出碎片化的趋势，大多也是微观个案式研究，缺乏系统性和宏观性把握，尤其行商制度解体后广州商人研究更似薄弱。因此本文通过系统考察 19 世纪广州市商人类型及其源流，以此分析其产生的经济影响，进而初步概括 19 世纪广州商业生态环境的特征。

一、19 世纪广州商人的类型

广州自清代中期成为"一口通商"口岸后，独享对外贸易的垄断权后，便迅速崛起，逐渐成为全国对外贸易中心。彼时全国各地商人赴广州贸易，俗称"走广"，时称"广商"。而本文所论述的广商，其包含两层涵义：① 19 世纪这个时间维度；②指广州地区的典型商人。本文所叙及的广商类型，并未按照某种统一标准划分，主要根据广商发展的先后时序和内在兴亡更替的双重因素进行划分。由于该时期广州出现形形色色的各类型商人，要概览全部，实际上也不太可能，加之商人复杂性和受制于现存资料，只能是择其典型商人作简要分析。

（一）行商

行商（合称公行），作为一个团体始于 1720 年，除了 1725 年以前曾一度短暂中断外，他们一直垄断着对外贸易。1825 年，主要行商有浩官（怡和行商伍秉鉴和伍绍荣父子）、茂官（广利行商卢文锦）、潘官（同孚行潘绍光）、潘瑞兰（中和行潘文涛）、章官（天宝行梁经国）和鳌官（东裕行商谢嘉梧）。他们的货栈从内地运来茶丝，在广州过称、打包和标记后，运到黄埔的船上，随后转运世界各地。从行外的中国人买进货物，如不通过某些行商就无法运出，通过行商采办货物，必须由行商抽收一笔手续费，然后用行商的名义报关。行商负责监督粤汉关所有进出口关税，控制了广州口岸全部对外贸易，每年总额达数百万元，虽然受益固多，但是责任也重大，外国商船或其代理人如果违犯"规条"，由行商负责。外国人或商船登岸居住，也必须找一个保人，行商被称"保商"。行商为了提高自身地位和巩固特权，通常用钱捐买一个官衔，但是一旦行商破产，首先革去官衔，然后依

---

① [美]范岱克：《广州贸易：中国沿海的生活与事业》，江滢河、黄超译，社会科学文献出版社，2018，第 2—3 页。
② 参见以下论著：梁嘉彬：《广东十三行考》，广东人民出版社，1999；郭德焱：《清代广州的巴斯商人》，中华书局，2005；冷东主编：《广州十三行文献研究暨博物馆建设》，世界图书出版公司，2014；陈国栋：《清代前期的粤海关与十三行》，广东人民出版社，2014。

法惩办。1828 年，福隆行倒闭，该行关成发及家人被流放西北边境的伊犁①。广州十三行独揽对外贸易特权，与其发生贸易有英、美、法、荷兰、西班牙、丹麦、普鲁士、秘鲁、墨西哥、智利等多个国家，进口西方近代的医药、机械、石油、化工原料等新产品，同时又大量出口蚕丝、茶叶等农副产品及陶瓷、绸缎等工艺制品纺织品。② 这些反映了 1842 年之前十三行的概观。陈国栋认为清代中叶以后行商经营不善的主要原因是行商普遍经营资金周转不灵和行商生活比较奢侈。③ 公行体制是清政府正式承认的对外贸易合法机构。行商的发展得益于清政府的政策庇护，享受独有贸易垄断权，同时亦承担破产的风险，经营不善或债务过重等都可能导致破产。由此可知，行商是 19 世纪广州最重要的商人类型，占有极高份额的社会财富。

（二）买办

黄启臣认为"买办"一词于明中后叶出现。买办主要负责澳门地区采办货物需要，与清前期买办涵义不同。十三行时期外国人经过清政府允许后，雇佣华人为他们服务，除了购买物品外，有时充当管家，直到鸦片战争后废除公行制度，外国人随心所欲雇佣买办。④ 随着 1842 年《南京条约》的签订，明确废除公行制度，以后中英贸易不必遵照旧例，自由雇佣和使用买办。⑤ 外商"随意雇觅跟随、买办、通事，均属合法，中国地方官勿庸经理"⑥。随着公行制度"寿终正寝"，但广州对外贸易并非就此止步，公行制度的替代角色基本由买办充当，随之买办群体逐渐兴起。山上金男认为随着通商口岸被开放，涉外贸易迅速发展，促使中国南方买办的迅速发展。⑦ 随着十三行面临解散的厄运，买办的地位逐渐凸显，中外贸易更加依赖买办进行，买办随之逐渐兴起。虞和平认为买办产生的基本条件是要有外商的到来、中外贸易商人和华洋商的结合。⑧ 显然广州地区大多都符合这些条件，商馆中最重要的中国人是买办，他们由行商担保其品行和能力，所有受雇于商馆的其他中国人，无论是自己的账房，或者奴仆、厨子和苦力等都是买办的"自己人"。⑨

① ［美］亨特：《广州番鬼录；旧中国杂记》，冯树铁、沈正邦译，广东人民出版社，2009，第 45-48 页。
② 胡巧利主编：《广东方志与十三行—十三行资料辑要》，广东人民出版社，2014，第 107 页。
③ 陈国栋：《清代前期的粤海关与十三行》，广东人民出版社，2014，第 223、236 页。
④ 黄国信、黄启臣、黄海妍：《货殖华洋的粤商》，浙江人民出版社，1997，第 56-57 页。
⑤ 王铁崖编：《中外旧约章汇编》第一册，生活·读书·新知三联书店，1957，第 31 页。
⑥ ［美］郝延平：《十九世纪的中国买办：东西间桥梁》，李荣昌、沈祖炜、杜恂诚译，上海社会科学院出版社，1988，第 56 页。
⑦ ［日］山上金男：《浙江财阀》，陶水木、张屹、刘琛琛译，国家图书馆出版社，2014，第 133 页。
⑧ 虞和平：《香山籍买办与宁波籍买办特点之比较》，《广东社会科学》2010 年第 1 期，第 127 页。
⑨ ［美］亨特：《广州番鬼录；旧中国杂记》，冯树铁、沈正邦译，第 61 页。

郝延平认为买办是东西方文化交流中的桥梁，而买办替代作用是逐渐形成的一个过程，其职责的扩大，代替行商成了外国商人的中国合作者，其作用渐渐从洋行总管转变为商业上的帮手。由于早先在公行制度下的阅历，广东买办担当了特别积极和重要的角色，借此将控制中国外贸约 40 年。[①] 沙为楷认为"当时买办职务殆为广东人所独占，外人亦利用广东人擅长外国语言，故多以该省人充之"[②]。广州当地的买办，黄埔村在清代被辟为广州外港时期，外商和船员云集，本地居民较早与之接触，较多出洋经商和谋生。据黄埔村民反映，该村先后出过 48 个买办。[③] 鸦片战争后贸易中心转移到上海后，大批洋行从广州转移到香港和上海，留在原地买办势力大为削弱。清末民初，陈廉伯是影响最大的一位。[④] 其实陈廉伯还参与了清末广州商务总会筹设，在众多善堂中担任善董，日后在广州商界发挥了重要作用。该时期广东产生了许多著名的买办，如典型的香山买办，如唐廷枢、徐润、郑观应、莫士扬、莫藻泉、莫干生、莫应溎等。买办呈现地域性、世袭性和家族性特征，亦是乡缘和业缘的充分结合。因此该时期广州产生了大量的买办，除了公行制度废除的因素之外，与外贸繁荣有莫大关系。正是买办的产生和延续才得以维系正常的中外商业贸易。

（三）侨商

一般而言，归国华侨在当地积极投资的商人，便称为侨商。广东作为华侨输出大省，而广州作为省城，从广州走出世界的华侨亦不少，他们出洋经商致富后，心系桑梓，胸怀祖国，便回来反哺家乡。1840 年鸦片战争后，广州许多破产农民、城市贫民、手工业者和小商贩，因生活所迫背井离乡到海外谋生。广州旅居国外的华侨华人分布在全世界 116 个国家和地区，其中东南亚地区占 49%，美洲占 39.5%，他们按语系结成移民"群帮"（时称广府人或广肇帮），并成立社团组织，以联谊团结、求生存发展为宗旨。广州海外赤子辛勤创业，致富后不忘故乡和祖国的发展。自同治年至新中国成立前夕，华侨在广州兴办各种企业和事业的投资总和人民币 1.45 亿元，占在广东投资额 37.74%，占在全国投资额的 20.73%。华侨创办了许多广州"第一家"，如第一家火柴厂、第一家橡胶厂、第一家电影院，以及建造第一座高层建筑等，他们推动了广州工商业、文化、教育、科技、卫生等事业发展。[⑤]1862—1919 年是广州华侨投资的萌芽和初兴期。在此期间投资户

---

① ［美］郝延平：《十九世纪的中国买办：东西间桥梁》，李荣昌、沈祖炜、杜恂诚译，第 51 页。

② 沙为楷：《中国买办制》，商务印书馆，1934，第 5 页。

③ 许肇琳：《"黄埔先生"与黄埔古港、新港》，《羊城古今》1990 年第 5 期，第 19 页。

④ 张晓辉：《近代粤商与社会经济》，广东人民出版社，2015，第 55 页。

⑤ 广州地方志编纂委员会编：《广州市志》卷十八，广州出版社，1996，第 4—5 页。

数 373 家，投资数额 10 971 136 元，平均每年投资 192 476 元。[①] 除了著名南洋归归国侨商陈启沅创立南海继昌隆缫丝厂外，仍有许多侨商积极为故国家乡作重大的经济贡献。总体而言，侨商是广州工业化进程中不可或缺的外在力量，他们反哺家乡的贡献，有目共睹。

　　侨商投资的具体行业分布，仅仅举出数例，足以概观：①火柴业。1879 年，旅日华侨卫省轩回佛山创办的巧明火柴厂，是中国第一家火柴厂，该厂后迁入广州。②电力实业。1889 年旅美华侨黄秉常在张之洞和张荫恒的支持下，在广州创立电灯公司。③制药业。1882 年，旅美华侨罗开泰在广州创立泰安大药房，以销售西药为主，也制造一些家庭用药。④烟草业。华侨在广州创立南洋兄弟烟草有限公司、广东卷烟厂、胜兰香烟丝厂、南中卷烟厂、国光卷烟厂、加拿大卷烟厂、公信烟丝厂等，其中南洋兄弟是最大规模的侨资工厂。1905 年，简照南在香港创立广东南洋烟草公司，1908 年歇业，1909 年更名广东南洋兄弟烟草公司，于 1909 年再度开业。⑤房地产业。张弼士在广州投资，有多套房产。[②]

　　（四）茶商和丝商

　　1842 年前行商垄断茶丝业对外贸易，鸦片战争后由于废除行商制度，除买办经营茶丝业外，广州也产生以贩卖茶丝为生的商人。这些传统优势行业随着行商的解体丧失垄断权，势必让更多的普通商贩参与丝茶贸易中去，因此产生许多中小茶商和丝商。后来七十二行商中就有从事茶叶和丝业，丝业有生丝、绸缎、丝庄等行头名称。著名侨商陈启沅、陈蒲轩是丝业富商，从事丝业贸易。陈蒲轩的儿子陈廉伯自 1908 年继承父亲创办的昌栈丝庄，开始踏入商界之门，随后在广州商界叱咤风云，纵横排阖近二十余年。

　　除了前面阐述商人类型外，19 世纪中后叶广州产生了七十二行商，值得注意，实际上其数量多于 72 个，足见该时期商人类型众多。这些商人基本上大多属于传统商人范畴，19 世纪中后叶商人的新发展，主要体现在资本主义冲击下，产生了机器商、买办、侨商、银业商等新类型。

二、19 世纪广州商人的来源

　　19 世纪广州商人发展可谓是新旧商人并存的时代，事实上仍旧以传统商人为主，但也有不少新式商人产生，故有必要考察这些商人来源情况。

---

①林金枝、庄为玑编：《近代华侨投资国内企业史资料选辑（广东卷）》，福建人民出版社，1989，第 69-70 页。
②广州地方志编纂委员会编：《广州市志》卷十八，广州出版社，1996，第 162-171 页。

（一）买办

买办产生的原因，沙为楷认为外国人与中国贸易，为了免去中国官宦的压迫，为了谋商权之扩张，同时与其他外商竞争中，不得不雇佣能操外语且有商业才能的中国人，以便在华方便交易，使营业基础更加稳固。他认为外国商人对华贸易使用买办的主要理由有：①中国与欧美经济状态不同，很难理解；②学习中国语言困难；③调查中国商人资产信用比较困难，中国商人难相信外商；④中国商场诸多习惯，货币度量衡等复杂，不易通晓；⑤中国币制颇为复杂，杂品形状相异之各种货币以及票据等随时流通，难以辨别；⑥中国国民性颇为长于商才，重信用。①聂宝璋认为买办是侵略势力扩张的产物，随着公行制度废除后，作为中间人的行商通事迅速为外商培植起来，形成买办，随后买办职能日益复杂化。②郝彦平认为买办起源于1842年，在中西方之间充当商业中介的作用，直至1860年《天津条约》后，才显得很重要。他们的活动不仅仅局限于中国，而且扩张到亚洲其他地方，是真正意义上的东西方之间中介人。③通过梳理几位学者对买办起源的考察可以得知，1842年公行制度被废除是买办产生的主要原因，对华贸易逐渐扩张促使买办地位日益抬升。

买办的主要来源途径之一是广州十三行时代的买办及行商通事，"一口通商"时期受雇于十三行且从事采办和管家事务的买办。随着公行制度废除，十三行体制解体，外商可以自由随意雇佣买办，他们为了拓展业务和生活需要，大量雇佣买办。庄维民认为通商口岸的买办是从广州老买办演变而来，从商业贸易角度看，他们是外商代理人、翻译、掮客和顾问混合体，最初是"舍买办别无良法"的阶段，即买办控制居间交易的时代。④郝延平认为买办在东西方之间的新作用开始于1842年《南京条约》的缔结，公行制度废除后，以前行商私人从事茶叶或生丝贸易，其他人则从中国贸易舞台完全消失，买办的职责扩大了，代替行商成了外国商人的中介合作者，买办作用逐渐从洋行总管转变为商业上的帮手。⑤此时买办与十三行时期的买办有显著区别，这些买办不仅从事单纯的买办业务，而且大多数开设有自己产业。如广州籍莫仕扬家族，还有典型的香山买办，诸如郑观应家族、徐润家族和唐廷枢家族，不仅各自在不同洋行充当买办，同时都积极投资自

① 沙为楷：《中国买办制》，商务印书馆，1930，第2-4页。
② 聂宝璋：《中国买办资产阶级的发生》，中国社会科学出版社，1979，第4页。
③ [美]郝延平：《十九世纪的中国买办：东西间桥梁》，李荣昌、沈祖炜、杜恂诚译，第51页。
④ 庄维民：《中间商与中国近代交易制度的变迁：近代行栈与行栈制度研究》，中华书局，2012，第250-253页。
⑤ [美]郝延平：《十九世纪的中国买办：东西间桥梁》，李荣昌、沈祖炜、杜恂诚译，第56-57页。

己行业。莫士扬家族三代皆为买办，与香港英商太古洋行有长久的历史渊源，从莫仕扬，其儿子莫藻泉、其孙子莫干生和莫应溎，祖孙三代相继，担任香港太古总行买办。除此之外，他们经营蔗糖生意。[①]郑观应，广东香山县人，1861 年在上海宝顺行担任买办，承揽丝业。1863 年，他继续在宝顺行任买办，并自己开办揽载行。1867 年，他与唐廷枢一起投资华洋合营的公正轮船公司，此为中国人参与创办的第一个轮船公司。1872 年，他担任扬州宝记盐务总理，其中他持有不少股份。1874 年，太古轮船公司聘他为总理兼管账房、栈房等事，权利相当于总买办。[②]徐润，出生买办世家，其伯父徐钰廷、叔父徐荣村是宝顺洋行著名买办，1852 年入宝顺洋行，到 1868 年离开，共 16 年，徐润三子徐廷藩先后在德商洋行、汉美轮船公司任买办。[③]徐润任买办期间便开始经营自己实业，1863 年，在上海购买地，"入地二千九百六十余亩，造屋二千，另六十四间"，1868 年伯父拟卖庆里源房产，徐润皆力阻[④]，足见徐润还是很看好房地产行业。1884 年，徐润就自己购地所作出简要统计，就购买地块仍未建筑房子的有 2 900 余亩，对于已经筑者计 320 余亩，共造洋房 51 所和 222 间，住宅 2 所，当房 3 所楼，平房街房 1 890 余间，每年可收租金 122 980 余两，旗下地产共合成本 2 236 940 两。[⑤]徐润被称为当时的"地产大王"，不足为奇。唐廷枢（景星），1863 年 9 月继林钦之后成为怡和洋行上海买办，但是他活动不限于上海，他经常访问其他条约口岸，为了打开某种行业，或者帮助洋行处理华洋商纠纷，有时充当翻译。[⑥]

买办另外一个来源是由于公行制度被废除后，由原行商及其管理者转型演变过来。行商各奔前程，有的变成买办商人，有的充当外商的雇员。[⑦]19 世纪中出现的第一个大买办、广州十三行巨擘天宝行的创立者梁经国，就是出自黄埔村梁姓。[⑧]由此可知，买办在鸦片战争之前就已经存在，但是鸦片战争之后废除公行制度后，其地位逐渐地凸显，随之兴起，前后有一定延续性。买办一方面来源于十三行时代原有买办，另外一方面来源于十三行商。但其在前后两个时期的作用发生实质性变化，后者买办除了兼办中介人角色外，他们通常从事贸易，因此产生了近代

① 广州市工商业联合会、广州市政协文史资料委员会编：《广州工商经济史料》第二辑，广东人民出版社，1989，第 1—16 页。

② 夏东元编：《郑观应年谱长编》上，上海交通大学出版社，2009，第 20—53 页。

③ 张世红：《晚清买办与实业家徐润研究》，暨南大学博士学位论文，2005，第 39 页。

④ 徐润：《徐愚斋自叙年谱》，台湾商务印书馆，1981，第 12 页。

⑤ 徐润：《徐愚斋自叙年谱》，台湾商务印书馆，1981，第 34 页。

⑥［美］郝延平：《十九世纪的中国买办：东西间桥梁》，李荣昌、沈祖炜、杜恂诚译，第 100 页。

⑦ 黄启臣、梁承邺：《梁经国天宝行史迹——广东十三行之一》，广东高等教育出版社，2003，第 17 页。

⑧ 许肇琳：《"黄埔先生"与黄埔古港、新港》，《羊城古今》1990 年第 5 期，第 19 页。

第一代民族企业家群体。

(二) 侨商

侨商主要来源于粤省出洋致富反哺家乡的商人。南洋侨商以闽粤二省居多，久居它乡，长思故土。黄文袠认为海外华侨以粤籍最多，华侨对广东工业、商业、农村和交通发展有促进作用，华侨实占重要地位。华侨与广东经济息息相关，他们汇款少，则投资减少，整个广东经济就会受影响[1]。1911 年，农工商部发札文饬粤督切实保护南洋侨商，回乡应本籍地方官保护，以促进商情发展。[2] 南洋华商首领张弼士，广东大浦县人，1866 年在荷属噶啰吧创办裕和独资无限公司，开荒地种植米谷和椰子，随后涉及橡胶业、棉纺业、酒业、航运业和铁路等领域，被称为晚清时期"南洋首富"。[3] 粤汉铁路收回自办后，清政府命张弼士向南洋地区华人招商募股。此外，他在国内办企业，除 1894 年创立张裕酒厂外，在广东投资企业有开建金矿公司、省城亚通织造厂、惠州福兴玻璃公司、海丰平海福裕盐田公司、佛山裕益砂砖公司和雷州普生火犁牧公司等独资企业。[4] 著名的南海侨商陈启沅，1873 年回国，在故乡南海简村创办继昌隆缫丝厂，由于当时南海、顺德、新会、三水等地是广东手工缫丝业中心，这些地方农民世代以缫丝为副业，该厂开始规模小，后来扩大，最多达八百部机器，工人六七百。[5] 除了张弼士和陈启沅外，侨商返粤投资的非常多。林金枝考察了华侨在广州近代的投资情况，分析华侨在广州投资地位、历史发展变化和作用。华侨投资促进了广州民族企业发展。1862 年，秘鲁华侨黎某在广州创设"万隆兴行"，经营进出口商品，可算是全国最早侨办的一家企业。[6] 总之，粤籍华侨经商致富后，常常不忘反哺家乡，积极投资家乡建设。这些侨商主要源自于外国各埠华侨。

(三) 七十二行商

七十二行商主要来源于明朝和清代前期广东传统商人，他们演变途径是承袭了明清时期商人所经营传统行业。黄启臣认为明清时期的粤商分为三类：①特许商，主要是牙商、行商、盐商、海商，以及其他诸如茶商、典商、米商等经政府特许的商人，海商即专门从事经营海外贸易的并且往往自己出海的那类商人，诸如史

---

①黄文袠：《华侨与广东经济》，《社会科学（广州）》1937 年第 1 卷第 14 期，第 18—25 页。

②《督院张准农工商部咨侨商回华应本籍地方官妥为保护缘由行东劝业道饬遵文》，《两广官报》1911 年 5 月 15 日第 4 期，第 183 页。

③沈云龙主编：《近代中国史料丛刊》第 75 辑，台北文海出版社，1973，第 1—6 页。

④韩信夫、杨德昌：《张弼士研究专辑》，社会科学文献出版社，2009，第 76—78 页。

⑤民建广东省委员会、广东省工商业联合会编：《广东工商史料辑录》第 2 辑，出版地不详，1987，第 186 页。

⑥林金枝：《论近代华侨在广州的投资（1862—1949）》，《暨南学报（哲学社会科学版）》1988 年第 1 期，第 30 页。

书记载的"海寇""海盗"，部分经政府特许的海商也是整个海商一个组成部分；②私商，明清时期除了特许商人之外，私人贸易相当大一个商人阶层，当时主要私商有海上私人贸易、私盐商和其他私商；③自由商，明清时期广东长途贩运商和一支相当数量小商小贩队伍。[①] 这是按照官方承认标准划分的当时明清商人。黄启臣和庞新平根据明清时期广东商人经营商业项目进一步细分，则有牙商、盐商、铁商、米商、糖商、丝绸商、陶瓷商、典当商、果品商、烟草商、布商、茶商、药商、柴商、船商、铜商、铅商、线香商、纸商、蒲葵商、鱼花商、颜料商，等等。[②] 张晓辉认为明清时期存在的广东商人类型有：①广东海商专门从事海外贸易的新型商人，由于明清海禁政策，一方面包括广东、福建等地商人称为亦盗亦商的海盗集团，诸如"海寇""海盗"等记载多是这类型商人，另一方面是海外侨商，不少人海外经商成为侨商；②牙商和行商，牙行是"牙人"开设中介贸易的商行，而行商是清代以后公行制度下形成十三行，专门负责对外贸易的商行；③国内长途贩运批发商，广州和佛山等成为交易中心；④晚清时期近代经营商出现，包括侨商反哺家乡。[③] 由此可知，明清时期广州商人种类丰富。

　　根据行业结构中关于七十二行商的名称，可以将七十二行商略为简述归纳诸如：①银业商；②柴商；③米商；④典当押商；⑤药商；⑥油商；⑦酱料什货商；⑧酒商；⑨鱼商；⑩菜商；⑪腊味商；⑫砖瓦商；⑬麦商；⑭竹器商；⑮料器行联安堂；⑯纸料商；⑰海味商；⑱牛皮商；⑲参茸商；⑳糖商；㉑豆商；㉒车商；㉑洋灯商；㉒洋货商；㉓金线商；㉔纺织商；㉕皮革商；㉖饼商；㉗帽商；㉘玉器商；㉙豆腐商；㉚檀香商；㉛杉木商；㉜榉木商；㉝铁犁商；㉞油漆商；㉟绒线商；㊱象牙商；㊲土面商；㊳猪肉商；㊴鸡鸭商；㊵铜铁商；㊶钟灯商；㊷磁器商；㊸书籍商；㊹花梨商；㊺牌扁商；㊻山货商；㊼锡商；㊽鲜果商；㊾桂皮商；㊿酒楼商；51潮碗商；52洋煤商；53青竹商；54电器商；55客栈商；56燕梳商（保险商）；57轮渡商；58矿商；59报税商；60天津公帮行；61上海帮行；62四川帮行。[④] 简单比对七十二行商与明清时期广东商人，可以发现那些七十二行商基本承

① 黄国信、黄启臣、黄海妍：《货殖华洋的粤商》，浙江人民出版社，1997，第50—90页。

② 黄启臣、庞新平：《明清时期广东商人》，广东经济出版社，2001，第40页。

③ 张晓辉：《近代粤商与社会经济》，广东人民出版社，2015，第19—29页。

④ 根据以下五份资料总结出当时商人类型，《番禺县续志》卷十二，民国二十年重印本，1931年，第185页；邱捷：《清末广州的"七十二行"》，《中山大学（社会科学版）》2004年第6期，第81页；罗思潮：《清末民初广州的九善堂七十二行》，《岭南文史》1992年第2期，第63—64页；General Chamber of Commerce represents 62 leading guilds, *The Canton Times* (1919-1920), Feb4, 1919, p1；《总商会各行代表题名》，《公评报》1929年2月14日，第2版。

袭了明清时期商人类型，诸如明清时期盐商、铁商、米商、糖商、丝绸商、陶瓷商、典当商、果品商、烟草商、布商、茶商、药商、柴商、船商、铜商、铅商、线香商、纸商、蒲葵商、鱼花商、颜料商等类型，在七十二行商中均能找到对应或相似行业，进一步说明了行业发展的连续性，商人来源基本属于这些类似行业。同时七十二行商类型远远大于明清时期商人类型，亦很好理解。随着五口通商后，广州被迫卷入资本主义市场，兴起了许多新的行业，诸如保险业、报税业、买办等。由此可见，七十二行商主要来源之一是明清时期广州地区所产生的商人。19 世纪上半叶广州商人类型可能基本上与清代广州地区商人类型相似。19 世纪后半叶，随着鸦片战争破坏广州固有的贸易体系，广州地区逐渐出现新型商人。

综上所述，可知广州商人来源途径存在多种渠道，其中主要有传承与新生的两种方式。明清时期传统商人、十三行商、海外粤籍华侨和新近兴起职业所产生商人，这些反映了广州商人新旧并存和新旧递嬗的特点，主要表现出延续和新生的特点，不过该时期仍以延续明清时期广东商人为其显著特征，兼及新近产生商人，这也比较符合历史客观发展规律。

三、19 世纪广州商人的经济影响

纵观 19 世纪广州商人的发展与演变，以第一次鸦片战争为分水岭，前后商业制度环境和商人流动方式发生变化。基于此，将 19 世纪划分两个时期，分别考察商人演变所带来的经济影响。

（一）第一阶段：1800—1842 年

这一阶段俗称十三行时代，或公行体系时期。美国学者雅克·当斯称当时广州为"黄金圈居地"。清代中期对外贸易制度确立，康熙时期实行四处海关通商，到随后乾隆年间确立"一口通商"政策，至此广州对外贸易制度体系基本确立，进入了十三行时期。因此该时期最具有影响力和经济实力是十三行商，主导整个广东对外贸易，乃至成为全国对外商贸的中心。

在十三行辐射下的经济影响。首先，广州成为全国对外贸易中心。十三行商人享有对外贸易垄断权，促使其迅速成为富商巨贾。1757 年有一道上谕颁布，把广州作为唯一的市场，并且禁止其他任何口岸一切对外贸易。[1] 在鸦片战争以前，外国人一再企图冲破这种对外贸易垄断体制，却是枉费心机。参加十三行对外贸

---

① [美] 马士：《中华帝国对外关系史》卷一，张汇文等译，商务印书馆，1963，第 76 页。

易的商人要向北京宫廷缴纳大笔税款，但是他们垄断对外贸易，因而大发横财。[①]一时间"东南西北中，一齐到广东"，广州成了洋货和土特产的集散中心，这种千军万马齐奔广州做生意的现象，在当时被称为"走广"。[②]时人描述十三行的盛景，"海珠寺前江水奔，诸洋估舶如云屯；十三行里居奇货，刺绣何如倚市门。""古来都会号番禺，玛瑙琉璃质尚粗；近日洋船多入港，十三行市夜明珠。"[③]因此，随着十三行的发展，广州商人迅速成为著名的商人类型，继而使广州成为全国对外贸易的中心。

其次，十三行时期广东所形成的公行制度，是一种比较成熟商业制度，尽管其处于垄断地位，也被外商所诟病，实际上存在诸多弊端，但是它确实有助于商业运行和维持对外贸易秩序。范岱克认为广州体制优势在于灵活处理朝廷关心的事务，控制外国人和贸易，同时满足他们的需要；其弱点是无法改变政策及其实际运作，以适应和保护长时期的商业活力。[④]在1760—1834年形成的广州贸易体制，显示了帝国边境进行非官方交易的可能和局限性，通过官方任命的公行进行贸易，外商须同公行打交道，根据中方指示安排其计划和活动。[⑤]清代中期实行"一口通商"政策，粤海关管理着国内外一切贸易，这一制度变迁无疑机缘巧合地促使了广州商业贸易飞越发展。朱英认为即便广州一口通商，清政府还采取了种种限制，如限制和拒绝通事，限制出口货物品、商船规模、歧视出海华商等，直到鸦片战争爆发前仍无大的改变。[⑥]据俄国人称，他们在广州期间（两天）禁止他们上岸，只允许和熟人拜访他们，不过他们认为广州是巨大的贸易城市，尤其值得外国人注意，那里几乎可以看到各国的人。[⑦]郝彦平认为中国对外贸易并不限于广州，因为他们没有获得全部贸易独占权，而且也不完全为公行制所垄断，公行首先不是一个严格的垄断性的公司，公行的垄断有其限度[⑧]。即便清代后期公行制度遭遇外国挑战，公行制度运转出现松动和存在问题，但是仍能基本维系正常运转，清廷仍能掌控其主动权。

---

① [苏] 达林：《中国回忆录（1921—1927）》，候均初、张亦工等译，中国社会科学出版社，1981，第198页。
② 杨涌泉编著：《中国十大商帮探秘》，企业管理出版社，2005，第156页。
③ 雷梦水、潘超、孙忠铨、钟山编：《中华竹枝词》第4册，北京古籍出版社，1996，第2747、2756页。
④ [美] 范岱克：《广州贸易：中国沿海的生活与事业·前言》，江滢河、黄超译，第1页。
⑤ [美] 吉尔伯特·罗兹曼主编：《中国的现代化》，国家社会科学基金"比较现代化"课题组译，江苏人民出版社，2010，第27页。
⑥ 朱英：《晚清时期经济政策与改革措施》，华中师范大学出版社，1996，第70页。
⑦ 伍宇星编译：《19世纪俄国人笔下的广州》，大象出版社，2011，第27页。
⑧ [美] 郝彦平：《中国近代商业革命》，陈潮、陈任译，陈绛校，上海人民出版社，1991，第15—18页。

（二）第二阶段：1842—1900 年

这一阶段可称之为"后十三行时代"。随着行商制度废除，广州贸易体系分崩离析，导致广州商人走向分化与重组，产生新式商人，也保留旧式行商，呈现新旧商人并存的局面，对广州经济产生重要的影响。

首先，广州贸易中心逐渐向上海转移，经济中心地位被戏称为"一落千丈"。由于《南京条约》的签订，清政府被迫废除公行制度，一口通商向五口通商转变，广州顿失对外贸易垄断权，对广州对外贸易冲击非常大。事实上通过粤海关与江海关历年贸易数据统计，均可反映出两地贸易中心地位的转变。

其次，商人的分化与重组促使商业制度的形成。随着各类经济事务的发展，亟待推动商务行政，适应商人的发展。1898 年，政府设立广东商务局，推动商务的发展。爱德华·罗兹认为广东省成立商务局，促进商业发展，但是由于衙门气息浓厚，大权仍掌控在官府手中，虽代表商人利益，但实际上并未在商人中流行开来。[1]1900 年，广东商务局筹办米政，目的是"通省酌盈剂虚，藉以裕民粒食"，为了省属各县等地有米食用，商务局向外地诸如江浙一带购米，实行平粜，商务局严厉打击奸商垄断米价，危害民生日用的行为。[2] 同年，由于粤省商务局缺乏商人支持，逐渐变得衰弱，广州籍商人遂成立保商局。[3] 随后广东巡抚也奏请设立保商局，旨在保护出洋贸易华民随时回籍。[4] 可知保商局虽然保护出洋贸易，但其宗旨是调和官商关系。

再次，商人的发展促使新旧商人团体的形成。一方面，广州商人形成松散行业组织——七十二行。19 世纪中后期，广州各行商不断发展，相互影响，相辅相成，因此组成一个松散的行商联合体——七十二行，在广州商界颇为活跃，这一松散商人联合团体对地方政治经济生活产生了重要影响。据说光绪年间大学士刚毅来粤筹饷，责令粤商各行筹措经费时，由总商务局岑敬舆将经费分令七十二行担负，故名称相沿至今，实则当时不止此数。[5] 有学者认为行商自承包厘金后，并未形成一个正式官方机构，但是作为一个固定广州商业联合体的称谓广泛流传于公文和

---

① EDWARD J. M. RHOADS, *Merchant Associations in Canton 1895-1911, in Mark Elvin & G. William Skinner, The Chinese City Between Two Worlds,* Stanford University Press, 1974, p 105.

②《广东商务局筹办米政告示》，《商务报》1900 年第 10 期，第 2 页。

③［美］陈锦江：《清末现代企业与官商关系》王笛、张箭译，中国社会科学出版社，1997，第 217 页。

④《署督商宪鹿札行广东巡抚德奏设立保商局折》，《商务报》1900 年第 11 期，第 1 页。

⑤《番禺县续志》，出版地不详，民国二十年重印本，1931，第 704 页。

报纸中。[1] 科大卫指出官方承包给行商数目是否正好是七十二行，恐怕没有多少人说得清。[2] 仓根岸佶认为广州七十二行是单独组织单一行会且集合起来组成的行会，故认为广州七十二行是"集成行会"的代表。[3] 另一方面促使善堂大量成立。粤商相继成立许多善堂，在众多善堂中，规模最大、影响最深的是盛传的"九大善堂"，据记载每个年代的所指"九大善堂"都不尽相同。[4] 因此，该时期广州商人的发展与分化，促使七十二行商业联合体的形成，同时促使形成传统慈善组织。

综上所述，可知广州市商人发展演变，以第一次鸦片战争为界限，前后呈现两者不同发展面向，所带来的经济影响是显著的，也无法一一具体面面叙述。文章所述仅限于贸易和商人团体两个方面，实际上商人发展对商务行政、商业思想、经济制度、商业法律等方面均产生了一定的影响。

四、结语

纵观 19 世纪，以第一次鸦片战争为分水岭，前后商业制度环境和商人流动方式发生变化，前期行业结构以传统行业为主，后期可能仍以传统行业为主，但是后期产生不少新行业和新商人。总之，广州商人的类型、来源与经济影响，都能体现 19 世纪广州商业形态是充满了变与不变的面貌，同时该时期也是机遇与挑战并存的时期，这些都为晚清广州产生传统与新式商人团体奠定了良好的商业基础。

19 世纪广州商业生态的特征，可用"守旧"和"趋新"两词概括。"守旧"表现在传统商人仍占据主导地位，七十二行商很大程度上继承明清时期各类行业，传统商人仍在继续发挥作用，甚至主导地位，这些行业在行规和经营方式方面均呈现一定的继承性，亦可表现出"守旧"的特征。"趋新"表现之一是在该时期出现的新式商人类型，诸如买办、侨商、银号商人、保险商等，他们为商业注入新鲜的血液，体现了这个时代特色和商业发展的新气息。表现之二是 19 世纪末，政府酝酿并成立商务局，推动商业发展，商人则组建商会，联合商人共谋商业。19 世纪广州商业生态的守旧和趋新的特征，表现出商业发展的变与不变的动态趋势，实质上商人异化和分途的结果。由此衍生一个推论，近代转型时期类似新旧并存、新旧交织各类现象非常之多，对于经济社会政治产生怎么样的影响，值得学界关注。

（本文原刊于《广州大学学报（社会科学版）》2018 年第 11 期。有改动）

---

[1] TSIN MICHAEl TSANG-WOON, *The Cradle of revolution: Politics and society in Canton 1900-1927*, Princeton University, 1990, Ph. D, p 41.

[2] 科大卫：《皇帝与祖宗：华南的国家与家族》，卜永坚译，江苏人民出版社，2010，第 390 页。

[3]《中国近代经济史研究资料》，上海社会科学院出版社，1984，第 46 页。

[4] 参见广州市地方志编纂委员会编：《广州市志》卷十，广州出版社，2000，第 489 页。

广州十三行伍氏入粤前居住地探究

伍凌立 *

摘要: 永春县与广州十三行伍家花园中的地名有相近,早期两地族谱辈份排字也有相同,因此,伍氏入粤前居住地可溯源到永春,当年形成种植、采购、运输、贸易的产业链。疑惑,伍为琏与 Lewin Howqua 是同一人。

关键词: 地名相近;族谱辈份排字;为琏;Lewin Howqua

一、广州十三行伍氏溯

永春县伍氏来自泉州安海(安平),先祖伍子用去种茶,直到伍典备进粤经营已有九代,古永春县属武夷山脉。晋江流域永春县的溪峡口,曾是海上丝绸之路在闽起点。

在明朝末期,永春县城仍有溪峡口的地方名,现在仍有魁星岩和魁星庙的实物和建筑。清朝在魁星庙附近伍氏的房屋财产,出南洋谋生的族人,会交由颜氏保管。永春山区伍氏没有建宗族祠堂,因此,外出族人常把泉州安海(安平)家庙作为自己的出处,该家庙建于元朝。在永春县伍氏按支脉分有:家孝堂、坚魁堂、梅花堂、春魁堂、俩魁堂。(图1)

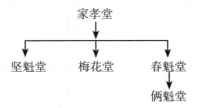

图1 永春伍氏支脉图

两地地名对照,永春县有:溪峡口、魁星岩、魁星庙。

---

* 伍凌立,男,1956年12月生于广州市,系伍秉钧和伍秉鑑第八代后裔,又系伍秉鑑长子伍元芝和二子伍元兰嗣子的后人,祖父伍希吕(嘉齐),父亲伍丕舜,工程师,广州市十三行文化促进会副会长。

广州十三行伍家花园有：溪峡街、魁星楼。

二、伍氏两地族谱对接（图2、图3）

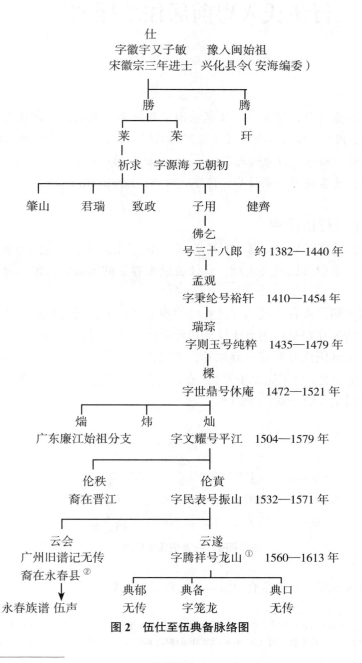

仕
字徽宇又子敏　豫入闽始祖
宋徽宗三年进士　兴化县令（安海编委）

勝　　　　　　腾

莱　　茱　　　　玕

祈求　字源海　元朝初

肇山　　君瑞　　致政　　子用　　健齊

佛乞
号三十八郎　约1382—1440年

孟观
字秉纶号裕轩　1410—1454年

瑞琮
字则玉号纯粹　1435—1479年

樑
字世鼎号休庵　1472—1521年

端　　　　炜　　　　灿
广东廉江始祖分支　　字文耀号平江　1504—1579年

伦秩　　　　　　伦賔
裔在晋江　　　　字民表号振山　1532—1571年

云会　　　　　　云遂
广州旧谱记无传　　字腾祥号龙山①　1560—1613年
裔在永春县②

典郁　　　典备　　　典口
无传　　　字笼龙　　无传

永春族谱　伍声

图2　伍仕至伍典备脉络图

---

①选自《入粤伍氏族谱》首卷1956年伍子伟主持编纂第30页，详见附件1。
②《安平伍氏宗谱》详见附件2。

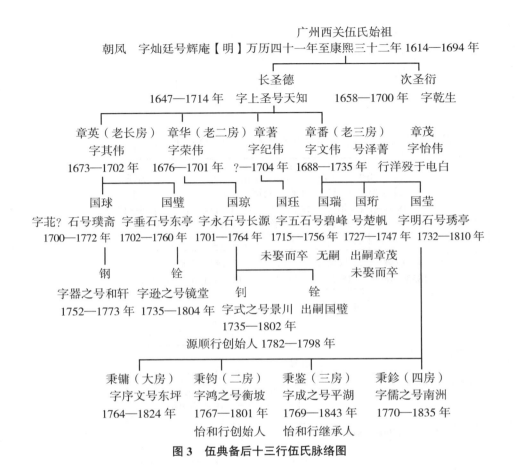

图3　伍典备后十三行伍氏脉络图

伍国莹和伍钢一起办理茶叶生意在福建武夷山，行至武夷山区的江西河口，伍钢染上病，于乾隆三十八年七月申时（1773年7月20日约下午5：00）病终客寓，年仅22虚岁 [①]。

广州十三行支脉伍钢脉络图（图4）如下：

—————————————
① 选自伍秉镛编纂：《安海伍氏族谱》，第69页。详见附件3。

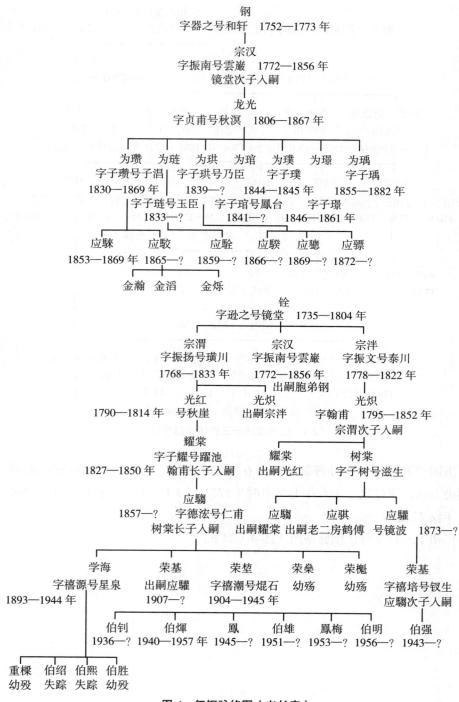

图 4 伍钢脉络图（老长房）

广州伍氏圣德裔章英支脉族谱，字辈排列：宗、光、为、应、金……

永春伍氏云会裔支脉族谱，也有顺序不同的字辈排列：宗、光、金……

从两地族谱可以看出，从伍朝凤，明朝万历四十一年至康熙三十二年（1614—1694年）起，到清朝末期，老长房两地修谱没有改变字辈排列。而伍章华裔伍钊和伍章番裔伍国莹后人，在从事洋务商务后由小康或至富或仕途的，族谱字辈都有改变。

三、伍为琏和琏为浩官

伍为琏，字子琏号玉臣，道光十三年癸巳正月十九日出生（1833.3.11）在广州，通判衔[1]。配室周氏，她出生在清朝道光十二年壬辰十一月二十三日（1832.12.15），去世在道光三十年庚戌七月初八日（1850.8.16）18岁，没有孩子。继室杨氏，出生于道光十四年甲午七月十八日（1834.8.23），有一子幼殇，和有二女，她的去世在家谱里没有记载。伍为琏在族谱中没有去世日期和埋葬的地点[2]。伍为琏广州族谱脉络图（图5）如下：

伍为琏（1833.3.11—?）

一子幼殇　　　　长女适梁氏　　　　次女适蓝氏

图5　伍为琏广州族谱脉络图

1854年在英国伦敦，琏为浩官（Lewin Howqua）和苏格兰女子茱莉亚·路易莎（Julia Louisa）在伦敦斯特兰德区（Strand）结婚，登记注册显示为琏浩官的父亲是一位种植者，他们有一位儿子Lewin Herbert Howqua，出生于1865年12月在伦敦的圣萨维尔（Camberwell），还有两位女儿。

1881年12月，琏为浩官在伦敦的圣萨维尔去世，享年51岁。他的妻子朱莉亚·路易莎于1882年12月去世，享年47岁。1955年6月，在伦敦去世，享年89岁。

茱莉亚的一个女儿名字克拉拉·雷莉·浩官（Clara Reilly Howqua），她结婚了1887年9月在Camberwell圣萨威尔（伦敦）。他们另一个女儿名字Julia Alethea Howqua 朱莉娅·阿勒西娅·浩官，结婚在Sherborne博恩镇（伦敦）于1892年12月。[3] 琏为浩官家庭脉络图（图6）如下：

---

[1] 通判衔。在清朝通判也称为"分府"，管辖地为厅，此官职配置于地方建制的府或州，功能为辅助知府政务，分掌粮、盐、都捕等，品等为正六品。县长下面分管的官衔，文职外官。

[2] 伍子伟主编：《伍氏入粤族谱》，1956，老长房第7页，详见附件4。

[3] 选自英国历史学家Susanna Thornton宋懔懔博士提供信息，详见附件5。

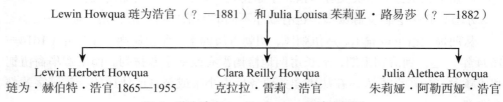

Lewin Howqua 琏为浩官（？—1881）和 Julia Louisa 茉莉亚·路易莎（？—1882）

Lewin Herbert Howqua
琏为·赫伯特·浩官 1865—1955

Clara Reilly Howqua
克拉拉·雷莉·浩官

Julia Alethea Howqua
朱莉娅·阿勒西娅·浩官

图 6　琏为浩官 Lewin Howqua 家庭脉络图

普通话发音"为琏"为"wei lian"，广州语言白话发音"weilin"，闽南语发音"winle"，Lewin 是闽南语发音为琏的反顺序发音"琏为"，是仿造英语习惯倒排序表达的名称，而浩官只有广州十三行伍家商人的绰号"Howqua"。因此，Lewin Howqua 可推测他就是广州十三行伍家商人之一，关系到永春伍氏的历史。

当年伍氏的产业链。在 1843 年以前禁止海路运输，采购是从永春及武夷山山脉区域到江西河口镇，陆路走经广东北江，顺水而下运输到广州；在 1843 年以后取消一口通商后，运输从安海（安平）出海到广州，也有英商在福州，通过买办在武夷山（原名崇安）采购。可以理解在广州的伍氏有一部分做贸易，另有一部分人在永春种茶，或采购山货，或者两种情况兼而有之，两地有业务来行，生死在广州。所以，Lewin Howqua 的父亲曾是福建永春县茶园的种植者，是同支脉的族亲，为琏 1833 年在广州出生，曾在福建永春县工作生活过，是广州十三行伍氏商业主持者给他"浩官 Howqua"的英文名号，然后去英国伦敦经营茶叶生意，在 1854 年 22 岁时，与英国苏格兰女子茉莉亚·路易莎，在伦敦登记结婚。按中国人习惯，无继承男丁是对祖宗最大的罪过，"无后为大"，可再娶女子结婚生育，所以为琏又在英国再结婚生子合符中国人伦理。

四、结论

1773 年伍国莹之后伍氏贸易逐渐强盛至 1843 年伍秉鉴去世，在 1863 年伍崇曜去世之后，逐渐衰落，当年永春伍氏的贸易也是从强盛到清末衰落，衰落时间同步。而两地贸易兴起的时间，永春县是福建武夷山脉的山区之一，历来是山货生产基地之一，早在宋元时期已有"无永不开市"的"五里街"，随着商业发展，对外联系广阔，在安海、泉州曾有伍氏的近海海运两支船队，历史上与澳门香港、广州、台湾、南洋一直有货运来往，形成生产和采购买、运输、贸易的产业链。根据两地伍氏宗族谱和地名的相关性，可以理解永春县是广州十三行伍氏入粤前的居住地。

（本文完。附件详见下页）

附件 1：《入粤伍氏族谱》首卷第 30 页，1956 年伍子伟主持编纂。

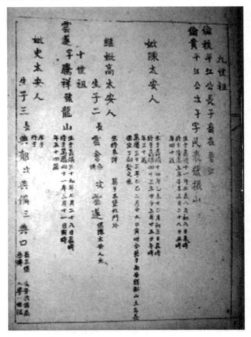

附件 2：《安平伍氏宗谱》其中。

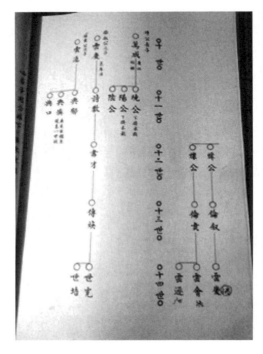

附件 3：《安海伍氏族谱》，道光四年（1824 年），第 69 页，伍秉镛编纂。

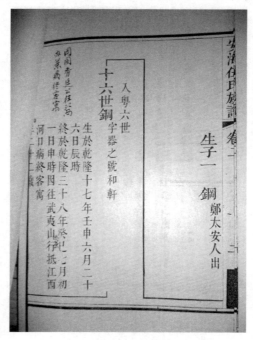

附件 4：《伍氏入粤族谱》老长房第 7 页，伍子伟主编，1956 年版。

附件 5：英国历史学家 Susanna Thornton 宋愫愫博士在英国伦敦公共互联网上发现的信息：

伍先生：你好！

我查了一下 Lewin Howqua……这里找到了一些简单的材料。到现在我只用网上免费的工具查。

Lewin Howqua 1854 年在英国 Strand（就是伦敦的一个地区）结婚。

他 1881 年 12 月在 St. Saviour 去世，51 岁。

http://www.freebmd.org.uk/cgi/information.pl?cite=UQ%2FXExU%2BWYCWfpNuRfMSrw&scan=1

Julia Louisa Howqua (Mitchell) 1882 年 12 月在 St. Saviour 去世，47 岁．

http://www.freebmd.org.uk/cgi/information.pl?cite=nEUGl93y30a7Wh0IICWkLw&scan=1

他们的孩子 Lewin Herbert Howqua 1865 年 12 月在 Camberwell (London) 出生。

http://www.freebmd.org.uk/cgi/information.pl?cite=R4itfVbh7rgQqJnIys7UvQ&scan=1

Lewin Herbert Howqua 1955 年 6 月在 Poole 去世，89 岁。

http://www.freebmd.org.uk/cgi/information.pl?cite=UQ%2FXExU%2BWYCWfpNuRfMSrw&scan=1

好像 Lewin 和 Julia 也有了两个女儿：

Clara Reilly Howqua 1887 年 9 月在 Camberwell 结婚。

http://www.freebmd.org.uk/cgi/information.pl?cite=RdomLiD5MUQjUz%2BvNPa5Lw&scan=1

Julia Alethea Howqua 1892 年 11 月在 Sherborne 结婚。

http://www.freebmd.org.uk/cgi/information.pl?cite=%2BaIqzkFTrcq%2Bk4HTVnoOWw&scan=1

（本文附件完）

广州十三行伍氏远爱楼考

黎润辉 *

摘要：远爱楼是清代广州怡和行行商伍崇曜所建的一处庋藏古物、接待雅集的场所，曾见证了中外文化交流及第二次鸦片战争等重大历史事件。由于过去的研究对远爱楼的位置等信息存在误读，本文将梳理中外文献材料，对远爱楼的位置及兴废作出考证，为海上丝绸之路及广州十三行的历史遗迹补充一处注解。

关键词：远爱楼；广州十三行；怡和行；伍崇曜；第二次鸦片战争

远爱楼是广州十三行行商伍崇曜营建的一处宴客藏珍之所，位于珠江河畔，楼外风光旖旎。其得名出自苏东坡《扶风天和寺》中的诗句"远望若可爱，朱栏碧瓦沟"，楼中贮酒千斛，储书万签，收藏着伍崇曜的珍图秘籍。过去的研究人士对其所在位置的记载存在误读，认为远爱楼位于河南（即珠江南岸）洲头咀附近，甚至有人将其与伍崇曜居住的粤雅堂混为一谈。

对于远爱楼的位置，有关的中文文献记载非常笼统。张维屏《艺谈录》云："远爱楼，在白鹅潭上，伍崇曜建。三面临江，万状入览。"① 黄任恒认为，远爱楼所在的白鹅潭，应在河南，故收入《番禺河南小志》中，其实不确。

伍崇曜轻财好客，常招文人雅士到远爱楼雅集。1849 年，何绍基在远爱楼欣赏了伍崇曜珍藏的碑帖古物，还对其中的《黄庭经》赞不绝口，称其"神韵古妙"，视此为一大快事。② 顺德诗人温承悌曾应邀至远爱楼饮宴，并有《伍紫垣五兄招饮吴朴园三兄即席赋诗，同用牡丹诗韵》一诗反映此事。③ 其中注曰"是日在远爱楼，楼上悬大镜，多列书画墨刻"，可见远爱楼内环境雅致，饶有韵味。而诗中"杰阁端宜面向阳，天风遥度送幽芳"一句，已说明远爱楼乃坐北向南，是不可能建

---

* 黎润辉，广州大学广州十三行研究中心兼职研究人员。
① 舒位、程千帆、杨杨编：《三百年来诗坛人物评点小传汇录》，中州古籍出版社，1986，第 488 页。
② 何绍基：《东洲草堂文钞》卷九《题跋》，咸丰年间刻本，第 3 页。
③ 温承悌：《泛香斋诗钞》卷四，光绪三年刻本，第 9 页。

在珠江南岸的洲头咀的。"杰阁端宜"是形容远爱楼高大秀美,"面向阳"的"阳"则是指"河阳",即面向珠江之河南。远爱楼只有建在珠江白鹅潭的北岸,才能迎来从河南不断送来的舒适醉人的江风,这就是所谓的"天风遥度送幽芳"了。

因为伍崇曜的洋商身份,远爱楼亦成为外交活动的场所。同治《南海县志》云:"戊申二十八年九月(1848年10月),总督徐广缙、巡抚叶名琛宴米利坚酋豪于粤雅堂远爱楼上,以其较英吉利稍为恭顺,故宏奖之,以示劝惩耳。"① 此处是指美国驻华公使德庇士(John Davis,又译作德威士)与两广总督徐广缙在远爱楼会晤之事,《中国丛报》(The Chinese Repository)等西方报刊亦有记载。《中国丛报》有关内容如下:

> An interview between H.E. John W. Davis, American Comissioner and H.E. Sü, the imperial comissioner and governor-general of Liáng-Kwàng, took place on 6th inst. at one of the warehouse of Howqua in the White Goose tything lying in western suburb of the city.②

这段文字清楚说明,德庇士与徐广缙的会晤是在伍浩官(指伍崇曜)位于西关白鹅潭的栈房举行的。关于这座栈房,继任两广总督的叶名琛在1857年对提出修约会谈的美国公使列威廉(William B.Reed)发出的照会中也有提及:

> 惟查道光二十八年九月内,前大臣徐曾与前公使德,在省城西关外之仁信栈房相见。孰意上年九月内,英国无故动兵,连日开炮轰击省城,旋于十二月十七日放火沿(延)烧西关一带房屋,并将此仁信栈房烧毁殆尽。现本大臣虽有相见之心,实无相见之地。③

1860年,广州将军穆克德讷与广东巡抚柏贵等人共同奏报广州局势,提及美国公使欲见面递交国书之事,并以"前此接见夷人,率在旧洋商伍怡和之仁信栈房,今此房已于去年为英夷所焚"为由,再次拒绝会晤。④ 这两段档案与《南海县志》和《中国丛报》的记载吻合,证明德庇士与徐广缙会晤的远爱楼,在西关白鹅潭畔的仁信栈房内。仁信栈房焚毁于1857年1月12日(农历十二月十七日),与同治《南海县志》中"丙辰冬,(远爱)楼煅"的记载相符。

伍崇曜的挚友谭莹,曾作《远爱楼记》一文,但文中并无明确交代远爱楼的建成时间和具体位置。而在其作的《粤雅堂记》一文中,提及伍崇曜正在根据其

---

① 同治《南海县志》卷二十六《杂录二》,第7页。
② *The Chinese Repository,* Vol.17, Canton: Printed for the proprietors, 1848, pp543.
③ 齐思和编:《第二次鸦片战争》卷三,上海人民出版社,1978,第171页。
④ 齐思和编:《第二次鸦片战争》卷三,上海人民出版社,1978,第130页。

藏书编印《远爱楼书目》①，由此可知远爱楼建成时间要早于十八甫的粤雅堂，即1843年以前②。谭莹又在《李子黼学博岁暮怀人诗序》中提到远爱楼"楼台半圮"，并注曰"谓紫垣方伯远爱楼。廿年来，小除夕迄上元辄同张宴于其上"③，由此可知远爱楼的存在时间约为20年，建于1836年前后。

《远爱楼记》描写远爱楼周边的环境，先是由近至远："鹅潭巨浸，龟峰屹然……素馨斜艳，黄木湾空……得月台连，摩星岭隔；市邻三角，楼输五层；兼巷竟街，开桱结橑"，其中所说的"市邻三角"，指远爱楼邻近西关的三角市（今珠玑路南段）；"兼巷竟街"，说明远爱楼毗邻闹市。文中还有"沧海新填，地膡春波之绿"一语，此处是指三角市附近的新填地（今六二三路广州市中医院一带），所以远爱楼应距此不远。④《粤客谈咸丰七年国耻》提到1849年英国驻华公使文翰（Sir George Bonham）请求徐广缙在总督衙署会晤之事，其中写道："广缙以既不许其入城，即未便容之到署，因订在城外十三行伍家仁信栈接见。"⑤1856年末，十三行商馆区在英法联军的战火中焚毁，大火又蔓延至附近的街区，数千座房屋被焚。正因伍家的仁信栈房与十三行商馆区距离颇近，才会被这场大火波及而烧毁。

笔者由此推测，远爱楼大致位于沙基菜栏街一带（图1）。在1859年英法两国修筑沙面岛以前，沙面仍只是一片滩涂沙洲。而菜栏街前无遮挡，正对白鹅潭江心，直面珠江后航道，且向南呈突出的小半岛状（见1860年《广州城及郊外地图》），视野无际，与张维屏"三面临江，万状入览""远势层楼起，珠江一览中。洗心千尺水，过眼百帆风"的描述相符。（图2）

伍崇曜曾编印了《远爱楼汇刻书目》，记录其藏书刻书的具体情况。但此书目到了民国时期，已被岭南藏书大家徐信符称为"世鲜流传"，无缘一见。可惜远爱楼的被烧，令不知多少善本古籍、字画古物随之毁于一旦，将此称为中华文化史上的一场灾难，也并不为过。

---

① 谭莹：《乐志堂文集》卷11，咸丰十一年刻本，第13页。
② 笔者另有《广州西关伍氏粤雅堂考》，详述伍氏粤雅堂的具体位置、范围与兴废历程。
③ 谭莹：《乐志堂文集》卷1，咸丰十一年刻本，第50页。
④ 谭莹：《乐志堂文集》卷11，咸丰十一年刻本，第14页。
⑤ 戴逸、郑永福主编：《中国近代史通鉴》第1卷（下），北京：红旗出版社，1997年，第113页。

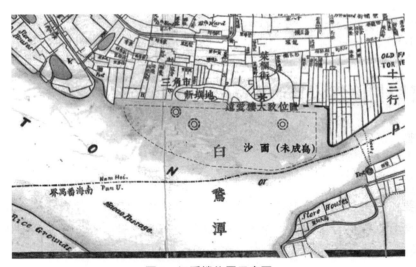

图 1 远爱楼位置示意图

（标星号处为菜栏街远爱楼大致位置，根据 1860 年《广州城及郊外地图》改绘）

图 2 在远爱楼旧址附近俯瞰白鹅潭今貌（笔者摄）

（本文原刊登于广州市人民政府参事室《文史纵横》第 77 期。有改动）

伍家早期经商事迹与伍元葳

伍梓鹏　伍凌立[*]

摘要： 本文记叙了早期伍家入粤经商的口传故事，怡和行沛官与浩官的业务搭接和交接期，探讨了伍家内参与经商业务的人物，阐述了伍秉鉴三子伍元葳支脉情况。

关键词： 口传；搭接；交接；伍元葳

福建泉州府永春县最早种植茶树于唐朝。明朝海禁，山货不易运出，海运风险比较大，走山道也存在被劫的风险，故茶叶小商人来往广州和永春之间，亦农亦商。

一、祖上传说与元顺行

伍家先祖伍朝凤，字燦廷，号辉庵，明朝万历四十一年至清朝康熙三十二年（1613—1693 年），是入粤先祖。伍家先祖伍朝凤口传来广州经商故事大致为：伍朝凤挑茶叶担来广州城街上摆卖，后来在一个洋行铺前旁摆卖，每晚收铺时，除自己铺位打扫干净外，还把旁边的洋行门前打扫得干干净净。日久，洋行里的洋人见这位后生诚实信用、勤奋好学、聪明能干，值得信赖，于是对他说："你在外面摆摊，倒不如来我的洋行工作？"后来伍朝凤成为洋行里的伙计，进而升为掌柜。过了一些年，洋人撤侨，将此商行转让给伍家经营，由此，伍家在广州开始经营第一家行商。后，伍家一直与他们有联系。①

---

* 伍梓鹏，系三房伍秉鑑三子伍元葳／四子伍元华第八代传孙，伍秉鑑第九代传孙，广东理工学院商务英语专业本科毕业。伍凌立，系二房伍秉钧／伍秉鉴第八代传孙，于华南理工大学建工系工业与民用建筑专业大专毕业。
① 伍元葳后人伍嘉锐（1914—1945）的妹妹伍丽莲（童年名为伍丽华）口传给伍梓鹏（1998 年出生）的父亲伍小华（1965 年出生）。

在《安海伍氏入粤源流征略》一文中有"莆田县溪峡乡。明崇祯初年，其入闽十二传孙伍燦廷来粤经商，初设元顺行，后改怡和行，主营洋务，逐步发家……。"[1]燦廷奉公典备（字符龙）并杨太安人之灵柩合葬省城大北门外飞鹅岭，尊为入粤始祖。[2]

口传故事与《安海伍氏入粤源流征略》一文中元顺行对伍朝凤来粤经商描述，有所佐证。经考证，泉州永春县历史上确实被莆田管辖，在清末还有溪峡口的地名，伍朝凤是入闽第十二代。追溯那段历史，1650 年 11 月 24 日，清军围攻 10 个月后攻陷广州，随即开始大屠杀，遇难人数最低 10 万，最高超过 50 万。可以推测，伍家第一个行商推前到 1650 年前行商易手设立。此时，伍朝凤约 37 岁前，元顺行的原主人洋行在战事前夕，被迫离开广州城，不得已把洋行交给伍朝凤经营。

二、沛官与浩官业务搭接和交接期

（一）伍秉钧"沛官"的延用

伍秉钧，字鸿之，号衡坡，乾隆三十二年至嘉庆六年（1767 年—1801 年）（附件 1），称"沛官（Puiqua 或 Howqua Ⅱ）"，于 1792 年取得怡和行营业执照[3]。去世时 34 岁，留下只有女无子，伍秉鉴过继他二子伍元兰给伍秉钧作嗣子。

伍元兰，字良徽，号香皋，生于乾隆五十八年至道光元年（1793—1821 年）终年 28 岁（附件 2）。伍元兰也是有女无子，直到 1826 年分家时，由哥哥伍元芝将次子伍长绵（长庚）出嗣给伍元兰作嗣子，为伍秉钧"沛官"的后人。此年，伍长绵 7 岁（附件 3）。

"沛官"一直延用到 1826 年末。在 1827 年第一季东印度公司订货单上"浩官"落款记录上又开始出现，此用名，伍国莹"浩官"在 1778 年采购时首次使用过，[4]此时，伍秉鉴于 1826 年末退出怡和行，由伍受昌接任。伍受昌在族内名为伍元华，伍秉鉴第四子，字良仪，又春岚，生于清嘉兴六年至道光十三年（1801-1833 年）32 岁。

---

①伍子伟主编：《伍氏入粤族谱》卷一，1956，第 4 页。
②罗国雄：《安海伍氏入粤源流征略》，《广州修志通讯》1986 年总第一期，第 42 页。
③［美］马士：《东印度公司对华贸易编年史（1635—1834 年）》卷二，区宗华译，广东人民出版社，2016，第 222 页。
④［美］马士：《东印度公司对华贸易编年史（1635—1834 年）》卷二，区宗华译，广东人民出版社，2016，第 137 页。

（二）业务搭接期

在伍秉钧"沛官"去世前有放贷款给东印度公司，去世后的 1801—1826 年 25 年贸易中，订货贸易一直延用"沛官"，而放贷资金给东印度公司运作使用"浩官"，而这位"浩官"在 1801—1826 年在东印度公司订贷单中无记录。显然，货、贷资金分类，商用名不混用，一般契约落款签名是同一人一个签名。伍秉鉴"浩官"用名在放贷中，一直没变，"沛官"的货款和放贷资金另有人管理或伍秉鉴本人管理，而契约落款签名时用"沛官"。这位"沛官"很可能是伍秉钧的嗣子伍元兰？

在东印度公司对华贸易编年史中，经常有记录两人同年同时出现，如：1814 年 2 月 10 日，东印度公司评价行商时，记录"现在的十位行商中，三人（沛官、茂官、章官）是有完全的清偿能力的，而其余的七人则甚多牵累"。同年 2 月 13 日记录"从行商中选择一、二忠诚殷实之人，令其统管（或管理）公行，并指导其他全体行商，以达公正与安全之境"。

"因此，海关监督指派'浩官'和'球官'Kowqua 和茂官之子卢利荣两人作为指导公所事务的人选。"① 显然这里的"沛官"并非是伍秉鉴，而是另有其人，可能又是伍元兰，法律上他是"沛官"后人，延用"沛官"商名签署贸易订单。1820 年伍元兰去世后，很有可能由紧接着的弟弟伍元薆延用"沛官"，直至 1826 年伍家分家。②

（三）业务交接期

1827 年 3 月 3 日东印度公司记账簿留下记录："沛官请求委员会准其将他的行号从他兄弟的名字沛官改为他自己的名字浩官。他表示有些担心家中兄弟在他死去时如果行号仍保留沛官的名字，会要求分份。"③ 显然，这里的"沛官"是伍秉鉴，因为此时已经分家。显然再使用"沛官"参与经营，与伍秉钧后人伍长绵会有利益冲突。表 1 为沛官与浩官搭接与交接时间划分示意表。

① ［美］马士：《东印度公司对华贸易编年史（1635—1834 年）》卷二，区宗华译，广东人民出版社 2016 年版，第 217 页。

② 参见潘刚儿：《潘履道堂思园公碑文研究》，其中怡和行洋商伍敦元作分家产议约。

③ ［美］马士：《东印度公司对华贸易编年史（1635—1834 年）》卷二，区宗华译，广东人民出版社，2016，第 169 页。

表1　沛官与浩官搭接和交接时间划分示意表

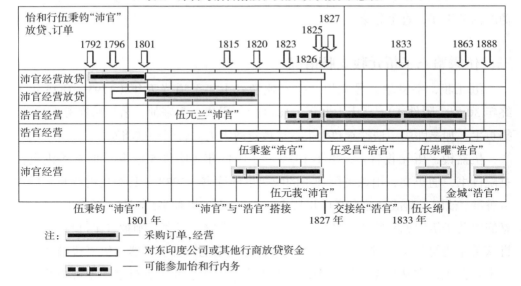

1825 年，伍秉鉴第三子伍元薇去世。

（四）伍家债权债务与"沛官"的操作人

1796 年 10 月 23 日，东印度公司欠怡和行"沛官"的（借贷）余额 14.96 万两；[①] 1816 年欠"沛官"21.57 万两。[②] 此时，由于伍秉钧已去世多年，故此，这里的"沛官"应是他的继承人伍元兰，时年 23 岁。1816 年欠伍秉鉴"浩官"44.18 万两，"浩官继续担任银行家"，[③] 1823 年欠"沛官"76.72 万两[④]，1824 年欠"沛官"85.73 万两[⑤]，此时，因为伍元兰已于 1820 年去世，所以这位"沛官"应是伍元薇，时年 28 岁。据"分家产议约"记载伍秉鉴弟弟伍秉鈴当年也参加怡和行的内务工作。[⑥]

---

① [美] 马士：《东印度公司对华贸易编年史（1635—1834 年）》卷二，区宗华译，广东人民出版社，2016，第 315 页。

② [美] 马士：《东印度公司对华贸易编年史（1635—1834 年）》卷二，区宗华译，广东人民出版社，2016，第 272 页。

③ [美] 马士：《东印度公司对华贸易编年史（1635—1834 年）》卷二，区宗华译，广东人民出版社，2016，第 342 页。

④ [美] 马士：《东印度公司对华贸易编年史（1635—1834 年）》卷二，区宗华译，广东人民出版社，2016，第 76 页。

⑤ [美] 马士：《东印度公司对华贸易编年史（1635—1834 年）》卷二，区宗华译，广东人民出版社，2016，第 96 页。

⑥ 参见潘思园：《潘履道堂思围公碑文研究》其中怡和行洋商伍敦元分家产议约。

　　因此可以推断，1826 年分家之前，伍秉鉴的儿子、侄子都有可能参与自己行商的内务工作，直至分家。

三、伍秉鉴三子伍元莪支脉情况

　　伍元莪，字良培，号文川。生于乾隆六十年至道光五年（1795—1825 年），终年 30 岁（附件 4）。嘉庆十九年（1814 年）甲戌，彭宗师，名邦畴岁考入县学，捐贡生，加捐郎中。诰授奉政大夫，诰授资政大夫。晋赠振威将军。

　　伍嘉锐，伍元莪后人，生于 1914—约 1945 年（附件 5）。年少时在香港皇仁书院读书，通英文，由嫁英国绅士的姨妈供他读书。1938 年日军攻占广州，后攻占香港，他因走避战乱北上至广州从化，迫于生计，以种牛痘度日，渐无生存希望，忍痛将儿子伍国忠卖给从化良口农户肖家，而肖家一对夫妻刚被日军进村时杀害，肖家弟弟为哥哥买子继后，肖（伍）国忠，时年他四五岁。然后伍嘉锐继续北上二十多公里，在从化温塘肚一个地方教书谋生，想念儿子去肖家探望被拒绝，后思子成疾。约过几个月后，伍嘉锐在温塘肚病重逝世。

　　伍丽莲（曾用名丽华）是伍嘉锐的妹妹。父亲伍锡麟在广州曾开办私塾，日军占领广州时期她在东莞大岭山加入粤曲队，成为台柱，主唱"星腔"，善毛笔书法。她于 1915 年 2 月出生，1993 年 11 月去世。1958 年，她寻回侄子伍国忠，当年国忠 17 岁，然后将其带回广州读书，并入广州户籍。后来到 1960 年因政策改变，户籍迁回从化良口。

　　伍国忠，伍嘉锐的儿子，1941 年在香港出生，2019 年 3 月在从化良口去世。伍国忠生有二子二女，长子伍小华，1965 年出生；次子伍志华，1971 年出生；长女伍小梅，1967 年出生；次女伍惠玲 1979 年出生。

　　伍小华有三子，长子伍梓聪，1993 年出生；次子伍梓维，1994 年出生；三子伍梓鹏，1998 年出生。伍梓聪，于广东东软学院，工商管理专业毕业。伍梓维，于广东岭南职业技术学院，机电一体化专业毕业。伍梓鹏，于广东理工学院，商务英语专业本科毕业。三兄弟从小跟随父母做生意，特别是寒暑假更会分担父母的生意压力。

　　伍志华有一子伍梓杰，1997 出生，毕业于韶关学院计算机专业毕业。

　　伍嘉妹，伍嘉锐堂妹。在日军攻打广州时时年 12 岁带着 7 岁弟弟走难，与弟弟走散，后来她被人卖去惠州博罗泰美镇。弟弟乳名阿七，至今下落不明。

左图伍国忠约 45 岁时拍照，右图前排伍国忠妻子何汝花
后排右起小梅、易海英、小华、小梅丈夫、凌立

惠州市博罗县泰美镇伍嘉妹和广州市从化区良口镇堂侄伍国忠家人聚会合照
（2016 年 11 月 20 日）

四、伍家在东印度公司的债权债务（表 2）

表 2　伍家行商"钊官、沛官、浩官"曾是东印度公司债主　　单位：万两

年	1786	1792	1796	1798.2	1798.11	1812	1813	1815	1820	1822
钊官	17.68	沛官	14.96	38.25（钊合约转沛）	97.23（沛还钊欠款）	35.91（元兰）	54.90（元兰）	66.28（元兰）	53.14（元兰）	行商欠 24.8（元芜）
浩官（国莹）	7.25	浩官（秉鉴）	—	—	—	—	23.15	17.8	—	105.55

年	1823	1824	1825	1826	1827	1831	1832	1833	—	1888～1889
沛官	76.72（元芜）	85.73（元芜）	29.30（元芜）	-13.27	-3.33	—	—	—	—	10 ＄资产 金城
浩官（受昌）	—	—	—	1827 年取消"沛官"名号 只留"浩官"		5.99	27.98	26.55	—	浩官（金城）

　　注：上表数字来自章文钦著译，《东印度公司对华贸易编年史（1635—1834 年）》

　　钊官——伍钊，字式之，号景川，为伍国莹的侄子，生活于雍正十二年至嘉庆七年（1735—1802 年）。1782—1799 年经营源顺行。

五、结论

　　从明末清初到 1833 年这段时期，伍家先后有元顺行和源顺行，怡和行。在伍朝凤来广州经商时，从小本钱路边小摊挡，到了元顺行生意稍有发展，有点积蓄，1762—1780 年，伍钊到颜时瑛泰和行做工至掌柜，伍国莹曾在潘文岩同文行（1760 前—1788 年）做账房。乾隆三十八年（1773 年）伍国莹（雍正九年至嘉庆十五年即 1731—1810 年）和伍钢（乾隆十七年至乾隆三十八年即 1752—1773 年）在福建武夷山采购山货做生意，行至武夷山的江西河口处，伍钢不幸染上病，于乾隆三十八年七月申时（1773 年 7 月 20 日约下午 5 时）病终客寓，年仅 22 岁。伍钊的长女儿和第六女儿都嫁给颜氏，颜家的女儿也嫁给伍钊的弟伍铨（因颜家族谱有不详尽部分，未能与颜家族谱就这部分对证）。族谱记载，伍铨姓颜氏，庶潘氏，现在伍铨后人是伍伯雄，1951 年在广州出生。伍家与颜家同为福建泉州府安海人，颜家来粤经商始祖颜亮洲，生于 1696—1751 年，其妻伍氏夫人。伍秉鉴长子伍元芝嫡孙伍延煜，字焕文，号蓉秋，生于 1840—1877 年，其妻子颜金带，是颜亮洲的玄孙女。[1]

　　1780 年泰和行倒闭，第二年伍钊开办源顺行（1782—1798 年），[2] 源顺行倒闭

①颜志端：《十三行闽籍行商家族联姻初探索》，《岭南文史》2019 年第 3 期。
②源自台湾陈国栋学者所列各行商开办和倒闭统计表。

后由伍秉钧清债，伍氏怡和行，经历伍秉钧、伍秉鉴、伍元兰、伍元葳、伍元华经营，于1926年分家后至1833年伍受昌（元华）经营，直至去世，在此基础上，由伍崇曜继续经营，使用"浩官"名号。

在东印度公司记录中，年采购计划中，"沛官"和"浩官"不会同时出现，表明怡和行内分工明确，而借贷用名"沛官"一直延用。出于债权追溯考虑，当年，"沛官"后人初期尚在幼年，后来分家与负债，同时考虑，尽快取消名号，如：1826年负债13.27万两，第二年取消名号"沛官"。由此得出，伍氏商行及名号一脉相承。此外，为什么外商在中国做生意要向同伙中国商人借款？大概是当年金融制度不完善，出于资金运行安全考虑。（完）

附件 1：

附件 2:

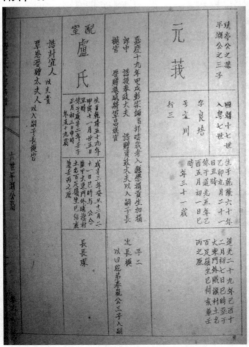

附件 3:

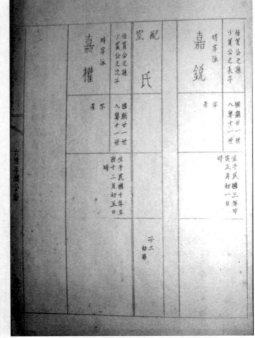

附件 4:

附件 5:

清广州十三行行商卢观恒研究——以《家传》和《墓志》为中心

赵 磊[*]

摘要：《卢观恒〈家传〉和〈墓志〉拓片册页》现藏广州海事博物馆，《家传》和《墓志》皆作于道光三年卢观恒归葬家乡新会之时，内中记载了卢氏先祖以及观恒早年经历、年少读书、夫人子女、入祀乡贤祠、归葬新会等事，为研究卢氏家族人物提供了诸多线索。《家传》和《墓志》揭示了卢观恒经营广利行获得成功的多重原因，包括"敬信远人"的经营理念及结交官府、商界联姻的商业手段等；同时也透露了在清代"商居末等"体制下，十三行商人必须进行多种公私捐输，其中卢观恒在军需、河工等全国性事项，及修河堤道桥、建义学义仓相祠、筑桑园围基等广东地方事宜方面表现尤其突出，由此带来沉重的经济负担为日后衰败埋下了隐忧。

关键词：广州十三行；卢观恒；家传；墓志

清乾嘉时期（1736—1820 年），广州处于全球贸易的前沿，以粤海关、十三行为核心的"一口通商"制度使广州处于清王朝对外贸易的垄断地位，由广州经澳门到里斯本、长崎、拉美、帝汶、纽约、温哥华、俄罗斯和澳洲等世界各地的航线达八条之多。[①] 卢观恒（1746—1812），字熙茂，号晓亭，广利行创办人，是乾嘉时期应时而起的具代表性行商之一。若按卢观恒的身份和地位而言，无疑是清代对外贸易、十三行制度等方面研究的绝佳个案，然民国梁家彬曾言："余以潘、卢、伍三家俱行商中之表表者，初颇欲详搜卢氏事迹；继闻卢氏后裔俱已回籍（新会县）居住，未易探求，引以为憾！而余搜索《新会县志》，未见卢氏有传，中国以

---

* 赵磊，广州海事博物馆文副研究员。
① 黄启臣、庞声秀：《明至清前期海上丝绸之路的高涨与十三行机制作用》，载《广州十三行与海上丝绸之路研究》，社科文献出版社，2019，第 5—8 页。

前轻商之习牢固如此。"① 今日亦有学者认为"潘、卢、伍、叶四家之中唯独甚少见卢氏的踪迹,相关的研究更无从谈起"②,故史料留存较少③,成为学界对卢氏家族及广利行展开研究的最大障碍④。2016 年,广州海事博物馆征集到清道光三年(1823 年)《卢观恒〈家传〉和〈墓志〉拓片册页》⑤(以下简称《册页》)一件,内中记载了卢观恒生平、家族及商贸、政治等活动情况,可对相关研究提供助力,值得仔细探讨。

一、生平经历

目前,学界对卢观恒个人生平及其家族情况的了解,多依光绪三十四年(1908年)《新会乡土志辑稿·黎大刚传》(下称《辑稿》)后附记之内容,其文曰:"卢观恒,字熙茂,石头蓬莱里人,其先代自明初由今鹤山之逕口迁居石头。卢少时甚寒微,年四十余以充洋行买办致富。道光初年,洋行十三家,而卢广利居其一,今源昌街即其遗址。卢父子三人,以慈善名家,地方公益,赖以修举,至今百年,犹食其赐,为社会伦理不可多得之人物,亟宜表章。省志、府志、县志均缺漏,故补述于此。"⑥所记较为简略。另,民国三十五年(1946 年)《潮连乡志》(下称《乡志》)之记载与其略同。将两者与《册页》对比,可对观恒个人及其家族诸事作进一步探讨:

其一,卢氏先祖。《墓志》言"先世由南雄迁番禺,再迁新会",《家传》亦言卢氏"祖坟作番禺钟村",可知《辑稿》载"鹤山"乃"番禺"之误。《乡志》有言:"潮连北厢卢氏,始迁祖宗明,为芦鞭卢氏始迁祖龙庄之从侄孙。宗明二子法祖、法能,

---

① 梁嘉彬:《广东十三行考》,广东人民出版社,1999,第 293 页。

② 黎丽明:《清代富商人物画的形象建构——〈富山怡乐图〉背后的一段心史》,《文艺研究》2017 年第 10 期,第 118 页。

③ 现阶段已发现的卢观恒史料主要有:[美]马士著《东印度对华贸易编年史》第二、三卷;中国学者收集并公布的国外藏档案资料,如英国东印度公司档案等;中文史料则为清皇室档案、地方志等。这些史料中除关于卢观恒与蔡文官的关系、"海王星"号事件等两项叙述较详外,余皆较零散。

④ 关于卢观恒的主要研究有三类:一是专文论述,肖应云《清十三行草根商总卢观恒商海沉浮初探》、王丽英《卢观恒的成功之道——广州十三行富商群体个案研究》等对观恒某些商业经营事项进行总结叙述,魏雅丽《清代广州行商卢观恒入祀学官乡贤事件探析》则对观恒入祀学官乡贤进行专题讨论;二是他文中涉及,代表性的是陈国栋《经营管理与财务困境——清中期广州行商周转不灵问题研究》据英国东印度公司档案,对广利行卢观恒时期负债、卢文锦时期巨额花费等问题进行了简要叙述;三是对卢氏家族其他人的研究,代表性的有黎丽明《清代富商人物画的形象建构——〈富山怡乐图〉背后的一段心史》,从富山怡乐图入手,对卢文锦等富商形象、商贸事项进行了论述。

⑤ 《册页》经折式装订,《家传》在前,《墓志》在后,折叠后长 30.7 厘米,宽 16.9 厘米,高 3 厘米,正文共 66 页,计 2040 字。

⑥ 蔡垚燨:《新会乡土志辑稿》卷四《耆旧》,光绪三十四年粤东编译公司承印,第 68 页。

法主又迁石头，为石头卢氏始迁祖，其祖墓仍在潮连。"① 可知《墓志》所言"再迁新会"即指"卢宗明"迁移之事。

其二，早年经历。《墓志》载观恒"长侍拱辰公懋迁羊城"，《家传》亦载观恒"生而颖异，性至孝，通达事理。父拱辰公懋迁羊城，事颇剧，公随侍而身任其劳"。值得注意的是，二者俱言观恒随其父拱辰迁广州，且在父旁尽孝、劳作，其言当属实。故《辑稿》言"卢少时甚寒微"甚是，但世传观恒"自幼丧父，与母相依……只身离乡背井，远走广州打拼谋生"② 等语皆误。

其三，是否读书。《辑稿》仅言观恒少年寒微，未说其是否读书。而在观恒身故、入祀乡贤祠时，本地士绅极力反对的重要理由之一便是其"不读书"③，《清仁宗实录》载清廷令观恒神主迁出乡贤祠时亦特言其"未曾读书"④。然而，《墓志》却言"公少读书，器识通敏，长侍拱辰公懋迁羊城，遂辍所学"，详细考察可知，后者并不一定是在为观恒粉饰，其言在于揭示观恒少时亦曾读书识字，后因随父外出谋生而放弃、辍学。前二者言观恒不读书，非言目不识丁之意，应指其未曾考取功名。又《家传》言"公尝言人，必以读书为根本"，观恒本人之学识或十分有限，但其确实认为读书非常重要。

其四，夫人子女。世传观恒年轻家贫，"年过40岁，仍是光棍一条"⑤。《墓志》述及观恒家人情况时，言其有夫人"陆、陈"二人，但观恒在日便已去世；有子"四人"，依次为文举、文锦、文蔚、文翰，另有"女五人"。观恒婚配年纪诸种史料皆缺载，不过，倘所传观恒人近中年方成家属实，那么观恒去世时，其长子（女）虚龄不超过26岁，其余子女年纪则更小。

其五，入祀乡贤祠事。该事前已有学者论述，事件结果是观恒神主牌位被撤出，文锦顶戴被摘。值得注意的是，此事确曾造成了较大影响，并在一年内两次呈送到仁宗御案前。第一次是恩准入乡贤祠，《清仁宗实录》载：嘉庆十九年（1814年）十二月乙丑日，"予江苏故国子监司业陈祖范……广东故候选道卢观恒入祀乡贤祠。从巡抚朱理、百龄、初彭龄、胡克家、李奕畴、董教增等请也。"⑥ 观恒等

---

① 卢子骏：《潮连乡志》卷二《建置略》，载《中国地方志集成》（乡镇志专辑第32册），上海书店出版社，2003，第78页。

② 王丽英：《卢观恒的成功之道——广州十三行富商群体个案研究》，《广州社会主义学院学报》2010年第2期，第67页。

③ 蔡垚爔：《新会乡土志辑稿》卷四《耆旧》，第68页。

④ 曹振镛：《仁宗睿皇帝实录》卷三百一十四"嘉庆二十年十二月甲戌条"，中华书局1986年影印，第172页。

⑤ 王丽英：《卢观恒的成功之道——广州十三行富商群体个案研究》，《广州社会主义学院学报》2010年第2期，第67页。

⑥ 曹振镛：《仁宗睿皇帝实录》卷三百"嘉庆十九年十二月乙丑条"，第1128页。

人入祀乡贤祠得到了皇帝亲准。第二次是神主撤出乡贤祠，嘉庆二十年（1815 年）十二月甲戌日，"此案卢观恒以洋商致富，未曾读书，兼有殴兄一事，经章煦等讯明，彻出乡贤祠，所办甚是。"① 其后，直至道光十三年（1833 年）二月，文锦"以广东捐输军需"，得加"郎中衔"，并再次获赏"花翎"。②

其六，归葬新会事。《墓志》言："道光元年十二月十五日卯时，卜葬于新会丹竈乡龙马里村"，其地"前狮子衔带山坐壬向丙，兼亥巳之原。"此次归葬自广州至新会，时邀诗画名家谢兰生一同前往，谢在日记中详细记载了行程，文曰：

（道光元年十二月）十一日 小雨竟日。卢三兄着人来请往新会石头村，午后还斋，傍晚到广利行晚饭……

十二日晴。开船行至未刻，到石头村，上卢氏祠堂晚饭后，还舟中……

十四日晴，晚大风，有雨。登岸与诸公送殡上山，会顺德协镇张公，下午还舟中宿。

十五日 小雨复晴，月色好。辰刻上山上点主，午饭后还舟中……③

上言"卢三兄"即文蔚，一行人十一日晚饭后自广州启程，次日未刻即到新会石头村；十三日，谢兰生、汪玉滨等客人留在船中休息，可以推测卢氏诸人应皆在忙碌出殡之事；十四日"送殡上山"，可知卢氏坟茔在山上；十五日上午"山上点主"，下午谢兰生等人即返程，卢氏兄弟未通行，应仍在料理丧葬后续之事。丧葬过程中，不仅有省城前来的文人雅士，还有本地"顺德协镇张公"参加，虽然几日间有晴日亦有风雨，但仍属风光大葬了。

综上，《家传》和《墓志》所记卢氏先祖与观恒早年经历、家庭成员、丧葬事宜等生平诸事，还原了观恒生平各主要节点情况，其个人形象、生活轨迹以及相关历史事件也随之更加丰富和完整。

二、商行经营

卢观恒自乾隆五十七年（1792 年）创立广利行至嘉庆十七年（1812 年）去世，经营广利行 20 年。关于其成功，《册页》内容揭示了三个层面的原因。

其一，"敬信"外商。《家传》言："番舶来互市者，待以笃诚。故远人皆敬信，家日以起。"换言之，观恒商业经营的理念为"笃诚""敬信"。观恒自年少起在广州，谙熟商行贸易。其获得行商资格之前，不仅是万和行（原逢源行）蔡文官（即

---

① 曹振镛：《仁宗睿皇帝实录》卷三百一十四"嘉庆二十年十二月甲戌条"，第 172 页。
② 贾桢等：《宣宗成皇帝实录》卷二百三十一"道光十三年二月丙午条"，中华书局 1986 年影印，第 462 页。
③ 谢兰生：《常惺惺斋日记（外四种）》，广东人民出版社，2014，第 80 页。

蔡世文）的亲信，而且十分富有，"多年来已与委员会订立过相当巨额的合约"①，
如乾隆五十二年（1787年），观恒便"愿出十三万两与英公司订立合同"②。《家传》
和《墓志》均述及观恒为"缅甸""（中国）台湾"等处军需捐款事亦是例证。前
者清缅战争主要发生在乾隆中期（1766—1767年），清缅关系至乾隆五十三年（1788
年）已得到改善；③后者中除林爽文起义（1787—1788年）牵涉面广、花费高外，
其他规模均较小。④蔡文官是行商世家，其祖父德汉官早在康雍之际"就是义和行
行东"⑤，文官从其父蔡相官接手商行生意，并在乾隆五十三年（1788年）成为
总商。因此，观恒最终获得行商资格，正是与蔡文官密切关系、自身丰厚财力并
较早报效朝廷等因素综合作用使然。

　　自成立广利行，至观恒去世，其商业规模呈现出逐步增长趋势。其与英国东
印度公司间的经常性贸易包括毛织品及工夫、色种、屯溪、贡熙、贡熙骨等茶叶，
各年贸易量可见表1：

表1　卢观恒与英国东印度公司贸易额度统计表

年份	行商数	品名	数量	贸易量占比	位次
1793	7	毛织品	2份	12.5%	与文官、祚官并列第三
		茶叶	1.3万箱	10.6%	与祚官并列第三
1795	10	毛织品	2份	12.5%	与祚官、沛官、仁官并列第二
		茶叶	2.6万箱	18.3%	第一
1797	9	毛织品	2份	11.8%	与仁官、章官并列第三
		茶叶	1.044万箱	10.5%	与仁官、章官并列第四
1800	8	毛织品	3份	16.7%	与沛官、仁官并列第二
		茶叶	2.53万箱	17.1%	

---

① [美]马士：《东印度公司对华贸易编年史（1635年—1834年）》卷二，中山大学出版社，1989，第514页。
② 梁嘉彬：《广东十三行考》，第292页。
③ 据王巨新《清代中缅关系》（社科文献出版社，2015年版）一书梳理，清初吴三桂赴缅进剿南明永历帝，
　清缅政治关系一度中断，到雍正年间恢复，直至乾隆三十年（1765年）前，双方未发生军事冲突；乾隆
　三十年十一月至三十四年（1769年）十月，清王朝与缅甸雍籍牙王朝爆发了持续四年的战争，到四十一
　年（1776年）底，双方处于紧张对峙时期；四十一年底至四十五年（1780年），双方就缅甸进贡还人等
　问题进行交涉；四十五年五月至五十三年（1788年），双方交涉中断；五十三年五月，缅甸使者访华，
　清缅重归友好。
④ 据许毓良《清代台湾军事与社会》一书统计，乾隆末至嘉庆中除林爽文时间外，另有七次动乱，多为几十人、
　数百人，最大者参与人员仅二千余人。
⑤ 陈国栋：《经营管理与财务困境——清中期广州行商周转不灵问题研究》，花城出版社，2019，第273页。

续表

年份	行商数	品名	数量	贸易量占比	位次
1803	8	毛织品	3 份	16.7%	与沛官、仁官并列第二
		茶叶	2.97 万箱	17%	第二
1805	9	毛织品	3 份	16.7%	与沛官、仁官并列第二
		茶叶	3.16 万箱	17.8%	与沛官并列第二
1808	10	毛织品	4 份	23.5%	第一
		茶叶	1.4 万箱	17.5%	
1810	10	毛织品	4 份	18.2%	第一
		茶叶	3.38 万箱	18.6%	

　　资料来源：据［美］马士《东印度公司对华贸易编年史（1635—1834 年）》第二、三卷引述资料整理。

　　除纯粹的商贸活动外，观恒还成为广东地方官员、十三行与外商沟通的中间人。《广州十三行天宝行海外珍稀文献汇编》一书收录的嘉庆十五年（1810 年）、十六年（1811 年）的十则文献显示，观恒与英国东印度公司往来事件主要有两类：一是正常的商业往来，如商讨贸易欠款、礼节性函件、收悉款项说明、代偿商业欠款等；二是要求英方加强自我约束的告知或说明，包括不准英国战船与海盗往来、约束水手、船只违规来广、禁止鸦片贸易等。[①] 故，在上述双重任务趋势下，观恒要做到"敬信"，有时需要明确告诉外商如何同粤海关监督等广东地方官员周旋，如《东印度公司对华贸易编年史》所载嘉庆十年（1805 年）鹏官经营危机[②]、嘉庆十二年（1807 年）两次退回东印度公司致粤海关信件[③] 等事件，观恒的出发点皆是如此。

　　观恒经营广利行期间，获得巨利的同时，也承受打击。较重要的事件有二：一是代偿蔡文官万和行商业欠款。嘉庆元年（1796 年），蔡文官自杀，粤海关监督常福指定欠款由观恒代偿，通过茶叶销售、赔偿欠款等方式，共损失"5 万两"[④]以上。在这过程中对外商、蔡家而言，卢观恒展现出了《家传》所言的诚信品质，颇有担当。二是"海王星号"事件。嘉庆十二年（1807 年）2 月，英国商船"海王星号"船员与本地人发生冲突，并造成一名中国人死亡，因观恒是该船保商故受牵连，"所花费的钱使他非常拮据"[⑤]，甚至两次入狱。虽然"海王星号"事件

①冷东等：《广州十三行天宝行海外珍稀文献汇编》，广东人民出版社，2019，第 76-131 页。
②［美］马士：《东印度公司对华贸易编年史（1635—1834 年）》卷三，第 5 页。
③［美］马士：《东印度公司对华贸易编年史（1635—1834 年）》卷三，第 52-53 页。
④陈国栋：《经营管理与财务困境——清中期广州行商周转不灵问题研究》，第 195 页。
⑤［美］马士：《东印度公司对华贸易编年史（1635—1834 年）》卷三，第 58 页。

的确打击了观恒内心，他向朝廷提出退休被拒绝，但到嘉庆十六年（1811年）他仍是"行商的中坚"①。他在去世时，被认为是外商和同僚的"重大损失"②。

其二，结交官府。《墓志》撰文者程国仁（1764—1824），字济棠，号鹤樵，"先世歙人也，自公之祖占籍河南商城，遂世为商城人"③。其于道光元年（1821年）六月至二年（1822年）三月为广东布政使，观恒归葬新会时在当年十二月十五日，《墓志》即作于其间。程国仁在《墓志》中自称为观恒"通家愚弟"，可见二人似早已相识。梳理史料可知，程国仁曾于嘉庆十五年（1810年）八月"提督广东学政"④，其时观恒仍在世，两人应于当时存在交集。卢氏父子不论程国仁是学政，还是布政使，皆与之较厚，可谓立足长远。

《墓志》书文者叶申万（1773—1831），字惟千，号芷汀，福建闽县人，嘉庆十年（1805年）进士，历任翰林院检讨、山西等道监察御史、广西庆远知府、广东分巡高廉兵备道、广东督粮道等职。父叶观国与兄弟六人皆入仕，并在文学上多有造诣，名重一时。⑤书写观恒墓志时，申万为"广东督粮道、分巡高廉兵备道"，其自称为观恒"愚弟"，可见观恒在世之日，二人关系匪浅。

《家传》撰文者何朝彦史籍缺载，魏雅丽女士引张杓《刘三山墓志铭》称"子文锦，伪称观恒置义学义田有功桑梓，知县吉安、邑绅何朝彦等附会其说"之言，推测"何朝彦可能也是主要的牵头罗致之人。然遍查地方志，无其传记"⑥。《家传》可补其事，朝彦在文中称"公之子文锦，与余同宦"，又曰"是时，余适以忧归里，嗣君文举，等求传于余"。可知，其与卢家交厚，在入祀学宫乡贤事件中支持文锦自然理所应当。《清仁宗实录》载朝彦为嘉庆四年（1799年）"己未科"进士，位列三甲第十一位，随即外任知县。不过，由《家传》文尾彦朝结衔可知，其至道光时官阶仍不高。

观恒还主动参与多项地方政务，《墓志》载观恒"虑事之智"事言："新会故濒海，邑有巨盗潜伏，将为患时，无锡秦小岘司寇司臬事，公力陈其害曰：'事未发而制之易也，否则恐滋蔓。'因是侦捕之，得无扰邑人，咸利之。"秦小岘即秦瀛（1743—1821年），《清史稿》载其于嘉庆"七年，以病归。逾两年，起授广东按察使，督

---

① [美] 马士：《东印度公司对华贸易编年史（1635—1834年）》卷三，第155页。
② [美] 马士：《东印度公司对华贸易编年史（1635—1834年）》卷三，第180页。
③ （清）陈用光：《贵州巡抚赫樵程公墓志铭》，载《太乙舟文集》卷八，道光十七年刊本，第56页。
④ （清）曹振镛：《仁宗睿皇帝实录》卷二百三十三"嘉庆十五年八月甲庆条"，第139页。
⑤ 阮娟：《闽县叶氏家族文学概述——以叶观国、叶申芗父子为核心》，《闽台文化交流》2009年第3期，第60-64页。
⑥ 魏雅丽《清代广州行商卢观恒入祀学宫乡贤事件探析》，《岭南文史》2016年第4期，第41页。

郡县治盗，擒著盗梁修平、吴鰕喜置诸法"①。《墓志》所言当指嘉庆九年（1804年）擒拿"梁修平、吴鰕喜"事，二盗在观恒家乡新会潜伏，可能危及来往商船安全，这些或可能与观恒有某种关系，但直接向按察使建议处置时间和方式，表明观恒对地方事务的关注，并有参与其中的意愿和行动。无独有偶，奏请增本邑学额之事亦是一例，此事《家传》与《墓志》皆有载："本邑童试会众而学额少，约百余人方进学一名。公时厪于怀，余与其子文锦请各宪，据情入奏，得加文学三、武学三。"虽然"童试"乃读书之初始，但科举却是国家大事，卢氏父子可以经过努力为家乡新会增加学额，足见其于地方政务具有一定影响力。此外，《家传》又载"允收粤海关课岁，额百万有奇"，言其能够出色完成粤海关税收任务。②

其三，商界联姻。《家传》书文者伍有庸，字维籍，号青田，广东新会人，为卢氏同乡。有庸是乾隆五十二年（1787年）丁未科进士，位列二甲第31位，曾任福建平和县及湖南江华县、武陵县知县，著有《闻香馆诗文集》等。其人工于书法，近年有《致宁斋先生诗札·隶书祝寿诗》《论花木四则》《与杨德祖书》等作品流行于有关拍卖场。有庸虽非怡和行伍氏家族之人，但却与之有紧密联系，"每岁寓洋商伍氏南溪数次"③。有庸自称为观恒"姻家愚侄"，这层婚姻关系也说加深了伍、卢两行商间的亲密关系。

《家传》篆盖者潘正亨（1779—1837），字伯临，号河渠，广东番禺人。祖父即同文行潘振承，父为潘有为，其亦自称为观恒"姻愚侄"，可知潘、卢两家亦存在姻亲关系。而潘、伍、叶等其祖上来自福建的行商亦有联姻④，可以说十三行行商间有广泛的联姻情形，且并不仅限于其同一祖籍来源。正亨善书法，《皇清书史》载正亨"官刑部员外郎，工书法"，⑤著有《万松山房诗钞》等存世。

《墓志》篆盖者李宗瀚（1769—1831），字春湖，江西临川人。宗瀚祖李宜民（1704—1798）时"寓住广西桂林，乾隆间由盐业起家"，其后"子弟李秉礼、李秉绶、李宗瀚、李联琇、李瑞清"等又由商入仕，⑥遂形成书香大族。李氏依靠"从广州到桂林的西江黄金水道"几代人从事盐业生意，积累巨额财富的同时，通过姻亲

---

①赵尔巽：《清史稿》卷三百五十四《秦瀛传》，第11292页。

②关于清代粤海关与十三行关系的相关研究有：李金明：《清代粤海关的设置与关税征收》，《中国社会经济史研究》1995年第4期；余金荣：《粤海关与十三行关系研究》，广州大学2013年硕士学位论文；陈国栋：《清代前期的粤海关与十三行》，广东人民出版社，2014。

③谢兰生：《常惺惺斋日记（外四种）》，第491页。

④颜志端、颜祖侠：《十三行闽籍行商家族联姻初探》，《岭南文史》2019年第3期，第48-59页。

⑤李放：《皇清书史》卷十，台北明文书局，1985，第10页。

⑥吕立忠：《书香翰墨浓 诗画齐出众——清代"桂林临川李氏"书香世家》，《河池学院学报》2007年第3期，第20页。

关系结交广东各地权贵，政界人士有广州知府署兵备道高廷瑶、肇庆知府糜良泽、潮州知府陈含光等，商界有"潘氏族人"等。①宗瀚在《墓志铭》同样自称为观恒"姻愚侄"，可知，李家与卢家亦联姻。宗瀚"工书，受拨镫，法于翁方纲，与郭尚先、何凌汉、顾莼齐名"②，又"书法尤为世重"③，著有《静娱室偶成稿》《杉湖酬唱诗略》存世。

综上，通过对观恒"笃诚""敬信"商业理念及结交官员、与商界联姻等政商手段的考察，可大体了解其商业成功奥秘。然，观恒所虑之事不止于此，他还将眼光着眼于下一代。虽然，清代富商将下一代送进仕途十分普遍，如前文提及潘、李两家，下一代大都已弃商从政，或是半官半商。但是，次子文锦颇引人注意，《家传》载其曾"官京师"，又"随围木兰以与射，赏戴花翎"，年少时即长居京师，便于赢得皇帝信任、结交朝廷官员，此举应是观恒着意为之。

三、公私捐输

十三行虽办理外洋贸易，但却是半官半商的机构。嘉庆四年（1799年），卢观恒、潘致祥、叶上林等行商因朝廷平定四川教乱认捐银两时，粤海关监督在奏折中言："商等分居微末，仰被深仁，自开设洋行，业传数代，家计日增饶裕"④，又一次强调商人身份之低微、其致富全仰仗朝廷的仁慈。在"商居末等"的体制下，十三行商人自然要为朝廷、地方各种需要尽心尽力。按《册页》记载，卢观恒时期在两方面表现较为突出：

其一，国内外公项捐输。《墓志》载观恒首功即为"奉公之诚"，其文所列公项捐输有"如军需则有川楚、缅甸、台湾、粤洋等案，河工则有南河、东河、衡工、李工、工赈等案"；《家传》亦载"军需如缅甸、川楚、台湾、廓尔喀、粤洋等处，河工如南河、东河、燕工、衡工、工赈、李工等处"，皆为当时朝廷遭遇的军事、民生重大事项。

一是军需。以乾嘉时川楚白莲教乱为例，"花去的军费约有银一亿两之多"⑤，在正常军费支出外，还有诸如胡齐仑等贪污军费事件时有发生⑥。朝廷军需吃紧，

①孔令彬：《李秉绶生平事迹略考》，《美术学报》2016年第2期，第19-27页。
②李放：《皇清书史》卷二十三，第19页。
③赵尔巽：《清史稿》卷三百五十四《李宗瀚传》，中华书局1976年，第11294页。
④中国第一历史档案馆、广州市荔湾区人民政府合编《清宫广州十三行档案精选》，广东经济出版社，2008，第167页。
⑤郑天挺：《清史简述》，中华书局，1980，第55页。
⑥任德起：《镇压白莲教起义军费贪污案》，《审计理论与实践》2002年第7期。

商人捐输则为必选项，史载嘉庆四年（1799年），行商"潘致祥、卢观恒、叶上林、伍忠诚"等八人上呈称："兹值四川教匪指日荡平，情愿敬输银二十万两，以备凯旋赏赉之需，稍展下悃。恳请于藩库先行借支，自庚申年起，分作六年完解"①，该次捐输可谓勉力为之。粤洋案指的是嘉庆年间华南海盗袭扰之事，其中重要的有郑一、张保仔等。清政府自嘉庆十年（1805年）后"态度有了明显转变，开始采取一种新的、强硬的海上清剿政策"②，直至嘉庆十五年（1810年）张保仔向朝廷投诚，华南海盗基本覆灭，是数年间影响全国的重大事件。观恒作为广东本地富商，剿灭战争期间，自然成为朝廷筹措军需的首选对象。

　　二是河工。有清一代皆致力于治河、修河，财物投入巨万。魏源有言："人知国朝以来，无一岁不治河，抑知乾隆四十七年以后之河费，既数倍于国初；而嘉庆十一年之河费，又大倍于乾隆……计自嘉庆十一年至今，凡三十八载，姑以岁增三百万计之"③，可知嘉庆时修河花费较之前上升一个台阶。《墓志》中提及的南河、东河则"每岁两河另案岁修，南河计四百万，东河二三百万"④，李工、衡工等皆属东河专项工程。其中，李工则指嘉庆九年（1804年）黄河汛期，"为一时权宜之计"，"舍启放李工口门而外"，通过泄洪以保漕运。⑤衡工于自嘉庆元年（1796年）起"几于无岁不决"⑥，至九年秋"甫合"⑦，其间花费巨万，据学者统计单嘉庆九年衡工例即有1100万两⑧。工赈即以工代赈，是荒年对灾民进行赈济的一种重要方式，清"康熙四十年至嘉庆四年工赈得到了很大发展，可以说已实现了经常化、制度化"⑨。清政府在筹措工赈资金时，"捐输"是主要方式之一，其"主要包括商捐和民间富户的捐输"⑩。由《册页》可知，观恒在上述河工岁修、专项、赈济等方面皆有不小的资金投入。

　　其二，广东地方捐献。《乡志》述及观恒个性时曰："然卢好施，能为社会尽

①中国第一历史档案馆：《清代广州"十三行"档案选编》，《历史档案》2002年第2期，第15-16页。

②［美］穆黛安：《华南海盗（1790—1810）》，刘平译，商务印书馆，2019，第131页。

③魏源：《默觚——魏源集》，赵丽霞选注，辽宁人民出版社，1994，第148-149页。

④魏源：《默觚——魏源集》，赵丽霞选注，第150页。

⑤曹振镛：《仁宗睿皇帝实录》卷一百三十五"嘉庆九年十月丁卯条"，第841页。

⑥赵尔巽：《清史稿》卷一百二十七《河渠二》，第3784页。

⑦赵尔巽：《清史稿》卷三百六十《吴璥传》，第11372页。

⑧郑天挺：《清史简述》，第56页。

⑨牛淑贞：《18世纪清代中国之工赈工程建筑材料相关问题探析》，《内蒙古社会科学（汉文版）》2006年第2期，第52页。

⑩牛淑贞：《清代中期工赈救荒资金的筹措机制》，《内蒙古社会科学（哲学社会科学版）》2009年第5期，第110页。

力，视守财房辈、家族外无伦理者，实远过之。卢之人格，即不祀香贤，斯亦难能而可贵者也。"①可知其始终保持着有乐善好施的品格。卢氏没落时，《乡志》概言道："虽有他事之靡费，而公益事之所亏亦多矣。"②此语诚然。

一是在广府、新会为民田修长堤、理河道桥路。《家传》述观恒在广府城内各处所作公益事曰："周郡地势濒海，遇水涨则田庐多被淹，修长堤十余里，永无冲决之患。他若挑濬蓬莱里河道，饮修棠下各处桥梁衢路，及赒困穷、恤孤寡，均无吝色。"主要包括为滨海之民田修长堤、杜绝水患，疏通蓬莱里河道、棠下各处桥梁衢路，并周济穷苦、孤寡，涉及民生之事若干。

二是在新会捐建义学、义仓及田产事。"城内藉有书院，公以人文日盛，欲增义学一所，并于其旁添设义仓，将举事，而病已剧。逾年甲戌，嗣君文举、文锦、文蔚、文翰承遗嘱，在花园巷购地数亩，建紫水义学，捐田二顷二十亩，为师生束修膏火义学之右，建一义仓，捐田三顷二十亩，以备凶荒赈济。"此处"甲戌"年指嘉庆十九年（1814年），义仓、三顷二十亩田即捐于此时，义学、二顷二十亩田则捐于嘉庆十八年（1813年），即观恒去世后第二、第三年，其子秉承遗嘱之意明显。此事《乡志》亦有载，所述除田产数额略有异外，余大致相同。

三是捐筑桑园围基。《墓志》载："会邑乐都，地苦下，遇西江水涨，田庐半被淹浸，或议修筑堤堰，费甚巨。公曰：'焉有拯人之溺，而可缓哉！'于植水闸一，接基围二十余里，至今濠滘间无水患。"此事发生在新会之乐都。《乡志》亦载："新会中乐都，天河墦江周郡，原有三围，捍御西水，屡修屡坏。嘉庆时，观恒曾捐修周郡围。"③后"卢之子文举、文锦又能推广卢意，力行善事。嘉庆二十二年，南海筑桑园围，石隄二千三百余丈，用银七万五千余两。……总督阮元闻于朝，奉旨以乐善好施建坊。"④不仅在家乡，亦在南海捐筑石堤。

四是创建相祠并捐田。《家传》述及番禺钟村祖坟时言："日久湮，特为重修，砌石完固，且曰礼尚拜扫，不可忘。本爱之岁"章程椅山，五世祖祠，因其旧址，广辟规模，焕然一新，筑濠滘水闸，费用甚巨，众恐难成，公怡然乐助，用蒇厥功。"《墓志》亦载："先是，公考拱辰公欲创建相祠而未果。公成厥志，鸠工庀材度地为之，复置祭田数百亩，垂之后裔。"卢拱辰欲建之"相祠"即祭祀卢氏先辈"五世"的祖祠，观恒成父志建祠、捐地。

---

① 卢子骏：《潮连乡志》卷二《建置略》，第78-79页。
② 卢子骏：《潮连乡志》卷二《建置略》，第79页。
③ 卢子骏：《潮连乡志》卷二《建置略》，第79页。
④ 卢子骏：《潮连乡志》卷二《建置略》，第79页。

综上，观恒施财涉及项目颇广，不仅有全国范围内的军需、河工捐输，还有广东地方的民生、公益捐献，这些事项为观恒及广利行赢得了中央朝廷和地方官府的信任，使他与各级官员建立了良好关系，从而为商业发展保驾护航。不过，上述政商结合、以政助商的发展模式，以牺牲广利行利润和资金储备为代价，长此以往，不可避免地将透支广利行的未来并降低其发展壮大的几率，为日后衰败埋下隐忧。

四、余论

考察卢观恒及广利行起落，有清代大环境下十三行整体的政治、经济原因[①]，亦有卢氏家族自身原因。观恒幼年贫苦、中年发迹，因体会了人世间冷暖，故除于政治、商业大力开拓外，又于公益方面投入甚多。广利行在观恒手上是成功的，其子文锦接手的是一个蒸蒸日上的家族和富庶繁荣的洋行。然而，文锦与其父不同，文锦生来富贵、生活奢侈，巨额开支让"广利行在一代卢茂官手中曾是最富有的商行"在其打理的二十年内"差不多被毁了"[②]；文锦还恃财骄纵，"谨按卢观恒祀乡贤，事在嘉庆二十年……乃其子文锦为之。文锦于奉旨入祀日，张乐设饮甚豪奢，反动力由此激起"[③]，在社会矛盾尖锐且贵儒贱商的历史时期，如此高调行事招致强烈反对亦属自然。观恒恪守的商业理念和灵活手段，以及对社会各方面的关注，文锦则似乎少有继承。至道光九年（1829 年）以后，卢文锦之贸易信用渐失，已不克维持昔日之声誉，然直至十三行末期，卢广利一行"固未尝倒闭也"[④]，此时距观恒去世已 17 年。咸丰六年（1856 年），广利行随着十三行被烧毁一起绝灭，前后存在计有 60 余年。

广利行之后，卢氏家族仍旧经商。"光绪十二年，卢之家庙落成，三围所送楹联，有人心怀旧德，三围犹未报涓埃之句。观恒四子文举、文锦、文蔚、文翰分异时，各得百万，再传已渐微薄。虽有他事之靡费，而公益事之所亏亦多矣。今尚存有卢薛昌，为午时茶著名商号，获利颇优，论者指为好施果报云。"[⑤]卢氏家族渐次衰微，"果报"之说亦属编书人良好意愿而已。

①黄静：《清代广州十三行研究》，《档案学通讯》2010 年第 2 期，第 49-51 页。
②陈国栋：《经营管理与财务困境——清中期广州行商周转不灵问题研究》，第 111 页。
③卢子骏：《潮连乡志》卷二《建置略》，第 78 页。
④梁嘉彬：《广东十三行考》，第 293 页。
⑤卢子骏：《潮连乡志》卷二《建置略》，第 79 页。

附录

卢观恒生平大事年表

（1746—1812 年）

乾隆十一年（1746 年），出生于广东新会。

乾隆五十二年（1787 年），以十三万两与英公司订立合同。

乾隆五十三年（1788 年）前，为清缅战争、镇压台湾林爽文起义捐输银两。

乾隆五十七年（1792 年）前，在蔡文官万和行下从事商行贸易。

乾隆五十七年九月，与仁官、赤泰、沛官、鹏官和德官一同获得行商资格，创立广利行。

乾隆六十年（1795 年），与英国东印度公司订立毛织品（2 份）、茶叶 2.6 万箱贸易合同；答应承销东印度公司麻布，将之运往马尼拉。

嘉庆元年（1796 年）至二年（1797 年），负责解决蔡文官自杀后的商欠问题，损失不低于白银 5 万两。

嘉庆二年，与东印度公司订立毛织品（2 份）、茶叶 1.044 万箱贸易合同。

嘉庆三年（1798 年），与潘启官共同反对东印度公司拟将西班牙银元 2%"贴水"取消的建议。

嘉庆四年（1799 年），与潘致祥、叶上林、伍忠诚等八人为四川教匪共同捐输银 20 万两。

嘉庆五年（1800 年），与东印度公司订立毛织品（3 份）、茶叶 2.53 万箱贸易合同。

嘉庆五年至六年（1800—1801 年），经倪榜官、郑侣官牵线，与潘启官、伍沛官、叶仁官和昆水官一同借 5 万银元给外商。

嘉庆八年（1803 年），与东印度公司订立毛织品（3 份）、茶叶 2.97 万箱贸易合同；经粤海关监督同意，暂返新会老家，缺席当年冬季的贸易会议。

嘉庆九年（1804 年），建议广东按察使秦瀛擒拿梁修平、吴鰕喜；为河工李工、衡工捐输银两；首次向粤海关监督提出退休。

嘉庆十年（1805 年），与东印度公司订立毛织品（3 份）、茶叶 3.16 万箱贸易合同；向英商说明鹏官欠政府款项问题；第二次向粤海关监督提出退休。

嘉庆九年至十二年（1804-1807 年）四月前，短暂将生意交给内地彰官，后者于嘉庆十一年（1806 年）去世，次年四月复出。

嘉庆十二年（1807 年）前，捐纳三品官衔。

嘉庆十二年，两次退回英商就运输白银之事给粤海关监督的信函；二月二十四日至四月十日，协调解决"海王星号"事件；第三次提出退休。

嘉庆十三年（1808年），与东印度公司订立毛织品（4份）、茶叶1.4万箱贸易合同。

嘉庆十四年（1809年），欠东印度公司银541856两；就外国船只停泊黄埔事宜进行沟通；协商退休事宜。

嘉庆十五年（1810年）前，为剿灭华南海盗捐输银两。

嘉庆十五年，与东印度公司订立毛织品（4份）、茶叶3.38万箱贸易合同；开始与广东学政程国仁交往。

嘉庆十五年（1810年），因英国战船与海盗船只往来、鸦片贸易等事宜与东印度公司沟通，并向其讨要货款；与伍敦元、潘有度一起捐数千金，用于牛痘接种。

嘉庆十六年（1811年），向英国东印度公司小斯当东发送致意函；向东印度公司讨要货款；说明收悉茶叶款项；声明会隆行、达成行所欠英国东印度公司款项由广利等八行共同承担；就商船违规自澳门来广州，与东印度公司沟通；和沛官一同拒绝联合作为英国东印度公司羽纱单独代理；被章官指责年老、无能；就番禺县捕获商船、政府派接驳车给外商等事宜进行沟通。

嘉庆十五年至十六年（1810—1811年），与英国东印度公司进行进口棉花贸易。

嘉庆十七年（1812年），十月英国东印度公司支付货款629 084元；十二月二十日，去世。

（本文原载于《国家航海（第26辑）》。有改动）

清代十三行行商卢观恒与广利行兴衰初探

王静怡 *

摘要： 1757 年乾隆皇帝下令仅保留粤海关一处进行对外贸易，在"一口通商"的背景下，卢观恒来到广州谋生。其凭借诚实守信、经营有方，在蔡世文的帮助下，正式承充行商，创建了广利行。卢家与潘、伍、叶并称四大行商家族。卢观恒富而好义，在行商和外商中被广为称赞，更是乐善好施，造福乡里。卢观恒晚年，广利行已遭受经营危机。其子在其去世后承接行务，但未能挽救广利行的颓势，试图将卢观恒入祀乡贤祠的行动也遭到反对。最终广利行由于经营不善和种种外因迅速衰落，卢氏家族退出行务迁回祖籍。

关键词： 行商制度；卢观恒；广利行

卢观恒（1746—1812），字熙茂，又被称为茂官（Mowqua Ⅰ），祖籍新会县潮连北厢村，是广州十三行中少有的广东本地行商。卢氏是潮连当地大姓，其始迁祖明远公因避胡妃之乱迁居潮连，后传法能公、法主公，法主又迁棠下石头村。[1]卢观恒生于棠下石头村，自幼丧父，家境贫寒，与母亲相依为命，直至年逾不惑，仍未娶妻。后随同乡去广州谋生，为人看守店铺。凭借广州的对外贸易政策，卢观恒白手起家，成为行商并创办了广利行。对于卢观恒和广利行的研究多见对卢观恒生平的考证，以及对卢观恒去世后入祀乡贤祠事件的探究[2]，而对卢氏家族与广利行兴衰变迁的研究较少。因此，本文拟在已有研究成果的基础上，以卢家与广利行数十年浮沉史事为脉络，探讨其兴衰与地方公共事务和清代海外贸易制度的关系。

---

* 王静怡，广州大学广州十三行研究中心暨人文学院历史系中国史研究生。

[1]（清）卢子骏增修：《潮连新会卢鞭卢氏族谱》卷二十六《杂录谱》，广东省立中山图书馆藏，民国三十八年铅印本，第 18 页。

[2] 详见黄景昕：《清代广东著名行商卢观恒》，《广州十三行沧桑》，广东地图出版社，2002；详见王丽英：《卢观恒的成功之道——广州十三行富商群体个案研究》，《广州社会主义学报》2010 年第 2 期；详见魏雅丽《清代广州行商卢观恒入祀学官乡贤祠事件探析》，《岭南文史》2016 年第 4 期。

一、卢观恒与广利行兴起的因素

清代广州"一口通商"后，广州的对外贸易空前繁荣，十三行商人籍此获利巨万。但经营外洋行风险巨大，在外洋行破产倒闭的同时，清政府又会扶植新的行商。卢观恒及其广利行正是在清代广州较为开放的对外贸易政策背景下兴起的。

乾隆二十二年（1757年），清政府乾隆皇帝下谕撤销闽、浙、江沿海关口，规定"番商将来只需在广州收泊贸易"①，仅保留粤海关一处。清朝政府由"四口通商"转变为"一口通商"，这实质上是对外交通贸易的限禁政策。同时由行商垄断进出口贸易，严格限制了外商在华的交易对象。乾隆皇帝此举既是为了维护东南海防，也是为了保证广州洋行生意。在"一口通商"的背景下，广州的贸易格外繁荣，外商往来络绎不绝。正如江西人乐钧《岭南乐府》诗中所言："粤东十三家洋行，家家金珠论斗量。楼阑粉白旗杆长，楼窗悬镜望重阳。"②每年五六月份外商的洋船汇集珠江码头，满载着工业品、工艺品在广州港停泊，在十三行商馆卸货贸易，九十月份又满载中国的茶叶、丝绸、瓷器回国。同年年底，两广总督李侍尧提出了《防范外夷条例》，以此管理防范外国人，并严格管制外商在华的活动，规定"番船贸易完日，外国人员一并遣返，不得久留内地。"③

此外，卢观恒创建广利行，还与其自身从商经历和个人品格等原因有关。在他成为行商前，卢观恒就以其独到的商业眼光抓住了商机。外商被迫遣返前，因不愿被行商低价收购未售完货物，故在广州寻得商铺寄存货物，请人看守，以待来年售卖。正值卢观恒看守空店铺，他帮外商储存货物的同时，又代为出售，以此获利颇丰。待外商返回广州时，卢观恒便将货款交清。外商认为其诚实可靠、经营有方，因此每次都交由他代为出售。从商之初，卢观恒在蔡世文（文官Munqua）的帮助下，凭借多次和英国东印度公司进行贸易的机遇，获得了东印度公司的认可，将生意逐渐做大。《东印度公司对华贸易编年史（1635—1834年）》中多次提到卢观恒与英国东印度公司的密切关系："委员会和茂官的关系，多年来都是很密切的，甚至他未做行商前既已如此。"④"新行商中，茂官多年来已与委员会订立过相当巨额的合约，他是文官的亲信，被认为是可以接受的。"⑤

---

① 中华书局编：《清实录（高宗乾隆实录）》第五百五十二卷，中华书局，1985，1023 页。
② 陈永正编：《中国古代海上丝绸之路精诗选》，广东旅游出版社，2001，第 348 页。
③（清）梁廷枏撰、袁钟仁点校：《粤海关志》卷十七《禁令一》，广州：广东人民出版社，2002 年，第 345 页。
④［美］马士：《东印度公司对华贸易编年史（1635—1834 年）》卷一、卷二，区宗华译，中山大学出版社，1991，第 724 页。
⑤［美］马士：《东印度公司对华贸易编年史（1635—1834 年）》卷一、卷二，区宗华译，中山大学出版社，1991，第 514 页。

乾隆五十七年（1792年），卢观恒以捐输入行务，正式成为行商，创建广利行。在乾隆五十七年四月初三日两广总督郭世勋等"关于十三行洋商捐银由粤海关司库先行借支的奏折"[①]中，提及的洋行商人中就包括了卢观恒。又因其捐有官衔，人们取其字"熙茂"，称其为"茂官（Mowqua Ⅰ）"。经历了前期经商的积累，在广州对外贸易的背景下，广利行迅速发展壮大。

卢观恒利用其与英国东印度公司的关系，在与英国东印度公司毛织品和茶叶的外贸中，卢家的广利行占有很大一部分比例。乾隆五十八年（1793年），在英国东印度公司与行商签订的贸易季度预订合约中[②]，茂官订购的毛织品占总份额的2/16，茶叶为1400箱，位于行商的中游。嘉庆元年（1796年）毛织品与茶叶的分配中[③]，茂官订购的毛织品仍占2/16，茶叶为2600箱，占总份额的18%，仅次于潘启官和祚官。嘉庆元年（1796年）广利行位居洋行的第三位，次年跃居第二位，仅次于同文行。据《广东十三考》中记载："嘉庆六年（1801年）四月二十二日潘启官等八家行商致大班末氏哈（Richard Hall）书。其行商人名排列如次：潘启官、卢茂官、伍沛官、叶仁官、刘章官、倪榜官、郑侣官、潘昆水官。"[④]在嘉庆十二年末与英国东印度公司签订的合约中，卢观恒所占毛织品份额为4/17；武夷茶为500大箱，占行商总份额的1/5；其他茶叶为18000小箱，占总份额的23%。[⑤]卢观恒的次子卢文锦娶了伍秉鉴的侄女，卢伍两家联姻以后，更是巩固了两家在十三行的地位。

二、卢家鼎盛时期的善举对地方社会事务的影响

十三行商垄断了广州对外贸易，在此过程中可获巨万。卢观恒全盛时期资产不详，但据英国东印度估算在二千万两白银上下。清代商人社会地位不高，他们热衷参与地方公共事务以提高其社会地位。卢家在此期间参与了修建义学义田、修筑堤坝与桑园围等地方公共事务，产生了较大影响。

嘉庆十六年（1811年）牛痘疫苗传入广州后，卢观恒与其他洋商捐银设立洋行会馆，并雇人为广州市民免费接种，《广州府志》载："蕃商剌佛复由小吕宋携小夷数十，沿途种之，比至粤，即以其小儿痘浆传种中国人。洋商潘有度、卢观恒、

①中国第一历史档案馆、广州市荔湾区人民政府合编：《清宫广州十三行档案精选》，广东经济出版社，2002，第158页。
②[美]马士：《东印度公司对华贸易编年史（1635—1834年）》卷一、卷二，区宗华译，中山大学出版社，第515页。
③[美]马士：《东印度公司对华贸易编年史（1635—1834年）》卷一、卷二，区宗华译，中山大学出版社，第581页。
④梁嘉彬：《广东十三行考》，广州：广东人民出版社，1999年，第227页。
⑤[美]马士：《东印度公司对华贸易编年史（1635—1834年）》卷三，区宗华译，中山大学出版社，第57页。

伍秉鉴共捐银三千两……黄埔张归、翠微邱谭两人遂擅其技,初设局洋行会馆,后迁丛桂里三界庙西偏。"① 卢观恒还捐银修筑天河、横江、周郡三围堤坝,其事迹在《新会县志》有记载:"经绅士陈兆桂、卢观恒、萧杨等集通都人士,筹议工费,前后勒捐公派银二万余两,建水闸修围堤以防水患。"② 堤坝建成之后,上百个村的村民联合赠送了他"美济苏堤"的匾额,将他与在西湖修堤的苏轼相比。卢观恒以田七百余亩当作石头卢氏义田义仓的经费,以田五百余亩当做新会县义田义仓的经费。

卢观恒有四子,名为文举、文锦、文尉、文翰。卢观恒去世后,其子继承了他的遗愿,也捐银修建义学义田。嘉庆十九年(1814年),"卢观恒子卢文举承父遗命捐建西南书院,在城内尚书坊"③,同年又"捐建三水县县学"④。嘉庆二十年(1815年),"邑绅卢文锦捐置义仓,捐田三顷二十亩"⑤。道光二十六年(1846年),"建天河书院"⑥。此外,卢观恒之子卢文锦还和伍秉鉴之子伍崇曜共修三原堤坝,此事在《广州府志》中有记载:"(伍崇曜)道光初曾与侄婿卢文锦共捐银十万两将桑园围改筑石堤,粤督阮元亲撰碑文纪其事。"⑦ 阮元称:"伍与卢无田庐在其中,乃捐银至十万之多志在保障,可谓好义而乐善者矣。"⑧

卢观恒其人以重信好义著称,在其商业活动和社会活动中都秉持了这一品格。在他成为行商之前,就与万和行蔡世文是好友,卢观恒一直不忘蔡世文担保之恩,"(卢观恒)愿出十三万与英公司订立卖茶合同。因此,英公司邀蔡世文(万和行)出面与卢观恒共承该项买卖。……其后卢氏屡与公司订立良好契约,与万和行关系亦愈密。"⑨ "他(蔡世文)的事业有一段时期陷于非常烦乱的状态,但他得到他的朋友,尤其是茂官的很大帮助,缴付他的欠税。"⑩ 嘉庆元年(1796年),蔡世文自杀身亡,他的弟弟继承了万和行,英国东印度公司想取消与万和行的合约,卢观恒出面为他保留了合约。次年,蔡世文的家人逃匿后,海关令卢观恒替万和行还清了50万两白银的欠款,并替他履行贸易合约,"蔡氏死后,共债项初尚拟由各行商联保追还,但至翌年,蔡氏家属相继逃亡,公司遂将此项债务完全归由

①(清)光绪《广州府志》卷一百六十三《杂录四》,清光绪五年刊本,第40页。
②(清)道光《新会县志》卷二《舆地》,清道光二十一年刻本,第47页。
③(清)光绪《广州府志》卷六十六《建置略三》,清光绪五年刊本,第38页。
④(清)道光《广东通志》卷一百三十八《建置略十四》,道光二年刻本,第19页。
⑤(清)道光《新会县志》卷五《经政》,清道光二十一年刻本,第16页。
⑥(清)光绪《广州府志》卷六十六《建置略三》,清光绪五年刊本,第38页。
⑦(清)光绪《广州府志》卷一百二十九《列传十八》,清光绪五年刊本,第25页。
⑧(清)阮元《揅经室集》三集卷五,《皇清经解》第六册,道光九年学海堂刊本,第828页。
⑨梁嘉彬:《广东十三行考》,广东人民出版社,1999,第264页。
⑩[美]马士:《东印度公司对华贸易编年史(1635—1834年)》卷一、卷二,区宗华译,中山大学出版社,1991,第585页。

与蔡氏最有亲切关系之广利行行商卢观恒负担"①，卢观恒以一己之力承担。这一举动受到行商的广泛称赞，也为卢观恒树立了口碑。卢观恒更是外商都信赖的合作伙伴，乾隆五十九年（1794 年）英国东印度公司的毛皮已大量过剩，没有销路，卢观恒还是按原定的价格收购，将这些毛皮运往马尼拉出售。②

卢观恒不但大信不约，被行商与外商广为称赞；而且乐善好施，卢家父子捐赠义田、又捐银修筑堤坝等善推举不仅推动了地方公共事务的建设，捐建义学更是促进了地方文化事务的发展，为地方社会的积极发展做出了贡献，时人称其"富而好施，能为社会尽力"。

三、"广州体制"与广利行的衰败与卢家没落的关系

清朝中后期行商们的行务普遍经营困难，行商虽获利甚多，但受官府压榨，捐输报效、海关盘剥，且生活上铺张浪费，大多数行商都因资金周转困难而宣告破产。

十三行的各项制度为行商们带来财富的同时，也成为了行商压力的来源之一。为确保税收，"以商制夷"，两广总督兼粤海关监督策愣自乾隆十年（1745 年）实行保商制度，"即外国商船进港后，须由一名行商作保。保商负责外商及船员一切行动，担保外商应纳税款，确定货物价格，保商在行商中选出殷实之人充当"。③ "外国船抵粤时，先须在十三行中选择一人为'保商'，保商对于该外商及其船舶、水手之一切行动即负完全责任。"④ 保商制将行商与外商绑定，行商在拥有贸易优势的同时，外商违法时必须与之"连坐"。

正是由于保商制，"海王星号"事件对身家殷实的卢观恒打击甚大，成为卢家由盛至衰转折点。嘉庆十二年正月十八日（1807 年 2 月 24 日），英国船只"海王星号"的水手喝醉之后寻衅滋事，与广州当地人产生了严重的纷争。据英方记载，水手们手持木棍进攻，当地人则用扔石头与砖头来反抗，水手放火烧了码头上的关卡木棚。次日早上发现导致一名中国人死亡并且伤及多人，其中受伤的还包括一名海关官吏。⑤ 卢观恒作为英国船只"海王星号"的保商，立刻出来交涉，粤海关也多次下谕要求彻查此事，交出凶手。但外商拒绝交出罪犯，两方各执一词，英方认为"当局要求交出那个打死人的罪犯；委员会则说这是混斗，双方互斗的人数众多，无法

---

① 梁嘉彬：《广东十三行考》，广东人民出版社，1999，第 147 页。
② ［美］马士：《东印度公司对华贸易编年史（1635—1834 年）》卷一、卷二，区宗华译，中山大学出版社，1991，第 570 页。
③ 黄子强、广东省地方史志编纂委员会：《广东省志 外事志》，广东人民出版社，2005，第 41 页。
④ 梁嘉彬：《广东十三行考》，广东人民出版社，1999，第 138 页。
⑤ ［美］马士：《东印度公司对华贸易编年史（1635—1834 年）》卷三，区宗华译，中山大学出版社，1991，第 38 页。

指出哪一位比其他人的罪更大"①。而粤海关监督则称"该大班仍固执推诿，不将滋事夷人交出审办，实属藐玩"②，并下令禁止英国东印度公司的商船下货交易。

卢观恒因此被官府软禁，在此期间遭受到金钱上的压迫，甚至被拷打。马士称："他（卢观恒）是一位富翁，在法律掌握下可以敲诈的。在这种情况下，行商是孤立无援的，他唯一的办法就是向县令及其下属，或其上级行贿，但问题仍要负责解决。"③迫于重压，卢观恒立下字据"无论何人具有充分证据足以确定真凶者，即奖赏20000元"④。对此，马士称："（保商制）不过是一种计策，他们将外商船上的不法行为作为有力的勒索根据，勒索不是按罪行的大小，而是按行商的财富如何，对那些最有支付能力又最肯出钱的保商，就更加予以欺凌和攻击。如有凶杀案发生，官员调解的困难是看保商的富有程度而增加……茂官是当时最富有的行商，因此诱使官员处理此事比其他同样事件的时间拖长。"⑤

中英双方多次交涉，加之卢观恒在其中斡旋，英方同意将"海王星号"上的52名水手带到广州，展开庭审，三月初三，粤海关监督托行商带来口讯，只要找出一名凶手，只会将他扣留在商馆内，按中国的刑法不会判处死刑。⑥三月二十一日（4月28日），经过审判，认为水手希恩是最凶残的，令其罚款赎罪，付银12.42两。⑦

中方对此的态度逐渐偏向息事宁人，不想由普通案件上升到外交事件。此案据粤海关监督报嘉庆皇帝时则称"有番禺县民廖亚登同妻舅赵亚四往县属十三行地方买物。经过丰泰行洋楼下头，楼上有英吉利国夷人压核扇开窗，失手将木棍跌落。廖亚登闪避不及，被棍头伤左边额门倒地。赵亚四报知尸兄廖亚伦，赴看问明情由。挽扶廖亚登回家，医治不效，至十九日晚后身死。"⑧与《东印度公司对华贸易编年史》的记载相比，此说法将事态描述得更为轻微。

五月二十六日（7月1日）香山县知县彭昭麟饬令在澳英国东印度公司大班将"海王星号"案犯交由卢观恒带回广州审理。称："当经查明夷犯压核扇现在澳门公司馆居住，谕饬该夷目将压核扇（希恩）小心看守，俟禀奉上宪批行，另行办理在案。兹奉桌宪批行，已饬行南海县，谕饬行商卢观恒亲自前往澳门，着

---

① [美]马士：《东印度公司对华贸易编年史（1635—1834年）》卷三，区宗华译，中山大学出版社，1991，第39页。
② 英国外交部档案：F.O.233/189，第83页。
③ [美]马士：《东印度公司对华贸易编年史（1635—1834年）》卷三，区宗华译，中山大学出版社，1991，第44页。
④ [美]马士：《东印度公司对华贸易编年史（1635—1834年）》卷三，区宗华译，中山大学出版社，1991，第41页。
⑤ [美]马士：《东印度公司对华贸易编年史（1635—1834年）》卷四，区宗华译，中山大学出版社，1991，第12页。
⑥ [美]马士：《东印度公司对华贸易编年史（1635—1834年）》卷三，区宗华译，中山大学出版社，1991，第42页。
⑦ [美]马士：《东印度公司对华贸易编年史（1635—1834年）》卷三，区宗华译，中山大学出版社，1991，第43页。
⑧ 英国外交部档案：F.O.233/189，第72~73页。

令该大班将夷犯压核扇即日交出。"① 广州英国商馆百般阻挠，"委员会致函行商，声称他们已拒签关于任何关于希恩的保证，而他们亦不能将他移交，假如有了必要，他们可以把他解往碇泊伶仃的皇家战船'贝利奎厄斯号'上，以保安全。葡萄牙参议会拒绝干预此事。"② 在行商的交涉下，直至九月二十九日，希恩才带回广州。十月初七日（11月6日），广东按察使由南海和番禺县令陪同，在英国商管再审压核扇。嘉庆十三年二月初八日（1808年3月4日），卢观恒通知英国商馆，"皇上批准广东官府的判决，在这个案件中，认为一个中国人由于'海王星号'水手聚殴而丧命，并指示付出罚款（12.42两）"③，希恩也被准许返回英国。

经此一事，本打算退休的卢观恒一直工作，直到嘉庆十七年（1812年）去世。其中最主要的原因是他想要退休，必须有足够的金钱向海关监督官员购买批准。嘉庆十二年（1807年）开始，潘启官上缴十万两银子后获准退休④，卢观恒成为十三行的首席行商。为了解决"海王星号"事件，卢观恒耗尽财富，"他没有足够的款项支付退休的权利"⑤。

嘉庆十七年（1812年）卢观恒去世后由卢文锦继承广利行，外商称其茂官第二（Mowqua Ⅱ），但实际上由他的大哥九官（Kowqua）管理，卢家才兴起不过数十年就走向了下坡路。卢文锦热衷于追求官衔，"他获得了两个头衔：一个是郎中（四品），因捐献黄河河工所得；一个是花翎，陪皇帝狩猎时射中猎物所得"⑥。卢文锦认为其父有功于桑梓，要求将卢观恒的牌位入祀乡贤祠。此事件在当时造成了一些争议。入祀乡贤祠审核严格，经卢文锦贿赂打点，官吏和乡绅均已同意。但入祀当日，卢文锦举动张扬，引起了新会县士人的抗议，认为"卢商父子巧于寅缘，长于财势，并不读书，并不学道，乌知乡贤二字可贵，不过藉以骄士林耳"⑦。故以卢观恒没有读过书，还曾经和兄长争家产，拔兄发辫，并贿赂官员为由，联名上书禀告朝廷。嘉庆皇帝派官员查证后下旨："将卢观恒滥祀乡贤祠的"木主"撤出，革去刘华东举人头衔，摘去卢文锦顶戴，结保之巡抚、藩司等各级官员、

① 刘芳编：《葡萄牙东波塔档案馆藏清代澳门中文文献汇编（下）》，章文钦校，澳门基金会，1999，第721页。
② ［美］马士：《东印度公司对华贸易编年史（1635—1834年）》卷三，区宗华译，中山大学出版社，1991，第66页。
③ ［美］马士：《东印度公司对华贸易编年史（1635—1834年）》卷三，区宗华译，中山大学出版社，1991，第67页。
④ 陈国栋：《清代前期的粤海关与十三行》，广东人民出版社，2014，211页。
⑤ ［美］马士：《东印度公司对华贸易编年史（1635—1834年）》卷三，区宗华译，中山大学出版社，1991，第47页。
⑥ 陈国栋：《经营管理与财务困境：清中期广州行商周转不灵的问题研究》，花城出版社，2019，第110页。
⑦ 转引自魏雅丽：《清代广州行商卢观恒入祀学官乡贤祠事件探析》，《岭南文史》2016年第4期，第42页。

士绅分别降级罚俸。"[1] 谭镳在《新会乡土志》中评价道："卢之人格，即不祀乡贤，斯亦难能而可贵者也。"[2]

入祀乡贤祠一事失败后，卢文锦"被剥夺了所有官衔与功名，还被迫出了一大笔钱以减轻其应受刑罚。但是，通过多次向政府捐献和资助公共服务，他重获了原本的官衔和功名"[3]。同时，卢文锦不断铺张浪费的行为无法控制，九官被迫使广利行公开的债务，并请求关闭商行。"在给英国东印度公司特别委员会的一份报告中，丹尼尔先生（Mr. Daniell）指出："卢茂官的商行借债经营，恶名昭彰已有一段时间，每年支付一大笔利息，最多的花费是名义上的行东卢文锦在衙门方面的开销。"道光十五年（1835 年），卢文锦去世后由卢文翰继承广利行，商名卢继光，外商称其茂官第三（Mowqua Ⅲ）。马士称其："全是年轻和无经验的，而且与欧洲人不熟悉。"[4]

广利行在卢观恒的经营下曾经是最富有的商行之一，但在他去世后二十年内就已江河日下。道光二十二年（1842 年），鸦片战争失败，中英签订《南京条约》，十三行的对外贸易特权不复存在。广利行历经五十二年，在 1843 年结束营业时"已负欠外国商人白银一百多万两"[5]。广利行关闭后，卢继光迁回新会县老家居住。

四、余论

清代"一口通商"政策使广州对外贸易逐渐到达顶峰，由此诞生了一批专营对外贸易的行商。卢观恒藉此背景，凭借其自身的经商经验，把握时机，创建广利行。全盛时期的卢家与潘、伍、叶家合称四大家族，富可敌国，盛极一时。在积累了一定财富之后，为提高其自身社会地位，卢家热衷于参与地方公共事务，做出了较大贡献。清代中晚期的行商在获利巨万的同时也面临着官府的捐输、承担债务等财政压迫，导致经营困难。广利行在此期间因"海王星号"事件被迫交纳大量银子以供善后，且卢观恒去世后其后人经营不善，卢家逐渐退出行务。而卢观恒入祀乡贤祠失败一事，使卢家更受打击，社会地位不在。最终卢家随之没落。与卢家同时代的潘、伍、叶等行商家族也逐渐在清代中晚期的官府压榨中退出行务，而行商制度最终随着"五口通商"的确定而消失。

（本文原刊于《广州社会主义学院学报》2021 年第 4 期。有改动）

---

[1]（清）道光《新会县志》卷十四《事略下》，清道光二十一年刻本，第 6 页。

[2]（民国）《新会乡土志》卷四《耆旧》，粤东编译公司铅字排印本，第 66 页。

[3] 陈国栋：《经营管理与财务困境：清中期广州行商周转不灵的问题研究》，花城出版社，2019，第 111 页。

[4]［美］马士：《东印度公司对华贸易编年史（1635—1834 年）》卷三，区宗华译，中山大学出版社，1991，第 188 页。

[5] 陈国栋：《清代前期的粤海关与十三行》，广东人民出版社，2014，第 234 页。

广州十三行闽籍行商家族联姻

颜志端　　颜祖侠 *

摘要： 从清康雍乾时代到道光年间一百多年来，十三行商人在推进和发展"海上丝绸之路"上起着重要的作用。在此期间涌现了一批较有影响的闽籍行商：如泰和行颜亮洲、同文行潘振承、怡和行伍秉鉴、义成行叶上林等。他们凭着自身的努力和拼搏，在十三行的海商贸易中创出一番事业，成为行商中的佼佼者。他们既是从闽入粤的福建同乡，又是十三行海商贸易的盟友，更是儿女亲家。从清乾隆到光绪年间，十三行颜潘伍叶四家闽籍行商家族保持着历代联姻的传统，他们在广府地区繁衍生息，开枝散叶，形成了一个纵横交错的姻亲关系网。

关键词： 十三行；闽籍行商；联姻；姻亲关系网

从清康雍乾时代到道光年间，广州十三行活跃着一群来自福建的闽籍商人，他们大多数来自福建闽南地区，他们有的先人明末清初随着福建的移民潮从闽入粤谋生，有的则在雍乾盛世时看到广州的商机入粤投身商海做生意。经梁嘉彬先生考证："……在洋行十三人中，有十二人原籍福建，……十三行行商多为福建，诚属事实。"[1] 从历史资料来看，十三行存续一百多年间闽籍行商为数众多，且名列前茅者亦多为闽商，他们当中杰出的代表有：来自福建晋江安海的颜亮洲、伍秉鉴；来自福建同安的潘振承、叶上林（即叶廷勋），他们凭着自身的努力和拼博，在十三行的海商贸易中创出辉煌业绩，成为行商中的佼佼者。颜亮洲是十三行早期行商领袖；潘振承及儿子潘有度，伍秉鉴及儿子伍崇曜分别担任多年十三行总商；叶上林是十三行四大富商（潘伍叶卢）之一。这群闽籍行商都是十三行不同时代举足轻重的代表性人物，故在当时的十三行流传着"广东行商福建人""洋商领袖闽商占"之说。

---

* 颜志端，香港女律师协会中国事务委员会主席，十三行泰和行行商颜亮洲第八代孙。颜祖侠，原广州中医药大学骨伤科医院副主任医师，十三行泰和行行商颜亮洲第八代孙。
① 梁嘉彬：《广东十三行考》，广东人民出版社，1999，第4、5页。

一、十三行闽籍行商群体

十三行闽籍行商相当部分是来自福建闽南地区，福建人多地少，素有"三山六海一分田"之称。明清时期，福建尤其是闽南地区随着人口增长生存的空间日益狭窄，人们为生活只有离乡背井远走他乡，其中东南亚、广东沿海则是福建移民的落脚点。从故乡到异乡带着浓厚的乡族观念的闽南人喜好聚乡聚族而居，当时福建的移民多落籍广东的南海、番禺。相同的乡土文化，操同一地方方言，从闽迁粤聚居省城，有的甚至在福建老家时已相识，可谓知根知底，入粤后自然就相互走动。闽南人历来经商理念较强，历史上闽南地区之厦门、月港、安海曾是对外贸易兴盛之地，西方葡萄牙人、荷兰人及英国人东来也涉足于该地区。闽南地区历来有海外移民进行海商贸易的传统，闽南商人也以在外经商闻名于世。因此当清政府允许殷实人家充当行商从事对外贸易时，这群福建移民则捷足先登，毅然投身行商之列，成为十三行行商。来自福建晋江泰和行的颜亮洲是早期涉足于十三行经营的闽籍行商，随后不断有闽籍同乡加入，闽南人在外谋生做生意有相互扶持、相互关照的习惯，闽籍行商的洋行雇员也多为福建亲友或同乡。闽籍行商在十三行的起步阶段，多由闽籍同乡引领及提携，这与闽南人特别注重乡情，在外打拼爱抱团的习性有关。在十三行经商的福建人越来越多，自然而然地形成了闽籍行商群体。他们以出色的商业才能、过人的胆识，从十三行的平台走上国际贸易的舞台，利用清政府授予的垄断性的对外贸易经营权，拓展海洋商贸，将中国的茶叶、瓷器、丝绸等特产销往欧美各地，让世界了解中国、认识中国，为发展"海上丝绸之路"做出贡献。他们的诚信经商赢得了商誉，也赢得了财富。十三行行商是清代最富有的群体之一，他们之中最杰出的代表是有世界首富之称的伍秉鉴，而十三闽籍行商群体也被人称为"福佬富商"。叶廷勋在《广州西关竹枝词》曾写道："阿姨家近绣衣坊，嫁得闽商惯趁洋。闻道昨宵巴塞转，满船都载海南香。"[①]西关女嫁福佬富商是清代社会的一种时尚，叶廷勋的《广州西关竹枝词》是当时广州西关闽籍行商生活的真实写照。

为能在十三行立足，创造一番业绩，这群闽籍行商自然而然抱团、相互扶持，为壮大家族的实力，通过联姻、缔结婚姻，以血缘关系为纽带作为增强经济实力和社会地位的重要手段。根据颜潘伍叶几家后人提供的资料，在十三行存续的一百多年间，这班闽籍行商一直保留着历代通婚的传统，儿女婚嫁循闽南习俗首选闽籍同乡，正如潘氏后人潘正威在其著作《怡怡堂诗草》一文中写道："余少由

---

① 叶廷勋：《梅花书屋诗钞——广州西关竹枝词》，由叶廷勋后人叶德民提供。

闽入粤，居久，遂家焉。惟冠婚等礼，尚从闽俗。"①闽籍行商家族相互通婚，可谓肥水不流外人田，久而久之这班闽籍行商在广州形成了一个错综复杂的婚姻关系网。叶廷勋、潘有度、伍秉鉴曾孙伍延煜均为颜家女婿，潘正亨、潘正炜、叶梦麟、叶梦龙为颜家外孙，潘飞声为叶家外孙（亦是颜家的曾外孙），潘伍两家也有通婚记录。通过联姻的闽籍行商形成了一种关系密切的凝聚力，大家既是在十三行海商贸易的盟友，又是亲上加亲的儿女亲家。他们是十三行一个特殊的群体，他们随十三行的兴盛而成为富甲一方的商人，亦随十三行衰落而退出历史舞台。

二、颜潘伍叶四家族联姻纪实

颜潘伍叶四家闽籍行商来自福建，有着相同的乡土文化，同操闽南方言，从闽迁粤聚居省城，入粤后自然就相互走动。大家都是十三行行商，社会地位和经济实力相当，在讲求婚姻门当户对的清朝社会，颜潘伍叶四家当然是儿女婚配的最佳选择。据不完全的统计，从清朝乾隆时代起到光绪年间，颜潘伍叶四家相互联姻长达一百多年，缔结婚姻多达几十宗。近年来颜潘伍叶四家后人有幸相聚一堂，大家通过核对家谱、墓表及家族资料，确认了各家之间的姻亲关系。其中《颜氏家谱》记录最为详细。现存的在 1874 年由颜敘铻重修，冯成修进士参与修订的《颜氏家谱》②专门设立一篇迁粤女派，详细记录了颜家女儿姓名、出生、婚嫁等事项，正是迁粤女派的记录，有助揭开了封尘二百多年的历史，颜潘伍叶四家相互联姻，繁衍后代，开枝散叶，在广府地区形成了一个纵横交错的姻亲关系网。

（一）颜家与潘家联姻记录

根据颜家后人与潘家后人核对《颜氏家谱》与《潘家族谱》③，颜潘联姻记录如下：

1. 颜家女儿嫁入潘家

颜端嫁潘有度，颜端为潘有度配室，去世后与潘有度合葬。潘有度与颜端生二子，长子正亨，四子正炜。（说明：潘有度是潘振承四子；颜端是颜亮洲孙女）

颜金鳌嫁潘师琦，颜金鳌为潘师琦配室，无子女。（说明：潘师琦是潘振承曾孙、潘有度孙，潘正炜五子。颜金鳌是颜亮洲玄孙女）

颜熙嫁潘恕，颜熙为潘恕配室，去世后与潘恕合葬。潘恕与颜熙生一子，名为光瀛。光瀛为广东文化名人潘飞声之父（说明：潘恕是潘振承曾孙，颜熙是颜

①潘正威：《番禺潘氏诗略—怡怡堂诗草》，第 17 页，由潘振承后人潘刚儿提供。
②《颜氏家谱》，1874 年由颜敘铻重修，由颜亮洲后人颜祖侠提供。
③《潘家族谱》，由潘振承后人潘刚儿提供。

亮洲曾孙女。)

此外《颜氏家谱》有下列记录：颜蝶（颜亮洲曾孙女）嫁潘鳌，颜金娟（颜亮洲玄孙女）嫁潘仕忠；颜杏（颜亮洲玄孙女）嫁潘泽霖；颜飞霞（颜亮洲第六代孙女）嫁潘旗龄。经潘家后人估计：潘鳌、潘仕忠、潘泽霖、潘旗龄为潘振承弟弟潘振联后人。

另外，潘正炜的配室颜夫人及第五夫人颜氏均为颜家女，但《颜氏家谱》无两位夫人出嫁记录。据估计，潘正炜配室及第五夫人是颜亮洲旁系另一支颜氏家族之女儿。(据说潘正炜因配室颜夫人去世再续娶颜家女作填房。)

2. 潘家女儿嫁入颜家

根据《颜氏家谱》①记录，以下七位潘夫人先后嫁入颜家：潘氏嫁颜时珣（颜亮洲四子）；潘联嫁颜敘清（颜亮洲曾孙）；潘氏嫁颜廷锋（颜亮洲曾孙）；潘氏嫁颜绍麟（颜亮洲玄孙）；潘媛嫁颜际升（颜亮洲玄孙）；潘氏嫁颜斯智（颜亮洲堂弟颜亮起孙）；潘氏嫁颜敘西（颜亮洲堂弟颜亮起曾孙）。由于潘家无女儿出嫁记录，因而无法确认上述潘女嫁颜中哪些是出自潘振承家族。

(二) 颜家与伍家联姻记录

根据颜家后人与伍家后人核对《颜氏家谱》②和《安海伍氏入粤族谱》③，颜伍联姻记录如下：

1. 颜家女儿嫁入伍家

颜金带嫁伍延焜。颜金带是伍延焜配室，生一子：德惠。(说明：伍延焜是伍秉鉴曾孙、伍元芝孙子，颜金带是颜亮洲玄孙女)

颜梦菊嫁伍光祖。颜梦菊是伍光祖配室，无子女。(说明：伍光祖是伍家入粤第二房后人，颜梦菊是颜亮洲玄孙女)

根据《安海伍氏入粤族谱》记载：老长房伍铨，配室为颜氏；大房伍承纶，配室为颜氏。但《颜氏家谱》无上述两位颜夫人出嫁记录，估计两位颜夫人是颜亮洲旁系另一支颜氏家族之女儿。

2. 伍家女儿嫁入颜家

根据《颜氏家谱》记录，以下四位伍夫人先后嫁入颜家：伍涧嫁颜斯综（颜亮洲孙子；伍涧估计是伍家老二房伍钊长女）；伍耳嫁颜敘适（颜亮洲曾孙；伍耳估计是伍家老二房伍钊六女）。此外还有伍菩提嫁颜上达（颜亮洲玄孙）；伍

① 颜敘鋙：《颜氏家谱》，1874 年重修，由颜亮洲后人颜祖侠提供。
② 颜敘鋙：《颜氏家谱》，1874 年重修，由颜亮洲后人颜祖侠提供。
③《安海伍氏入粤族谱》，由伍承鉴后人伍凌立提供。

氏嫁颜际南（颜亮洲堂兄颜亮起玄孙），上述两位伍夫人是否伍秉鉴家族后人仍待查。

另：颜家入粤始祖澄吉公之妻伍夫人，也来自福建晋江安平（现安海），由于年代久远，《安海伍氏入粤族谱》未能查到伍夫人出嫁记录。因颜、伍为同乡，初步估计伍夫人是安海伍氏之女。

（三）颜家与叶家联姻记录

根据《颜氏家谱》和《叶氏家谱》[①]及《皇清晋封资政大夫盐运使司衔叶先生墓表》[②]，颜叶联姻的记录如下：

1. 颜家女儿嫁入叶家

颜烼嫁叶廷勋。颜烼为叶廷勋配室，去世后与叶廷勋合葬。叶廷勋与颜烼生二子：梦麟、梦龙。（说明：颜烼是颜亮洲堂兄颜亮起次子颜时明之女）

颜皆嫁叶光寅。（说明：颜皆是颜亮洲孙女）

颜金兴嫁叶官莹。颜金兴为叶官莹配室。（说明：叶官莹为叶廷勋曾孙，叶梦龙孙；颜金兴是颜亮洲玄孙女）

颜佑嫁叶姓。（说明：颜佑是颜亮洲玄孙女）

上述颜家女婿叶光寅及颜佑的叶姓丈夫是否叶廷勋家族后人仍待查。

2. 叶家女儿嫁入颜家

根据《颜氏家谱》记录，以下十位叶夫人先后嫁入颜家：叶氏嫁颜斯绾（颜亮洲孙）；叶氏嫁颜斯细（颜亮洲孙）；叶氏嫁颜敘耕（颜亮洲曾孙）；叶氏嫁颜敘述（颜亮洲曾孙）；叶氏嫁颜敘添（颜亮洲曾孙）；叶氏嫁颜镇镛（颜亮洲玄孙）；叶氏嫁颜际源（颜亮洲玄孙）；叶氏嫁颜斯楫（颜亮洲堂兄颜亮宪孙）；叶氏嫁颜斯礼（颜亮洲堂兄颜亮起孙）；继配叶氏嫁颜斯礼。由于叶家未提供嫁女记录，上述叶氏是否全部为叶廷勋家族后人仍待查。

历史上，潘振承家族与伍秉鉴家族、叶上林家族亦相互联姻。据《潘家族谱》记载，潘正玙配室为伍氏，潘师亮及潘佐襄的配室亦为伍氏。伍家族谱也有记载有潘氏嫁到伍家。伍崇曜在《楚庭耆旧遗诗》中记道："伯临比部与余家世为婚姻，且同居万松山麓，所谓扬孚宅遗址也。"以上所述亦可为潘、伍两家世为通婚之证据。潘家也与叶家联姻，潘正理配室为叶氏，潘光瀛的配室、庶室均为叶氏。潘飞声外公叶应旸为叶廷勋从侄，而潘家也有女子嫁到叶家。[③]

---

①叶官谦：《叶氏家谱》纂修，民国十三年。

②《皇清晋封资政大夫盐运使司衔叶先生墓表》由叶廷勋后人叶德民提供。

③潘剑芬：《广州十三行行商潘振承家族研究》，社会科学文献出版社，2017年，第199页。

三、颜潘伍叶四家族姻亲关系网

　　二百多年前由闽入粤的颜潘伍叶家族的先人，为生存为发展先后落籍广东南海（现广州西关）、番禺，但受闽籍文化熏陶成长的先人对故乡却难以忘怀，思乡之情使这群落籍省城的福建人自然而然相聚一起，形成了乡土文化相近的闽籍行商群体。男人在十三行打拼赚钱养家，女人相互走动话家常，孩子们在嬉戏中成长。在十三行持续经营的一百多年间，颜潘伍叶家族的先人也先后成为行商中的佼佼者。论财富、论社会地位，颜潘伍叶四家是相近的，亦属门当互对。况且颜潘伍叶家族都保留福建人学而优则仕、坚持读书向学的传统。颜潘伍叶家族先人入粤后，鼓励子弟攻读圣贤书，走科举之路，以读书出仕。在清中晚期间，颜潘伍叶之后人人才辈出，进士、举人、贡生、国子监生获取各种功名者众，在广府地区形成了一个既是姻亲又是文人雅士的群体。颜潘伍叶家族逐步从十三行行商家族转为清代书香世家。正是这多种因素促成颜潘伍叶家族从清朝乾隆时代一直到光绪年间保持历代联姻的传统。

　　潘伍叶家族先人都是受父母之命媒妁之言而缔结婚姻的，几个家族间相互男婚女嫁维持了几代人。在清朝年间大户人家妻妾成群是不足为奇的，但颜潘伍叶家族的女儿嫁入夫家多为配室（即正室），在夫家地位较高，去世后与丈夫合葬。由此可见，在婚嫁中大家都保持相互尊重的传统。缔结婚姻必然会开枝散叶，生儿育女繁衍后代。颜潘伍叶家族多年来缔结的几十宗婚姻后人众多，其中颜端嫁潘有度，颜熙嫁潘恕，颜焌嫁叶上林（叶廷勋）均为夫家孕育了优秀儿女。

（一）潘有度与颜端

　　潘有度（1755—1820），又名潘致祥，字容谷，潘振承之四子。在 1788 年潘振承去世后，潘有度继承父业，被称为"潘启官二世"。潘有度是位睿智的儒商，他既有过人的商业眼界，又有较高的文化修养。在潘有度担任行商的期间，他秉承潘家一贯谨慎经商的作风、良好的信誉、较强的经济实力，使同文行在行商排名中一直名列前茅。潘有度善于与官府打交道，又能巧妙地应对贪官的敲诈勒索，以及清政府的各捐输、捐纳，使家族财富避免流失。当时由于内外交困有不少的行商陷入周转不灵的困境，潘有度却能平稳地度过惊涛骇浪的时代，成功地积累家族财富。1796 年，总商蔡世文经营失败自杀，潘有度担任总商。后因经营环境日趋恶劣，富商成为官员盘剥的对象，潘有度深感身心疲倦萌生退休的念头，1808 年潘家以 10 万银两贿赂海关获准退商，1815 年被迫复商。因潘家兄弟分家，潘有度将同文行更名为同孚行。潘有度作为喜欢观史吟诗的儒商，其生平著作甚多，有经后人辑编的《义松堂遗稿》《漱石山房剩稿》等诗书存世。他在十三行经商数十年，长期与外商打交道耳濡目染，深谙西洋人的生活习俗，曾写下竹枝词《西洋杂咏》二十首。1820 年潘有度去世，同孚行行务由其四子潘正炜承接。

潘有度配室颜端（1756—1821），根据《颜氏家谱》记载："凤墀公次女，端，侧出，生于乾隆丙子九月初四未时，适振承潘公四子有度。"颜端是颜亮洲三子颜时球（凤墀公）次女。颜时球为候选州同加五级，诰授中宪大夫。[1] 颜端出生于书香门第的颜氏家族，自幼在颜家的园林别墅磊园长大，磊园丰富的藏书，家中文人雅士的聚会，中外友人的往来，使她增长了学识和见识。她成长的时代是十三行泰和行最鼎盛的时代，当时泰和行在行商排名中名列第二位，仅次于潘家的同文行之后。如此的家庭背景，与潘家实属门当户对。颜端从小受《颜氏家训》所规范，并受传统儒家思想的熏陶教育，颜端的四个兄弟均为国学生、邑庠生，个个荣登仕榜，学有所成。未出阁的颜端和兄弟一起饱读诗书。家教良好且又知书识礼的颜端当然是十三行富商择媳的最佳人选。推算潘有度与颜端成婚应在 1778 年之前（他们的长子潘正亨生于 1779 年）。父母之命媒妁之言，潘有度与颜端婚姻的缔结应是听命于双方父母。就颜家而言，因颜家自颜亮洲、颜时瑞（颜亮洲长子）去世后未有分家，颜时瑛（颜亮洲次子）在颜时瑞 1763 年去世后成为颜家家长，颜家子弟婚嫁需经家长同意。因此颜端嫁入潘家应是颜时瑛、颜时球同意的。颜端嫁入潘家后，与潘有度生二子：潘正亨、潘正炜。潘有度是位成功的商人，而颜端就是站在成功男人背后的女人：她具较高的文化素养，懂得欣赏潘有度的诗词大作，她能与潘有度一起吟诗作对，是兴趣相投的伴侣；她相夫教子，将颜家读书向学的传统带入潘家，悉心培育子女成才，她生育的正亨、正炜两兄弟都是才德兼的优秀人才。潘正亨（1779—1837），刑部湖广清吏司员外郎加三级，钦加知府衔，诰授中宪大夫，著有《万松山房诗抄》传世。潘正炜（1791—1850），副贡生，即用郎中，钦加道衔，加三级，因孙子潘宝鐄、潘宝琳荣登进士，迭领奉政大夫、荣禄大夫及翰林院编修等荣衔，著有《听帆楼书画记》《听帆楼续刻书画记》《听帆楼集贴》等。颜端在潘家享有较高的地位，她与潘有度携手走过几十年幸福美满的姻缘路，夫妻恩爱相濡以沫一直白头到老。潘有度六十五岁去世后的第二年，颜端也随之而去。可见他们夫妻感情是何等之深！

在此值得一提的是 1780 年颜家因商欠事件而破产的事。这一事件对颜家来说是灭顶之灾。因颜家兄弟无分家，颜端父亲颜时球一家也不能幸免。颜家的破产

---

[1] 颜敍鋙：《颜氏家谱》，1874 年重修，由颜亮洲后人颜祖侠提供。

还连累了亲家潘振承等承保人要分十年偿还颜时瑛的对外欠款，这对于年轻的潘有度夫妇是沉重的打击。尤其 1788 年潘振承去世，潘有度承当行商，他一接手就要替岳父家偿还欠款，这是何等悲衰的事情！幸而后来颜家在潘家及其他亲友的帮助下走出困境，颜家子弟奋发自强，使颜家又重新崛起。

颜端感激父母的养育之恩及家族对其的栽培教育，常年保持与颜家密切的联系。她十分认同颜氏家族儒家文化传统，因而她娶媳妇也选颜家女，但因可能娶颜亮洲后人因血缘较近，会影响后人。潘正炜的两位颜氏夫人估计是颜亮洲旁系之后人。而潘正炜五子潘师琦则娶颜亮洲玄孙女颜金鳌为妻。这就是潘有度一家三代娶颜家女为妻的历史。

（二）潘恕与颜熙

潘恕（1810—1865），字子羽，号鸿轩，又号梦莲，附贡生，著有《双桐圃诗钞》《梅花集古诗》。潘恕是潘振承曾孙。

潘恕配室颜熙（1812—?），根据《颜氏家谱》记载："斯绶公女，熙，生于嘉庆壬申六月初二未时，适番禺潘公之子庠名恕。颜熙祖父颜时琳，国学生候选州同，例授儒林郎；父亲颜斯绶。"[1]颜熙生于书香门第的颜氏家族，自幼受儒家文化的熏陶，未出阁时已在家中熟习诗书，良好的家教使其嫁入夫家能相夫教子，培育出优秀儿女。潘恕与颜熙生有一子二女，分别是潘光瀛、潘丽娴、潘慧娴。对于儿女的教育，潘恕夫妇从不重男轻女，男孩女孩一视同仁，因此他们三个子女个个学有所成。儿子潘光瀛秉承家学，著有《梧桐庭院文钞》《梧桐庭院诗钞》《梧桐庭院词钞》传世。潘光瀛儿子为民国文化名人潘飞声，他的著作甚丰，包括《说剑堂诗集》《说剑堂词集》《在山泉诗话》《两窗杂录》等，获"六十年间万首诗"之美誉。同时潘飞声在书画方面亦极有成就，尤擅画折枝花卉，其多幅书画为各大博物馆收藏。潘恕与颜熙的女儿潘丽娴、潘慧娴是清代广东才女，善于赋诗作画，姐姐潘丽娴著有《崇兰馆清钞》1 卷、《饮冰词》1 卷。妹妹潘慧娴善画花鸟，可惜无作品传世。

潘有原是潘振承的五子。从潘有原起，到潘正衡、潘恕、潘光瀛、潘丽娴、潘慧娴、潘飞声等几代人，人人有佳作，代代出才子，潘家可谓人才辈出。培育优秀人才，颜熙是功不可没的。她将颜氏家族读书向学的传统带到夫家，培育子女，惠泽子孙后代。

---

①颜敦锯：《颜氏家谱》，1874 年重修，由颜亮洲后人颜祖侠提供。注：颜熙无资料记载。

(三) 叶上林与颜烶

叶上林（即叶廷勋）（1752—1809），字光常，号花溪，先人由福建同安迁广东南海。叶上林为明宰相叶文忠公之后裔，他于 1796 年创办了义成行。叶上林是位颇有商业头脑的行商，他在行商排名中一直稳居第四位。到 19 世纪初，叶上林已是城中富豪，坐拥千万家产，但在事业成功之际，他选择激流勇退，果断地退出行商之列，并获清政府的批准。叶上林华丽转身退出商海江湖后启用新名叶廷勋。叶廷勋喜书画、爱收藏，著《梅花书屋诗集》四卷。晚年他以"花溪老人"自称，以诗会友，颐养天年，他写的《广州西关竹枝词》等诗词正是他休闲舒适乐享人生的生活写照。叶廷勋身家丰厚，并能为国分忧。根据《皇清晋封资政大夫盐运使司衔叶先生墓表》记载，叶廷勋"积资既丰，值国家有急，历输台湾、廓尔喀军粮，永定河、南河石工计累巨万。天子褒之，加至盐运司衔，锡封二品，荣及三世"[1]。

叶廷勋配室颜烶（1753—?），根据《颜氏家谱》记载："时明公女烶，生于乾隆癸酉二月初九日辰时,适长青叶公长子讳廷勋。叶廷勋与颜烶生二子: 梦麟、梦龙。[2]颜烶祖父颜亮起，国学生例赠儒林郎，父亲颜时明。颜烶伯父颜时茂，国学生，例赠儒林郎；叔父颜时平，国学生，侯选直隶州州同，例赠儒林郎[3]。颜烶亦是生于书香门第的颜氏家族,祖父、叔祖父均获科举功名，从小接受儒家思想的熏陶和教育，是饱读圣贤书的女流之辈。颜烶知书识礼嫁入叶家后，承继颜叶两家读书向学的传统，她相夫教子，将两个儿子培养为才德兼备的优秀人才：长子梦麟为候补知府，次子梦龙为户部江西司员外郎、画家、藏书家。她善待其姑，悉心服侍家姑终老。叶廷勋成为十三行成功的商人，清代著名的诗人有颜烶的一分功劳。叶氏家族的相关资料记载，叶廷勋多次捐输军饷、河工数万金，动用的家庭财产数以百计，作为贤内助的颜烶一直鼎力支持。她将为国舒难救济灾民为己任，作为女流之辈能有这样见识，在清代如此深明大义、胸怀若谷的知识女性，实在令人敬佩，其事迹一直流传至今，贤良淑德的颜夫人为叶家子孙的楷模。《叶氏家谱》中对颜夫人的生平事迹给予高度的评价，叶家后人为有这样一位优秀的先人而深感自豪。

颜潘伍叶四家联姻后，亲友间来往也较为密切。老一辈的行商颜亮洲、潘振承、伍国莹，及第二、第三代行商颜时瑛、潘有度、潘正炜、伍秉鉴、叶上林等都是海商贸易的盟友，他们常常相互支持和帮助。伍国莹的兄弟伍国钊曾是泰和行掌柜，叶上林是同文行账房先生。1780 年商欠事件颜家落难之时，潘家伸出援手，助颜

---

①《皇清晋封资政大夫盐运使司衔叶先生墓表》由叶廷勋后人叶德民提供。

②《颜氏家谱》1874 年由颜敛锆重修，由颜亮洲后人颜祖侠提供。

③ 颜烶也无资料记载。

家走出低谷。在颜家的历史资料中也记载着颜潘伍叶四家亲友亲密往来的故事：颜亮洲的二伯父颜建俊饱读诗书，满腹经纶，喜欢避世隐居的生活，潘振承次子潘有为对他题词，并留下墨宝称之为"当代之逸民"。颜惇格（颜亮洲孙子）夫人周宜人生日时，姻侄伍元芝、外甥叶梦龙都参加了贺寿，并写有恭贺的寿文。颜亮洲曾孙颜嵩年在《在越台杂记》中，亦记载了颜潘伍叶几家亲友间的趣事。颜家外孙叶梦龙与潘正亨、潘正炜是表兄弟（颜端与颜烆是堂姐妹），他们之间过往甚密，大家既是表亲，又是研习书画的密友。可见颜潘伍叶这四家姻亲，在当时相互之间的往来是十分密切的。

　　近年来颜潘伍叶四家后人及天宝行梁经国后人、谭家后人经核对家谱、墓表及家族资料，确认了各家之间的姻亲关系。目前各家后人都在整理家族的历史资料，积极参与对十三行历史的研究工作。大家都非常珍惜先人缔结的姻缘，也常相聚一堂，缅怀先人业绩，共叙亲情。2019 年 3 月由伍秉鉴后人伍凌立牵头，伍颜两家后人一行十多人共赴福建晋江安海拜祭伍家、颜家先人，受到安海伍家、颜家乡亲的热情接待。姻亲潘家在福建的后人邀请伍、颜两家亲友参观了潘家故居。十三行行商后人亲缘关系至今仍一直在延续。

四、闽籍行商联姻的特点

　　十三行兴衰经历了一百多年，闽籍行家族的联姻也延续了一百多年。他们联姻始于十三行，也随着十三行终结而逐世递减。十三行像一条红丝带把闽籍行商连在一起，姻缘的缔结使这些闽籍行商家族共同走过休戚与共的道路。与其说十三行行商是历史的弄潮儿，创造了中国清代对外贸易的辉煌历史，而闽籍行商相互联姻互对亲家，则是这段历史又一产物，他们与十三行确有着不解之缘。十三行闽籍行商联姻是在特定的历史条件下产生的，联姻关系到家族的兴旺和延续，向为闽籍行商家族所重视。因此这种联姻带有特定性、地域性、多样性、延续性等特点。

　　从特定性来看，当时清朝封建社会缔结婚姻讲究的是门当户对，闽籍行商家族联姻讲究的在当时历史条件下各家的社会地位、文化背景、家族财富。虽然在当时的清朝社会商人的社会地位较低，但十三行的行商毕竟是清政府任命的官商，有别于一般商人。当时十三行虽仍有其他闽籍行商，但颜潘伍叶四家是十三行不同时期的总商、富商，既德高望重又富甲一方，互对亲家并非偶然。而颜潘伍叶各家均推崇儒家文化，鼓励子弟走科举之路，读书出仕，以科举成功为荣。颜潘伍叶各家均出过进士、举人；贡生、监生、国学生、太学生、邑庠生众多。经过多年的发展，几代人的努力和知识的积累、文化的沉淀，使颜潘伍叶各家先后成为清代广东地区的书香世家，家族社会地位也逐步提高。从家族财富来看，当时四大富商家族（潘、伍、叶、卢）潘伍叶三家都榜上有名。颜家在十三行早期曾在行商排名中名列前茅，1780 年商欠事件跌入低谷，后又东山再起，颜家子弟多人成功走上科举路。综观当时各家联姻记录，在特定历史条件下的门当户对的婚姻配对，使各家学有所成事业成功的子弟都获得美满姻缘。

从地域性来看，颜潘伍叶四家先后来自福建闽南地区并落籍广东南海、番禺（现广州），大家都有着深厚的家乡情结。从家乡到异乡，相同的乡土文化、相通的家乡语言、相近的生活习惯，大家同声相应、同气相求，与福建老家又有着千丝万缕的联系，顺理成章地使这群在粤谋生的闽籍行商结成群体。思乡时共聚一堂诉乡情，在十三行做生意拼搏时又相互支持、相互帮助，孩儿们从小就是玩伴、同窗学友，这种同乡的亲密关系，使儿女成年后互对亲家，共结秦晋之好。其实各家都保留闽南人的婚俗习惯，择偶娶妻首选闽南老乡，当然颜潘伍叶家的儿女是最佳的选择。

从多样性来看，任何婚姻都是始于单向的男婚女嫁，而家族的历代联姻多数是从单向走向互动，双方家族成员相互联姻。颜潘伍叶家族间的联姻并非是单纯两个家族的联姻，而是四个家族间的相互联姻：颜潘联姻、颜伍联姻、颜叶联姻、潘伍联姻、潘叶联姻等。这是一种多边形式的联姻模式，也形成了潘颜伍叶共同互为姻亲的血亲关系。颜潘伍叶四家联姻后，可谓亲上加亲。日常的相互交往、亲友的生辰死忌、家族间的红白喜事，各家亲友都会到场，共同分享喜悦及分担忧伤。可见当时亲友的往来是十分密切的。这种亲缘关系一直延续了几代人。

从延续性来看，颜潘伍叶四家相互联姻贯穿于十三行持续期间，长达一百多年，形成了历代通婚的传统。根据《颜氏家谱》记载，颜潘最早的联姻记录是乾隆期间颜端嫁潘有道，颜叶最早联姻记录是乾隆期间颜烔嫁叶上林。[①] 颜潘伍叶四家联姻在嘉庆、道光年间达到高潮，在同治、光绪年间逐步减少。从颜家来看，颜端嫁潘有道，颜烔嫁叶上林都是在颜家泰和行鼎盛时代缔结的姻缘，颜家女嫁入豪门也属门当户对。但更多宗的婚姻是缔结在 1780 年颜家破产之后，颜家当时已今非昔比，但潘伍叶家仍与颜家联姻。没有多年互对亲家的历史，没有深切的了解和信任，一般家族是不会与破产家族联姻的。可喜的是颜家子弟很争气，不少人成功走上科举路。俗语说"肥水不留外人田"，嫁入豪门的颜家女都先后安排娘家

①《颜氏家谱》1874 年由颜敏铻重修，由颜亮洲后人颜祖侠提供。

后辈嫁入潘伍叶家。而嫁到颜家的潘伍叶家女儿也会安排娘家后辈嫁颜家的科举才子。而值得一提的是潘家、叶家对颜家女情有独钟，潘有度祖孙三代均娶颜家女为正室；叶上林与曾孙亦娶颜家女为正室。如此周而复始，一代接一代，构成了十三行这群闽籍行商长达一百多年的历代联姻的历史。

闽籍行商联姻的特点带有时代的烙印，既有当时封建社会讲求门当户的特式，闽南移民的乡土情怀，又有亲上加亲的多边形式联姻，于是造就了长达一个多世纪的联姻纪录。

五、闽籍行商联姻的作用

闽籍行商带着"三分天注定，七分靠打拼，爱拼才会赢"的进取精神踏入十三行，他们诚信经营，凭着独到的眼光、大胆的决策和出色的商业才能，在海商贸易中取得成功，在十三行发展的历史上留下了历史的痕迹，而闽籍行商家族相互联姻对十三行的发展是起到促进的作用。

首先，有利于结成亲密的盟友关系。这群闽籍商人在十三行一直扮演着重要的角色。颜亮洲当过早期行商领袖，潘振承、潘有度、伍秉鉴、伍崇曜当过多年的总商。他们既要协调好清政府和外商及行商行的利益关系，又要处理好中外纷争的各种难题。行商领袖看上风光荣耀，实质上是承担更大的责任和风险。要当好行商领袖，就要获得众的行商支持。这个以联姻方式所组成的群体大家亲如手足，是最忠实的商业盟友。在十三行存续的一百多年间，颜潘伍叶四家编织了一个纵横交错的姻亲关系网，大家相互帮助，组成亲情互助的联盟。正是这种原因，潘家、伍家几代人一直稳坐总商宝座，大家对他们的总商工作大力支持，同时闽籍行商间亦相互扶持。18世纪90年代中期，叶上林资金短缺，向潘有度求助（叶上林、潘有度均为颜家女婿）筹集资金订购茶叶，潘有度助他渡过难关。在鸦片战争中，潘正炜等人带头奋起抗英，其表弟颜金铸、堂表弟颜嵩年亦积极参加抗英斗争。潘正炜获"毁家纾难"的美誉，颜金铸等人亦获清政府的嘉奖。颜潘伍叶四家闽籍行商，他们共同经历十三行的兴衰，与十三行荣辱与共，是推动十三行历史发展不可缺少的一股力量。

其次，有利于后辈的成长。这群闽籍行商经商致富后，都重视对子女的教育，各家族都尊崇儒家文化，从第二、第三代起，已逐步从一般的行商家族转变为书香世家。在这一转变过程中，家族中女性（母亲、祖母）的作用是不容小觑的。知书识礼的才女嫁入夫家，有助于提升家族的文化品位。当年颜端嫁入潘家，正值潘家向儒商转化的年代。她对正亨、正炜两兄弟的培养，是倾尽毕生精力的。

正亨、正炜喜爱书画与收藏，是与母亲颜端从小对他们的熏陶与引导分不开的。颜端娘家园林别墅磊园、静观楼专贮古今书画和金石作品，藏书阁中环列图书三十六架，藏书数万卷，其父颜时球及兄弟们都爱吟诗作画，颇有儒雅之风。正亨、正炜后来成为广东鉴藏大师，是与颜端秉承颜氏、潘氏家学再传承予后代有关的。集潘家、颜家、叶家血统于一身的潘飞身，其实也是承传了潘颜叶家的家学而成为民国时期的文化名家。颜潘伍叶成为书香世家后，亦继续联姻，后人在浓郁的文化气氛及书香环境中成长，从小饱读诗书，有部分人能成功走向科举路，荣登仕榜。而大多人也学有所成，成为有知识、有文化的知书达理的人，这在文化不普及的清朝封建社会，颜潘伍叶各家后人能从小受到良好的教育，得益于父母的眼光和家族的栽培。颜潘伍叶四家族历代联姻，各家先辈成功人士成为后辈的榜样，亲友间的相攀互联，相互影响和提携，也扩大了颜潘伍叶四家族在社会影响力。

　　再次，有利于提高家族的社会地位。闽籍行商颜亮洲、潘振承、伍秉鉴、叶上林都是十三行成功的商人，但是各家族谱中对先人经商的记载仅寥寥数字，未有过多的笔墨。而族人参加科举并获官衔者，著有诗书传世者则有较详细的记录，可见在当时清朝重文轻商的社会，商人地位是较低的，商人富而不贵。要提高家族社会地位，从富转贵，跻身于上流社会，各家族子弟就要读书出仕，科举扬名，颜潘伍叶四家族第二、第三代几乎同时走上科举路，而科举未成名者，也走上学人之路，多以儒雅为业，并自食其力。这一历史现象，其实这与各家子弟相互攀比、不甘落后有很大的关系。各家后人都出现标杆式的人物，如颜家的颜悖格（进士）、潘家的潘有为（进士）、伍家的伍崇曜、叶家的叶梦龙。颜潘伍叶四家族从第二、第三代已开始商儒结合，家族中获取科举功名者众，文人雅士喜爱的书画、收藏、刻书等都成了各家子弟的爱好。亲友之间的往来，吟诗作对，互赠书画，分享收藏等这些活动无疑提高了族人的文化品位。在清朝的中晚期，颜潘伍叶四家族已实现了华丽的转身，分别成为当时有名的书香世家。

　　十三行颜潘伍叶四家闽籍行商历代联姻是特定历史条件下的产物，经营了一百多年的十三行在1856年一场大火中落下了帷幕，十三行的行商也退出了历史舞台。颜潘伍叶四家族之间的联姻也逐步减少，先辈们以联姻方式结成的纵横交错的姻亲关系网逐步解体了，到了后来，昔日至亲的后人也变成陌生的路人。屈指一数，这段历史距今也二百多年，抚今追昔，十三行行商曾在推动和发展海上丝绸之路做出过辉煌的业绩，在中国对外贸易史上留下了历史的印记，十三行颜潘伍叶四家闽籍行商联姻在这段历史上留下颇有意义的插曲。

西席·代理·幕僚·南针——潘仕成与雁洋李氏家族关系考论

任文岭 *

摘要：关于潘仕成及其海山仙馆，近几十年来学界展开了持续的研究与争鸣，涌现出了一系列的研究成果，解决了有关的诸多问题，但对于潘仕成的行商身份以及巨额财富来源等问题，却仍然有待进一步研究与探讨。《嘉应州雁洋李氏族谱》关于李中垣、李性叔侄的记载中，提及李中垣被潘仕成延聘为家庭教师并为其代理盐业数十年，李性被潘仕成延揽为幕僚并为其提供书画收藏建议等，这对于学界进一步了解潘仕成家庭教育、盐业经营、延揽幕僚、书画收藏等相关问题，无疑有着积极的意义。本文在考论潘仕成与雁洋李氏家族关系之余，对学界比较关注的潘仕成巨额财富来源问题进行了初步探讨，以期抛砖引玉，求教于方家。

关键词：潘仕成；雁洋李氏；李中培；李性；财富来源

清朝道光至同治年间，潘仕成（1804—1874）集官、商、儒于一身，活跃于广东乃至全国政界、商界、文化界等领域，可谓是后世研究这一时期政治、经济、文化、出版、外交、收藏、园林等方面不可忽视的重要人物。近几十年来，围绕潘仕成及其所建海山仙馆，多位专家学者展开了研究与争鸣，发表了一系列的研究成果，如陈泽泓《潘仕成略考》《潘仕成身份再辨——〈潘仕成是行商而非盐商辨〉商榷》①、蒋祖缘《潘仕成是行商而非盐商辨》②、王元林与林杏容《近代大变局中的红顶行商潘仕成》③、邱捷《潘仕成的身份及末路》④、广州市荔湾区文化局

---

* 任文岭，广东省博物馆副研究馆员。本文系国家社科基金 2018 年重大项目"广州十三行中外档案文献整理与研究"（18ZDA195）的阶段性成果。

① 陈泽泓：《潘仕成略考》，《广东史志》1995 年 Z1 期；《潘仕成身份再辨——〈潘仕成是行商而非盐商辨〉商榷》，《学术研究》2014 年第 2 期。

② 蒋祖缘：《潘仕成是行商而非盐商辨》，《岭南文史》2000 年第 2 期。

③ 王元林、林杏容：《近代大变局中的红顶行商潘仕成》，载中国中外关系史学会、云南省社会科学院、红河州人民政府编《中国与周边国家关系研究》，中国书籍出版社，2013。

④ 邱捷：《潘仕成的身份及末路》，《近代史研究》2018 年第 6 期。

和广州美术馆（现广州艺术博物院）编《海山仙馆名园拾萃》①、杨宏烈与吴桂昌《试论行商园林海山仙馆的历史地位》②、高刘涛《行商园林海山仙馆研究》《海山仙馆的园林建筑艺术探索》③ 等，使学界对潘仕成的生平事迹、盐商身份以及海山仙馆的建造历史、园林艺术等有了一个较为清晰的认知。然而，对于世人特别关注的潘仕成的行商身份以及巨额财富来源等问题，学界至今仍未能找到足够的史料可以确切地佐证，这不能不说是一种遗憾，但也激励着学界同仁进一步挖掘史料，展开更加深入的探索与研究。

今年初，笔者从前人没有引用过的《嘉应州雁洋李氏族谱》④ 中发现，潘仕成与雁洋李氏家族的李中垣、李性叔侄二人关系密切。李中垣先被潘仕成延聘为家庭教师，后又在潘仕成劝说下放弃举业，代潘仕成经纪盐业，直至最后卒于潘仕成海山仙馆。李性在潘仕成协办闽浙军务时，被潘仕成延揽为幕僚，不仅为潘仕成代庖往来简札，而且因"衡鉴独精"被喜好收藏书画的潘仕成"倚为南针"。明清以来雁洋李氏家族曾多次修撰族谱，早在顺治年间就有族献世荫公据以往的残本族谱整理辑录手抄谱稿，乾隆四十五年（1780 年）李中庐及李嵩嵓组织编撰并首次刊行《嘉应州雁洋李氏族谱》，道光二十六年（1846 年）李中垣、李性等又组织重镌，光绪二十九年（1903 年）续镌时李中垣次子李涵芬也曾参与其中。本文即根据光绪二十九年续镌《嘉应州雁洋李氏族谱》所载李中垣、李性等人传赞展开论述。族谱对于李中垣、李性等人的生平事迹或许会有溢美之嫌，但涉及潘仕成的内容，他们没有刻意造假、歪曲的动机，也不会由于年代久远而记述不清，因此关于这部分内容当是可信的，而且还可以跟相关文献史料进行印证。

一、雁洋李氏家族

雁洋，位于梅州市梅县区东北部，在莲花山脉的五指峰下，古时多为湖洋低洼水田，大雁成群常聚于此，故名"雁洋"。清代以前属程乡县（今梅县区）万安都，清代设雁洋堡，民国以来几经变革，于 1987 年改为雁洋镇。雁洋人杰地灵，物华天宝，是叶剑英元帅的故乡，既有秀甲潮梅的阴那山、千年古刹灵光寺等名胜古迹，

---

① 广州市荔湾区文化局、广州美术馆（现广州艺术博物院）编：《海山仙馆名园拾萃》，花城出版社，1999 年。
② 杨宏烈、吴桂昌《试论行商园林海山仙馆的历史地位》，《广东园林》2019 年第 4 期。
③ 高刘涛：《行商园林海山仙馆研究》，广州大学 2013 年硕士学位论文；《海山仙馆的园林建筑艺术探索》，《广州城市职业学院学报》2013 年第 3 期。
④ 《嘉应州雁洋李氏族谱》，乾隆四十五年庚子岁初镌、道光二十六年丙午岁重镌、光绪二十九年癸卯岁续镌，李氏义学藏板。本文所据《嘉应州雁洋李氏族谱》为广州图书馆所藏复印本（五册），所引内容散见于此谱序、鼻系图、传赞等部分。

又于 2014 年 6 月 19 日正式加入国际慢城联盟，成为我国第二个国际慢城，享誉海内外。

据《嘉应州雁洋李氏族谱》记载，雁洋李氏乃唐高祖李渊之苗裔火德公的后嗣，开基始祖为执事李公一郎（春山公），于元朝末年由福建上杭迁至雁洋，为李氏入闽始祖火德公六世孙。当时，春山公任程乡县执事，见阴那山五指峰高耸入云，雄伟异常，又羡唐高僧惭愧祖师，特游阴那山灵光寺。途中，见雁洋土腴水润，心生向往，于是辞去官职，返回上杭将陈氏祖婆及最小的儿子叟八郎带到雁洋。父子凿井开田，艰苦创业，此后雁洋李氏日益开枝散叶，并且人才辈出，逐渐成为在当地颇具影响的家族，后世子孙衍迁分布于广东、广西、重庆、台湾、香港以及海外的印尼、马来西亚等地。

二、李中垣：潘仕成之西席与盐业代理

李中垣，生卒年不详，字善昌，号紫君，雁洋李氏春山公十七世孙。父亲李嵩崙，字提一，号譬斋，年二十三补弟子员，乾隆五十七年（1792 年）中举，早年即以孝友宿学闻名郡邑，晚年大挑借补乐昌县训导，以敦行力学课士，著有《四书读》（二十卷）、《周易读》（五卷）、《四谦堂制义》（四卷）等，阮元重修《广东通志》曾将其著作编入艺文部。李中垣有兄弟姐妹五人，兄二人，姊二人，然其幼年失怙，且又出嗣四叔李恒崙（早逝），主要还是由生母杨氏、长兄李中培抚养成人。关于其生平事迹，《嘉应州雁洋李氏族谱》续增传赞三记载如下：

十七世善昌公，讳中垣，号紫君，乐昌学博譬斋公季子也。幼失怙，笃志励学，甫成童，肄业书院，试辄冠其曹。弱冠橐笔游四方，援例入成均，乡闱屡荐不售。番禺潘方伯仕成耳其名，延聘与西席，从游者多先后登科第。时方伯在籍承办两粤盐运，商欲倚公总其责，劝毋攻举业，以资臂助。公爰代为经纪，持己廉勤，数十年如一日。交际间无老少贫富，均推诚相待。故大小义举，群恳为倡，公亦力任不辞。譬斋公多存遗著，公手自编辑，付梓行世。远祖庙茔在闽杭，设衣冠会费，为族人每岁挂祀往返旅赀；又设秋祭费，为本州火德祖祠、陟瞻公一脉祀典；又购置田产为远坟祖尝；至若修族谱，则远徙宗支采访，不惜烦费；禁奸盗则善后良策，筹款独任仔肩。其他如董建"聚福堂"以联梓谊，增修"资生馆"以济孤贫，创"粲花会课"以振文风，施"启平义渡"以利川涉，举凡义所当为、力所能为之事，罔弗竭情尽慎，必信必诚。尝自言曰："吾家非巨富，但善无大小，随时随地量力而行便好。"晚年筑一室，颜曰：

"敬慎堂"。所拟家训十则,谆谆以"敦本务实,寡欲惜福"诚儿侄。伯兄根五公、仲兄苍五公俱绮岁蜚声庠序,棠棣怡怡,皆能笃孝思、敦友爱,闾里咸称之。寿五十有九,卒于省邸泮塘潘园,即潘方伯行乐处也,闻者莫不惋惜涕零。私谥曰:"敦义诚裕"。公以国子监议叙援礼部铸印局大使,捐升州同,以长子士华官覃恩诰赠武德骑尉,以长孙恒钰官覃恩晋赠昭武都尉。妣杨恭人,贞静和淑,德称内助。长子朝光进武庠,后改名士华,蓝翎守备衔补授直隶把总,代理石门都司;次涵芬,廪贡生;次耀宗,与长子同年进武庠。迄今富贵绵延,子孙昌炽,闻其风者咸颂其盛德云。

传赞中虽然没有明确记载李中垣被潘仕成"延聘与西席"的具体时间,但潘仕成以潘继兴商号承接临全埠盐业是在 1844 年,那么李中垣成为潘仕成家庭教师的时间应该在此前后,而且逐渐得到了潘仕成的认可与信任。这一时期,除了李中垣外,民国《东莞县志》还曾记载莞人蒋理祥(1823—1872 年)"弱冠时馆潘仕成家"[1]。至于潘仕成是同时延聘了李中垣、蒋理祥二人,还是李中垣为潘仕成代理盐业后再延聘的蒋理祥,则不得而知了。而且,法国公使随员伊凡(Dr. Yvan)1844 年 10 月曾到访潘仕成海山仙馆,他在其著作《广州城内——法国公使随员 1840 年代广州见闻录》中曾提及"潘仕成的两个儿子生活在这间大屋里,他们有礼仪老师,是个身材矮小、学究气十足的人,大些的男孩好像把他作为学习的模范"[2],此处所言的"礼仪老师",很可能就是李中垣、蒋理祥中的一人。

不过可惜的是,传赞对于李中垣为潘仕成代理、经纪盐业的记述比较简略,无法从中了解详细的情况。但从"持己廉勤,数十年如一日""寿五十有九,卒于省邸泮塘潘园,即潘方伯行乐处也"等描述中可知,李中垣应当是从 19 世纪 40 年代开始直至去世,都一直在帮潘仕成代理、经营盐业。至于代理、经营的状况如何,潘仕成最后因盐业亏欠被查抄,跟李中垣的代理经营有无直接关系等问题,暂时还无从得知。需要注意的是,李中垣早年的家庭财务状况并不太好,但 1846 年雁洋李氏修族谱时捐银三十两,还积极参与助学、济贫等活动,说明其中晚年的经济状况比较好,应当是帮助潘仕成代理盐业的收入比较可观,也可见潘仕成待其不薄。而且,《嘉应州雁洋李氏族谱》记载,李中垣的二哥李苍五、三子李祖益等多人都是"职员",虽然未写明具体是什么"职员",家谱及文献史料也没有

---

[1] 叶觉迈修、陈伯陶纂:《东莞县志》,载《中国方志丛书》第五十二号,成文出版社印行,1967,第 2769 页。
[2] [法] 伊凡:《广州城内——法国公使随员 1840 年代广州见闻录》,张小贵、杨向艳译,广东人民出版社,2008,第 159 页。

记载他们与潘仕成有无关系，但由于李中垣长期帮潘仕成打理盐业，他们很可能是在潘仕成处做"职员"；另外，《嘉应州雁洋李氏族谱》十九世启祥公传赞中提到，十七世兴昌公曾在电白创盐田一所，不知是否与李中垣为潘仕成打理盐业有关。

此外，传赞中提到李中垣"寿五十有九，卒于省邸泮塘潘园，即潘方伯行乐处也"，此处的"泮塘潘园"应当是海山仙馆无疑，海山仙馆于1871年被西关商人管理的爱育善堂以3万多两的价格购得，当年十一月二十日潘仕成及其家人从中搬走①，由此可知李中垣逝世时间肯定在此之前。1846年李中垣在其所作《增修谱序》中曾提到"谨志于羊城北隅青龙里旅寓之励志书室"，说明当时李中垣曾寓居于此。至于其"卒于省邸泮塘潘园"，是当时就住在海山仙馆，还是在海山仙馆打理盐业时逝世，就不得而知了。若是当时就住在海山仙馆，则说明海山仙馆住的除了潘仕成家人、佣人以及远道而来的友朋外，还有像李中垣这类潘仕成延揽招募的人才。

三、李性：潘仕成"延为幕僚""倚为南针"

李性，生卒年不详，字子存，号义门，监生，李中垣长兄李中培长子。李中培，生卒年不详，字心昌，号根五，年十六补弟子员，肄业于学海堂，曾授徒于羊城书院，著有《朱子不废古训说》（十六卷）等。关于李性的生平事迹，《嘉应州雁洋李氏族谱》续增传赞六记载如下：

> 十八世子存公，讳性，号义门。生而隽颖，气宇岐嶷。祖謦斋公，父根五公，代以文章著述名世。公笃志力学，与叔苍五公、紫君公、弟子悝公朝夕研摩，兢兢以绍箕裘相劝勉。尝自言曰："吾家世业缥缃，代承绩学，特域于地，窒于时命，莫可若何。然道求在我，理务心得，虽未置身显达，而能读祖父书，伦常无忝，天爵固自尊也。"以故博览载籍，精通子史百家言，攻举业外兼擅长诗词书画，殚究天文、地理、阴符、乐律、算数诸学，原原本本，缕晰条分。弱冠后，侨寓京师，六战北闱，叠膺房荐，从游者多后先登榜，而公终踬文场。当代名公巨卿，如陈大司寇孚恩、何京卿绍基、陈殿撰继昌均乐为忘形交。咸丰间，发逆倡乱。时潘方伯德舆协办闽浙军务，延公襄戎幕、赞机宜，裁决如响。方伯素富豪，慷慨交游遍中外，往来简札俱赖公代庖。方伯尤嗜古今名家书画，搜求真迹，以公衡鉴独精，倚为南针。公虽科名不得志，为方伯座上客者廿余年，持己廉恪，作事忠勤，终始无少倦。公体质瓌玮，鬑鬑过腹，

---

① 参见邱捷：《潘仕成的身份及末路》，《近代史研究》2018年第6期，第118页。

待人处世厚重谦和，尤能整饬乡规，表扬懿行，接见者罔弗钦仰。晚年家居，暇日钓游自适，途遇佳石必袖而归，磊磊然罗列几案间，人以为有米元章之癖云。公援例入成均，道光丁酉科顺天乡试挑取誊录官，供职国史馆、玉牒馆，议叙功保六品、赏五品衔，诰授奉政大夫。著有《楝花山馆诗文钞》二卷，载入州志艺文部。寿六十有九，私谥曰："正敏"。配王宜人，懿行详载《九旬晋一寿序》内，寿九十有五，私谥曰："庄勤"。

从传赞中可知，李性是在咸丰年间被潘仕成延揽为幕僚，其中提到"时潘方伯德舆协办闽浙军务"。从目前已公开的文献史料来看，仅可知潘仕成于咸丰二年（1852年）十月简放浙江盐运使，但他却并未如期赴任，于是受到朝廷督促甚至议处，并没有潘仕成"协办闽浙军务"的相关内容或介绍。不过，笔者查询中国第一历史档案馆，发现咸丰四年（1854年）十一月初九日浙江巡抚黄宗汉有"奏为前任浙江运司潘仕成在籍捐制枪炮军械请准开复事"一折，咸丰六年（1856年）九月初三日闽浙总督王懿德有"奏为前任浙江盐运司潘仕成在籍捐铸炮械请加级封典事"一折，从这两折称呼潘仕成为"前任浙江（盐）运司"可知，至迟在1854年底潘仕成已由浙江盐运使改为"在籍捐制枪炮军械""在籍捐铸炮械"，从上奏人职务为浙江巡抚、闽浙总督及所述内容来看，潘仕成在这一时期正如李性传赞所言在"协办闽浙军务"，并且应当有了一定的成绩，所以闽浙总督才会上奏折请求封典。而且，李性传赞中又提及他"为方伯座上客者廿余年"，潘仕成逝世于1874年初，那么至少在1854年之前他就应该已被潘仕成延揽为幕僚。以往对潘仕成的研究中，多提到他在19世纪40年代制造战船、火药、水雷之事，对于其19世纪50年代"协办闽浙军务"几乎都未有涉及。李性传赞中言及此事，且可以与相关史料进行印证，可谓是进一步丰富了我们对潘仕成在这一时期的经历与活动的认知。

李性早年援例入国子监，侨居北京多年，曾六次参加顺天府乡试，可惜一直未曾中试。但他"博览载籍，精通子史百家言，攻举业外兼擅长诗词书画，殚究天文、地理、阴符、乐律、算数诸学"，可谓博学多艺，且曾任道光丁酉（1837年）科顺天乡试挑取誊录官，供职国史馆、玉牒馆，又与当时的名流陈孚恩、何绍基、陈继昌等为忘形之交（此三人均与潘仕成有交往），可谓具有相当的影响力和知名度。由此可见，作为幕僚，他不仅具备帮潘仕成出谋划策、代庖往来简札的能力，而且他在北京的经历与交游，以及"擅长诗词书画"，对于喜好广交朋友、收藏书画的潘仕成来说，也必然会有所助益。

李性传赞中提到："方伯尤嗜古今名家书画，搜求真迹，以公衡鉴独精，倚为南针。"潘仕成虽以富收藏知名，但因为他没有收藏方面的著作传世，对于其收藏书画的情况，我们只能从他曾经收藏过的一部分传世书画，以及他人的相关文献记载中零散地进行了解。对于李性如何给潘仕成的书画收藏提供建议，如何"衡鉴独精"，如何被"倚为南针"，笔者目前还尚未从传世书画或其他文献记载中找到可以相互印证的内容，具体细节也自然无从得知。而且，李性虽"擅长诗词书画"，可惜暂时未见到其书画作品传世。国内文博机构收藏有一些潘仕成致他人的信札，但至今还未出版过，笔者目前也无法看到，不知其中是否有一些是李性为潘仕成代庖之作，这就有待进一步研究了。

四、余论：潘仕成巨额财富来源初探

关于潘仕成的巨额财富来源问题，目前虽然无法寻找到确切的答案，但从相关文献史料中，或许可以探得些许蛛丝马迹。

一是父辈的经营与遗产收入。潘仕成之父潘正威（1879—1838），字献珍，又字琼侯，号梅亭，福建同安人。少有大志，曾从军台湾，病归后至粤，落籍番禺。曾入武庠，秋闱再蹶，遂弃去习桑孔，家益饶。潘正威早年经常透过潘长耀丽泉行与英国东印度公司交易，偶尔也到潘有度的洋行里帮点忙，潘正炜经营同孚行时，"他经常被用作一个'台前人物'（frontman）"①，负责经营实际的业务，在此过程中应当积累了一定的财富。道光十一年（1831年），潘仕成以二千二百两的价格从龚自珍处购买北京上斜街的房屋；道光十二年（1832年）潘仕成上京应试，中顺天府乡试副榜贡生，旋捐银一万二千两赈济京畿灾民得钦赐举人，又因广东连山排瑶滋事捐输三万两"著照例由部议叙"。而且，自1830年至1838年潘正威去世，潘仕成主要在北京任职和活动。潘正威去世后，潘仕成应以丁忧之故返回广东，在此期间他应该很少参与家族的生意。所以，这一时期为他捐输出资的，应该是其父亲潘正威。

潘仕成长兄潘仕光早在1832年就已病逝，在潘正威去世后，无论是在父亲遗产的继承还是家族生意的承接等方面，作为次子又有功名在身且誉满天下的潘仕成应该占据了话语主导权。当时，除了潘仕成，潘正威其他的儿子潘仕炳、潘仕豪等，以及潘仕光之子潘铭勋，他们跟潘仕成是共同继承经营、聚族而居，还是分配遗产和生意后各立门户，文献史料没有明确记载。但无论如何，潘仕成都应当从潘正威处继承了一笔遗产，甚至从这一时期潘仕成投入巨资兴建海山仙馆，但无论是其本人还是同时代人对其此时的商业活动记载阙如的情况来推测，他兴

---

① 潘刚儿、黄启臣、陈国栋：《潘同文（孚）行》，华南理工大学出版社，第95页。

建海山仙馆的资金很可能就来自这笔遗产。而且，美国人亨特《旧中国杂记》"潘启官（译者校注已指出，此处潘启官应指潘仕成）的乡间住宅"一节中提到，"潘启官从他的父亲那里继承的遗产超过二千万元，相当于浩官财产的不到三分之一"[1]，虽然"超过二千万元"这个金额准确性还有待商榷，但也反映出潘仕成从父亲那里继承的财富之巨。

二是经营盐业的收入。潘仕成自1844年从姻亲李念德堂处接手临全埠盐务，后又被授予广东盐运使、浙江盐运使等职，原本被众人所期望，但最终还是因为盐务亏欠而被抄家。关于潘仕成承办盐务早期的经营情况，文献鲜有记载，但至少从19世纪50年代起就开始出现其盐务亏欠、想要退商的记载。如咸丰九年（1859年），两广总督兼通商大臣黄宗汉调任四川总督，他在《调任四川总督黄宗汉密奏在粤被英人疑忌种种情形片》中提及："候补盐运使潘仕成系广东盐商，从前曾办夷务，实为粤人所不齿。臣到后来见，询以夷务则不敢干预，其意专为盐务而来。缘该员系办运广西临全埠行盐商，行名潘继兴，初充盐商，大获其利。近来办理疲玩，积欠正杂课款，新旧合计百余万，其家资不如前，究系殷实之户，不思完课，惟求退商。"[2]关于潘仕成盐务亏欠的原因，前人已多有分析，至于黄宗汉所言潘仕成"初充盐商，大获其利"这类记载，则比较少见。早在1854年黄宗汉任浙江巡抚时就与潘仕成打过交道，1857年底又调任两广总督兼通商大臣，故其所言潘仕成"初充盐商，大获其利"当有所据。而且，通过《嘉应州雁洋李氏族谱》关于李中垣的记载来看，可以说帮潘仕成打理盐业，极大地改变了李中垣的财务状况，也可以从侧面说明尽管盐业令潘仕成最终亏欠巨大，但仍然是潘仕成的一项重要收入来源。

三是土地出让、商铺租赁等收入。19世纪70年代初，在潘仕成被抄家之时，潘铭勋同其子潘仪藻，以潘铭勋之母出名立契，将潘仕成一宗"二万七千七百十两，共铺屋六十八间"出售英国人沙宣，由此引起双方诉讼。而且，诉讼期间，美国领事赵罗伯（R. G. W. Jewell）发出照会，称潘铭勋出售给沙宣的产业"内有吕宋馆基地，早经潘德舆典与美国人，经前南海知县查明准典，且有契税"。关于这起诉讼的具体情况，邱捷《潘仕成的身份及末路》[3]一文已有详述，此处不再赘言。当时，时任南海县知县杜凤治负责处理潘仕成叔侄之间的这起诉讼，最后他下谕

①［美］亨特：《广州番鬼录；旧中国杂记》，冯树铁、沈正邦译，广东人民出版社，2009，284页。
②齐思和、林树惠、田汝康、金重远等、故宫博物院明清档案部编，中国史学会主编中国近代史资料丛刊《第二次鸦片战争（四）》，1978，第118页。
③邱捷：《潘仕成的身份及末路》，《近代史研究》2018年第6期，第111-121页。

要求各店铺向沙宣交租，不得再交给潘仕成。由这些情况可知，潘仕成曾给美国人典让过土地，也拥有许多商铺并有租金收入，虽然出让土地的收入未必会经常有，商铺租金数额未必很大，但在盐业经营持续亏损、家庭开支浩大的情况下，这些产业和租金对于潘仕成来说，其价值不言而喻。

关于潘仕成是否从行商贸易中获得过财富，其实本质上还是潘仕成行商身份及其相关商业经历这一问题的延伸。对此，诚如邱捷《潘仕成的身份及末路》所言："潘仕成是盐商绝无疑义，杜凤治所记的'开洋行大发财'之说应该是有根据的。只是目前保存下来洋行的原始文献有限，要最终确证潘仕成的洋商身份及了解其洋商经历，还必须发掘更多资料并进一步研究。"[①] 但需要指出的是，潘仕成的父亲潘正威确实长期参与了行商贸易，其从父亲处继承的财富也必然与行商贸易有关，而且潘仕成与西方人交往广泛，交往持续时间长，他以及海山仙馆在西方都具有较高的知名度。故此，无论潘仕成行商身份如何，他都应当是十三行以及清代中晚期中外关系史研究中不可忽视的一位重要人物。

此外，对于潘仕成有无参与过鸦片贸易，国内的文献史料并没有人提及过。亨特在《旧中国杂记》"潘启官的乡间住宅"一节中，曾引述《法兰西公报》(*Gazette de France*) 1860 年 4 月 11 日登载的一封寄自广州的信，该信称"这个中国人（潘仕成）靠鸦片贸易发了财，据说他拥有的财产超过 1 亿法郎"，但当亨特将该报道描述翻译给潘仕成时，"当听到说自己是做鸦片生意发了大财时，他不禁大笑（他从未做过这种生意）"[②]。

还需要注意的是，对于潘仕成的巨额财富，除了对其来源不甚了解之外，关于其具体金额等情况，我们也只能从能够反映潘仕成历次捐输的有关历史档案，或者诸如杜凤治日记这类时人记载，以及《法兰西公报》这类准确度还有待商榷的海外报道中推测一二。如杜凤治日记中提及，在潘仕成被抄家时，广东官员给他留了余地，潘仕成曾将三十几箱金银珠宝以"儿媳嫁资"的名义存放到亲戚伍绍棠家，两广总督瑞麟将海山仙馆定价 38 000 两，广东盐运使钟谦均担忧无人买得起，一度考虑让潘仕成改名出银领回居住，盐运司的下级官员文海也认为潘仕成出得起这笔钱。[③] 由此可见，即使在盐业长期亏欠被抄家之后，潘仕成仍然保留了一定的财富，至于其鼎盛时期，财力必然更为雄厚。

最后，需要指出的是，笔者本文从梳理与考论潘仕成与雁洋李氏家族的李中垣、

① 邱捷：《潘仕成的身份及末路》，《近代史研究》2018 年第 6 期，第 113 页。
② ［美］亨特：《广州番鬼录；旧中国杂记》，冯树铁、沈正邦译，广东人民出版社，2009，第 283—284 页。
③ 邱捷：《潘仕成的身份及末路》，《近代史研究》2018 年第 6 期，第 118 页。

李性叔侄二人关系入手，并初步探讨了潘仕成巨额财富来源问题。但囿于目前还有部分相关文献史料尚未公诸于世，且现有文献史料记载比较零散，甚至还有一些内容可能存在谬误等因素，故对一些问题尚无法妄下论断，也依旧无法解决目前困扰学界的潘仕成的行商身份以及巨额财富来源等问题，只是力求从雁洋李氏家族这一侧面角度，丰富我们对潘仕成的家庭教育、盐业经营、延揽幕僚、书画收藏等相关问题的认识与了解，以期学界同仁能够更为深入和广泛地挖掘相关史料，将潘仕成及其相关问题研究不断向前推进！

清代广州十三行行商园林研究——颜亮洲家族与磊园

颜志端　颜祖侠 [*]

摘要： 十三行行商经商致富后纷纷在广州的西关（当时称城西），河南等地修建具有岭南特色的私家园林。坐落于广州城西十八铺的磊园是十三行行商泰和行创办人颜亮洲家族的私家园林。磊园十八景以其风景优美、幽雅别致、建筑独特、艺术精巧，以及充满诗情画意，成为清代岭南私家园林的精品之作。颜亮洲家族在磊园生活的纪实，是清代十三行行商家族在广州生活的写照。

关键词： 行商园林；磊园十八景；颜亮洲家族；磊园往事

十三行行商是清代最富有的群体之一。他们经商致富后纷纷在广州的西关（当时称城西），河南等地修建具有岭南特色的私家园林，其中比较有代表性的有坐落于广州西关的颜氏（颜亮洲）家族的磊园，潘仕成的海山仙馆，叶氏（叶上林）家族的小田园及坐落于广州河南的潘氏（潘振承）家族的潘家花园和伍氏（伍秉鉴）家族的伍家花园。磊园曾甲于羊城，颜亮洲家族在磊园生活了四十多年，留下了许多难忘的往事。磊园是颜亮洲家族的居所，也是与文人墨客吟诗作对的雅集之所，乃接待达官贵人中外宾客的宴乐之堂。后来颜家破产，磊园转手他人。多年以后磊园失修，变成残垣败瓦，至今已荡然无存，留给人们的是对这座曾经赫赫有名的岭南私家园林的无限遐想！

一、关于磊园

磊园坐落于广州城西十八铺，其第一代园主为十三行泰和行创办人颜亮洲。他经商致富后，购入一座园林巨宅。后由其长子颜时瑞、次子颜时瑛对该园林进行修葺、营造，扩充为共有十八个景观的私家园林，其规模之宏大、建筑之华美，

---

[*] 颜志端，香港女律师协会中国事务委员会主席、十三行泰和行行商颜亮洲第八代孙。颜祖侠，原广州中医药大学骨伤科医院副主任医师、、十三行泰和行行商颜亮洲第八代孙。

冠于羊城，为广州当时私家园林的代表之作。现存的关于磊园的历史资料不多，比较有历史价值的是颜亮洲曾孙颜嵩年所写的《越台杂记》卷二①，对磊园的描述（以下简称《磊园记》）。现今研究磊园的原始资料，大多来自颜嵩年的《磊园记》。此外，亦有一些文人墨客对磊园触景生情的感怀之作存世，比较有代表性的是清代陈湘舟的《颜氏园百韵》②。

（一）《磊园记》作者颜嵩年

颜嵩年（1815—1865），原名寿增，字庆川，号海屋，颜亮洲曾孙，其祖父颜时珣（颜亮洲第四子），父亲颜斯综（举人）。颜嵩年自幼接受儒家教育，饱读圣贤诗书，喜欢著书立说，著有《越台杂记》《晋砖室诗钞》《延斋诗话》等书籍。1837年颜嵩年考取宗人府供事，曾任玉牒馆供事官，参与修撰《玉牒全书》，书成议叙，从九品。1841年，因撤防保举军营有功，加赏六品职衔随带加一级花翎，例授承德郎。颜嵩年曾随堂兄颜金铸等人参加抗英斗争，在鸦片战争中抗击英军入侵表现英勇，是一位具有家国情怀的爱国人士。

颜嵩年出生时，颜家早已退出在十三行的经营业务，但由于颜家与潘振承家族、伍秉鉴家族、叶上林家族历代通婚，一直与十三行行商家族关系密切。1780年颜家破产，后在十三行众亲友的相助下走出困境。颜家子弟努力奋发，通过科举之路，读书出仕，家族中人才辈出，颜家终于东山再起，成为清代广州的文化世家。颜嵩年正是出生和成长于这样一个儒家文化氛围浓郁的大家族，对于家族先人在十三行所创的辉煌业绩及后来不幸的遭遇很有感触，感怀人世间的变幻无常，抚今追昔，于是提笔写下了《越台杂记》。③ 而《磊园记》是当时颜嵩年怀着对先人所建家园的无限眷恋，情深意切地写下磊园的山山水水、一草一木，使十八个园林景观跃然纸上，似乎一切都难以忘怀。意想不到的是，一百多年后《磊园记》竟成为研究清代行商私家园林的珍贵历史资料。至今为止仍没发现有关磊园的照片、画作流存于世，《磊园记》亦成了描述磊园景观最详细的文字历史作品。

（二）磊园十八景

磊园故名思义，园中多垒英石为山，以石取胜也。根据颜家的历史资料，颜亮洲弃儒从商，经商致富在1728年左右，泰和行大约成立于1734年，如此推算

---

① （清）罗天尺、李调元等撰：《清代广东笔记五种》，颜嵩年：《越台杂记》卷二，广东人民出版社，2015，第475-477页。

② 蔡鸿生：《广东海事录——广州行商颜氏磊园的盛衰》，商务印书馆，2018，第229-230页。

③ （清）罗天尺、李调元等撰：《清代广东笔记五种》，载颜嵩年《越台杂记》卷二，广东人民出版社，2015，第475-477页。

颜亮洲是在乾隆前期购入磊园作为颜家的居所。其后由长子颜时瑞、次子颜时瑛将磊园扩充改建为有十八个景观的私家园林。颜时瑞兄弟修建磊园是十分用心思的，他们先请画工黎光因地布置，先绘全图，用纸竹扎成，然后大兴土木。黎光不愧为造园高手，他以筑山、叠石、理水等手法，在园中营造亭台楼阁、假山碧水，种植花草树木。磊园落成后，十八个景观景致幽雅，无一凡俗。颜时瑞兄弟对磊园景观的命名是融情入境的，既有体现家族传统文化，又有借景抒情表达园主的情怀，通过景观的命名体现静观其中、游园如梦的意境，可见当时磊园园主颜时瑞兄弟是有较高的文化修养的。磊园十八景观的布局从南到北是：①四箴堂；②辉山草堂；③桃花小筑；④遥集楼；⑤倚红小阁；⑥留云山馆；⑦一瓣厅；⑧自在航；⑨跃如亭；⑩耳室；⑪临溯（沂）书屋；⑫耳室；⑬海棠居；⑭留春亭；⑮静观堂；⑯理塞轩；⑰碧荷湾；⑱酣梦庐。

步入磊园眷宅前厅为"四箴堂"，颜家先祖是复圣公颜回，当年孔子教颜回四诫：非礼勿视，非礼勿听，非礼勿言，非礼勿动。为纪念先人，以儒家论理道德训教子孙，故取"四勿"之旨署之。堂东为"辉山草堂"，阶前叠蜡石作山，温润如黄玉。往东有小径通往"桃花小筑"，在桃花小筑北面是进园第一景"遥集楼"，与坐落于园北的全园最高的建筑"静观堂"遥遥相对，"静观堂"高广为冠，四面皆池，设朱栏木梁，依栏环眺，满园景色一览无遗，令人心旷神怡。楼上贮古今书画，金石玩器。颜时瑞、颜时瑛自幼喜读诗书，曾习举业，颇有儒雅之风。尤其颜时瑞，购藏书籍数万卷，其号为"书巢"，实在名如其人。在主持泰和行业务时，他仍偷闲阅书，收藏及研习书画。"静观堂"的命名体现园主力求抛开尘世、潜心静读的心境，充分展现颜时瑞好学文静的性格特征。"遥集楼"往东由复道至"倚红小阁"，阁旁环植花木，有一小桥连接英石假山。夕阳西下之时阁上红墙与晚霞相辉映，突出众绿上，景色优美至极。阁前一路假山，峰峦向背，岩洞幽深，皆以英石垒成，玲珑臻妙。山腰处筑"留云山馆"，李南涧，司马文藻《寄张药穿诗》云："磊园曾共到，泉石最怜渠"，盖指此也。"留云山馆"下面为一片青松，由松径度石梁，建厅如莲花瓣样，匾曰"一瓣"。

"静观堂"位于磊园中心，是磊园的主体建筑，四面临水。园内荷塘湾曲环绕，名"碧荷湾"。东岸为"留云山馆"，西岸为"留春亭"，亭之四周环栽梨树、柳树，亭挂对联："梨花院落溶溶月，柳絮池塘淡淡春"。自亭东行，过"静观堂"，则是"理塞轩"，轩之周围环种葡萄树，结果之时尤如贯珠，日光漏处，红绿相映，炎炎夏日，也倍觉清凉。园之北畔塘坳筑一小船，名曰"自在航"，悬挂白沙子书之对联："不作风波于世上，别有天下非人间"。每当荷花盛开之时，园主命两小丫环扮采莲女，戴草笠，绸襜青纱，衣素纱裳，系紫绣带，操桡登舟，一自东岸出，一自西岸出，相遇之时则放声高歌，随后将采集的荷莲赴"自在航"献给主人及宾客。池塘、荷花、采莲女，好一派荔枝湾的广州西关风情。颜氏家族从闽迁粤后几代人都世居西关，自然对西关风情情有独钟，西关文化的影响及熏陶，使颜氏家族入乡随俗逐步融入当地文化，成为地道的西关人，故对景观的命名也颇有广府文化的韵味。

园之西北为"海棠居"，屋前种有海棠及玉兰树，余花绕砌，是主人与文人墨客、达官贵人的集雅之所。园之东面建有一亭，名曰"跃如亭"，文士聚会，集聚于此。"临溆（沂）书屋"①坐落于最北面，上层为藏书阁，环书三十六架，左右两边为东西耳室，颜家学子在此修心养性，攻读圣贤书。颜氏家族祖籍山东曲阜，第二十四世祖颜盛率族迁到山东临沂，后人也视临沂为故乡。临沂书卷味甚浓，历代人才辈出。园主以故乡之名命名书屋，体现园主对故乡眷恋和对传统文化的传承。园之极北为"酣梦庐"，是贮存杂物的地方，十分幽静，游人罕到此地。②

（三）磊园景观的人文特色

磊园十八景精致秀丽，景景引人入胜。叠石为山，亭台楼阁，小桥流水，鸟语花香，好一派典雅的岭南园林景色。磊园由颜亮洲购入，是颜家人居家、歇息的场所。颜家二代人匠心修建的磊园从园区的总体布局、景观的的命名、建筑物的设计都体现了园主秉承家学、传承儒家文化传统及融入岭南文化的思想追求。

磊园，石头之园而已。石头以质地坚硬不易变形而著称，往往被人作为坚毅刚强的人格象征。颜家人造园以石为主，是通过以石明志以练造坚毅性格的情感表现。当年颜亮洲和一班闽南移民就是以爱拼才会赢的精神踏进广州十三行的。充当行商处处充满风险，没有出众的商业才华，没有搏击惊涛骇浪的胆识和勇气是当不好行商的。家宅以磊园命名，寄语颜家子弟要力争上游，不畏艰难险阻，奋力向前！

颜氏家族是一个命运多舛的家族。历史上颜家人丁单薄，颜回以下二十二代单传③，能传承下来实属不易。加上唐朝"安史之乱"颜杲卿、颜真卿兄弟（颜家四十世祖）为国捐躯，家中三十多人被杀，所剩男丁无几，颜家这支血脉能传世已是万幸。悲壮的历史增强了颜家人对家族的归属感，更使颜家子弟珍惜"颜"氏姓氏，

---

① "临溆（沂）书屋"：《磊园记》称为"临溆书屋"，而黄国声《十三行行商颜时瑛家世事迹考》（《中山大学学报》哲学社会科学版1990年第2期）称"临沂书屋"，笔者认为"临沂书屋"较合适。
② 磊园十八景资料来源：《磊园记》。
③ 济宁市政协、曲阜市政协编：《颜子家世》，齐鲁书社，1998，第42-43页。

因此在磊园景观的命名中多处体现颜家的元素，如"四箴堂""临沂书屋"。颜之推（颜家三十五世祖）的《颜氏家训》是颜家子弟必读之书。颜之推的立身，治家，处事、为学之训戒，是颜家子弟为人处世的准则。历代颜家人都将《颜氏家训》置于祠堂、家宅醒目的位置，在磊园成长的颜家子弟从小就要在四箴堂学习祖宗训戒，接受家族文化的传承和教育。磊园有石有山有水，景观如诗如画，静观堂犹如画龙点睛，点出磊园的灵魂所在之"静"，这体现园主建园的初衷及对幽静典雅生活的向往和追求。颜家素有儒学世承的传统，历代多以儒雅为业，孩儿从小在书香浸染环境中成长，接受儒家文化的熏陶和教育。颜时瑞等十二兄弟幼小笃学，全部登仕上榜。长兄颜时瑞饱览诗书，兄弟们亦能诗作画，休闲之时兄弟姐妹，亲朋好友一起读贤书、作书画，有着共同的爱好，使家中充满浓郁的书卷气氛。对当时颜家子弟的生活状况，《颜氏家谱》有如下记载："……由是子若侄循蹈规矩，恭已自下，无一时纨裤气习，城西之言家法者准焉当。"[1] 长兄颜时瑞为颜家带出知书识礼勤奋好学的好家风，是当时广州西关行商子弟中的一股清流。

二、颜氏家族磊园生活记实

（一）磊园的园主

磊园是颜氏家族二代人历经四十多年的努力而打造而成的，前后经历了三位园主，分别是颜亮洲、颜时瑞、颜时瑛。第一位园主颜亮洲（1696—1751），是广州十三行泰和行的创办人，他诚信经商、才德兼备，在行商中有较高的威望，被大家推选为行商领袖。他经商致富后，购入一座西关园林巨宅（磊园）作为颜家之居所。第二位园主颜时瑞（1720—1763），侯选知府例授中宪大夫。颜时瑞是颜亮洲长子，后子承父业，主理泰和行经营业务十二年，仍使泰和行保持名列前茅的业绩。他诚信经商，深得外商的信任和赞赏，是一位学识与才华兼并、年轻有为的行商。颜时瑞自幼嗜爱读书，别字"书巢"，他博览诗书，喜爱写诗作词，有较高的文学水平。磊园园景的布局、亭台楼角的设计、十八景观的命名，以及磊园能成为清代广州有名的私家园林，颜时瑞功不可没。第三位园主颜时瑛（1727—1792），是颜亮洲次子，例授儒林郎。颜时瑛接手泰和行后，泰和行业务蒸蒸日上，颜时瑛是位颇有经营能力的行商，他主理泰和行业务时，泰和行在行商排名中仍居前列。后来磊园经颜时瑛修葺扩建，更具规模，更显秀丽奢华。1780年颜时瑛因不能偿还外商巨款，泰和行结业颜家破产，磊园被官府拍卖，最后易手他人。

---

[1] 颜敦锘：《颜氏家谱》，1874年，颜亮洲后人颜祖侠提供。

（二）磊园往事

磊园是颜亮洲家族的居所。颜家是一个人口众多的大家庭。为对行务、家务作有效的管理，颜亮洲遵循老祖宗"习闲成懒，习懒成病"的教诲，立下颜家不养闲人懒人的家规。年幼者在家读书，年长者从父经商，打理行务。颜时瑞，颜时瑛先后主理泰和行业务，其他兄弟有的负责处理家中事务，有的负责组织货源及运输，还有的负责建宗祠及修家谱。男人在外打拼，女人在家相夫教子，孩儿在家学习嬉戏玩耍。生活在磊园的颜家人享受着夫妻恩爱、父慈子孝、兄弟和睦的大家庭生活。

磊园也是颜氏家族举办红白喜事、接受官府册封的地方。《颜氏家谱》记载了多宗当时颜家喜庆活动的情况。如：1742 年在母亲吴夫人七十大寿时，颜亮洲在磊园为她举办了隆重的寿宴。"王母七十开一设悦辰，都人士咸歌扬苦节制锦颂祝。诸当道复锡扁额门入告。特旌于是时，父（指颜亮洲）已列乡贡率不孝孙曾十余人拜舞上寿。"[1] 又如：1754 年乾隆发兵讨金需筹集军粮，诏天下之士入粟拜爵，颜时瑞应清政府之诏捐输，被授予郡守（知府）一职，其父颜亮洲诰赠中宪大夫，母亲柯夫人诰封太恭人。"命之日，太恭人服金凤三梁冠云雁披，诸孙扶掖，君（指颜时瑞）率群季随跪起，手捧花封，喜动颜色，冠盖隘衢路，观者艳之。"[2] 当时颜府（磊园）门前人山人海，观者塞道，场面热闹，如此热闹的场景在广州城西实属罕见。

（三）善人聚会处

恤族属乐善好施是颜氏家族的传统，在山东老家时已列入颜家族规，颜家后人将该传统带到福建，又从福建带到广东。颜亮洲母亲吴夫人临终遗言，将其私藏捐出用于奉祀祖先及救难济贫。颜亮洲遵之，并要求家人承其志、继其业。颜家先祖颜之推教训后人："施而不奢，俭而不吝。"[3] 颜家人经商致富后仍遵先人祖训。进士陈炎宗（字文樵，佛山人，乾隆十三年进士）曾这样评价颜亮洲夫妇："此古夫妇之好行其德者，乃近得之西郊也。今之富人挈囊如玺，其妇数米量盐视同金玉屑。乍有告贷者，辄匿避，敕婢仆勿与通。噫，吝刻同心，不终朝而尘土矣。绰亭（指颜亮洲）岂疾此辈，而矫以好义欤？顾柯恭人乐施不倦，甯强狥也。是盖天之生是，使偶者，将以风世而洗陋……"[4]

---

[1] 颜敦锜：《颜氏家谱》，1874，颜亮洲后人颜祖侠提供。

[2] 颜敦锜：《颜氏家谱》，1874，颜亮洲后人颜祖侠提供。

[3] 福建永春颜氏泊公派研究会编：《泊公之光》，《颜氏家训》，第 8 页。

[4] 颜敦锜：《颜氏家谱》，1874，颜亮洲后人颜祖侠提供。

颜亮洲之妻柯夫人 1770 年去世，当年 11 月 17 日颜家后人为颜亮洲和柯夫人举行了以大夫礼葬的合葬仪式，当日吴越闽广素车白马来会葬者几千人。受颜家相助的人们深情缅怀磊园善人颜亮洲夫妇。柯夫人去世后，颜时瑞太太曾夫人接棒继承颜家乐善好施的传统，继续支助贫苦人家。当时广州西关民众称"磊园为善人聚会处"，得此殊荣。颜家人感恩先人的教诲及家族传统的传承。

（四）在磊园成长的颜家子弟

颜氏家族历代以来都保持读书向学的传统，并以颜回好学的陋巷精神教育和激励后人。颜家先祖颜之推曰："自古明王圣帝，犹须勤学，况凡庶乎！"[①]颜亮洲为一介儒生，经商致富后仍一直保持夜读的习惯。磊园的临沂书屋是颜家子弟读书的好地方，幽静的环境、丰富的藏书、优良的师资，颜家子弟从小接受儒家文化的熏陶和教育，并以读书出仕为终极目标。颜亮洲十二个儿子，个个学有所成，皆登仕榜。颜亮洲的孙辈亦人才辈出。成长于磊园的颜亮洲孙子颜悼格（颜亮洲第五子时综之三子）1783 年考中举人，1790 年考上进士，后官至刑部主事。颜悼格鞠躬尽瘁卒于任内，以清官之名留芳于世。随后颜家子弟颜斯缉为拔贡，颜斯绅、颜斯综、颜敕适、颜保廉都考上举人。[②]

磊园是颜亮洲家族的居所，颜家几代人在此生活了四十多年，磊园的一草一木、一砖一瓦都记录着颜家人的生活轨迹，也伴随着颜家人度过了荣辱兴衰的岁月，颜家人对于磊园的往事一直都难以忘怀！颜家人在磊园的生活，是当年十三行行商在广州生活的写照。

三、雅集之所和宴乐之堂

磊园有雅集之所和宴乐之堂的雅称。颜时瑞温文尔雅，颇有儒士之风，"书巢"之名是其性格爱好的体现。磊园修葺扩建时，用于孩儿读书的"临沂书屋"，及供诗友聚会"海棠居""留春亭"等都是根据颜时瑞、颜时瑛的构思而建的。"海棠居"是文人墨客相聚吟诗作对的地方，故称雅集之所。颜时瑞，颜时瑛常集诗人于画影堂筋咏，颜时瑞常有佳作所出（可惜已失散）。颜家堂兄弟颜时普有《磊园感旧诗》存世。当时"李南涧、冯鱼山、李载园、张药房、黄虚舟、黎二樵、吕石帆、冯箕村、吴竹函、陈季常诸君子，时相过从，煮酒联吟，殆无虚日"[③]。

---

① 福建永春颜氏泊公派研究会编：《泊公之光》《颜氏家训》，第 8 页。
② 颜敕铦：《颜氏家谱》，1874，颜亮洲后人颜祖侠提供。
③（清）罗天尺、李调元等：《清代广东笔记五种》，载颜嵩年《越台杂记》卷二，广东人民出版社，2015，第 475-477 页。

颜氏家族历来有好客的传统，对漂洋过海远道而来的外商一直以礼相待。据有关资料记载，在 1739 年颜亮洲曾 "组织了一场盛大的宴会，邀请丹麦、英国、瑞典的大班，当然还有一些中国商人也应邀出席了此次盛宴。……聚会上精心准备各国美食并安排演出，通宵达旦"[1]。大班、行商到颜家赴宴既品尝了美酒佳肴也交了朋友，主客双方都十分开心。到颜时瑞、颜时瑛时代，他们也承继了颜家好客的传统。颜时瑞、颜时瑛好画工诗，广交朋友重情义，家中经常高朋满座，他们也常设宴招呼亲朋好友。颜时瑞以礼待人，外商喜与他交朋友。颜时瑛善于交际公关，与官府保持密切的联系。磊园之美景实在令人陶醉，久而久之磊园静观堂成了颜家宴请宾客的宴乐之堂。颜嵩年在《磊园记》记录了当时颜家宴客的盛况："时城中各官宦皆悉此园美观，常假以张宴，月必数举。冠盖辉煌，导从络绎，观者塞道。登门自桃花小筑，一路结彩帷，张锦盖，八骑直达堂阶，主人鞠躬款接，大吏握手垂青。宴时架棚堂前，演剧阶下，弄戏法，呈巧献技，曼衍鱼龙，离奇诡异。堂中琉璃缨络，锦缎纱厨，徽徽溢目，檐前管籥之音，曲拍之声，洋洋盈耳。"[2]

雅集之所和宴乐之堂是颜家人接待亲朋好友、文人墨客、达官贵人、中外宾客之所。通过友好往来，广交粤籍朋友，颜家人作为闽南移民的后人也逐步接受和融入岭南文化。经过岁月洗礼，他乡变故乡，颜家人也成为地道的广府人。

四、磊园后记

1780 年颜家破产，磊园亦被官府拍卖，颜家人离开了生活四十多年的磊园。颜嵩年忆述至此，亦不禁为之低徊叹息："旧日雅观荡然无存，今归伍紫垣方伯。抚今追昔，不胜乌衣巷口之感。"[3] 其实磊园是几经易手，最后由姻亲十三行行商伍崇曜拥有。后来伍崇曜去世，磊园逐渐失修，最后应验了颜嵩年的绝句："磊园旧日雅观荡然无存。"[4]

十三行行商的私家园林是清代岭南园林建筑的瑰宝，它们像珍珠一样撒在羊城的大地上，为广州这座历史名城增添了光彩。行商私家园林也在岭南园林建筑

---

① [美] 范岱克：《广州行商颜氏家族》，澳门文化杂志，2005，冬季刊第 7 页。

②（清）罗天尺、李调元等撰：《清代广东笔记五种》，颜嵩年：《越台杂记》卷二，广东人民出版社，2015，第 475-477 页。

③（清）罗天尺、李调元等撰：《清代广东笔记五种》，颜嵩年：《越台杂记》卷二，广东人民出版社，2015，第 475-477 页。

④（清）罗天尺、李调元等撰：《清代广东笔记五种》，颜嵩年：《越台杂记》卷二，广东人民出版社，2015，第 475-477 页。

史中留下历史印记。十三行行商在私家园林的生活，是当时广州富商阶层的生活写照。1856 年十三行在一场大火中落下了历史帷幕，十三行行商也退出历史舞台。曾经赫赫有名的十三行行商私家园林也随园主的命运从兴盛走向没落。多年来人们未能忘却这批曾经名誉中外的行商私家园林。随着时间的消逝，磊园、海山仙馆、小田园、潘家花园、伍家花园在人们记忆中已渐行渐远，但十三行行商在私家园林的故事一直在流传，颜家后人也依稀记起昔日在磊园的往事。

十三行行商与清代戏曲关系考

陈雅新 *

摘要： 本文搜集中外史料，首次对十三行行商与清代戏曲关系做出揭示。宏观上，行商对外贸易经营情况，影响着广州外江梨园会馆兴衰。具体联系上，行商组建戏班，参与到广州梨园行会中；家中宴会厅、园林中设有剧场，时常设戏筵宴请官员、文人、外国商人大班等，特别是每有外使访华，更要隆重演戏娱宾；每逢喜事、节庆等家中都要演戏，另有女子家班，专供行商家中众多女眷消遣。可见，行商无疑是广州戏剧的一大参与和消费群体。演戏款待外国人，特别是被限制在商馆区的外商，并将戏曲题材的外销画出口到国外，对于清代戏曲对外传播产生的作用是不可替代的。

关键词： 十三行；行商；清代；戏曲；广州

鸦片战争前的清朝政府，在对外关系上实行"闭关政策"。清代入关之初厉行海禁，康熙二十三年（1684 年）始开禁，准许广州、漳州、宁波、云台山四口通商，到乾隆二十二年（1757 年）则只准广州一口通商。当时清政府在广州指定若干特许的行商（洋货行或外洋行）垄断和管理经营对外贸易，这一组织被称为"十三行"。一直到鸦片战争后 1842 年订立《南京条约》，才打破了清政府的闭关政策，"十三行"的公行制度也随之瓦解，[①] 而行商的后代仍然在中国商界发挥着重要影响。正如朱希祖所言："十三行在中国近代史中，关系最巨。以政治言，行商有秉命封舱停市约束外人之行政权，又常为政府官吏之代表，外人一切请求陈述，均须由彼辈转达，是又有唯一之外交权；以经济言，行商为对外贸易之独占者，外人不得与中国其他商人直接贸易。"[②] 然而这一持续了近一个世纪的组织，与戏曲的关系却未有人

---

* 陈雅新，深圳大学饶宗颐文化研究院助理教授。

① 徐新吾、张简：《"十三行"名称由来考》，《学术月刊》1981 年第 3 期，第 22 页。

② 梁嘉彬：《广东十三行考·序》，广东人民出版社，1999，第 5 页。

做过专门研究。[①]本文搜集了中外史料，首次对十三行行商与戏曲的关系作出揭示。

　　商路即戏路，是研究者的一个共识。然而自 1757 年成为唯一口岸，至 1842 年中英《南京条约》规定中国开放五口，广州的国内商路受到国际贸易的显著影响。对外贸易兴盛，则入粤外省商人多，广州外江梨园会馆兴盛；反之，对外贸易冷淡，则广州外江梨园会馆亦不景气。而国外市场对于茶、生丝、土布、瓷器等不同产地商品的需求，则会引起相应省份商人的入粤，这些省份的戏班也随之而来。因此，外贸影响了广州外江梨园会馆的兴衰和构成会馆各省戏班的多寡。[②]十三行则是这一时期中外贸易的枢纽，其经营状况改变着整个广州商业，进而影响到广州剧坛。除此宏观影响外，行商与广州梨园也有很多直接的关联。

一、演戏宴请中外宾客

　　十三行设立后，洋人活动的范围被严格限制在广州城外的商馆区，不准入城，因此到行商家中做客、参观行商的庭院成了洋人最好的消遣。[③]据英国人威廉·希基（William Hickey，1749—1830）回忆录记载，1769 年（乾隆三十四年）10 月 1 日和 2 日，他于行商潘启官（Pankeequa）的乡间庭院参加了晚宴。由于这些记述是戏曲史研究的新资料，故予以详细引述：

After spending three very merry days at Whampoa, we returned to Canton, where Maclintock gave me a card of invitation to two different entertainments on following days, at the country house of one of the Hong merchants named Pankeequa. These fêtes were given on 1st and 2nd October, the first of them being a dinner, dressed and served à la mode Anglaise, the Chinamen on that occasion using, and awkwardly enough, knives and forks, and in every respect conforming to the European fashion. The best wines of all sorts were amply supplied. In the evening a play was performed, the subject warlike, where most capital fighting was exhibited, with better dancing and music than I could have expected. In one of the scenes an English naval officer, in full uniform and fierce cocked hat, was introduced, who strutted across the stage, saying "Maskee can do! God damn!" whereupon a loud and universal laugh ensued, the Chinese, quite in an ecstasy,

①关于十三行的研究，详参冷东《20 世纪以来十三行研究评析》，载《中国史研究动态》2012 年第 3 期，第 60—70 页。冷东、金峰、肖楚雄著《十三行与岭南社会变迁》（广州：广州出版社，2014 年），对十三行与岭南经济变迁、政治军事变迁、岭南城市变迁、文化变迁等方面做出探讨，没有涉及戏曲。
②参见冼玉清：《清代六省戏班在广东》，《中山大学学报》1963 年第 3 期，第 105-108 页。
③刘凤霞：《口岸文化——从广东的外销艺术探讨近代中西文化的相互观照》，香港中文大学博士学位论文，2012 年，第 89-94 页。

crying out "Truly have muchee like Englishman."

The second day, on the contrary, everything was Chinese, all the European guests eating, or endeavouring to eat, with chopsticks, no knives or forks being at table. The entertainment was splendid, the victuals superiorly good, the Chinese loving high dishes and keeping the best of cooks. At night brilliant fireworks (in which they also excel) were let off in a garden magnificently lighted by coloured lamps, which we viewed from a temporary building erected for the occasion and wherein there was exhibited sleight-of-hand tricks, tight- and slack-rope dancing, followed by one of the cleverest pantomimes I ever saw. This continued until a late hour, when we returned in company with several of the supercargoes to our factory, much gratified with the liberality and taste displayed by our Chinese host.[①]

［译：在黄埔度过了愉快的三天后，我们返回了广州。接下来的几天中，麦克林托克给了我一张来自行商潘启官两次款待的邀请函，分别是在十月一日和二日。第一天的晚宴配以英式装束和服务，在此场合中，中国人相当尴尬地用着刀和叉，各方面都符合欧洲时尚。各种最好的葡萄酒都充足地供应着。晚上上演了一部好战题材的戏，展现了很多精彩的打斗，其间的舞蹈和音乐比我预期的要好。一个场景中，一位英国海军军官被介绍上台，他穿着全身制服，戴着凸出的尖角帽，大摇大摆地在舞台上说"Maskee can do! God damn!"（一定能成功！真该死！）引起哄堂大笑，一个中国人不能自已地大喊："Truly have muchee like Englishman."（真像英国人）

第二天则相反，一切都是中式的。餐桌上没有了刀叉，所有的欧洲客人都用筷子，或者说努力用着筷子去吃。招待是极好的，上好的饮食。中国人喜欢吃高档的菜肴，保持着最好的烹饪。晚上，绚丽的烟花（也是他们擅长的）在花园燃放，花园被彩色灯笼照得十分美观。我们站在一座临时建造的建筑上，观赏了戏法、紧松绳舞，随后观赏的哑剧是我见过最巧妙的戏剧之一。演出一直持续到深夜，我们和几位大班返回了商馆，都对中国东道主的慷慨招待与美味供应感到非常满意。]

潘启官（1714—1788），同文行行商，名振承，又名潘启，外国人因称之为潘启官（Puanknequa Ⅰ）。他是十三行商人的早期首领，居于行商首领地位近30年。在潘振承之后，其子潘有度（1755—1820）、孙潘正炜（1791—1850）相继为行商，

---

① Edited by Peter Quennell, *The Prodigal Rake: Memoirs of William Hickey,* New York: E. P. Dutton & Co. Inc, 1962, p.143.

改商号为同孚行,仍在十三行中居重要地位,外商亦称他们为潘启官(Puankhequa Ⅱ、Puankhequa Ⅲ)。① 从希基的记述可知,潘启官在乡间私家园林中对英国商人与商船大班进行了款待。第一天为西餐,西式服务;第二天为中餐,中式服务。第一天晚上上演了一部战争题材戏曲,其中有滑稽演员装扮成英国海军军官,并说英语,实际上是中式的广州英语(Canton English 或 Pidgin English)。② 第二天晚上的表演有烟火、戏法、杂耍与哑剧。

1793 年英国马戛尔尼(George Macartney)使团访华,从北京返航至广州后,下榻在旧属行商的花园中。1794 年荷兰德胜(Isaac Titsingh)使团访华,也三次在同一花园中参加宴会。蔡鸿生先生引用研究者博克瑟的著作,称此花园为行商伍氏所有。③ 蔡先生所引博克瑟的原著称此花园的所有者为行商 Lopqua,非伍氏。④ 在荷使团正使德胜和副使范罢览的日记中多次提到这所花园属于 Lopqua,应无疑。蔡香玉认为 Lopqua 或为行商陈远来,此花园为陈氏旧有。⑤ 笔者认同蔡香玉的观点。陈氏花园中专门设有戏台,两国使者都在其中观赏了大量的戏曲演出。⑥ 英使团主计员巴罗记载:"有一次一个高水平的南京戏班来了广州,看来受到了行商和富民们的极力推捧。"⑦ 可见,行商还聘请了外省来广巡演的南京班招待英使。

刊于嘉庆九年(1804 年)的小说《蜃楼志》,描绘了十三行商人的生活情形。正如书中序言所说,作者"生长粤东,熟悉琐事,所撰《蜃楼志》一书,不过本地风光,绝非空中楼阁也"⑧,具有很高的史料价值。其中对于行商观剧的描写颇多。我们通过对以下一段描述的考证,证实《蜃楼志》高度的写实性:

　　……摆着攒盘果品、看吃大桌,外江贵华班、福寿班演戏。仲翁父

① 梁嘉彬:《广东十三行考》,广东人民出版社,1999,第 259-270 页。
② 关于"广州英语"以及以后的"洋泾浜英语",参见吴义雄:《"广州英语"与 19 世纪中叶以前的中西交往》,《近代史研究》2001 年第 3 期,第 172-202 页;邹振环:《19 世纪早期广州版商贸英语读本的编刊及其影响》,《学术研究》2006 年第 8 期,第 92-99 页;程美宝:《Pidgin English 研究方法之再思——以 18—19 世纪的广州与澳门为中心》,《海洋史研究》第二辑,2011,第 300-322 页;周振鹤:《中国洋泾浜英语的形成》,《复旦学报》2013 年第 5 期,第 1-18 页。
③ 蔡鸿生:《王文诰荷兰国贡使纪事诗释证》,载《中外交流史事考述》,大象出版社,2007,第 366 页。
④ C. R. Boxer, *Dutch Merchants and Mariner in Asia*, London, 1988, 1602-1795, IX, p.15.
⑤ 蔡香玉:《乾隆末年荷使在广州的国礼与国宴》,载赵春晨等编《广州十三行与清代中外关系》,广州:世界图书出版社广东有限公司,2012,第 248 页。
⑥ 荷使观剧情况参见蔡香玉:《乾隆末年荷使在广州的国礼与国宴》,载赵春晨等编《广州十三行与清代中外关系》,世界图书出版社广东有限公司,2012。
⑦ John Barrow, *Travels in China*, London: Printed by A. Strahan, Printers-Street, For T. Cadell and W. Davies, in the Strand, 1804, p.221.
⑧ 《蜃楼志小说序》,载(清)庾岭劳人说、愚山老人编《蜃楼志》,广雅出版有限公司,1983。

子安席送酒，戏子参过场，各人都替春才递酒、簪花，方才入席。汤上
两道，戏文四折，必元等分付撤去桌面，并做两席，团团而坐。……那
戏旦凤官、玉官、三秀又上来磕了头，再请赏戏，并请递酒。庆居等从
前已都点过，下如玉便点了一出《闹宴》，吉士点了一出《坠马》，施延
年点了一回《孙行者三调芭蕉扇》……①

　　外江贵华班与福寿班都见诸外江梨园会馆碑刻的记载。贵华为江西班，分别
记载于乾隆四十五年（1780 年）《外江梨园会馆碑记》、乾隆五十六年（1791 年）《重
修梨园会馆碑记》、嘉庆五年（1800 年）《重修圣帝金身碑记》、嘉庆十年（1805 年）
《重修会馆碑记》《重修会馆各殿碑记》、道光十七年（1837 年）《重修长庚会碑记》
之中。福寿为湖南班，见诸于乾隆五十六年（1791 年）《梨园会馆上会碑记》、嘉
庆十年（1805 年）《重修会馆各殿碑记》、道光三年（1823 年）《财神会碑记》、道
光十七年（1837 年）《重起长庚会碑记》之中。戏旦凤官、玉官、三秀三人，凤官，
即陈凤官，玉官即袁玉官，都作为贵华班的成员，出现在嘉庆五年（1800 年）年
的《重修圣帝金身碑记》中；三秀，即谢三秀，乾隆四十五年（1780 年）《外江
梨园会馆碑记》记载属于湖南祥泰班，《蜃楼志》记其属于湖南福寿班，这很好理解，
因为伶人同省份之间换班是广州梨园会馆的常见现象。② 这些都足见《蜃楼志》在
戏曲记述上高度的真实性，我们据此可将这段描述的原型定位在约 1800 年，这对
于确定《蜃楼志》的创作时间也具有参考意义。《闹宴》为传奇《牡丹亭》中一出，
《坠马》为戏文《琵琶记》中一出，都是昆剧折子戏，《孙行者三调芭蕉扇》或即《借
扇》，也是昆剧折子戏，因此此两班唱的也许是昆腔，至少昆腔是其唱腔中之一种。

　　1816 至 1817 年英国派以阿美士德勋爵（William Pitt Amherst，1773—1857）
为正使的使团访华。1817 年 1 月 1 日，使团从北京返回了广州，1 月 16 日，受到
行商章官（Chun-qua）的宴请。使团的第三长官亨利·艾利斯对这次宴请有以下
记述：

A dinner and sing-song, or dramatic representation, were given this evening to the
Embassador by Chun-qua, one of the principal Hong merchants. The dinner was chiefly in
the English style, and only a few Chinese dishes were served up, apparently well dressed. It
is not easy to describe the annoyance of a sing-song, the noise of the actors and instruments

---

① （清）庚岭劳人说、愚山老人编：《蜃楼志》，广雅出版有限公司，1983，第 258 页。
② 广州外江梨园会馆伶人换班的情况，详参黄伟：《外江班在广东的发展历程——以广州外江梨园会馆碑刻
　　文献作为考察对象》，《戏曲艺术》2010 年第 3 期，第 56-61 页。这些碑文参见中国戏剧家协会广东分会、
　　广东省文化局戏曲研究室编《广东戏曲史料汇编》第一辑，1963，第 36-66 页。

(musical I will not call them) is infernal; and the whole constitutes a mass of suffering which I trust I shall not again be called upon to undergo. The play commenced by a compliment to the Embassador, intimating that the period for his advancement in rank was fixed and would shortly arrive. Some tumbling and sleight of hand tricks, forming part of the evening's amusements, were not ill executed. Our host, Chun-qua, had held a situation in the financial department, from which he was dismissed for some mal-administration. He has several relations in the service, with whom he continues in communication. His father, a respectable looking old man with a red button, assisted in doing the honours. With such different feelings on my part, it was almost annoying to observe the satisfaction thus derived by the old gentleman from the stage. Crowds of players were in attendance occasionally taking an active part, and at other times mixed with the spectators – we had both tragedy and comedy. In the former, Emperors, Kings, and Mandarins strutted and roared to horrible perfection, while the comic point of the latter seemed to consist in the streak of paint upon the buffoon's nose – the female parts were performed by boys (The profession of players is considered infamous by the laws and usages of China.) Con-see-qua, one of the Hong merchants, evinced his politeness by walking round the table to drink the health of the principle guests: the perfection of Chinese etiquette requires, I am told, that the host should bring in the first dish.[①]

　　［译：章官是主要行商之一，他为大使提供了晚宴与"唱戏"，或者说戏剧演出。晚宴主要是英式，只有很少几道中国菜，显然是特意安排的。戏的恼人难以形容，演员与器具（我不愿叫它们乐器）地狱般地喧闹；整个演出让人痛苦难熬，我确信我再也不愿被要求来经历了。戏剧以恭维大使开始，称大使晋升官级的时期已定，并且指日可待。翻跟斗和戏法是晚上娱乐的一部分，表演得不错。我们的东道主章官曾在财政部门任职，因一些弊政被革职。他在公务中仍有些关系，继续联络着。他的父亲是一位看起来便可敬的老人，戴着红色顶戴，也来尽地主之谊。看到这位老先生从演出中获得的满足几乎让我气恼，因为对我而言，感受是如此不同。在活跃的部分，有时会有大量演员上场，而其他时候演员又混于观众中。我们既看了悲剧，又看了喜剧。悲剧中，皇帝、王公与大臣们趾高气扬，咆哮到了可怕的极致。而喜剧中的滑稽点似乎在于画在小丑鼻子上的条纹。女性人物由男孩来扮演。（原注：

①　Henry Ellis, *Journal of the Proceedings of the Late Embassy to China*, London, 1817, pp.418-419. 翻译参考了［英］埃利斯：《阿美士德使团出使中国日志》，刘天路、刘甜甜译，刘海岩审校，商务印书馆，2013，第286-287页。此中译本将 Chun-qua 音译为春官，将 Con-see-qua 音译为丛熙官，误。

演员被中国的法律和习俗视为低劣职业。）行商昆水官在桌旁转着，为主要客人们的健康而敬酒。有人告诉我，一个完美的中国礼节需要主人亲自端上第一道菜。〕

章官（Chun-qua），或称刘章官，名刘德章（？—1825），于乾隆五十九年（1794年）至道光五年（1825年）充当东生行行商。[1] 参加晚宴的行商至少还有昆水官（Con-see-qua）。昆水官或称潘昆水官、潘昆官、坤水官，为丽泉行洋商潘长耀使用的商名。章官嘉庆元年（1796年）创设丽泉行，道光三年（1823年）病故；因生意亏折，家产被查抄。[2] 从引文可知，章官以英餐和戏曲招待了使团。演出以例戏《跳加官》开始，既有喜剧，又有悲剧，人物有皇帝、王公、大臣和小丑等，有些出目上场演员很多，还有票友参与其中。艾利斯除了对翻跟斗和戏法有点认可外，对演出的其他方面都极不欣赏。使团医官麦克劳德对这次演出的记录更为奇特，让人难以想见是怎样的戏剧场景，足见他对中国戏剧的陌生：

During the whole of the entertainment, a play is performing on a stage erected at one end of the hall, the subject of which it is difficult, in general, for an European to comprehend, even could he attend to it for the deafening noise of their music. By collecting together in a small space a dozen bulls, the same number of jack-asses, a gang of tinkers round a copper caldron, some cleavers and marrow-bones, with about thirty cats; then letting the whole commence bellowing, braying, hammering, and caterwauling together, and some idea may be formed of the melody of a Chinese orchestra. (Their softer music, employed at their weddings, and other occasions unconnected with the stage, is not unpleasing to the ear.) Their jugglers are extremely adroit, and the tumblers perform uncommon feats of activity.[3]

〔译：在整个宴饮过程中，一部戏剧在建在大厅尽头的戏台上上演。它的题材对于一般欧洲人难以理解，甚至喧闹的音乐都足以让人退步。在小小的舞台上，聚集了许多公牛，同样多的驴，一伙补锅匠围着一口铜锅，几把剁肉刀和几根骨头，和大约三十只猫；然后牛吼、驴嘶、锤击、猫叫之声开始齐鸣，由此可能对中国交响乐的旋律产生一点了解。（他们轻柔点的音乐，例如婚礼上或其他与舞台无关的场合中所用，并不难听。）他们的杂耍极其娴熟，翻筋斗者表现了非凡的敏捷技艺。〕

① 梁嘉彬：《广东十三行考》，广东人民出版社，1999，第301—302页。
② 杨国桢：《洋商与大班：广东十三行文书初探》，载龚缨晏主编《20世纪中国"海上丝绸之路"研究集翠》，浙江大学出版社，2011，第518页。
③ John M'Leod, *Narrative of a Voyage in His Majesty's late Ship Alceste, to the Yellow Sea, Along the Coast of Corea, and Through Its Numerous Hitherto Undiscovered Islands, to the Island of Lewchew; with an Account of Her Shipwreck in the Straits of Gaspar,* London: John Murray, Albemarle Street, 1817, pp.149-150.

　　行商设戏筵宴请宾客在当时广州文人的日记中也颇常见，反映了知识精英阶层对十三行戏剧活动的参与。例如文人谢兰生的日记中记有嘉庆二十四年（1819年）四月二十七日"过万松园观剧"、十月十三日"天宝梁君请十六日戏席"，[①] 等等。万松园为行商伍氏的别墅，除谢兰生外，观生、张如芝、罗文俊、黄乔松、梁梅、李秉绶、钟启韶、蔡锦泉等嘉道间的名流也时常过从。[②] 天宝即天宝行，创立于嘉庆十三年（1808年），梁君即其开创者行商梁经国。[③]

　　法国人福尔格（Paul-Émile Daurand-Forgues，又名老尼克，Old Nick，1813—1883）在其《开放的中华》[④] 一书中，记载了他于道光十六年（1836年）七月初七受邀参加了行商秀官（Saoqua）家中的晚宴，书中对此次宴饮有以下描述：

　　　　一番恭维后，他领着我们进了宴会厅——这是一间位于宅子的正屋，即主人所住的地方。

　　　　大厅内，左右两边摆放着四张印尼苏拉特木料做成的桌子，呈一个大平行四边形，留有足够的空间通向一个椭圆形的门。门边立着两只巨大的古瓷瓶，插满色彩鲜艳的花朵，其中高高地夹着两扇宽大的孔雀羽毛。第五张桌子，也就是缫官（笔者注：误，应译作秀官）的桌子，摆在大厅的最内侧，在进门的边上，正对着另一端的是一个小戏台。整顿晚宴期间，戏台上翻跟斗和走钢丝的杂技演员以及歌手不停地表演着，虽然似乎没人瞧他们一眼。虽然桌子足够四人甚至六人入座，但每张桌子只坐两位客人，左右留出空间，不挡住人们看表演的视线。[⑤]

　　秀官（Saoqua），即马佐良（1795—1865），顺泰行商，原名马展谋。可见，在他住宅宴会厅内也设有戏台，为宴请中外宾客助兴。对主、客就坐的位置也做了特意安排，让人人都能看到演出。

二、家庭演戏

　　除了上述行商与中外官员、商人等宴饮要请戏班助兴外，在行商的家庭生活中，也经常要演戏，例如乔迁新宅。《蜃楼志》中行商苏万魁新居建成后在家中演戏庆祝：

　　　　万魁分付正楼厅上排下合家欢酒席，天井中演戏庆贺。又叫家人们

①（清）谢兰生：《常惺惺斋日记（外四种）》，广东人民出版社，2014，第8、18页。
②《番禺县续志》卷四十，成文出版社，1967，第569页。
③梁嘉彬：《广东十三行考》，广东人民出版社，1999，第323页。
④Old Nick, Ouvrage Illustré Par Auguste Borget, La Chine ouverte, Paris: H. Fournier, Éditeur, 1845.
⑤［法］老尼克：《开放的中华——一个番鬼在大清国》，钱林森、蔡宏宁译，山东画报出版社，2004，第25页。

于两边厅上摆下十数席酒，陪着邻居佃户们痛饮，几乎一夜无眠。到了次日，叫家人入城，分请诸客，都送了即午彩觞候教帖子，雇了三只中号酒船伺候，又格外叫了一班戏子。到了下午，诸客到齐。演戏飞觞，猜枚射覆。①

行商人家结婚更要演戏，例如《蜃楼志》中行商苏吉士（笑官）结婚：

腊尽春回，吉期已到……苏家叫了几班戏子，数十名鼓吹，家人一个个新衣新帽，妇女一个个艳抹浓妆，各厅都张着灯彩，铺着地毯，真是花团锦簇。到了吉日，这迎娶的彩灯花轿，更格外地艳丽辉煌。晚上新人进门，亲友喧阗，笙歌缭绕，把一个笑官好像抬在云雾里一般。②

可见，行商财力充沛，迎娶及婚礼上要同时请数家戏班，并且不但男方家里演戏，女方家中也要演。《蜃楼志》写到袁大人到行商苏吉士家中下聘礼时：

戏子参了场，递了手本，袁侍郎点了半本《满床笏》。酒过三巡，即起身告别。③

《满床笏》演郭子仪及全家皆封高官，所用笏排列满床之事，专供喜庆场合之用。

富有的行商，家中往往妻妾众多。梨园戏子都是男伶，不便为女眷演戏。因此行商家中还专门设有家班，全由女伶组成，即女戏，并在私家园林中建造戏台，供女眷们消遣，也可用来招待其他行商家中的女眷：

再说吉士因如玉回清远过节去了，只与姐姐妻妾们预赏端阳，在后园漾渌池中造了两只小小龙舟，一家子凭栏观看。又用三千二百两银子，买了一班苏州女戏子，共十四名女孩，四名女教习，分隶各房答应。这日都传齐在自知亭唱戏。到了晚上，东南上一片乌云涌起，隐隐雷鸣，因分付将龙舟收下。

次日端阳佳节……（苏吉士）着人到温家、乌家、施家，请那些太太奶奶们到来，同玩龙舟，并看女戏。④

行商苏吉士的家班由14名苏州女孩和4名女教习组成，平时分属于他的各房妻妾，为她们唱曲；聚集在一起，则是一个完整的戏班，可以搬演整出剧目。苏州是昆曲的繁盛之地，可见此时行商人家对昆曲的喜爱。观戏与观龙舟同时，可知此自知亭应是临水而建，观剧环境优雅，并"可以利用水的回声作用增添乐音

①（清）庾岭劳人说、愚山老人编：《蜃楼志》，广雅出版有限公司，1983，第43页。
②（清）庾岭劳人说、愚山老人编：《蜃楼志》，广雅出版有限公司，1983，第104页。
③（清）庾岭劳人说、愚山老人编：《蜃楼志》，广雅出版有限公司，1983，第230页。
④（清）庾岭劳人说、愚山老人编：《蜃楼志》，广雅出版有限公司，1983，第254~255页。

的幽回效果"。①

英国人艾伯特·史密斯（Albert Smith，1816—1860）于 1858 年 9 月 15 日（星期三）游玩了潘启官（Puntinqua）的花园。庭官是潘正炜的号，但潘正炜已于 1850 年离世，此庭官或指潘正炜的族人、海山仙馆的主人潘仕成（1804—1874）。② 史密斯记述了两次鸦片战争后潘氏花园破败凋零的景象，而花园中的剧场建筑依然存在：

There was a well-built stage, for sing-song pigeon, and a pavilion for women opposite to it, between which and the theatre water ought to have been.③

［译：有一座建造精良的舞台，专为唱戏之用，其对面为一座亭，供女眷们看戏之用，在亭子与剧场之间本来应该有水。］

《法兰西公报》（*Gazette de France*）1860 年（咸丰十年）4 月 11 日登载了一封寄自广州的信，文中大谈寄信者所见潘氏住宅的豪奢，谈及"妇女们居住的房屋前有一个戏台，可容上百个演员演出。戏台的位置安排得使人们在屋里就能毫无困难地看到表演"④。按年份，此潘氏庭院也应指潘仕成的海山仙馆。海山仙馆还见诸同光朝人俞洵庆的描述："距堂数武，一台峙立水中，为管弦歌舞之处。每于台中作乐，则音出水面，清响可听。"⑤ 可见潘仕成的私家花园将戏台设在水中，利用水的回声增加音乐之美，还设有看戏的亭子，坐在堂内或亭中都能看戏，更加方便了家中女眷。其情形正可与《蜃楼志》的描述相互印证、补充。

三、组建洋行班

行商是广州戏曲的一大消费群体，也许是由于对艺术和服务水准的更高要求，富有的行商们更直接组建戏班，参与到梨园行会当中。广州外江梨园会馆成立于乾隆二十七年（1762 年），会馆所立乾隆三十一年（1766 年）《不知名碑记》记载了一个专为十三行演戏的"洋行班"：

洋行班主江丰晋　陈广大

①廖奔：《中国古代剧场史》，中州古籍出版社，1997，第 25 页。
②关于潘仕成的身份是否为行商，学界有争议，但其与十三行商人的密切关系则无可置疑。参见蒋祖缘：《潘仕成是行商而非盐商辨》，《岭南文史》2000 年第 2 期，第 23—26 页；陈泽泓：《潘仕成身份再辨》，《学术研究》2014 年第 2 期，第 95—101 页；邱捷：《潘仕成的身份及末路》，《近代史研究》2018 年第 6 期，第 111—121 页。
③Albert Smith, *To China and Back*: *Being a Diary Kept, Out and Home*, London, 1859, p.43. "sing-song pigeon" 是当时的广州英语 (Canton English 或 Pidgin English) 中对中国戏曲的普遍叫法。
④转引自［美］亨特：《旧中国杂记》，沈正邦译，广东人民出版社，1992，第 90 页。
⑤俞洵庆：《荷廊笔记》，转引自黄佛颐编纂：《广州城坊志》，仇江等点校，广东人民出版社，1994，第 609 页。

　　师傅李文凤

　　管班沈岐山

　　众信崔雄士　陈友官　尹君邻　郑华官　李彩官　欧文亮

　　　　周士林　许德珍

　　子弟阿二　阿陞　广龄　金宝　长庆　国寿　四喜　九宁

　　　　德官　玉保　阿保　阿福　阿九　官友

　　　　　　　　　　　　　　　　共花钱拾陆员 [①]

　　广州外江梨园会馆为来广外省戏班的行会组织，具有行业垄断的性质。据记载，外江班是当时广州梨园的霸主，而本地班只准许在乡村搬演。[②] 洋行班为十三行行商组织的戏班，本属本地班，但能够在外江梨园会馆上会，可见其实力之强，可能是行商财可通神的缘故。其成员欧文亮在会馆乾隆二十七年（1762 年）《建造会馆碑记》中属姑苏朝元班；其师傅李文凤和众信崔雄士、许德珍都出现在乾隆二十七年的碑文中，也可能来自姑苏；其子弟，从名字看，可能是广东本地人。可知，行商也许因其他戏班雇主太多或水平欠佳，因而出钱聘请姑苏师傅及一些成员，教广州本地的子弟演唱昆曲，专门为洋行服务。

四、出口戏曲题材外销画

　　行商垄断着中国的外贸，对于茶、丝等主要货物，外商必须从行商手里购买；对于一些装饰性物品例如绘画、扇子、漆器等，则可直接从中国商铺购买。尽管如此，仍有史料说明，至少在 19 世纪初，英国官方机构会通过行商来购入中国外销艺术品。这些装饰性艺术品上经常被绘以中国的各类事物，其中戏曲图像便经常出现。

　　例如 1803 年英国东印度公司董事会给广州十三行行商写信，为印度事务部图书馆（The India Office Library）征购了一批中国植物题材绘画。1805 年董事会再次写信，称这些画得到高度赞许，期望再为他们制作一些混杂题材画作。似乎正由于此信，又一批外销画于约 1806 年被送达，其中便有 36 幅中国戏剧题材的画作。[③] 这 36 幅画原藏于印度事务部图书馆，1982 年转归大英图书馆（The British Library），架号：Add. Or. 2048—2083。它们形制统一，欧洲纸，水彩画，宽 54 厘米，

① 中国戏剧家协会广东分会、广东省文化局戏曲研究室编：《广东戏曲史料汇编》第一辑，内部刊行，1963，第 42 页。

② 杨懋建：《梦华琐薄》，载傅谨主编《京剧历史文献汇编》第一卷，凤凰出版社，2011，第 498 页。

③ 这些通信现存大英图书馆，编号：Mss. Eur. D. 562.16，参见 Mildred Archer, Company drawings in the India Office Library, London: Her Majesty's Stationery Office, 1972, pp.253-259.

高 42.5 厘米。每幅画的正下方都题有剧名，这 36 出戏分别是：《昭君出塞》、《琵琶词》、《华容释曹》、《辞父取玺》、《克用借兵》、《擒一丈青》、《疯僧骂相》、《项王别姬》、《误斩姚奇》、《射花云》、《周清成亲》（按：大英博物馆藏同内容外销画上题名"张青成亲"）《遇吉骂闯》、《齐王哭殿》、《义释严颜》、《李白和番》、《单刀赴会》、《崔子弑齐君》、《醉打门神》、《三战吕布》、《五郎救第》（按："第"同"弟"）《包公打銮》、《回书见父》、《威逼魏主》、《斩四门》、《金莲挑帘》、《由基射叔》、《醉打山门》、《菜刀记》、《酒楼戏凤》、《王朝结拜》、《渔女刺蟣》、《卖皮弦》、《辕门斩子》、《建文打车》、《贞娥刺虎》和《匡胤盘殿》。此外，与这 36 幅同批送抵印度事务部图书馆的还包括两套船舶画，其中有两幅描绘广府戏船的画作，编号分别为：Add. Or. 1978 和 Add. Or. 2019。广州的戏船，后来被称为红船，是早期的广州本地班与后来的粤剧班的生活场所与出行工具。[①]

这批外销画的写实度非常高，将中国戏剧的服饰、装扮、道具、布景等舞台面貌和演员们赖以生活和巡演的戏船都相当逼真地呈现于英国读者面前。

此外，行商的后代或曾帮助过粤剧的发展，并在光绪朝始创广州公开营业的商业戏院。据说，较早出现的粤剧细班（童子班）是清咸丰间的"庆上元"班，由艺人兰桂和华保两人任主教。他们和老艺人邝明（邝新华之父），早年曾在琼花会馆协助李文茂起义。清朝禁演粤剧，二人就借用十三行富商伍紫垣在河南（今海珠区）溪峡的花园，招收了一批儿童来传授技艺，对外则说是家庭娱乐活动。[②]伍紫垣（1810—1863），名崇曜，原名元薇，字紫垣，商名绍荣，其父伍秉鉴殁后任怡和行行主。"光绪二十五年，广州五大富商中的潘、卢、伍、叶四家，在他们居住的河南（海珠区）寺前街附近，开设了一间戏院叫'大观园'。这是广州有史以来第一间公开营业的戏院。"[③] 此四家的祖上都是行商。

至此，我们对十三行商人与戏曲的关系做初步总结。宏观上，长期作为中西贸易的唯一枢纽，行商对外贸易上的经营情况影响着广州外江梨园会馆的兴衰。具体联系上，行商组建戏班，参与到广州梨园行会当中；家中宴会厅、园林中都设有剧场，时常设戏筵宴请官员、文人、外国商人大班等，特别是每有外使访华，更要隆重演戏娱宾；每逢喜事、节庆家中都要演戏，甚至同时雇请数班，另有女子家班，专供行商家中众多的女眷消遣。可见，行商无疑是广州戏剧的一大参与和消费群体。演

---

① 以上 38 幅画均可参见王次澄、吴芳思、宋家钰、卢庆滨编著：《大英图书馆特藏中国清代外销画精华》第 6 册，广东人民出版社，2011。
② 赖伯疆：《粤剧史》，中国戏剧出版社，1988，第 301-302 页。
③ 赖伯疆：《粤剧史》，中国戏剧出版社，1988，第 314 页。

戏款待外国人，特别是被限制在商馆区的外商，并将戏曲题材的外销画出口到国外，对于清代戏曲对外传播产生的作用是不可替代的。并且由于行商巨大的戏曲需求所致，在十三行所在的商馆区街道上还汇集了诸多的戏曲相关商铺，包括戏服铺、戏筵铺、搭戏棚铺、鼓乐铺、乐器铺，等等，都被如实地描绘在了19世纪初的广州外销画中，[①] 反映了由十三行所带动的整个广州戏剧生态的繁荣。

　　十三行与戏曲的关系，无论对于十三行研究还是戏曲史研究都是一全新的话题。事实上，发端于15世纪末的"全球化"浪潮，至18、19世纪愈发强劲；作为中西唯一贸易枢纽长达近一个世纪的十三行，是"全球化"与清代中国的重要连结点。以往的戏曲史研究往往对清代所处的国际政治、军事、经济等因素考虑不足，考证十三行与戏曲的关系，既为"全球化浪潮中的清代戏曲"这一以往被忽视的面向做出尝试性探索，也为理解十三行在清代社会、文化、政治中扮演的角色提供了一个独特的视角。

　　　　　　　　　　（本文原载于《戏曲研究》第108辑，2018年第4期。有改动）

① 详参拙作《外销画中的十三行街道戏曲商铺考》，《中华戏曲》第59辑，2019年第2期，第50—69页。

清代广州行商家族与文人谭莹交往考

庄　妍 *

摘要： 清代广州十三行行商家族财力雄厚，且多附庸风雅，喜好与士人学者结交、合作。行商逐渐在广州建立起自身士人社会网络，其中与学海堂学长谭莹联系甚密。谭莹与潘、伍两家关系亲密，常游宴唱酬，更有协同潘仕成、伍崇曜汇辑刊刻乡邦古籍文献的义举，为岭南文化建设贡献良多。

关键词： 十三行行商；谭莹；潘氏家族；伍氏家族

自乾隆二十二年（1757 年）清政府敕令仅保留粤海关一口对外通商，广州十三行成为唯一面向西方的进出口贸易区。十三行行商一跃成为中国最富有的商人群体之一。但受中国传统儒家"抑商"价值观念影响，财富无法保护自身，反而富裕的行商家族更易遭受莫须有的勒索、敲诈攻击。通过结识当地文人学者、与士绅合作文教慈善事业等方式，以提高行商家族政治地位和社会名望，增强实质影响力和自保能力，是行商群体必然选择的交往手段。谭莹为广州著名学者，与行商联系密切、私交甚笃。两者的学术交流合作，为推动岭南文化繁荣作出积极贡献，且投映了清代广州士商合流的现象。

截至目前，针对行商家族与文人学者关系的研究，有李绪柏《清代洋商家族与广州文人学者——以潘氏、伍氏为例》（2011）、黎聪《论晚清广州十三行的士商文化合流——以怡和行伍崇曜为中心的考察》（2016）及潘剑芬《广州十三行行商潘振承家族研究（1714—1911 年）》（2017）等著作，多数以行商大族潘氏、伍氏为代表综合论述其与士绅的合作往来。而专于行商与谭莹的交往，学界内多关注伍氏伍崇曜与谭莹合作汇辑刻印乡邦文献典籍的事迹，如谭赤子《丛书刊刻、青史留名——论谭莹和伍崇曜的合作》（1996）、高炳礼《伍崇曜、谭莹与〈粤雅堂丛书〉》（1997）、黎聪《清季广东士商刻书之风略论》（2016）等代表性文章。

---

* 庄妍，广州大学广州十三行研究中心暨人文学院历史系研究生。

关于伍崇曜与谭莹合作关系的研究成果较为丰富，但谈及行商群体与谭莹的私交往来等方面均有待探讨的空间，本文以此试作探求，不足之处还望方家正之。

一、文澜书院与学海堂

十三行行商身家丰厚，然初代行商多迫于经营生计，力求扎根广州，无暇兼顾文化事业。伴随数代洋行的财产累积，物质条件丰厚的二、三代行商愈发关注提升社会地位名望，日渐积极投资慈善、教育、文化事业方面。行商热心公益事业，如赈济救灾、筑路修桥、兴办书院等，然有财力而缺乏人脉资源。因此常邀请文人士绅牵线搭桥，一同参与其中，两者互补，使宣传、建设效果相得益彰。行商与谭莹的交往，便以士商合作的文澜书院为始，以谭任教于岭南重要学府学海堂为重要时期。

嘉庆十六年（1811 年），进士何太青等呈请，行商合议将广州太平门外下九铺绣衣坊的公产房屋捐出，用作修濠公所，而在"设立公所之处，更择数椽，创建书院，为士子会文之所"[1]，即文澜书院，以期"振兴文运"。助力行商有诸下：

卢广利　潘能敬堂　伍怡和　叶大观堂

刘东生　潘丽泉　　谢东裕　梁天宝

麦同奉　李万源　　关隆福　黎西成[2]

其中囊括当时大部分行商家族，集体行动可见行商群体对文化教育事业的关心。且文澜书院由行商卢、潘、伍、叶四家递年轮植，并负责推出八位绅士管理院内大小事务，行商掌控了文澜书院的主导权。[3]

《书院规程》第一条规定："向章凡居西关，须税业三十年后，进庠中式，始得入院。送报到书院时必须通知当年值事及各老前辈，查确并无欺饰及身家清白者方可列入。"[4]"凡居西关，须税业三十年后"，可知书院对本土地域认同的关注，加之"进庠中式"，即指参加文澜书院的成员，必须参加科举考试并取得功名，反映出文澜书院对绅士身份和地位的重视。但行商因其资助行为，院章特别规定捐赠书院的部分洋商家族可永远有一人以非科甲出身加入文澜书院，参与祭祀和分胙。[5]行商在文澜书院的影响力颇大，亦能设想到行商在书院经营时期结交士子文

---

① （清）吕鉴煌：《文澜众绅总录》，光绪十七年刊本，第 4 页。

② （清）吕鉴煌：《文澜众绅总录》，光绪十七年刊本，第 4 页。

③ 龚志鎏：《广州西关士绅和文澜书院》，载《广州文史资料》（第十二辑），广州市文史资料研究委员会，1964，第 162 页。

④ （清）吕鉴煌：《文澜众绅总录》，清光绪十七年刊本，第 4 页。

⑤ （清）吕鉴煌：《文澜众绅总录》，清光绪十七年刊本，第 4 页。

人的便利性。

据《文澜书院众绅录》所载，院内学生曾出甲班（进士）四十五人，举人二百六十三人，副贡三十五人，拔贡十三人，优贡十一人，其余岁考、科考、官立学校毕业生不胜枚举。书院造就英才甚多，包括后来学海堂学长谭莹、曾钊、熊景星、周寅清等人，以及负有盛名的状元梁耀枢、榜眼林彭年等，谭莹之子、榜眼谭宗浚亦在其中。行商迫切希望提高自身社会地位，有上层绅士为主的文澜书院作为契机，定然会踊跃参与书院事务、积极结识院内学者。

谭莹（1800—1871），字兆仁，号玉生，广东南海（今广州）人。谭年少便才华出众，受到时任两广总督的阮元赏识。"年弱冠，出应童试。时仪征相国阮元节制两粤，以生辰日避客，屏驺从，来往山寺，见莹题壁诗文，大奇之。"①且强记过人，"于先哲嘉言懿行，及地方事沿革变更，虽隔数十年，述其颠末，丝毫不爽"②，自然会是行商愿意主动结交的学者。且文澜书院异于广东其他书院，不设分科讲学、不读学经史，实为绅士聚集之场所。士商聚会频繁，行商与谭莹在书院期间必然有过交集。又有史载："莹与方伯伍崇曜世交"。伍崇曜（1810—1863），原名元薇，字良辅，号紫垣。生于嘉庆五年（1800年）的谭莹仅相比生于嘉庆十五年（1810）的伍崇曜大十岁，"世交"或说明两者早有联系，且维系数十年，密切程度可见一斑。

学海堂与文澜书院脉脉相通，学海堂最初即设于士商合作的文澜书院。嘉庆二十五年（1820年），两广总督阮元"开学海堂以经古之学课士子，手书'学海堂'三字匾悬于城西文澜书院"③，又"见莹所作《蒲涧修禊序》及《岭南荔枝词》百首，尤为激赏"。阮邀请谭莹成为学海堂学长，谭"自此文誉日噪，凡海内名流游粤者，无不慕与缔交矣"④。学海堂后因考课人数增多，地址狭小，道光四年（1824年）迁至新筑的粤秀山麓堂舍。

道光年间，谭莹当时即在学海堂任职，行商之首伍崇曜联同大盐商潘仕成出银七千两维护修缮黄埔沿岸的赤岗、琶洲两塔，诚邀"公正绅士"谭莹、徐序经、黄元章三人主持事宜。谭助力潘仕成写《代潘德畲廉访伍紫垣观察请同修赤岗琶洲两文塔启》，从中协助潘伍顺利完成修塔事宜。此外又有不少文章书启，如《碧纱笼征诗启》（代德畲廉访作）、《约同修六省战船牒诸神疏》（代潘德畲廉访作）、和《代潘德畲观察请增修省闱号舍并修学署考棚启》等。谭莹愿在乡邦公益事业

①同治《南海县志》卷十八《列传（文学）》，第597页。
②同治《南海县志》卷十八《列传（文学）》，第598页。
③（清）张鉴等：《雷塘庵主弟子记》卷五，清道光琅嬛仙馆刊本，第154页。
④同治《南海县志》卷十八《列传（文学）》，第597页。

上辅助潘氏、伍氏，关系理当友好且熟稔。

　　因"重士抑商"的传统观念，行商虽富非贵，培养子嗣入仕又需时间，故优先结识当地士绅。士商凭借双方优势相辅相成，实现互利互惠。行商亦以合作的文化平台为契机，多积极结交有才华、或有发展潜能的学子，谭莹即为其中典型。

二、游宴唱酬与以雅会友

　　行商家族享有万贯家财，衣食无忧，精心修筑了居处，兴建亭台楼阁，如潘氏南墅、清华池馆、海山仙馆，伍氏远爱楼、听涛楼、万松园。且有心与官员文人攀交，景色宜人、清幽舒适的园林自然成为行商诚邀士绅学者宴会交游、吟诵唱和的理想场所。

　　潘氏于南墅"双桐圃"内设私塾，读书业儒，亦设有赏花论诗等会。谭莹曾作《春日过潘伯临万松园赋白秋海棠》诗："顾影伶俜未著尘，铅华竞忏也前因。艳阳翻易销魂局，新寡尤怜绝代人。已悟色空仍堕劫，不禁风雨转伤春。楸千庭院如弓月，写照无由说写神"[1]，描绘园中海棠花的美景。记载亦有谭莹与潘氏第三代潘正亨交往尤深，称"仆以忘年之小友，作比邻之寓公"[2]。谭以忘年之好形容两人，应是对潘相当熟悉，且情谊深厚。

　　更有世交伍崇曜"素耽风雅"，"亦好绘事，间作梅花小品"[3]，偏爱在万松园中举办诗画雅集。谭莹在其诗文中就有道光十四年（1834年）伍崇曜在万松园清晖池馆举办绘画盛事的记载：

> 　　紫垣孝廉，门推韩穆，誉美扬班，玉树年华，金荃著撰。一家词赋，谁别室以处杨惜？盖代才名，仍下榻以留徐稚。擅乌衣之门第，惜锦带之光阴。凤富亭台，雅宜觞咏。岁在甲午，谁曾宴春？日匪重三，未防用已。乃集同人，修禊于清晖池馆焉……于是坐兼童冠，谈仿张裴。对擘华笺，传观雅什，吟怀既邕，绘事多工。绢素新裁，丹青凤擅。写禽鱼之意态，摹花果之精神。次第相催，回环尽致。诩吾宗之妙墨，合众手以图成。盖同集者二十一人，能画者十一人，而君家且五人也，盛矣哉！
>
> 　　　　　　　　　　　　　　　——谭莹《清晖池馆春禊序》[4]

①（清）谭莹：《乐志堂诗集》卷三，清康熙李宗渭刻本，第72—73页。

②（清）谭莹：《乐志堂文集》卷九，上海古籍出版社，2002年，第43页。

③汪兆镛编纂，汪宗衍增补：《岭南画征略》，广东人民出版社，2011年，第161页。

④（清）谭莹：《清晖池馆春禊序》，载《清代诗文集汇编》第606册《乐志堂诗集》卷六，上海古籍出版社，2010年，第66页。

此地雅宜风雨月，一家同擅画书诗。

——谭莹《清晖池馆春禊诗次紫垣孝廉原韵》①

再有"谭玉生云：春岚都转幼负诗名，筑听涛楼于万松山杨子宅畔，多藏书籍、图画、金石、鼎彝，与萝村、琴山、槐乡、秋浦、子春、梦秋诸君子啸咏其中"②及"紫垣方伯远爱楼，廿年来小除夕迄上元，则同张宴于其上"③等记载，知晓潘伍两大行商家族均热衷游宴唱酬，雅集丰富而频繁，其中数次邀请谭莹前往，谭亦欣然赴约，留下佳作或记录。

此外参与行商游宴唱酬活动的，除谭外，再有黎简、谢澧甫、刘彬华、吴荣光、赵均、吴兰修、张维屏、熊景星、谭莹、梁梅、孟鸿光、陈澧、桂文耀等文人，诗文集和著述均有记载，其中多为学海堂学长。行商群体能与广州重要文化阵地学海堂的学者群体密切交往，对行商提高社会影响力、发展文化教育事业意义深远，同时也反映出行商对学者名士的看重与向往。

通过财力等资源结交文人墨客，行商也许可得到一定的人脉帮助、附庸风雅的名声。但依靠他者帮扶始终不是长久之计，行商亦知晓提高自身文化修养、重视后代教育，族人学术有成或进入仕途方为真正解决商人身份的弊端。行商家族竭力培养子嗣学习儒家经典、诗词书画等文艺，整体多逐渐出现亦儒亦商的转化趋势。

如潘氏家族后代开始出现擅诗词、工书画、精鉴藏等各式人才，文化色彩或儒化色彩日益浓郁。谭莹就曾撰文对此赞叹道："禺麓潘氏门才特盛，毅堂舍人、伯临比部、棣勇庶常、星渚孝廉、季彤都转、韵石、穀香两员外、黎斋分司、骏坡文学，先基足懋，仪望俱华"。④细有谭莹于《楚庭耆旧遗诗》评价诗人"潘定桂，字子骏，一字骏坡，番禺人，诸生，钧石子，著有《三十六村草堂诗钞》。谭玉生云：骏坡尊人钧石，以艳体诗得名，骏坡有句云'无恨安能作，明月有情终。'恐隔银河亦可味"⑤，以及潘家才女潘瑶卿，被谭莹为诗、书、画三绝之才。日常所画《鱼蟹扇面》，即有包括梁廷枏、潘兰史、谭莹、许祥光、夏廷桢等名士文人的题跋。其才情出众，又可印证潘家重视子嗣教育的家风。

潘氏家族人才济济，第三代成长时已向儒学世家转化，如有进士潘正常；举

① (清)谭莹：《乐志堂文续集》卷一，清咸丰十一年吏隐园刊本，第69页。
② (清)伍崇曜：《楚庭耆旧遗诗·伍元华》续集三十，道光刻本，第1页。
③ (清)谭莹：《乐志堂文续集》卷一，清咸丰十一年吏隐园刊本，第50页。
④ (清)谭莹：《乐志堂文续集》卷一，清咸丰十年吏隐园刻本，第32页。
⑤ (清)谭莹、伍崇曜：《楚庭耆旧遗诗》，载《广州大典》第497册，广州出版社，2015，第338页。

人潘正绵、潘正琛、潘正昌；詹事府主簿潘正纲、潘正裕；翰林院编修潘正炜；布政使司理问潘正辉；候选州同潘正义；诗人、鉴藏家潘正衡；书法家潘正亨等等诸多族人。其或为官，或文人，体现出潘家通过读书业儒、科举入仕，改变商贾身份的决策正确与成功。

再如伍氏家族家风雅盛。伍秉镛"资禀既厚而又泽以诗书，顾其陶写性情，率皆敦厚温柔而无愤闷激昂之慨，庶几合平和之旨"[①]，诗歌风格平和温厚。常与岭南名辈宋湘、谢兰生、颜时普、钟启韵、张如芝等"时相扬扢，啸竹吟花"[②]；伍宗泽，时称一代诗才，其诗"即事会心，甄俗从雅，例之国朝樵李周青士、江都郭元釪，其人其诗殆不多让"；伍元荳，所写之诗喜好谈禅论道，别有深意；伍肇基，水墨丹青图在岭南画坛为一绝；伍元华，除喜好结交文人学者，于"万松山杨子宅畔，多书籍、图画、金石、鼎彝，与萝村、琴山、槐卿、秋浦、子春、梦秋诸君子啸咏其中"[③]，本身亦诗画双绝。伍氏家族对藏书、金石、诗文、书画的钟情，培养数位族内才人，是名副其实的文化家族。

谭莹对其世交好友伍崇曜更了解甚多。伍崇曜虽年纪轻轻接掌伍氏怡和行行务，并兼任公行总商，日理万机，但为人好学，自小受到了良好教育，国学功底扎实。谭莹《紫垣伍公神道碑文》载："惟公生有异禀，凤擅英姿，古谊忠肝。清襟胜托光华，城阙感召风雷。读等身之书，勤烨掌之业。年十三补博士弟子员，受知于潞河白小山大冢宰。人间来去，惊园令之文章；天下安危，原小范之责任。常熟翁文端师相尤激赏焉，旋食廪饩，援例就职教谕，传衣钵，所深期。"[④]自身尤擅诗艺，著有《粤雅堂吟草》及《茶村诗话》等集。为便于聚书、藏书，筑有远爱楼，取义于苏东坡"远望若可爱"。伍、谭二人在此"储书万签，贮酒千斛，相与命俦啸侣，送抱推襟，考川岳之图经，话生平之阅历"[⑤]。伍崇曜能与名家谭莹结为知己，畅谈诗文人生，定然有其才华独到之处。

行商热衷与文人学者往来，实际不仅是为谋求潜在利益，也有自身热爱儒学传统文化的缘由。潘、伍两家后世日渐成为书香世家，并非虚有其名，是行商家族数代人好儒向学的成果。

① (清) 伍秉镛：《渊云墨妙山房诗钞》，载《清代诗文集汇编》第476册，上海古籍出版社，2009，第315页。
② (清) 谭莹、伍崇曜：《楚庭耆旧遗诗》，载《广州大典》第497册，广州出版社，2015，第342页。
③ (清) 谭莹、伍崇曜：《楚庭耆旧遗诗》，载《广州大典》第497册，广州出版社，2015，第344页。
④ (清) 谭莹：《乐志堂文续集》卷二，清咸丰十年吏隐园刻本，第139页。
⑤ (清) 谭莹：《乐志堂文集》卷十一，载顾廷龙主编《续修四库全书》第1528册，上海古籍出版社，2002，第15页。

三、合作刊刻图书文献

潘伍等行商家族的儒商精神，体现在不但关注自身家族需求、谋求社会地位，同时对岭南教育事业亦有贡献。行商多积极资助文化公益事业，支持地方文化建设，尤其彰显在刻书义举之上。而行商在对书籍搜集、校对事项上，毕竟无文人学者熟知，故多选择聘请熟悉的名家帮助辑刻。谭莹亦喜好搜集藏书，其子谭宗浚《希古堂书目》自序"余家希古堂书，凡先教授之所遗，近三万余卷……虽无宋元佳本，然搜采畧备"①，为保存广东本土乡邦珍贵文献"不至湮没，而后起有好学深思之士，亦得窥见先进典型"②，致力于对古籍的搜集、整理。《南海县志》评价其"有功艺林，尤在刊刻秘籍巨编"③，特别是与潘、伍合作刻书一事上。

潘称辑刻藏书"并非以为名，恐其历久就湮，故为之荟萃，以公诸士林，冀免乎私蒙庄攘论衡之诮焉"。潘刻书不以营利为目的，只为传统文化得以传承传播。如叶志诜为之写序所说："天下可宝者，莫如书。与其韫而藏之，孰若使之灿著焉，不致湮灭而不彰也。与其分而置之，孰若为之荟萃焉，不致散脱而浸失也。"说明其对潘刻书行为的赞许。潘氏潘仕成所刻有《海山仙馆丛书》140 卷、《佩文韵府》140 卷、《韵府拾遗》20 卷、《经验良方》10 卷、《水雷图说》1 卷等。《海山仙馆丛书》最为出名，据载谭莹也曾为《海山仙馆丛书》一书写过序言，且参与校定，此外还有孟鸿光、李性一同校刊。该丛书成为广东刻印之善本，具有独特的文学价值。

伍氏伍崇曜，接管伍家怡和行后成功带领其达到鼎盛，继潘氏成为行商群体领袖。伍崇曜商业成就夺目，其也热衷刊刻书籍文献，对传播发展岭南文化事业贡献突出。伍性耽风雅，爱好文学，致力于搜书、藏书、刻书，建粤雅堂在其间"遍收四部图书，尤重此邦文献"④。辑刊有《岭南遗书》六集 59 种 343 卷、《粤十三家集》13 种 182 卷、《楚庭耆旧遗诗》前后续三集 74 卷、《粤雅堂丛书》三编三十集 185 种 1347 卷、《舆地纪胜》200 卷、《金文最》120 卷等。刻书数量繁多，清末张之洞曾提到，"其书终古不废，则刻书之人终古不泯，如歙之鲍，吴之黄，南海之伍，金山之钱，可决其五百年中必不泯灭。"⑤评价之高，引人赞叹。刻书缘由同样也是为了惠及文坛，有记载，"粤雅堂者，旧辑《岭南遗书》《粤十三家集》

---

① 徐信符：《广东藏书纪事诗》，文海出版社有限公司，1975，第 161 页。

② 同治《南海县志》卷十八《列传（文学）》，第 599 页。

③ 同治《南海县志》卷十八《列传（文学）》，第 599 页。

④ （清）谭莹：《粤雅堂记》，《乐志堂文集》卷十一，载顾廷龙主编《续修四库全书》第 1528 册，上海古籍出版社，2002，第 12 页。

⑤ 范希曾编：《书目答问补正》，上海古籍出版社，1983，第 341 页。

《楚庭耆旧遗诗》之地而因以署焉者也。言念桑梓之邦，恭敬敢后，从事枣梨之役，推广宜先。岁月不居，行能无算，酌丛编之前式，俾故帙之永传。"①可谓精神高尚。

伍崇曜的刻书事业，好友谭莹在其中发挥了极大的助力。"莹与方伯伍崇曜世交，知其家富于赀而性耽风雅，每得秘本巨帙，劝之校勘开雕。"②谭莹自己与伍氏"交谊特深，生平尽悉"③。伍的刻书构想，定然有谭在鼓励支持。且伍氏所辑刻之书，均是谭莹为之搜集、校勘，故在所刻之书中的每卷末尾明确标有"谭莹玉生覆校"或"谭莹玉生校"字样。徐信符《广东藏书纪事诗》中也明确指出"玉生为伍氏校刊《粤雅堂丛书》，每集有序文，每书后有跋，可见其熟于流略"，又"（伍崇曜）当日藏书延南海谭玉生莹为之评刻。玉生博考粤中文献，凡粤人著述，代为搜罗，择其罕见者刻之，曰《岭南遗书》五十九种，三百四十三卷。曰《粤十三家集》一百八十卷。其中或先代孤忠，或胜朝遗老，元精耿耿，赖以留存。选刻近人诗，曰《楚庭耆旧遗诗》七十四卷。又博采海内书籍罕见者汇刻之，曰《粤雅堂丛书》一百八十种，共千余卷，《续刻》《三刻》尚未计。凡伍氏校刻者，二千四百馀卷。跋尾二百馀篇，则玉生所为，而署名伍绍棠也"④伦明《辛亥以来藏书纪事诗》亦云："（谭莹）尝为伍氏校刊《粤雅堂丛书》，每书后有伍绍棠跋，其所捉刀也。"⑤

伍本人提及"玉生谭君，心苦访求，力襄订正"⑥，由衷感谢肯定谭的贡献。谭也表露自己"原惭学圃，惯诣墨庄，曾为搜罗，实襄雠校"⑦，直接参与伍氏刻书。谭莹身兼数任，不单为学海堂学长，且同期也协助潘仕成辑刻《海山仙馆丛书》，在伍氏刻书事宜上始终尽心竭力。《广东文征》曾提到："南海伍氏好刻古籍，延莹主其事。凡刻《岭南遗书》五十九种，三百四十三卷；《楚庭耆旧遗诗》七十四卷；又博采海内罕观书籍，汇为《粤雅堂丛书》一百八十种，共千余卷。皆手自校刊，凡为跋尾二百余通。生平精力略尽于此矣。"⑧两人配合默契，从道光十一年（1831年）辑刊《岭南遗书》起，到同治二年（1863年）伍崇曜病逝，刻书合作长达三十余年，情谊深厚。徐信符作《伍崇曜粤雅堂》诗云："岭南遗著楚庭诗，珍本雕刊赖主持。朗朗玉生资顾问，堂开粤雅有余师。"⑨

①（清）谭莹：《乐志堂文续集》卷二，清咸丰十年吏隐园刻本，第62页。
②同治《南海县志》卷十八《列传（文学）》，第598页。
③（清）谭莹：《乐志堂文续集》卷二，清咸丰十年吏隐园刻本，第144页。
④徐信符：《广东藏书纪事诗》，文海出版社有限公司，1975，第162页。
⑤伦明：《辛亥以来藏书纪事诗》，上海古籍出版社，1990，第3-4页。
⑥（清）伍元薇：《粤十三家集》卷一九十一（上），载《广州大典》第501册，广州出版社，2015，第4页。
⑦（清）谭莹：《乐志堂文续集》卷二，清咸丰十年吏隐园刻本，第144页。
⑧吴道镕：《广东文征》第五册，香港中文大学出版社，1978，第11页。
⑨徐信符：《广东藏书纪事诗》，文海出版社有限公司，1975，第160-161页。

二人刻书功绩显著。据载："崇曜思刊刻书籍，以惠士林。乃延同邑谭莹与编订。首刊《岭南遗书》六十二种，《粤十三家集》各种，《楚庭耆旧遗诗》七十二卷，粤东文献略备，乃广搜秘本，刻王象之《舆地纪胜》二百卷。此外零珠碎璧，集腋成裘，共成《粤雅堂丛书》二百余种……崇曜所刻多世不传本，与同时番禺运使潘仕成《海山仙馆丛书》并为艺林所重，自此广州学者不出门，而坐拥百城矣。"①潘、伍两家与谭莹协作刊刻古书文献，共同为岭南文化事业发展贡献良多，为当时广州士人及后代所颂扬。因此缘故，潘仕成的海山仙馆、伍崇曜的粤雅堂名声大振，与康有为的万木草堂、孔广陶的岳雪楼合称"粤省四家"。②

谭莹直接负责搜集、校勘等事宜，为行商刻书助力良多，且清代广州文人学者，大多通过谭莹的关系，参与伍氏刻书事业。《粤雅堂丛书序》记载："仍与玉生广文同发旧藏，各从转借，参怀撰定，殚极邱坟，校练有无，损併存佚。愧颜少监之讨析必畅本源，同诸葛相之交游独观大略。不拘时代，间考生平奥义名言，随钞琐录昔贤之剩稿，佚女所戏编，……苦奢愿之难偿，怜壮心之未已。藏山谁敢，寿世可期。更殷勤以访求，仍次第以刊布。"③伍、谭二人均为搜寻古籍费尽心血，寻找同仁友人协助。

如学海堂学长侯康病逝后，另一学长金锡龄"急向其弟子琴索取遗书，先将《谷梁礼证》厘为二卷，与《春秋古经说》二卷、《补后汉书艺文志》四卷、《补三国艺文志》四卷交谭玉生广文，刊入《岭南遗书》"④。

再有谭好友陈澧在致徐灏一信中道："《燕乐考原》有江郑堂续论一书，曾勉翁有其书，亦欲付玉生刻梓，祈早将凌氏书寄来付刻为望。澧近得王白田《朱子年谱》，其附录《朱子要语》一卷尤精，亦欲付玉生刻之。"⑤陈澧所推荐的凌廷堪《燕乐考原》、江藩《乐县考》、王懋竑《朱子年谱》及附录《朱子论学切要语》，后均刊入《粤雅堂丛书》中。

又如学海堂学长李光廷主讲端溪书院时，在《与谭玉笙学博书》中说："弟课士之暇，间搜端人著作。日从友借得《温氏家集》，乃德庆温陶舟孝廉遗书……天能毁温氏之板，而终不能令此已梓之书不留人世。……顾近世嗜古已少，单集之行，或限方隅。惟伍氏《粤雅堂丛书》，久驰海内。今紫垣方伯虽没，其子子星

①光绪《广州府志》卷一二九《列传十八》，第3952页。
②伦明：《辛亥以来藏书纪事诗》，上海古籍出版社，1990，第14页。
③（清）谭莹：《乐志堂文续集》卷一，清咸丰十年吏隐园刻本，第62页。
④（清）金锡龄：《劬书室遗集》卷十，载《广州大典》第464册，广州出版社，2015，第116页。
⑤（清）陈澧：《与徐子远书二十一首》，陈之迈整理：《东塾续集》卷四《近代中国史料丛刊》，1972，第186页。

孝廉亦宜阐发幽光，绍承先志。倘能附彼刻入，藉众材以擎孤学，使传之天下，知吾粤尚有读书人，此则区区之心，不能自已者也。""不久子星回书，云已梓入《岭南遗书》中。"①

诸上例子可见，以谭莹为纽带，清代广州文人或因谭参与到行商辑刊图书，为书籍内容、质量提供更有力的保障，推动岭南图书刊印事业实现更高的成就。该特征亦是行商与文人学者合作的积极表现，印证了士商合作的普遍性与可行性。

四、结语

清代广州十三行行商喜好与当地士绅文人交往，利用财力投资建设乡邦文化、公益事业，既是为获得社会认可，也是其实现向社会上层流动的途径之一。谭莹年少有为、才华横溢，早年便与潘、伍两家直系成员相识，多宴会交游、吟诵唱和，交往频繁。其与潘仕成、伍崇曜的合作辑刻乡邦图书文献，推进了广东的学术文化和出版事业。潘、伍家族与谭莹之交是士商合作的范例。以谭莹为线索，亦梳理出行商家族与文人群体如学海堂学者等，联系广泛且关系密切，印证出清末广州士商合流趋势。

①（清）李光廷：《宛湄书屋文钞》卷一，载《广州大典》第 465 册，广州出版社，2015，第 165 页。

试论晚清广州行商的慈善活动——以九善堂为例

黄 怡[*]

摘要：慈善事业作为人们日常生活中不可或缺的一部分，在清末民初的的广州社会面临着前所未有的嬗变。第一次鸦片战争后，广州官办慈善组织开始走向没落，而民办慈善组织逐渐占据主导地位。作为晚清广州民间慈善机构的代表，由广州七十二行商创办的九善堂承担了社会救济的主要责任。同时，广州十三行的后代也曾参与到九善堂的救济活动中，这也可反映出鸦片战争后广州十三行后人的发展动向。

关键词：广州七十二行；广州十三行；九善堂；行商

关于广州善会、善堂的研究，目前学界成果比较丰硕。夫马进的《中国善会善堂史研究》考察了中国善会善堂发诞生的历史背景、清政府的慈善救济活动、善会善堂组织与中国近代地方自治的关系。梁其姿的《施善与教化——明清的慈善组织》试图透过民间慈善组织发展的历史，看社会经济改变与价值观改变的关系。邱捷的《清末广州的"七十二行"》论述了 19 世纪末 20 世纪初，广州行会的联合团体"七十二行"在地方政治、经济生活中产生的影响。熊燕的《九善堂与清末民初广州社会》认为善堂具有"护商"性质，善堂的组建者——七十二行商人亦官亦商，同时具有政治性和社会性。广州九善堂的研究，学术界空白已有所填补，但现有学术成果少有将广州十三行与九善堂联系起来，少有学者关注到十三行后人在鸦片战争之后的发展去向。因此本文试图以广州慈善事业的发展为脉络，论述广州七十二行与九善堂之关系，并初步探析"后十三行时代"的行商后人在广州进行的慈善活动。

* 黄怡，广州大学广州十三行研究中心暨人文学院历史系研究生。

一、清代广州慈善行业发展之概况

若要论述广州地区慈善事业的发展，则十分有必要将清朝建立以来广州的慈善事业发展历程作一简单梳理。广州慈善组织的建立起步较晚，前期发展缓慢，清晚期之后才逐渐发力。总体来看，雍正时期建立的慈善组织较多，乾隆、嘉庆年间有所下降，同治至光绪年间才恢复到雍正时期的发展势头。在整个清朝统治时期，官办慈善机构的数量始终都占较大比例，根据梁其姿《施善与教化——明清的慈善组织》一书统计，1646 年至 1911 年间，广东地区的育婴堂共 55 所，其中官办 31 所，民办 19 所，创办人身份不明 14 所。[①] 而后期民间慈善机构的增多离不开广州行商在经济上的支援。

广州地方官府从事的慈善事业包括创办育婴堂、恤嫠局、敦仁馆、普济堂、漏泽园以及各类综合性善堂等活动。广州最早的官办慈善机构是康熙三十六年（1697 年）所设立的育婴堂，"粤东育婴堂之设肇于康熙三十六年，总督石琳、巡盐御史沈恺曾率同商人云志高购买西门外第十甫锺氏废园起建堂屋，石琳自为记"[②]。后来由于在官府的号召下，广州豪商富贾曾积极参与到该育婴堂的重建活动中，"埠商沈宏甫等四人共捐银一千两于大东门外子来里价买民地，另建新堂计房屋三百余间"[③]，这也是广州商人参与慈善救济活动的最早记录。雍正二年（1724 年），清政府发布新的法令"京师广宁门外，向有普济堂，凡老疾无依之人，每栖息于此。司其事者，乐善不倦，殊为可嘉。圣祖仁皇帝曾赐额立碑，以旌好义。尔等均有地方之责，宜时加奖励，以鼓舞之"[④]。广东各地官府为响应中央的号召，开始积极倡导建立类似普济堂这类的民办慈善机构，而地方官府的政绩也逐渐和慈善机构创办的多少挂钩，因此自雍正二年上谕发布后，全国民办慈善组织官僚色彩日渐浓厚。乾隆以后，全国慈善机构的创办渐成体系，分为官督民办、官办、民办三种类型，民办者一般由社会筹措，官办者则由政府出资，官督商办者则是民间捐助与政府自助相辅相成。康熙五十九年（1720 年），广州最早的民办慈善机构——敦仁馆正式建立，"敦仁馆在五仙门外马头，康熙五十九年绅士邓可韬等捐建"[⑤]。在此敦仁馆建立之前，广州各类慈善组织都是由官方创办、管理的。

育婴堂、普济院、漏泽园等都是功能较为单一的慈善组织，随着社会的不断

---

① 梁其姿：《施善与教化——明清的慈善组织》，河北教育出版社，2001，第 332–399 页。

② 戴肇辰，苏佩训：《（光绪）广州府志》卷六十五，清光绪五年刊本，第 974 页。

③ 戴肇辰，苏佩训：《（光绪）广州府志》卷六十五，清光绪五年刊本，第 974 页。

④ 嵇璜篆：《皇朝通典》卷十七，乾隆武英殿本，第 455 页。

⑤ 戴肇辰，苏佩训：《（光绪）广州府志》卷六十五，清光绪五年刊本，第 975 页。

进步，鸦片战争之后的广州出现了综合性慈善机构——善堂、善会，这种机构通常涉及慈善义举的许多方面，包括从事着施药、施棺、义冢、育婴、恤嫠和救生等多方面的活动。在全国出现的中国善堂、善会之中，唯广东善堂林立、甲于他省。同治十年（1871年），广东地方绅商在广州城西十七铺创办了爱育善堂，"爱育善堂在城外十八甫，同治十年为官绅商民捐建，为开设义学、施药、施棺、捡拾胔骼、栖养废疾诸善事公所"①。爱育善堂的建立正是广州综合性慈善机构兴办的开始，"粤之有善堂，此为嚆矢。自是而后，城乡各善堂接踵而至"②。自此之后，广州官府依然参与管理这些善堂，但不占据主导地位，而是交由民间人士管理、控制，具有官督民办的性质。由于官府放开对民间慈善事业的限制，此类综合性慈善组织逐渐在广州大量出现。

二、九善堂与广州七十二行

　　清末民初，在广州省城内外，善堂或善堂性质的慈善机构有数十所之多，"九大善堂"只是其中最活跃的一部分。九善堂是广州各大善堂的统称，作为广州慈善事业发展的里程碑，它的建立推动着广州社会的发展。现广州市白云区太和镇大源村大源北路林安物流园北门左侧，有一方1920年设立的九善堂碑，此碑明确指出九大善堂包括述善堂、爱育善堂、广济医院、广仁善堂（两粤广仁善堂）、崇正善堂（崇本善堂）、惠行医院、明善堂、润身善社、方便医院。③但也有学者认为九善堂只是固定称呼，并非具体指代九个善堂，如著名的慈善史权威梁其姿教授曾认为"九大善堂"不一定指代固定的九个机构。除了上文所提及的爱育善堂，另外八个善堂在广州都有具体的地理位置。据《南海县志》记载，"两粤广仁善堂在新城靖海门外吉昌街"，"广济医院在新城油栏门外迎祥街东"，"惠行善院在新城晏公街"，"崇本善堂在十一甫光"，"述（善）善堂在黄沙"，"明（善）善堂在城西第七甫"，"方便医院在城北高冈"，④"润身善社在大东门外线香街"⑤。

　　明清之际，得益于优越的地理环境、发达的对外贸易，广州商业繁荣，商人云集，至晚清时，在广州西关、新城一带，逐渐形成了一个新的商人团体——广州七十二行。广州七十二行（西共堂）作为广州商人的联合体，管理并控制着九善堂。清末，

①戴肇辰，苏佩训：《（光绪）广州府志》卷六十五，清光绪五年刊本，第975页。
②桂坫：《（宣统）南海县志》卷六，上海书店，2003，第175页。
③冼剑民，陈鸿钧：《广州碑刻集》，广东高等教育出版社，2006，第1163页。
④桂坫：《（宣统）南海县志》卷六，上海书店，2003，第174页。
⑤梁鼎芬：《（宣统）番禺县续志》卷九，民国二十年重印本，第161页。

广州的商人团体经常以行会的名义参与到慈善事业中,七十二行是他们的联合机构,并通过九善堂这一机构活跃于社会活动中。

关于"广州七十二行"具体指哪些商铺,学术界仍存有争议。但有些学者认为,广州七十二行只是广州商业、手工业、工业等行业的统称,并非指具体的数目,原因在于不同的史料中所记载的"七十二行"的数量、名称都大有不同。当然,也有不少学者认为"广州七十二行"有具体数目。本文中所指"广州七十二行",引自《(宣统)番禺县续志》所记载:

广州商业以七十二行著称,七十二行者土丝行、洋庄丝行、花纱行、土布行、南海布行、纱绸行、上海绸布帮行、疋头行、绒线行、绸绫绣巾行、颜料行、故衣行、顾绣班靴行、靴鞋行、牛皮行、洋杂货行、金行、玉器行、玉石行、南番押行、下则押行、米埠行、酒米行、糠米行、澄面行、鲜鱼行、屠牛行、西猪栏行、菜栏行、油竹豆行、白糖行、酱料行、花生芝蔴行、鲜果行、海味行、茶叶行、酒行、烟叶行、烟丝行、酒楼茶室行、生葯行、熟葯行、参茸行、丸散行、薄荷如意油行、磁器行、潮碗行、洋煤行、红砖瓦行、青砖窑行杉行、杂木行、铜铁行、青竹行、电器行、客栈行、燕梳行、轮渡行、书籍行、香粉行、银业行、银业公会、镬商公会、报税行、北江转运行、北江栈行、南北行、天津公帮行、上海帮行、四川帮行、金山庄行是也"①。《(宣统)番禺县续志》作为官方编订的地方县志,本身就具有权威性。且该书中又有一话,"谨案七十二行之名系因光绪间大学士刚毅来粤筹饷,责令粤商各行担任台礮经费时商会尚未成立,由总商岑敬舆将经费分令七十二行檐负,故名称相沿至今,实则当时已不止此数,其无力者未有列入也。②

另又有1907年创办的《七十二行商报》发刊词称:"吾粤商团之组织起自何时乎,则我七十二行为之滥觞也。""溯七十二行之名目,始成于科场之供应,继彰于商包厘金,至此次粤汉铁路事担任收股,而社会上至信仰愈益隆重。"③《(宣统)番禺县续志》与《七十二行商报》发刊词所记载皆是同一件事,即将1899年大学士刚毅南下广东筹饷,并命令总商岑敬舆组织各行商人召开会议以筹集款项一事,作为广州商人视"广州七十二行"为统一联合体的标志。

尽管在《南京条约》签订后,广州十三行垄断对外贸易的特权被取消,但作为广州商人群体联合的象征,广州七十二行实际上延续了十三行的部分功能,它仍然能够利用广州得天独厚的地理位置开展对外贸易,每年大量的中外交易依旧

① 梁鼎芬:《(宣统)番禺县续志》卷十二,民国二十年重印本,第240页。
② 梁鼎芬:《(宣统)番禺县续志》卷十二,民国二十年重印本,第240页。
③《发刊词》,《七十二行商报》1907年8月4日,第1版。

在广州进行。商业的持续繁荣使得行商积累了大量财富，这又能够为广州慈善行业的发展提供资金上的支持。

得益于发达的对外贸易，九善堂作为地方民办慈善机构，其运营经费一方面由广州七十二行商中的有力者资助。以爱育善堂为例，据"爱育善堂光绪五年征信录"统计，各行捐助爱育善堂的经费在光绪五年达银 2011 两 3 钱 4，占善堂收入总数的 4.94%。①另一方面，各大善堂还通过租金收入、附商生息等方式凑集善款，此过程也多由部分行商操作。九善堂普遍采取董事负责制，这是一种绅董轮值的管理制度，管理者也由这些出资者担任，或由出资者的家族充任。具体方式是在资助者中推举数名为会首，由这几名会首轮流管理堂中事务。如《香港华字日报》一则告示，"每年由十大行推举值理，周而复始，现当瓜代之期，拟于初九日邀集各行商在堂筵，公推戊戌年以檀香、土丝行为值理"②。又如"方便医院章程"就有所规定，"总理原举行头行公推办事之人，由其通行举殷实公正者当之"；"本院定章递年推举两行为协理。其倡建总理值事均为董事，所有院中钱银各事，各归当年总理专管，协理帮同兼顾，以佐其成"③。再如爱育善堂章程，"本堂向由原日创办者及捐助年捐之银业行……米糠行等行头内，每年轮值两行为年值理，由各该行推举身家殷实，热心任事之商董数名鸟代表……"④。在广州七十二行商有条不紊地运行下，九善堂很快发展壮大起来。

在广东省内，九善堂开展了颇多救济活动。

光绪七年（1881 年）清查坟山公所的经费，除了官方拨款外，"其余惠济义仓、爱育善堂等每年亦拨款补助"⑤。再如光绪年间，曾有一官员名曰邬彬，因沙荄总局（贲南书院）经费支绌，特地筹设广益会，并出资在江鸥购买沙田以支持沙荄局办学，"复联络七乡同人建东山社为自治基础。省城爱育善堂、香港东华医院，皆踊跃输助，慷慨不吝，顺直赈捐，报效千金"⑥。而清廷为鼓励商人们有更多的报效，"给予'乐善好施'字样建坊"。

广仁善堂，"凡得银一万二千八百九十余两，乃与广州广仁善堂合资在番禺中山购置围田，由内地推公正绅商管理，递年租入，分给各堂施善法，至良惠，亦

---

①侯彦伯：《晚清广州爱育善堂之发展》，载《两岸三地历史学研究生论文集》，2009，第 269-288 页。
②《公举值理》，《香港华字日报》1897 年 12 月 3 日，第 4 版。
③邓雨生：《全粤社会实录初编》，载桑兵主编《清代稿钞本》第 50 册，广东人民出版社，2007，第 235 页。
④侯彦伯.：晚清广州爱育善堂之发展，载《两岸三地历史学研究生论文集》2009，第 269-288 页。
⑤梁鼎芬：《（宣统）番禺县续志》卷十，民国二十年重印本，第 165 页。
⑥梁鼎芬：《（宣统）番禺县续志》卷二十三，民国二十年重印本，第 354 页。

至普也"①。

崇本善堂，"崇本善堂集资设立捕属册金局，利赖其广，办理团练，里闾获安。二十八年停，罢科举，以册金及公交车费拨充教忠学堂经费，复解囊助之"②"光绪戊戌年与广济医院、香港东华医院合办平粜"③等等。

方便医院，"与九大善堂办平粜总公所以济饥民""港澳有疫即由该院董事每日到轮船迎接病人"④，等等。

在广东省外的慈善活动，也可见九善堂参与其中。

广仁善堂就曾在1896年为广西灾情登报请求救济，"申报函：三月二日筹解头批赈米三十五万八千二百斤。三月二日被灾甚重，连接梧、柳、浔、桂、平、龙等纷纷告急谓草根食尽，鬻子过地，饿殍载道，目不忍睹，请即再筹接济……"⑤。

述善堂曾向广西捐建风雨亭记，"广西若盗乱既然三年，乃请于□□朝弥盗必先振荒使人不盗，乃请□□颁帑，乃盗贼旱溢，有振有邝……述善堂者，诸善堂之一，既□振若干石，又贷子农责成远付之，西怀远墟千里之间，四五里则为一亭……"⑥。

崇正善堂曾代他人向琼州灾情捐款，"琼州叠灾，所刊求唤告白，令人不忍卒读，而省中各善堂合力劝捐，闻初二日有一人乘坐肩舆至十一甫崇正善堂与绅董相见，某董议及琼郡灾延数月……其人闻而愀然，即在囊中取银数千元交堂中值理……"⑦。

再有川蜀之地洪水为灾、生灵涂炭，"爱育善堂不忍坐视，于初一日将谕单所开川民苦况情形标贴门前，劝捐施赈，不设录簿，亦不沿门题"⑧。

当然，九善堂的救助内容并非一成不变。广州作为最早对外开放的口岸，在鸦片战争之后，大批洋商、传教士、外国学者来到这里，他们或是创办学校，或是兴建医院，或是创建教会慈善机构（如两广浸信会），带来了近代化的管理方式和创办经验。在基督教慈善事业的影响下，广州传统的慈善救济活动也发生了变化。除了原有的施粥施药、收养难民等活动之外，各善堂增加了培养人才的内容，开始注重"教养兼施"。如方便医院就曾设立了一所附属高级护士职业学校，爱育善堂创办义学，教其读书识字以便营生，等等。

---

① 余棨谋：《（民国）开平县志》卷五，民国二十二年铅印本，第159页。
② 梁鼎芬：《（宣统）番禺县续志》卷十二，民国二十年重印本，第266页。
③ 邓雨生：《全粤社会实录初编》，载桑兵主编《清代稿钞本》第50册，广东人民出版社，2007，第241页。
④ 邓雨生：《全粤社会实录初编》，载桑兵主编《清代稿钞本》第50册，广东人民出版社，2007，第235页。
⑤《两粤广仁善堂为广西告灾求赈急电照登》，《申报》1898年5月20日，第4版。
⑥《广东述善堂捐建风雨亭记》，《申报》1903年8月26日，第9版。
⑦《捐助千金》，《香港华字日报》1897年12月30日，第4版。
⑧《申请捐赈》，《香港华字日报》1897年12月7日，第4版。

　　九善堂广行善事，美名遍及全广，亦不乏时人对它的夸赞，如"两粤广仁善堂广设讲堂启迪庸昧，诚足□怡目注善心悠扬。"[1] "城西十九甫爱育善堂好行善举，施医、施药、施棺、课童各等事美不胜言。"[2] "省城西十七甫爱育堂施药施赈，历久长新，另开设义学至今二十余载，人皆称羡不已。"[3] 等等。

　　作为广州七十二行商代表的九善堂，往往与广州商会共进退，以行商——善堂——商会三点一线构成的商人网络在清末民初的广州参与了大量的地方公事。双方相互配合，在举办地方公益、推进地方风俗变化等方面取得了不俗成绩。

三、广州十三行与九善堂之渊源

　　广州七十二行由商人自发组织而成，它是商人们联络感情、调节纠纷的基地，没有固定的办公地点，也没有规章制度约束彼此，只有遇到紧急事务需要商讨时，此商人群体才会聚集在广州下九甫的文澜书院。于是，文澜书院逐渐成为了广州行商参与社会公共事务的场所。另外，文澜书院与广州十三行渊源颇深，"文澜书院在太平门外下九甫绣衣坊，清朝嘉庆十六年西关绅士呈请创建，深四座，广三间，右为清濠公所，左有巷外，巷外为清濠公所公产。房屋平列八间深，各六座，前界绣衣坊，后界洪恩里，计得屋十二间，另有屋一间在徽州会馆界内，未经以同，合计屋十三间，均为洋行商人捐送"[4]。文澜书院兴建之初，伍怡和行、叶双观行、卢广利行、潘敬德堂四大行商都有所出资，并捐送了部分田产。以文澜书院为中介场所，以九善堂为重要机构，广州各行商人重新建立起了联系。

　　第一次鸦片战争后，广州十三行商开始走向分化。其一是留在广州的一部分行商仍从事着茶叶贸易，十三行纷纷改称"茶行"，另一部分行商则从事于丝绸、布匹、杂货等行业，并逐渐成为广州七十二行中的一员；其二是行商、买办远赴上海等新开埠的通商口岸，重新建立起与外商的商业联系。不管是留在广州或前往上海，昔日的广州商人们依然热衷于广州的慈善事业，并通过九善堂传递着爱心。

　　在广州十三行时代，行商们时常需要向官府"捐输"与"捐纳"。行商在凭借垄断对外贸易特权而获得巨大商业利润时，封建官府必然要求其承担相应的义务。鸦片战争前，十三行商对军需、河工、修路、赈灾、济贫、助学等方面都有一定的捐资，如道光元年伍怡和行与卢广利行合捐十万两将桑园围改筑石堤、兴建文

①《考取讲生》，《香港华字日报》1895 年 12 月 17 日，第 4 版。
②《善堂瓜代》，《香港华字日报》1895 年 12 月 10 日，第 4 版。
③《会考义学》，《香港华字日报》1897 年 12 月 7 日，第 4 版。
④潘尚楫：《(道光) 南海县志》卷十一，清同治八年刻本，第 250 页。

澜书院等。因此在广州十三行不复存在后,十三行商的一部分社会责任开始转由七十二行商来承担,九善堂恰是七十二行履行其社会义务的重要工具。

而广州十三行后代也能踏着祖先的足迹继续前进,其通过九善堂参与慈善活动的案例在史料中也可发现。如同文行的创始人潘振承的第五代传人——潘佩如,此人又名潘宝珩,是潘正炜四子的孙子,在清末曾候选知府花翎二品顶戴三品衔,查阅"倡建两粤广仁善堂总理芳名列"[1],潘宝珩一名赫然在列。再如天宝行梁经国之子梁纶枢,曾在官府中担任官职,后因赴省乡试皆不第,开始全力接手天宝行从事商业活动,在后来的史料中也可以找到他参与善事的记载,广州沙茭总局的创办他多有出力。"慈善义举,网不实力奉行,复兴邑绅梁纶枢、潘亮功等,筹设沙茭总局,排难解纷,弭患无形,乡人德之,年七十二卒。"[2]又查"倡建两粤广仁善堂总理芳名列","梁肇恺"一名位于其中,此人正是天宝行梁经国之孙、梁纶枢之次子。盖梁肇恺承袭其父之风范,热衷于慈善事业。潘佩如、梁纶枢等人都属于具有商人、官员两种身份的士绅阶层。一般来讲,绅士多是地方上有名望、有势力的地主或退休官僚。他们或通过捐纳功名而获得绅士身份(如伍崇曜),或通过科举考试取得,或通过家世取得。地方绅士大多绅商兼具,既获得了封建社会的政治身份,又是大商人、大地主。由此可见,九善堂虽然以商人为主体,但个别善堂也有集绅、商于一身的民间人士参与。

五口通商后,大批广州昔日行商、买办纷纷奔赴上海等个通商口岸寻求商机。直至"各行省无不有粤商行店,五大洲无不有粤人足迹"[3],上海更是在开埠后的第十年,外贸总量超过广州位居全国第一。大批广东商人、买办前往上海,是其获得快速发展的原因之一。众多在上海的广东商人很快联合起来,并组建了同乡组织——广肇公所。"广肇公所,在二十五保三图公共租界宁波路。同治十一年,粤东广州、肇庆两府人公建。另设广肇义学,并设广肇医院、广肇痘科分医院。又,广肇山庄,初在新闸大王庙后,嗣迁闸北叉袋角广肇里。"[4]

作为由广州、肇庆两地商人创办的同乡组织,广肇公所也曾对九善堂有过资助。《申报》中有几则新闻可证明在沪经商的广东商人曾捐助过九善堂。如1885年7月11日"代收粤赈助款交广肇公所转解数","德生义助来鹰洋十元……"[5]。再

---

①邓雨生:《全粤社会实录初编》,载桑兵主编《清代稿钞本》第50册,广东人民出版社,2007,第231页.。
②梁鼎芬:《(宣统)番禺县续志》卷二十二,民国二十年重印本,第332页。
③《发刊词》,《七十二行商报》1907年8月4日,第1版。
④吴馨:《(民国)上海县续志》卷三〇,民国七年铅印本,第140页。
⑤《代收粤赈助款交广肇公所转解数》,《申报》1885年7月11日,第9版。

如 1885 年 7 月 19 日 "上海广肇公所经解粤省爱育堂赈款开列"，"第一批五月二十五日汇寄二千两，第二批五月二十八日汇寄银二千两，第三批六月初四电汇港解西商捐英洋六千元，第四批六月初五汇寄银二千两，嗣后随手□解为报闻"[①]。爱育善堂也曾登报感谢在沪广肇公所商人的捐款，如 1885 年 7 月 25 日 "上海文报赈寓抄登爱育堂复信"，"诸位大善长先生大人阁下五月二十六日奉到第一号赐函当经奉复，又于本月初二日接到五月二十三日来函，第二号来函并由宁波轮船载来白米□百五十四石……"[②]。又如 1885 年 7 月 26 日 "广东爱育善堂绅董复上海施封翁书"，"敬复者昨奉赐函如亲大教并蒙尊处惠助赈济洋银四千元……，大善长大人闻望日隆德棋复大普济各省灾难，何止恤邻，广行无量……"。[③]

因此，广州七十二行商参与社会各类慈善活动是大势所趋，在社会剧烈动荡、变革的时代，七十二行必须担负起原本属于十三行的社会责任。

四、余论

综上所述，作为广州十三行覆灭之后的又一商人群体，广州七十二行建立了九大善堂，十三行后代可通过其参与到社会事务中，开清末广州善堂民办化之风气；同时它又履行了社会义务，在社会局势动荡、民不聊生的情况下，缓解了广州地方官府的慈善救济压力，成为广州社会救济活动的有力补充。

时至今日，九善堂仍继续发挥着重要作用。1952 年，方便医院由广州人民政府重新规划，扩大院址，改称广州市第一人民医院；1954 年，惠行善院由广州市公益社团联合会接收、统一领导，后来改为广州市公益社团联合会第一诊所，继续为市民服务；1955 年，崇正善堂由市公益社团联合会统一领导，改为广州市公益社团联合会第四诊所。其他各善堂，或因经费不足停办，或改建成小学、市场，但不管如何，九善堂始终都是广州慈善事业发展过程中浓墨重彩的一笔。

---

① 《上海广肇公所经解粤省爱育堂赈款开列》，《申报》1885 年 7 月 19 日，第 3 版。
② 《上海文报赈寓抄登爱育堂复信》，《申报》1885 年 7 月 25 日，第 2 版。
③ 《广东爱育善堂绅董复上海施封翁书》，《申报》1885 月 7 月 26 日，第 3 版。

外销画、外销瓷与
交通研究

广州十三行博物馆藏外销通草画研究

章荣玲*

摘要： 广州十三行博物馆收藏的通草画有 500 件（套）、700 余幅，主要由王恒、冯杰伉俪无偿捐赠。这批通草画集自世界各地，既具有艺术价值，也具有历史价值，见证了清代广州与世界各地商贸往来、文化交流的历史，因此中西文化交流、贸易交往史、民俗、戏曲、服饰、动植物学等领域均能从通草画的图像中发现新的资料，是十分珍贵的图像史料。

关键词： 通草画；中西交流；十三行

通草画又被称为米纸画（rice paper）、蓪纸画（pith paper），19 世纪在广州生产并销往海外，是在中西商贸、文化交流中形成的独特绘画作品。它内容丰富，包罗万象，描绘了广州的自然、人文景观、社会生活以及中国历史文化等方方面面的内容，迎合了西方人想要了解中国的愿望，因此出口数量巨大，可称为这一时期最流行的广州明信片。通草画工艺是广州所独有的，但其兴盛的时间前后不过一百年，至清末以后又逐渐消失。

一、通草画研究回顾

程存洁《十九世纪中国外销通草水彩画研究》[①]是第一本全面研究广州外销通草画的著作，采用了大量中外文献，对通草在西方世界的传播和演变、我国历史上通草的使用情况、通草片的制作和功用、原产地和画家、题材和内容均进行了深入的分析，同时指出要重视通草画保护和修复问题。程美宝、程存洁编纂《西方人眼里的中国情调——伊凡·威廉斯捐赠十九世纪广州外销通草纸水彩画》[②]收

---

* 章荣玲，广州十三行博物馆副馆长、副研究员。
① 程存洁：《十九世纪中国外销通草水彩画研究》，上海古籍出版社，2008。
② 程美宝，程存洁：《西方人眼里的中国情调——伊凡·威廉斯捐赠十九世纪广州外销通草纸水彩画》，中华书局，2001。

录了 2000 年 11 月英国伊凡·威廉斯捐赠给广州博物馆的 60 余幅通草画，在国内最早介绍通草纸及通草画的题材内容，引用了一些国外重要的研究成果，介绍了欧美收藏的通草画情况，引起了极大的关注。可以说伊凡·威廉斯是最早对通草水彩画进行系统研究的学者，2014 年又由程美宝编译出版了伊凡·威廉斯《广州制作——欧美藏十九世纪中国蓪纸画》①，更详细介绍了他多年来寻访欧美各国博物馆和机构收藏通草画的情况和研究成果，较多的原始资料对我们进一步深入研究通草画十分有参考价值。同时伊凡·威廉斯先生也在文章中提出，研究者利用现代科技和工具把通纸画放大分析，研究其性质和颜料，能有助于断定画作的年份，并且辨识不同画家和画室在不同时候和地方使用的物料。2013 年，王恒、冯杰夫妇向正在筹建中的十三行博物馆捐赠通草画 354 套、539 幅，涵盖题材十分广泛，包括港口风光、船舶、社会习俗、人物形象、动植物、戏曲、刑罚以及丝绸制作、茶叶生产等，2015 年由广州荔湾区艺术档案馆和广州十三行博物馆编的《王恒冯杰伉俪捐赠通草画》公开出版发行，对广州历史的深入研究具有重要价值。此后，王恒先生又陆续捐赠给十三行博物馆文物达 5000 件（套），其中通草画约 500 件（套）、700 余幅。

　　江滢河在《清代洋画与广州口岸》②中对清代广州外销画进行了深入研究，引用了大量相关的西方文献资料，对通草画也有专门的论述，还揭示了一段 19 世纪中期唐宁在游记中的关于通草片切割的珍贵记录，包括通草纸画的具体绘制工艺和制作过程的详细记录，包括选纸、草图、用笔到上色等多个步骤。

　　Carl L.Crossman 在《中国外销装饰艺术》（*The Decorative Arts of the China Trade*）③一书中也对通草画有专门的论述，他认为在 1780 年开始，中国的艺术家们大多用西方的纸来绘外销的水彩画。这些英国或美国纸上的水印对辨别绘画的年代十分有帮助。例如 Whatman of London、A Cowan & Son 这些伦敦生产的纸很常见。塞勒姆的本杰明·什里夫提到曾在 1816 年带着 90 令的纸张去广州卖。把西方的原材料当作商品卖给中国人并不是不平常的事，它发生在很多制造领域。在 1800 或 1810 年以后，用来作水彩或水粉的纸张是通草纸，在那里甚至直到今天也被误认作"米纸"。④

①［英］伊凡·威廉斯著，程美宝编译：《广州制作——欧美藏十九世纪中国蓪纸画》，岭南美术出版社，2014。
②江滢河：《清代洋画与广州口岸》，中华书局，2007。
③Carl L.Crossman: *The Decorative Arts of the China Trade*, p.177。
④Carl L.Crossman: *The Decorative Arts of the China Trade*, p.177。

伊凡·威廉斯也花了大量时间调查西方博物馆收藏的通草画信息。罗伯特·马礼逊在其 1819 年出版的词典收入"蓪草"词条，说蓪草是一种药用植物，人们会将其树皮切成约 3 平方英寸的方块，在英国称为"米纸"。有例子显示有些通草画是在 1825 年左右购买或带返回欧美的。还有一幅白描画——这在蓪纸画中很少见，这幅画有可能是专为 M. 布伦顿（M. Breton）的书而创作的。该书于 1811 年首次在巴黎面世，这极有可能是迄今可确定的最早用蓪纸作画的年代。① 到 1830 年，用通草纸作绘画外销的例子已经比比皆是。②

柯律格（Craig Clunas）《中国外销水彩画》在第五章《画室和技术》里讨论中国外销水彩画所使用的媒介有进口纸、中国绵纸及通草纸，并用较大篇幅对通草纸的流传、来源、制作工艺和特点进行了讨论，认为到 19 世纪末通草纸已经成为中国外销水彩画主要使用的媒介。通草纸在英国一直被认为是米纸，到 1822 年《爱丁堡》杂志指出了这种错误，并更正为通草纸，但"米纸"这个名称还在被使用。通草纸还引起了学术界的关注，著名的植物学家罗伯特·福琼（Robert Fortune）1850 年左右在中国台湾也偶然发现了这种植物，他将通草列为台湾的主要经济作物之一，并大量出口到大陆的福州和广州港口，仅福州一年就吸收了大约 3 万美元。另一位见识多广的评论员威尔斯·威廉斯（S. Wells Williams）在 1863 年《中国商业指南》写道，这些通草茎髓也被称为阿丽亚木瓜，是从云南、台湾和福建等省运来的，都处于原始状态，可以加工成叶子。他还简明扼要地描述了造纸的实际过程："浸泡一段时间后，用锋利的细刀将其切成圆片，压平。最大的一张是一平方英尺多的，最好的都用来绘画，较小的一块被人造花卉者所使用。"③

《大英图书馆特藏中国清代外销画精华》一书，首次将大英图书馆 748 幅中国清代外销画公开出版发行，其中不乏外销画的罕见题材，有的甚至可能是存世的孤本，并对每幅画也作了深入研究。该书编者在《导论》中提到，查到中国通草纸画传到印度的最早记载是 1829 年贝拉西斯（1822—1872）的日志。可见到了1829 年前后，通草画除广泛传播到了欧美国家之外，还流传到印度。④ 该书中有12 幅 19 世纪"刑罚组画"、24 幅晚清"劝戒鸦片烟组画"，均是通草水彩画。此外，

---

① ［英］伊凡·威廉斯：《广州制作—欧美藏十九世纪中国蓪纸画》，程美宝编译，岭南美术出版社，2014，第 62-63 页。

② ［英］伊凡·威廉斯译：《广州制作——欧美藏十九世纪中国蓪纸画》，程美宝编译，岭南美术出版社，2014，第 13 页。

③ Craig Clunas: *Chinese Export Watercolours*, Victoria and Albert Museum, 1984, p.77-81.

④ 王次澄，吴芳思，宋家钰等：《大英图书馆特藏中国清代外销画精华》卷一，广东人民出版社，2011，第 8 页。

该书还引用一段小蒂凡尼（Osmond Tiffany, Jr.）关于通草纸水彩画 1844 年价格的记载，如各种行业、生活、礼仪、宗教、风景、船舶、鸟兽、水果、花卉、鱼类、蔬菜画，盒装或册装的十二幅画，价格为一两块美金。客人也"可以订购一套画工跟细密画一样精致的宫廷画，包括服装华丽的皇帝、皇后、主要官员和妃嫔等，价格是八块（西班牙银元）"①从这段材料可见通草画既有价格便宜被称为东方手信的产品，也有绘工精细、价格不菲的高级订购品，具有较高的艺术价值。广州十三行博物馆收藏有一本 19 世纪通草水彩风景花鸟人物图册还附有徽章，有可能曾被拥有该徽章的家族所收藏，可见其对通草画的珍视。

陈雅新《中国外销画研究回顾与展望》一文全面梳理了外销画的重要论著、重要目录和画集，对研究外销画具有重要的参考意义。着重强调了外销画研究的新视角，尤其是跨学科领域，包括民俗史、戏剧史、建筑史、船舶史、宗教史、生物史等多学科都具有史料价值，有待深入挖掘和重视。②通草画作为外销画的重要品种，因此也具有相同的史料价值。

二、通草画兴衰

关于广州画家最早何时用通草来作画的问题还没有定论。从以上研究中我们可以大概推断出，通草画在广州的兴起不晚于 19 世纪 20 年代，最早可能为 19 世纪初。但国内用通草纸制作人造花始于清代初期，记载较多，最著名的要数扬州通草花。大英图书馆藏的《十三行旁商铺》白描画，列出了十三行附近的 200 间商铺，其中第 119 幅为《神花铺》，店铺挂有"瑞丰店精造纸莲瓶花各色年货发客"招牌③，可见在这一时期广州也有大量的莲花在制作并作为畅销的年货售卖，暂时我们还无法得知和扬州通草花是否有关。但有资料显示，在清乾隆和道光年间广东佛山镇也在生产人造通草花，并和门神、条香、爆竹一样是非常受欢迎的年货。④通草纸质地柔软，棉薄多孔、光色洁白、富有韧性，用来制作工艺花，有比较理想的质感，如果染色得当，还可以经久不变。从这些记载来看，广州及附近地区的手工艺人已经有使用通草纸来制作手工艺品的习惯，熟知通草片的特点，为通草画的出现奠定了基础。与此同时，据《粤海关志》之《税则》记载 1684—1833

①王次澄、吴芳思、宋家钰等：《大英图书馆特藏中国清代外销画精华》卷一，广东人民出版社，2011，第 12 页。
②陈雅新：《中国清代外销画研究回顾与展望》，《学术研究》2018 年第 7 期，第 154–161 页。
③刘凤霞：《口岸文化——从广东的外销艺术探讨近代中西方文化的相互观照》，香港中文大学博士论文，2012 年 8 月。
④程存洁：《十九世纪中国外销通草水彩画研究》，上海古籍出版社，2008，第 24 页。

年粤海关辖下港口征收各种货物的税额，其中就有"纸蓮花每百斤税二钱……蓮草每百斤税二钱"①，从这里我们可以得知，在 1833 年以前，纸蓮花及其原料通草是大量流通进入粤海关下辖港口进入广州的商品，为用通草片来作画提供了源源不断的原材料。

此外，在乾隆二十二年（1757 年）以后，广州作为唯一对西方国家开放的通商口岸，大量的西方商人涌入广州十三行，由于外销画的需求旺盛，广州的手工艺人迎合市场的需求，为降低成本和快速、大量制作，极有可能和通纸花的手工艺人一样开始使用廉价的通草纸来代替普通纸张或进口纸张作画。相较同时期的外销工艺品，如外销瓷、象牙器、广绣等，通草画的价格相对低廉，且体积不大，方便携带，类似于今天的明信片、旅游纪念品。因此，通草画很快便成为外国人来到广州最喜欢购买的手信。据不完全统计，通草画传播的地区十分广泛，英国、奥地利、埃及、法国、意大利、荷兰、葡萄牙、俄罗斯、西班牙、瑞典、美国、印度、南美洲②，其中大部分的国家在清代与广州十三行有着频繁的贸易往来。

有资料显示 1835 年左右，在广州十三行商馆附近约有 30 家商店售卖通草水彩画。③19 世纪 50 年代，通草画已经非常知名，在很多到访广州的西方人旅行日记里都有记录。一些外销画家开始在香港和上海开设分店。第二次鸦片战争以后，随着广州一口通商政策的终结和十三行商馆区被毁，广州的画家有些把画室搬到附近如沙面、晓珠里、瑞兴里、怀远驿等地，远的到了黄埔。通草画是外国人在广州旅游指南中必推荐的广州特产，但在 19 世纪末以后就逐渐消失了，值得注意的是，与此同时，照相行业发展迅速并逐渐占据主要优势。

三、通草画画家及画室

啉呱（Lamqua）（图 1），他极为擅长用西方绘画技法绘制肖像画，曾师从英国人乔治·钱纳利（George Chinnery），被西方人称为"中国的托马斯·劳伦斯"（Thomas Lawrence，1769—1830，英国肖像画家）。他的画室出售通草画。

啉呱的名字被很多到达广州的外国旅人记录，他的画室甚至成为了旅游景点。例如英国查尔斯·唐宁（C. Toogood Downing）曾多次到访啉呱画室，他在 1838 年出版的旅行日记中有对啉呱画室的描述：

啉呱画室共三层，楼下除出售自家成品外，也出售从南京运来的通草纸张和

---

① (清)梁廷枏：《粤海关志》，广东人民出版社，2014，第 184-185 页。
② 主要根据伊凡·威廉斯的调查及其他文献记载整理而成。
③ 主要根据伊凡·威廉斯的调查及其他文献记载整理而成。

画盒，通草纸一叠一百张；画盒里装的是颜料和笔。一楼为通草纸画和其他画类的画室，共有八至十名画工在长桌上工作，墙上则挂满出售的各种画作。二楼为啉呱的画室，天井有光透下。①

法国人老尼克记述 19 世纪 40 年代早期啉呱画室的情景：

啉呱住在中国街，整条街都是当地的商人。他的房子和其他房子没有任何区别，除了钉在门上的一块黑色小牌子，板上用白字写着艺术家的名字和职业："啉呱，靓像画家"。在这儿，艺术家和工匠混为一谈。作为英国画家钱纳利的学生，啉呱是他们民族中第一个采用欧洲绘画手法的艺术家。②

图 1　啉呱自画像（Lamqua）
（1853 年，布本油画，香港艺术博物馆藏）

庭呱（Tingqua）（图 2），又名关联昌，是广州著名的外销画师，曾于 1851 年在同文行第 15 号、1854 年在广州同文第 16 号开设洋画铺，名噪一时。洋画铺主要出售中国水彩画，题材包含中国和与中国人相关的各种内容，大量出口到西方，其中就有通草画。美国皮博迪·艾塞克斯博物馆收藏有庭呱的通草画集（1851）。

煜呱（Youqua），其画室位于旧中国街（靖远街），他的通草画和线描画最为著名。法国摄影师于勒·埃及尔

图 2　庭呱自画像（1854 年，线描画，图片采自《十九世纪中国市井风情——三百六十行》）

① Carl L.Crossman: *The Decorative Arts of the China Trade*, p.200.
② 李世庄：《中国外销画 1750s—1880s》，中山大学出版社，2014，第 139 页。

（Jules Itier）曾在 19 世纪 40 年代到访广州，在他的旅行日记里记录了以通草水彩画知名的煜呱画室，并盛赞"中国画家能精确地表达，并且很难超越，例如蝴蝶、动物、花、水果和鱼类"[1]。《中国外销画 1750s—1880s》[2] 收录了煜呱有关的外销画（图 3）。

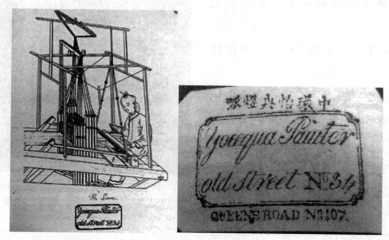

图 3　图片采自李世庄著的《中国外销画 1750s—1880s》

新呱（SUNQUA），牛津大学阿什莫林博物馆、香港艺术馆、皮博迪—埃塞克斯博物馆等收藏有"SUNQUA"署名的通草画。1837 年 4 月出版的《中国丛报》有提到新呱在十三行商馆区靖远街开设的画室售卖通草画。[3]

图 4　YUNGQUA 店铺名字及地址

YUNGQUA，中文名不详。来自于广州十三行博物馆藏清代市井人物通草画册，内页有店铺名称及地址"YUNGQUA DEALER IN PICTURES CHARTS&C"（图 4），以及手写签名和日期"16 February 1848"，可见这套作品的年代不晚于 1848 年。"YUNGQUA"是画家或画室的名称，"DEALER"指零售商。"YUNGQUA"通草画在欧洲也有收藏，如牛津大学博德利图

---

[1]［法］老尼克：《开放的中华——一个番鬼在大清国》，山东画报出版社，2004，第 43 页。

[2]［法］老尼克：《开放的中华——一个番鬼在大清国》，山东画报出版社，2004，第 43 页。

[3]［英］伊凡·威廉斯：《广州制作——欧美藏十九世纪中国蓪纸画》，程美宝编译，岭南美术出版社，2014，第 33~37 页。

书馆收藏有"YUNGQUA"市井人物通草画"炸油器"和"卖活鱼"。此外，在欧洲的蓪纸画藏品中，还有来自 Fouqua、Chongwoo、Chowqua 画室的作品。

　　VOLONG, Canton 店号来自于广州十三行博物馆藏 19 世纪通草水彩官员及女眷图册。（图 5）广东省博物馆收藏有该店号款识的外销扇，可见除了通草画该店还出售其他的外销艺术品。

　　永泰轩通画店，该店号来自于广州十三行博物馆藏 19 世纪通草水彩人物画册。（图 6）

图 5　广州十三行博物馆藏《19 世纪通草水彩官员及女眷图册》中的 VOLONG，Canton 店号

图 6　广州十三行博物馆藏《19 世纪通草水彩人物画册》中的永泰轩通画店店号

四、通草画主题

　　清代通草画的内容包含广州及珠江风貌、中国人物形象、社会文化及风俗、动植物、丝、瓷、茶等商品贸易等题材，有些题材被不同的画室、不同的画家反复绘制售卖。除了有款识的作品，很多通草画构图风格相似，很难看出出自哪个画室或哪个画家。需要注意的是，外销画家在生产制作这些画作时，有创造和想象的成分，在研究时需加以区分。

　　广州十三行博物馆馆藏（以下文中简称"馆藏"）有一套广州怀远驿永泰兴画店生产出售的画册。永泰兴是清末广州比较知名的外销画店，位于广州十三行附近的怀远驿。《外国人广州商铺指南》中称："这家画铺拥有当时广州最好的画家，画铺出售的通草纸画也是全广州最好的。"这套画册还附有该店出售的通草画册目录英文广告单（图7），十分少见。该广告单列出了店里售卖的各种题材通草画共有30种，分别是：①帝国官员服饰；②富人从生到死的快乐生活；③不同罪行的刑罚图；④善恶报；⑤文武科举考试；⑥富人的亲子生活；⑦各种手工艺品；⑧鸦片吸食者的一生；⑨花艇：食、饮、施爱之地；⑩本地船舶；⑪花鸟图；⑫外国人广州游指南；⑬什锦图；⑭中国神话中的人物；⑮丝绸织造和养蚕；⑯婚礼过程；⑰茶树种植和茶叶贸易；⑱中国戏剧；⑲富人家居生活；⑳战争装备和战术；㉑新年灯会；㉒街头小贩；㉓女乐师和歌女；㉔杂耍；㉕赌博；㉖花和蝴蝶；㉗女性工作者；㉘农业生产图；㉙火灾、灭火器和救火方式；㉚古代美人图。目前所见通草画主题也基本涵盖了这30项内容，可见是十分受到外国人欢迎的主题，流行时间较长，传播范围广，有一定的存世量。

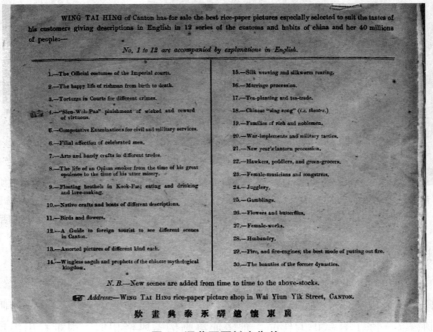

图7　通草画题材广告单

（一）广州及珠江风貌

以馆藏19世纪通草水彩港口风景图册为例，这册通草画共4幅，分别是澳门南湾、虎门、黄埔及十三行商馆（图8—图11），完整地描绘了鸦片战争前来华西方人在进入广州十三行沿途所见到的重要港口景色，是外销画中常见的题材。该图册中十三行商馆区图可见美国商馆及美国旗帜、美国花园、圣公会教堂。圣公会教堂大约在 1847 年建立，而十三行商馆区在 1856 年第二次鸦片战争中被大火烧毁，因此这幅画记录的应是 1848 至 1856 年之间的十三行商馆区的珍贵图像。澳门作为广东的一个外港，自明代中叶以后，随着东西方贸易的开展而日显重要，成为连接海外、沟通东亚各国的一个著名商港。清代广州对欧美一口通商时期，澳门是外国商船来华贸易的第一站，在这里向清政府申请贸易许可，获准后由一名持有官方牌照的引水员引领进入珠江河道。虎门为珠江之门户，海关官员检查贸易许可证与引水员的执照，查核船员和武器，核准后监督商船至黄埔，以防止途中有走私货物。外国商船停泊在黄埔，缴纳各种税款后，海关颁发开舱准许证，始准卸货，行商雇驳艇把货物运到十三行商馆。回程货物从十三行运到黄埔装船，由行商向海关申请离港执照。

图 8　澳门南湾图

图 9　虎门图

图 10　黄埔图

图 11　十三行商馆图

　　这幅馆藏清晚期通草水粉五层楼风景图（图12）描绘的是广州城墙上的镇海楼，因楼高五层又俗称五层楼。镇海楼坐落在越秀山上，在外销画、外销瓷上常常可见。清政府对来到广州口岸的外国人进行严格的控制，只允许其居住在十三行商

图 12　镇海楼图

馆区，不能随便进入广州城内，因此广州城内的风景是外国人非常向往并想要了解的，而镇海楼是外国人在商馆区可以眺望到的为数不多的城内风景之一。于是成为外销品描绘的热门题材。

在广州十三行贸易期间，西方人的行动被严格限制，行商园林及花地一带的园林也成为了这一时期西方人唯一可以参观游览的中国园林。图13这两幅画极有可能描绘的就是这一时期以行商为代表的中国商人及其女眷的生活和居住场景（图13），他们绘画的依据有可能是根据参观过该园林的西方人、中国文人雅士的口述和记载，不一定是完全真实的描绘。

图13　中国商人及其女眷居住场景图

图14这幅馆藏通草画描绘的是亭台水榭组合的园林建筑，画面中心的攒尖顶式六角亭为"百花亭"，亭柱附有对联："松云窗外晓，池水阁边明"。画面左侧显眼处为两棵缠绕的古松树，据潘正亨《万松山房诗钞》（四）记述："南墅两松，交柯而生，家大人名以义松"，有趣的是，外销画家在这幅画左侧也刻意描绘了两棵交缠而生的松树。清代广州十三行贸易的繁荣，给十三行行商带来了巨额的收入，各大行商纷纷兴建大型的园林宅第，其中潘家花园和伍家花园最令人瞩目。所以这幅画可能指向的就是这一时期以行商花园为代表的岭南园林。在空间布局上，行商花园多建在河南及花地，这一带河涌遍布，为融入山水自然景观及适应岭南湿热、多雨气候，园内也多临水而建走廊、亭、桥、水榭，既营造了不断变化的景观，又方便在雨季通行。此外，在园林艺术方面，尤其喜爱用盆栽花卉植物、盆景装饰庭院、廊道。西方人对行商园林中的各种盆栽花卉十分感兴趣，甚至引起了西方动植物学家的关注，对西方园林的发展产生了一定的影响。这种用盆栽花卉植物装饰岭南园林庭院的审美一直延续到今天。

图14　亭台水榭园林建筑图

图15 这幅馆藏通草画描绘的是花艇，被称为珠江上流动的风月场所，经常出现在外销画上。清代广州从长堤经沙面到白鹅潭的珠江水面，大量的花艇云集于此，是广州富商绅士们经常光顾之地，甚至成为来粤士人游历广州的必去之处，可谓"珠江十里胭脂水，流尽繁华是广州"。美国人亨特这样记载了他看到的花艇："靠近岸边，一只挨着一只排成长长横列的，是那些装饰华丽的花艇。它们简直并列成一条条街道，只是比城里或城郊的许多街道还要宽些。花艇上盖全是玲珑剔透的木雕，雕刻着花鸟，装着玻璃窗，窗棂油漆描金。艇内不时传来弹奏琴或琵琶的音乐，还有纵酒狂欢、行令猜拳的声音。"①

图15　珠江花艇图

---

① ［美］亨特：《广州番鬼录；旧中国杂记》，冯树铁、沈正邦译，广东人民出版社，2009，第212页。

图 16 是馆藏 19 世纪末通草水彩"两广部堂"船舶图，描绘的是两广总督所乘坐的官船，旗帜上标有"两广部堂"，"部堂"是对两广总督的称呼。两广总督总管广东和广西两省的军民政务，是清朝九位最高级的封疆大臣之一。两广总督对西方人来说是神秘而又手握重权的清政府高级官员，因此连他所乘坐的船只也成为外销画师的描绘对象，以满足西方人的好奇心。

图 16　"两广部堂"船舶图

（二）走向世界的中国商品

清代广州十三行外销商品和手工艺品的制作过程是外销画的重要题材，尤其是大宗商品，如茶叶的种植和加工、采桑养蚕及丝绸加工、瓷器的生产制作过程，还有与西方人交易的场景等，通常是批量生产，成套制作，以画册的形式售卖。

图 17 这套馆藏 19 世纪通草水彩茶叶加工贸易图共 12 幅，描绘了茶叶种植、制作、装箱、秤重、收购等过程，难得的是很细致地描绘了茶叶箱，上面清晰地写着上香、乌龙、龙珠、古劳、君眉、洞宾、红梅、小种、秋香、露兰、六安、奇种、雨前、白毛、霞香共 15 种外销茶叶品种，是研究当时茶叶贸易的珍贵图像资料。18 世纪，饮茶风气在欧洲流行，茶叶出口量逐渐跃居中国出口商品首位。茶叶产区涉及粤闽苏皖赣湘鄂各省，均以广州为出口地，在十三行商馆区一带及珠江南岸有非常多的茶叶加工工厂，规模庞大。

图 17　茶叶加工贸易图

　　这件馆藏清晚期通草水彩制糖图（图18）描绘了一个片糖作坊内的场景。画面中出现了六名人物，其中有五名是作坊工人的打扮，他们分别在进行切割片糖、片糖装缸、搬运糖缸的工序。画面右侧还有一名商人打扮的人物，正在对工作现场进行监工指导。这幅画的特别之处，在于糖缸上还分别写有"南江片糖""和隆号""片糖"的字样，"南江片糖"应指广东南江流域制片糖的产地，"和隆号"应为该糖坊的店号，这对研究我国南方制糖业有一定的参考价值。此外，从马士《东印度公司对华贸易史（1635年—1834年）》中关于贸易资料的记载来看，糖也是重要的出口商品之一，尤其在清政府对欧美实行"一口通商"政策之后，从广州出口到欧美国家糖的数量十分庞大。

图18　制糖图

（三）市井、女性等人物形象

　　这套19世纪通草线描市井行当人物图册（图19）共60幅，分别以线描的方式描绘了60个行当人物，每幅画的右上角用粤语标明了其行当身份，有卖竹笋、卖黄芽白、做白铜器等各行各业的人物，十分少见。可明显看出看出这组画作受西方绘画技法影响较大，相较于中国传统的人物画法来说更加注重人体真实的比列关系，线条有更多的虚实变化，在布纹的疏密处理与局部压点上体现了较强的结构意识，在裸露的肢体上面有刻意去强调一些人体的主要肌肉与关节，尤其是五官的刻画更具立体和写实。

　　李世庄在《中国外销画1750s—1880s》中提到，在美国塞勒姆菲利普图书馆发现了一组200幅Samqua的线描画，根据其原始收藏记录可知是在1847年前被带到塞勒姆，比庭呱的三百六十行人物画得更好。可见线描画在1847年以前已经出现，并且很受外国人的欢迎，因此很多外销画室都在绘制。美国皮博迪·埃塞克斯博物馆也收藏有一套1854年纸本庭呱（Tingqua）绘的《三百六十行中国贸易人物画》，每幅标有中文说明，包括写灯笼、卖花、卖药丸等。

图19　市井行当人物图

图20　风景人物节日贺卡

这件馆藏19世纪通草水彩风景人物节日贺卡（图20），共7个画面，分别描绘了变戏法、女性、船舶、官员、钓鱼等人物风景，每幅画面都是用广州英语表达西方圣诞节日祝辞的贺卡，例如"New year very good me chin-chin you，you must wantchee drinking with me"，中文意思为：祝你新年好，你得和我喝一杯！

在18世纪初至19世纪，广州英语被运用于中西商业贸易和日常往来中，它没有完全遵循英语语法和发音，在发音、造句等方面深受澳门葡语的影响，又融入了汉语特色和粤语方言的部分发音，极具特点，但也有很大的局限性，在19世纪中晚期以后被洋泾浜英语所取代。

通草画里的女性形象十分丰富，不仅有官宦、富贵人家的女眷或美人画，呈现着云想衣裳花想容的东方丽人形象，也有普通的劳动女性、手工艺人和及从事曲艺杂耍行业的女性形象。

19世纪通草水彩皇后图（图21），描绘的是外销画家和西方人幻想中的皇后。从服饰上来看和实际上的皇后冠袍带履相去甚远。

图21　皇后图

19世纪中通草水彩女性游乐图（图22），描绘了清代富裕阶层女子闲适、精致的庭院生活。这幅画是目前所见通草画中尺幅最大的，长达40厘米。通草片是用通脱木的茎髓手工切割而成，易脆裂，通常尺寸较小。

图22　女性游乐图

19 世纪中后期人物图册，其中一幅画描绘了一位赤脚挑柴的女性（图23）。这样的女性形象在当时的中国传统绘画中十分少见，但在外国人看来没有束小脚的女性是健康、自然的。从这类通草画中可一窥当时中西方文化及审美的巨大差异。

图 23　赤脚挑柴图

广州十三行博物馆有清晚期通草水彩女乐师画共 24 幅，描绘了击钹、吹唢呐、弹古琴、弹三弦琴、击云锣、弹四弦琴、击小叫、拉二胡、吹号头等弹奏各种乐器的女乐师形象。（图 24）明末清初著名学者屈大均曾以"银钱堆满十三行"的诗句来形容因十三行因贸易繁荣而带来的富庶，由此在十三行商馆周边出现了大量满足商人生活需求的店铺和娱乐场所，在19 世纪的广州街头也到处都可以见到各种戏曲、杂技表演。此外，广州十三行行商时常设宴款待外商、大班等，每有外使访华，往往也安排中国的戏曲表演。更有女子家班，供家中女眷消遣。

图24　女乐师画（部分）

（四）社会风俗及文化

清代通草画描绘了中国人的生活、习俗等社会百态，如婚嫁、祝寿、人生礼俗、民间信仰等深深地吸引着到访广州的外国人。还有《红楼梦》《三国演义》等文学作品里的故事也被通草画师描绘并传播到了国外。

19 世纪通草水彩祝寿图册（图 25），1 册 12 幅。第二幅图和第十二幅图的灯笼上写有"翰林院黄府"字样，第十幅图写有"两广总督"和"大夫第"字样，根据线索推测，这里的黄府可能指的是黄宗汉。黄宗汉（1803—1864 年），道光十四年（1834 年）中进士，入翰林院，于咸丰年间（1858—1859 年）任两广总督。

图25　祝寿图册（部分）

19 世纪通草水彩人的一生图册，这套通草画册描绘了一个清政府官员出生、哺育、剃胎发、学堂读书、状元及第后祭祖、拜谢、做官、老死的一生。（图 26）据亨利·查尔斯·萨（Henry Charles Sirr）在其 1849 年《中国和中国人》一书中记述，他在啉呱画室中看到过一些通草画，有人物、动物、花卉、鸟，让他印象最深刻的有两套画作，其中一套描绘的是一个清朝官员的出生、生活和老死，题材内容与这套通草图册相似，并且他认为这个故事和莎士比亚的《人生七阶》有异曲同工之处。

图26　人的一生图册（部分）

清晚期通草水彩《红楼梦》故事图册（图27），1册12幅，这本通草画册描绘了《红楼梦》故事里贾宝玉和十二钗们吟诗作赋、读书作画、游园赏乐的生活场景。早在1842年5月，《中国丛报》上就发表了德国传教士郭实腊介绍《红楼梦》的文章。《中国丛报》是美国传教士裨治文（Elijah Coleman Bridgman）于1832年在广州创办的英文期刊，是当时西方中国观的重要来源。

图27　《红楼梦》故事图册（部分）

（五）栩栩如生的动植物图

为迎合西方人的需求和品味，广州画师较早学习、采用了西方写实主义的技巧来绘制动植物画，包括透视法及明暗对比法，可与西方博物学绘画相媲美。法国摄影师于勒·埃及尔（Jules Itier）曾在19世纪40年代到访广州，在他的旅行日记里记录了以通草水彩画知名的煜呱画室，并盛赞"中国画家能精确地表达，并且很难超越，例如蝴蝶、动物、花、水果和鱼类"[1]。

19世纪通草水彩花蝶图一组（图28），描绘了菊花、木棉花、萱草花、龙船花等广州常见的植物花卉。花朵、叶脉、枝干等植物的各个部位都描绘得很精细，呈现出一种基于视觉层面的写实色彩。蝴蝶、蜻蜓及花枝上昆虫的加入使得整个画面更显生动。

---

①李世庄：《中国外销画1750s-1880s》，中山大学出版社，2014，第190页。

图 28　花蝶图

19世纪通草水彩蝴蝶昆虫图一组（图29），图画画面非常和谐自然、栩栩如生，体现出画家具有较高的观察和细节刻画、色彩、虚实处理能力。

图 29　蝴蝶昆虫图

清末通草水彩鱼图一组（图30）。这组通草画描绘细致、精确，将不同种鱼的细节如鱼鳞都一一清晰描绘出来，看起来栩栩如生，非常写实。马戛尔尼的秘书约翰·巴罗在《中国纪行》中有很多关于中国绘画的记录，他认为广东画家比北京画家更有水平，因为他们为外国客户绘制花卉极其精心写实，画鱼的时候甚至细数鱼鳞片数，并明确表现在图画上。①

英国人约翰·里夫斯（1774—1856）曾向中国画师订购一套以科学的写实主义去描绘的著名鱼画系列，现收藏于英国自然历史博物馆。约翰·里夫斯（1774—1856），1812—1831年为驻广州东印度公司茶叶稽查员。他曾在花棣苗圃购买了大量的植物品种，也曾在潘有度、潘有为的花园搜寻罕见的植物，向英国运送了数以千计的植物，但很多在远洋旅行途中便夭折了。但他对英国博物学最大的贡

---

① ［英］迈克尔·苏立文：《东西方艺术的交会》，上海人民出版社，2014，第92页。

献是他指导广州画师绘制的植物和动物图鉴，包括多种昆虫，成百的鸟类、鱼类、贝类、爬行类和哺乳类动物及数量庞大的植物和水果。到 18 世纪末，在华的英国博物学家收集花草图画，或者雇佣当地画工绘制动、植物标本已经是常见的做法了。1804 年，小斯当东从广州给东印度公司的理事会写信说道：“我们经常雇用一位植物画画家来描摹这个国家依时令而来的各种植物、水果和花卉，在旺季，他们的这些活儿接连不断。”①

图 30　鱼图

里夫斯鱼画系列的样本，现收藏于英国自然历史博物馆。1845 年，鱼类学家约翰·理查森（John Richardson）仅依据这些图画就命名了 83 种新鱼类。图片采自《知识帝国——清代在华的英国博物学家》。

五、清代通草画的通草片及颜料分析

清代通草画的色彩尤其鲜艳，立体感强，十分吸引人的注意，它的颜料成分引起了很多人的关注。据《中国外销水彩画》一书介绍：“一位法国作者 1845 年记载：……X 光分析显示，在一些样品上的蓝绿颜料是有机颜料，而不是矿物质，红色的是朱砂，黄色的可能是黄色赭石，白色的是铅。……有一个趋势是，19 世

①［美］范发达：《知识帝国——清代在华的英国博物学家》，袁剑译，中国人民大学出版社，2018，第 55 页。

纪晚期这些颜料特别是在通草纸画中占居主导作用。"①

鸦片战争博物馆张婵在《清代通草水彩画颜料的原位无损分析》一文中利用显微共焦激光拉曼光谱技术和超景深显微技术，对一张清代通草水彩画的颜料进行原位无损分析。该幅画作中所使用的颜料有铅丹、合成群青、炭黑、孔雀石、巴黎绿等，对通草画的断代、保护和修复提供了初步的信息。

郑洪明、牛加明《通草水彩画的材料技法研究与创新》关注通草水彩画的绘画技法，并对通草片的处理进行了研究和实验，得出了及明矾、胶矾及水的合适比例，并提出通草画颜料使用的初步建议。②

2019 年，广州十三行博物馆申报了广州市文化广电新闻出版局文物保护科学和技术研究课题《清代通草画纸张、颜料分析及保护研究》，与中山大学科技考古实验室合作对通草画原材料通草片、不同年代通草画（16 幅）的颜料进行分析检测。

（一）通草画的载体：通草片

通草画所使用的载体为通草片，通草片是直接用通脱木的茎髓切片（图 31）而成的，并非传统纸张。通脱木产于湖南、四川、贵州、云南、广西、广东和台湾。通草片（图 32）尺寸通常较小，价格低廉。其质地洁白，容易上色，而且很有立体感，所以清代的通草画直到今天来看仍然很鲜艳、立体。但通草片与传统纸张相比也有明显劣势：质地松脆易裂，极难保存，不方便翻阅，修复很困难。这也可能是通草画在流行了近一百年后慢慢消失的原因之一。如果受潮，通草纸还会变形，色彩也会起变化。今天我们看到的整套通草画册，大多由于翻阅过多导致残破。西方人还喜欢将画册拆分装裱挂在墙上，长时间日照也会导致通草纸颜色变黄，水彩颜料剥落、变色。在国内目前如何保护和修复通草画还处在尝试阶段。

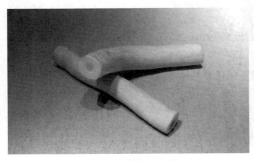
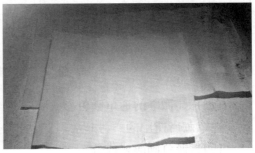

图 31　通脱木茎髓　　　　　　　　　　图 32　通草片

① 转引自程存洁：《十九世纪中国外销通草水彩画研究》，上海古籍出版社，2008，第 42 页。
② 郑洪明、牛加明：《通草水彩画的材料技法研究与创新》，《艺术科技》2018 年第 7 期，第 166 页。

（二）通草画立体感强的奥秘

通草片并未经过特殊加工处理，因而其植物细胞保留着相对完整的形态。在超景深显微镜下可以看到其平面呈蜂窝形结构（图33），主要由扁六边形的腔体细胞组成，因此在吸水性和层次性方面，通草片优于普通纸本。一方面，由于吸收性强，通草片具有良好的固色作用，这对提高色彩饱和度有一定影响；另一方面，基于腔体细胞这种独特构造，通草片为颜料的分布提供了一个起伏明显的表面，使油性颜料甚至水性颜料无需依赖堆叠便能产生立体感，这应是通草画立体感较强的主要原因。

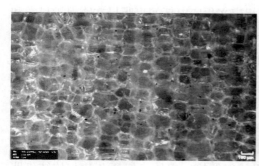 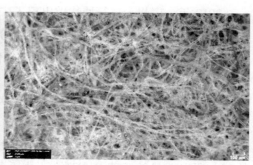

（清）通草片细胞平面　　　　　　　（清）纸本纤维结构平面

（清）通草片细胞　　　　　　　（现代）通草片细胞

图 33　显微镜下的通草片

（三）显微下的通草画色彩

通草画所使用的颜料非常丰富，十分讲究色彩。

（四）通草画颜料成分

主要通过拉曼光谱分析法，辅助利用傅立叶红外光谱法，在检测的标本中发现，通草画所使用的颜料类型广泛，既包括天然矿物、植物颜料，也包括人工合成颜料甚至染料。

　　矿物和天然植物颜料方面(图34),蓝色多为石青,红色常见铁红、朱红、铅丹,黄色则为藤黄,黑色为炭黑,白色则是铅白,画工还常把铁红与炭黑混合,充当褐色颜料;或者将石青和藤黄混调,形成黄绿色调的颜料。

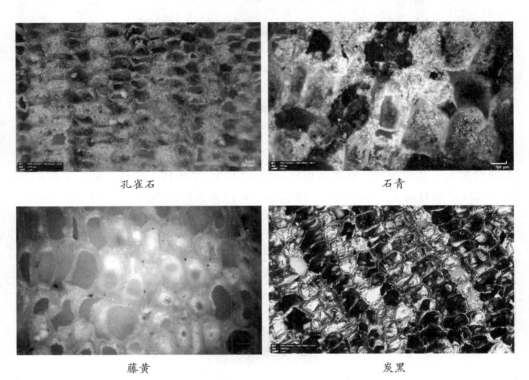

孔雀石　　　　　　　　　　　　　　　石青

藤黄　　　　　　　　　　　　　　　　炭黑

图34　显微镜下的矿物和天然植物颜料

　　通草画中也使用进口的染料与人工合成颜料(图35)。其中,绿色常见巴黎绿(偶见舍勒绿、铬绿),蓝色主要为人工合成群青及普鲁士蓝,红色新见胭脂虫红等染料,黄色新见铬黄,白色新见钡白、立德粉(锌钡白)。也存在混调情况,如铬绿是由普鲁士蓝和铬黄混合而得,紫黑色多在人工合成群青为底的基础上施加炭黑,鱼图青色或是普鲁士蓝和藤黄调和的结果。炭黑和铅白是通草画表现黑白二色的主要颜料,铅白质地细腻,常作为红、粉、绿、黄、蓝等色调的底层色彩,用以表现浅色调的效果。

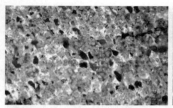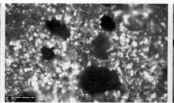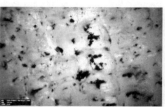

巴黎绿　　　　　　　人工合成群青　　　　　　普鲁士蓝

图 35　显微镜下的进口染料与人工合成颜料

　　通过选取部分已知明确年代的通草画进行颜料的检测和分析（表1），在一定程度上也可以帮助我们在判断未知年代通草画时作参考。其中，巴黎绿为人工合成颜料，首次合成时间为1814年，19世纪50年代才运用于中国绘画中。人工群青为人工合成颜料，首次合成时间为19世纪30年代。普鲁士蓝，又称柏林蓝，首次合成时间为1704年，自18世纪中叶以来被广泛应用于欧洲油画的创作。1775年以后，在英国东印度公司的经营下，普鲁士蓝自英国出口到广州。

表 1　已检测通草画与颜料的关系

名称	年代	图片	使用颜料情况
通草水彩花鸟图	1831年		铁红、朱红、铅丹、石青、藤黄、炭黑、铅白
通草水彩市井人物图册（4幅）	1848年		孔雀石、石青、朱红、铅丹、藤黄、红紫素、炭黑、铅白
通草水彩人物图册（4幅）	19世纪晚期		铬绿、人工合成群青、深色铬黄、炭黑、钡白、立德粉

名称	年代	图片	使用颜料情况
通草水彩船舶图册（1 幅）	19 世纪晚期		巴黎绿、普鲁士蓝、人工合成群青、朱红、铅丹、胭脂虫红、藤黄、铅白
通草水彩茶文化图	19 世纪晚期		巴黎绿、普鲁士蓝、人工合成群青、铅丹、胭脂虫红、藤黄、铅白
通草水彩刑罚图册（1 幅）	19 世纪晚期		孔雀石、普鲁士蓝、石青、朱红、藤黄、炭黑、铅白
通草水彩鱼图	19 世纪末 ~ 20 世纪初		铁红、普鲁士蓝、石青、炭黑、白云母
通草水彩人物图册（1 幅）	19 世纪		巴黎绿、舍勒绿、人工合成群青、普鲁士蓝、铁红、铅丹、藤黄、炭黑、铅白、密佗僧
通草水彩吸食鸦片图	19 世纪		孔雀石、普鲁士蓝、石青、朱红、铅丹、藤黄、红紫素、炭黑、铅白
通草水彩戏曲人物图	19 世纪		巴黎绿、人工合成群青、普鲁士蓝、土红、铅丹、藤黄、炭黑、铅白

（五）广州十三行附近的颜料铺

清代广州十三行商馆附近聚集了大量的商铺，各种外销商品及工艺品聚集，其中还有颜料铺，为广彩、珐琅及外销画等提供颜料。大英博物馆收藏有一套上下两册的纸本白描外销画《十三行旁商铺》，全套画册共二百零一幅，每一幅的下方均以墨笔写上中文编号及店铺名称，其中有一幅为颜料铺，售卖各色颜料。（图 37）

78.	七十八 顏料
店名：	廣隆
招幌：	廣隆號
	廣隆店常有入漆銀硃鉛粉各項顏料發客
	廣隆店常有水銀㕑丹各色顏料
	洋青發客
其他說明：	石　赭石　洋青　者石　石黃　石黃　人言　膠粉　王粉
	上赭石　上洋青　洋青　朋砂　白芨　白凡　大青　洋靛
	嬌靛　金箔　青金　明膠　紫縹　鉛粉　粉……　大
	青……　紅丹　㕑丹　銀硃　面朱　膽凡　青黛　藤黃
	土粉　土粉　大青　二青　洪發號　上白紗㕑　上白……
(鉛筆)	___ Shop　78

图 37　颜料说明图

（图片来源：刘凤霞《口岸文化——从广东的外销艺术探讨近代中西文化的相互观照》）

六、结语

清代通草画因广州对外贸易的繁荣而出现，风靡近百年。伴随着外销画行业在清末以后衰落直至消失，通草画也在很长一段时间不被人所知，直到近年来被发现和重新认识。这些精巧的通草画，不仅是商业贸易推动下的产物，描绘了百年前商业繁荣的广州，还传递了广州乃至中国文化及风土人情，见证了中国丝、瓷、茶影响世界，中国风引领西方社会生活潮流、中西文化交流精彩纷呈的历史。因此，通草画既具有一定的艺术价值，还具有十分重要的历史内涵、跨学科的史料价值。

清代《人生礼俗》外销画研究

陈　曦*

摘要：作为 18 至 19 世纪中西贸易往来背景下产生的独特外销艺术品，外销画主要是中国画家迎合西方人的兴趣，模仿西方技法和风格，按照赞助者和市场的需要制作而成的，是我们观察和研究清代社会的珍贵图像资料。文章综合运用社会学、文献学、图像学的理论和方法，分析清代《人生礼俗》外销画的艺术价值和风格特点，进一步讨论该类绘画的民俗内涵，并试图探究《人生礼俗》外销画背后的中西民俗观。

关键词：外销画；人生礼俗；中西民俗观

一、清代"人生礼俗"外销画概况

据目前公开发表的图像资料，广东省文博单位收藏清代《人生礼俗》外销画册共 6 套：广东省博物馆收藏 3 套，其中 1 套不完整，仅 2 幅；1 套较为完整，共 10 幅；1 套完整，共 12 幅。广州十三行博物馆收藏 2 套，分别为 8 幅和 2 幅，程存洁在《西风东绘——记王恒、冯杰伉俪捐献的 539 幅通草水彩画》一文中对此有研究分析[1]；广州博物馆收藏 1 套，共 3 幅[2]。香港艺术馆收藏 1 幅[3]，台北故宫博物院收藏 1 套 12 幅[4]。国外博物馆收藏 4 套[5]。详情见表 1。

---

* 陈曦，广东省博物馆副研究馆员。

[1] 程存洁：《西风东绘——记王恒、冯杰伉俪捐献的 539 幅通草水彩画》，广州市荔湾区艺术档案馆、十三行博物馆编：《王恒冯杰伉俪捐赠通草画》，广东人民出版社，2015，第 17 页。

[2] 程存洁：《十九世纪中国外销通草水彩画研究》，上海古籍出版社，2008，第 184 页。

[3] 香港艺术馆：《晚清中国外销画》，香港市政局主办，1982，第 61 页。

[4] 收藏杂志：《谁画了〈中国人的一生〉》，《收藏杂志》搜狐号：https://www.sohu.com/a/388915004_161268，020 年 4 月 17 日。

[5] ［英］伊凡·威廉斯：《广州制作：欧美藏十九世纪中国蓪纸画》，程美宝编译，岭南美术出版社，2014，第 339-354 页。

表1　中外《人生礼俗》外销画册收藏概况

序号	收藏单位	清代《人生礼俗》外销画册内含场景内容	数量
1	广东省博物馆	出生、哺乳、满月、求学、状元及第后回乡祭祖、状元及第后谢师、婚嫁、新官上任、奉旨回乡、分家、贺寿、辞世	12幅
2	广东省博物馆	出生、哺乳、满月、求学、状元及第后回乡祭祖、新官上任、奉旨回乡、分家、贺寿、辞世	10幅
3	广东省博物馆	出生、哺乳	2幅
4	广州十三行博物馆	出生、哺乳、满月、求学、状元及第后祭祖、状元及第后拜谢官员、任官职后拜谢更高级别官员、辞世	8幅
5	广州十三行博物馆	登科报喜、状元及第后衣锦还乡	2幅
6	广州博物馆	出生（2幅）、哺乳（1幅）	3幅
7	香港艺术馆	贺寿	1幅
8	台北故宫博物院	出生、哺育、剃胎发、就学、婚娶、敬师、祭祖、谒官、荣归、分家产、祝寿、辞世	12幅
9	俄罗斯科学院人类学与民族学博物馆	接生、与父初见、拜见座主、婚嫁、分家	5幅
10	英国杜伦大学博物馆	上课背书、祭祖、守孝	3幅
11	法国拉罗舍尔伯诺奥比尼—伯诺博物馆	婴儿初浴、拜见座主、婚嫁、奉旨回乡、守孝	5幅
12	西班牙巴利亚多利德东方博物馆	小殓、烧毁故衣、入土为安	3幅

广东省博物馆收藏的《人生礼俗》外销画册皆为通草水彩画,本文仅就其中1套较为完整和1套完整的画册进行探讨。第1套《人生礼俗》外销画册绘者不详,纵18.5厘米,横30厘米。画册共10幅画,据笔者考证,内容应为出生、哺乳、满月、求学、状元及第后回乡祭祖、新官上任、奉旨回乡、分家、贺寿、辞世。第2套画册纵22.5厘米,横34厘米,共有12幅,内容为出生、哺乳、满月、求学、状元及第后回乡祭祖、状元及第后谢师、婚嫁、新官上任、奉旨回乡、分家、贺寿及辞世。第2套扉页盖有"CHONGWOO"(译作"祥和"或"忠和")字样的钤印。据黄超考证,"祥和"是中国传统工艺品的销售商号,商号主人是名为"招雨田"(又称"招成林")的广东南海商人,他在海内外有数十家店铺,致富后积极参与社会公益事业,如创办乡校、重修祖祠、赈灾等。该商号刻款多见于现存中国外销银器上。[①]据荷兰学者 Rosalien Van der Poel 研究,此类绘画可单页购买也可以成册(12页)

① 黄超:《中国外销银器研究回顾与新进展——兼论18世纪广州的银器外销生意》,李庆新主编:《海洋史研究》(第13辑),社会科学文献出版社,2019,第134—137页。

购买，虽然画面内容相似，但大多数制作精美，画册封面常用刺绣丝绸或者带有几何纹饰的织物覆盖，有的画册里印有工作室的印章。[1] 例如，第 2 套画册的封面，就覆盖着装饰有 "佛教八宝" 纹饰的红色织锦。

从《人生礼俗》外销画册的绘画技巧看，画中描绘的器物部件或多或少采用了焦点透视法，但透视技法显得生疏且不尽合理。运用色彩表现明暗阴影的画法则比较成熟。从画册材质看，使用品质上乘的洁白通草纸作画可凸显水彩的颜色，能让画面呈现出犹如拜占庭玻璃的斑斓效果。为了更好地保存它们，通草纸水彩画四边常包裹丝绸，让脆弱的纸张有一定收缩和膨胀的空间。据《中国丛报》报道，1835 年广州十三行有 30 家商店出售通草画。从欧洲现存通草画数量看，当时从广州出口到欧洲的通草画应有成千上万。[2] 从画面图式看，内容相同的画面除了在颜色、细节、纹饰图样、人物数量上有所差异外，无论是场景布局还是人物动作等方面都呈现出高度的相似性。由于通草水彩画价格相对较低，题材繁多，充满东方情调，因此深受 18、19 世纪许多来华人士的青睐，而如今这些具有写实风格的画作，成为研究广东民俗弥足珍贵的材料。

二、清代《人生礼俗》外销画的民俗文化内涵

人生仪礼主要反映人生中的几个重要阶段、具有一定仪式的民间风俗，主要包括诞生礼、成年礼、婚礼和葬礼等。此外，人生重要年龄阶段的祝寿仪式和生日庆贺的举动，亦是人生仪礼的内容。[3] 广东省博物馆收藏的《人生礼俗》外销画册描绘了一个男性从出生、长大、新官上任再到死亡等人生历程（表 2）。其中，"出生""哺乳""满月" 为诞生礼俗，"求学" 属于读书入学礼俗，"婚嫁" 属于婚庆礼俗，"贺寿" 属于祝寿礼俗，"辞世" 属于丧葬礼俗，"状元及第后谢师""状元及第后回乡祭祖""新官上任""奉旨回乡" 皆属科举文化。目前，学界并未将科举习俗作为专门类别加以研究，但这是中国古代读书人一生的追求，故被一同画进外销画中。中国画师会按购买者的要求调整画面内容，中国画师在传统绘画技巧上吸收了西方写实主义，让这些画作除了具有科学价值外，也因其艺术价值而享有盛名。[4]

---

[1] Rosalien Van der Poel, *Made for Trade-Made in China, Chinese Export Paintings in Dutch Collections: Art and Commodity*, Universiteit Leiden, 2016, p.99.

[2] ［英］伊凡·威廉斯：《浅论十九世纪广州外销通草纸水彩画》，载中山大学历史系、广州博物馆编《西方人眼中的中国情调》，中华书局，2001，第 17 页。

[3] 钟敬文主编：《民俗学概论》，上海文艺出版社，1998，第 158 页。

[4] ［美］范发迪：《知识帝国：清代在华的英国博物学家》，袁剑译，中国人民大学出版社，2018，第 70 页。

表2　广东省博物馆馆藏第1套、第2套《人生礼俗》外销画册内容

序号	图名	第1套	第2套
1	出生		
2	哺乳		
3	满月		
4	求学		
5	状元及第后谢师	—	
6	状元及第后回乡祭祖		

续表

序号	图名	第1套	第2套
7	婚嫁	—	
8	新官上任		
9	奉旨回乡		
10	分家		
11	贺寿		
12	辞世		

（一）出生

在《出生》画中，一位刚生产完的产妇坐在矮凳上，随侍执杯奉上，前面有妇人正为新生儿洗澡，左边有亲戚送来给孩子做衣服的布匹，右图地上还放着生产时剪脐带的剪刀。旧时妇女生产有立式、坐式、卧式等姿势，有记载说广东海丰畲族妇女生孩子由自己处理，无人助产，孕妇自己坐矮凳上生产，待孩子出生后，婆婆或其他老人才进房帮忙。① 画面中为新生儿洗澡，属于诞生礼俗中的"洗三"。清崇彝《道咸以来朝野杂记》载"三日洗儿，谓之洗三"，洗儿时，浴盆中常常放入喜蛋及金银饰物等，再请好命老太婆用艾叶、柚叶及姜水为婴儿洗澡。② "洗三"可驱灾避瘟，有的地方给婴儿"洗三"时还要唱喜歌，预祝婴儿成年后能读书做官，一生吉祥平安。"洗三"是家庭庆贺添人进口的仪式，也是标志新生儿脱离母体降生人世的象征性仪式。③

（二）哺乳

从广东省文博单位收藏的《人生礼俗》外销画的内容可知，生产图及哺乳图留存数量较多。哺乳图中常有两位主角，一位是坐在或站在盥洗架前袒胸哺乳的裹小脚妇人，另一位是一直注视着孩子，悠闲地坐在博古椅上喝茶或吃水果的贵夫人。笔者推测，贵夫人不亲自哺乳，而是请专门的乳母给孩子哺乳。早期中国传统绘画中描绘女子哺乳的是佛教图像，如新疆交河故城出土的公元7世纪所绘《诃利帝母哺乳画》(现藏德国柏林国立印度美术馆)、元代王振鹏绘《诃利帝母育儿图》(现藏美国波士顿美术馆)。诃利帝母是密教的生育之神，供养这类图像目的在于求子及护佑儿童。宋代李嵩《骷髅幻戏图》(现藏故宫博物院)、《货郎图》(现藏美国大都会博物馆)等世俗图像中仍可见哺乳图像，其后哺乳图便不多见。至清康熙年间，"取西法而复通之"的焦秉贞所绘《御制耕织图》"簸扬"场景中有一名在角落哺乳的妇人。广东省博物馆馆藏《清乾隆广州手绘农耕商贸图外销壁纸》中也有哺乳场景。④ 晚清时，中国年画、外销画及来华艺术家的绘画中哺乳图像开始增多。著名画家钱纳利1808年绘制的《濠江渔女》，画面中一位质朴的疍家女坐在渔船上给婴儿哺乳，整个画面恬静、温馨。在中国传统礼俗文化中，哺乳是较为私密的育儿行为，并不会像结婚、生产一样被着重讨论与研究，像《人生礼俗》外销画中将哺乳的妇女作为焦点，极有可能是绘画者受到欧洲哺乳圣母绘画题材的影响。

---

① 刘志文主编：《广东民俗大观》上卷，广东旅游出版社，2007，第 427 页。
② 刘志文主编：《广东民俗大观》上卷，第 917 页。
③ 钟敬文主编：《民俗学概论》，第 163 页。
④ 陈曦：《图解"清乾隆广州手绘农耕商贸图外销壁纸"中的水稻种植文化》，《文物天地》2016 年第 12 期。

（三）满月

婴儿满月这天产妇娘家及其他亲戚会送来贺礼，祝福母子平安，也叫"弥月之喜"，舅舅则要为小男孩剃头发，俗称"铰头""去胎发"。有些地方婴儿剃下的胎发需要用红纸包好，悬于屋内高处或挂在门后以压邪，而后抱小孩走街串户，谓之"兜喜神圈"，表示孩子走出家门进入乡里社会的意味。① 可以说，满月礼是孩子出生后第一个隆重的人生仪礼活动。

（四）求学

男孩六七岁时，富裕的家庭便会聘请名师来家中任教，家族中年纪相仿的男孩会在一起学习。即使男孩们的知识水平参差不齐，先生也能够因材施教。《三字经》《千字文》《幼学诗》等是启蒙教材，教师的职责主要为讲解诗文，教习书法，吟诗作对等。② 《求学》图中两男孩坐在书桌前认真读书，另一名男孩在先生桌前请教问题，桌面上可见书籍、文房用品。西方人对中国文房用品非常感兴趣，《大英图书馆特藏中国清代外销画精华》一书中收录了一组中国古代传统的文房器具图，笔筒中皆插着毛笔和羽毛掸子。《求学》图画面左上角皆设案台祭拜，一幅图为拜"九天开化文昌帝君"，文昌帝君为道教神祇，元仁宗延祐三年（1316 年）始称"文昌帝君"③。据《史记》载："斗魁戴匡六星，曰文昌宫：一曰上将，二曰次将，三曰贵相，四曰司命，五曰司中，六曰司禄。"④ 故"文曲星"又名"斗魁六星"。无论是拜"文昌帝君"还是拜"魁"，都有祈求学童聪明伶俐、一举夺魁之意。

（五）状元及第后谢师

《大英图书馆特藏中国清代外销画精华》书中收录了一幅《中国状元游街》图（图 1）⑤，图中状元身披红绸带，头戴冠帽，上面插着枝叶，与"人生礼俗"外销画册《状元及第后谢师》图中状元的人物形象一致。《状元及第后谢师》图中男子中状元后回乡，身披红绸带，向先生叩礼，感谢师恩，两名黄衣男子手持红色报喜帖跟随其后。此图式也可能是新科状元谒见主考官，但图中受礼之人没有穿戴官服，而图中书桌摆设与求学图中的基本一致，画面中也没有更多提示，所以暂不作此考虑。

---

① 钟敬文主编：《民俗学概论》，第 163 页。
② 叶春生、施爱东主编：《广东民俗大典》，广东高等教育出版社，2010，第 119 页。
③ 王景琳编：《中国民间信仰风俗辞典》，中国文联出版公司，1997，第 291 页。
④ （西汉）司马迁：《史记》卷二十七《天官书第五》，岳麓书社，1988，第 562 页。
⑤ 王次澄、吴芳思、宋家钰等：《大英图书馆特藏中国清代外销画精华》卷七，广东人民出版社，2001，第 217 页。

图 1　中国状元游街

（六）状元及第后回乡祭祖

自唐以来，金榜题名是读书人一生的追求。高中状元不仅意味着其仕途有了一个好的开端，而且也是一件极为光宗耀祖的事。因此，状元及第后祭祀祖宗、告慰先人也是宣示家族荣耀的重要方式。《状元及第后回乡祭祖》图中状元郎手持酒杯跪在祖先灵位前，两名随从一人捧觥，一人拿酒壶往杯中倒酒，身边围绕着同僚。图中以整只烤乳猪作为祭品，符合广东的祭祀习俗："粤俗最重烧猪，其他赛愿敬神之事，率皆用之。"[①]

（七）婚嫁

清人毛先舒对婚俗礼仪记载如下："婚，古有六礼。纳彩、问名，今已废之。其纳吉，即今之极圆也；纳征，即今之下盒也；求期，即今之道日也；亲迎则仍之。但今于极圆前有拜允，道日后有催糖，合前四者，仍为六礼。"[②] 而拜堂则是在迎亲之后举行的大礼。《婚嫁》图中乐师在一旁演奏，只见高堂在上方正襟危坐，新娘盛装打扮跪在下方，同跪的新郎身着长衫披红绸喜带，三拜已完成，新娘正在敬茶。通常高堂受茶后，会赠送新婚夫妻"利市"钱，以图吉祥。此外，画面中可见侍女小心翼翼地帮新娘整理礼服。值得注意的是，新娘身穿命妇服。从宋代开始，即便新郎无一官半职，婚礼期间也允许穿官服[③]，故披红绸带的状元装、凤冠霞帔的命妇装是清代流行的婚嫁礼服。

---

①胡朴安：《中华全国风俗志》，河北人民出版社，1986，第385页。
②（清）毛先舒：《丧礼杂说》，《丛书集成续编》（第41册），上海书店，1994，第6页。
③张邦炜：《婚姻与社会（宋代）》，四川人民出版社，1989，第17页。

（八）新官上任

关于《新官上任》图的画面内容，学界有不同的看法，有的认为是任官职后拜谢更高级别的官员，有的认为是科举后拜谢主考官，如《广州制作》一书中相同的图式就被命名为"感谢考官"（Thanking the examiner）或"向考官叩头"（Kow tow to examiner，Kow tow 即粤语"叩头"）。但根据广东省博物馆收藏的《新官上任》图，图中跪拜者有两人，不符合主角个人升官晋爵的主旨，且从跪拜者的服饰看，更像是一旁站立下属的服饰，所以，笔者认为画面正中心的官员才是《人生礼俗》画册的主角。《新官上任》图描绘的应是官员新上任在衙署中过堂的场景，图中官员端坐桌案前，桌上笺筒装满红头白笺，桌案两侧高脚架上放置黄绸包裹的官印及令牌令旗，官员身旁站立着书吏和差役，官员按照卯簿点卯，差役依名依次跪前接受审视。对于当时在中国被限制行动的西方人来说，这样的场景让他们十分感兴趣。

（九）奉旨回乡

《奉旨回乡》图中描绘了官员坐在"八抬大轿"里，前有两名随从高举写着"奉旨回乡"或"奉旨还乡"的木质朱漆金字衔牌，轿旁还围绕着数名待命的随从。"奉旨"是指臣子遵从皇帝的旨意，"奉旨回乡"的原因可能是皇帝赐假回乡探亲、祭祖、致仕等。从这类题材作品所反映的内容来看，应当是致仕回乡、颐养天年。轿子在我国古代既是一种交通工具，也是身份和地位的象征。明清时期，对于不同身份的人乘坐轿子，在轿子的式样、用料、装饰、轿夫人数、使用场所等方面都有严格规定。《清史稿》记载："汉官三品以上、京堂舆顶用银，盖帏用皂。在京舆夫四人，出京八人。四品以下文职，舆夫二人，舆顶用锡。直省督、抚，舆夫八人……钦差官三品以上，舆夫八人。"[1] 由此可见，"八抬大轿"是品阶极高的官员才能乘坐的。而且，图中所绘轿子帷幔都用绿呢，在当时使用绿呢轿子也是排场的象征。清末讽刺小说《文明小史》中写道："只要外国人来求见，无论他是哪国人，亦不要问他是做什么事情的，他要见就请他来见，统同由洋务局先行接待。只要问明白是官是商，倘若是官，统通预备绿呢大轿，一把红伞，四个亲兵。"[2]

（十）分家

《分家》图中，年迈的父母坐在大理石面书桌前，老父亲身旁长椅上放着一箱金元宝，桌上摆放着账本、墨盒和算盘。该图像内容符合广东潮汕民俗中的"兄

---

[1]（清）赵尔巽等：《清史稿》卷一百零三《舆服志》，中华书局，2012，第3030页。
[2]（清）李伯元：《文明小史》，上海古籍出版社，1982，第82–83页。

弟分家"内容。通常分家的时间一般选择在姐妹大部分出嫁，兄弟大部分完婚后。分家仪式由父母主持，分家前父母先与儿子们充分协商，议定分配方案。一般来说，长孙所在的家庭可获得半份家产，如果幼子还未结婚，分家时则需要留出为他娶妻的财产，俗称"老婆本"。最终的分配情况由父亲写在分家书上并签名按手指印，一式几份，各自保管。① 从俄罗斯科学院人类学与民族学博物馆收藏的《分家》图（图2）来看更为直观。

图2　分家

（十一）贺寿

《贺寿》图中戏班正演奏祝寿曲子，官员老夫妻身穿吉服坐在大寿屏前，身穿华服的后辈们或恭敬地在前面站立，或跪在地毯上向老人行叩拜礼，整幅画面华美异常。图中颇具岭南特色的大寿屏是专为贺寿定制的，除了起到遮蔽作用外，更为重要的是满足祝寿的礼仪功能。制作屏风祝寿在清代非常流行。② 在中国传统绘画中，祝寿图像具有明确的教化及礼制功能，内容常为象征福寿的神祇人物、瑞兽祥禽以及具有长寿寓意的动植物组合，而以历史人物为主的祝寿图像，则有宣文君、老莱子、郭子仪、睢阳五老及香山九老等，蕴含了浓厚的中国礼俗道德标准和民俗文化价值。而《人生礼俗》外销画册《贺寿》图则直接反映了晚清广东贺寿风俗，具有现实意义。

① 叶春生、施爱东主编：《广东民俗大典》，第359页。
② 阮华端：《美国大都会艺术博物馆"清冯朗公官苑图屏风"研究》，《艺术与民俗》2019年第2期。

（十二）辞世

辞世是一个人生命的终结，也是《人生礼俗》外销画册中的最后一幅，说明了中国人重视丧葬礼仪的习俗。孟子曰："养生者不足以当大事，惟送死可以当大事。"对此，朱熹点评："至于送死，则人道之大变。故尤以为大事，则必诚必信。"①《人生礼俗》外销画册《辞世》图中显示主人刚刚离去，属于葬礼的开端，画面内容与《钦定大清通礼》中"三品以上官员"葬俗礼制一致："既终，子号哭辟踊，去冠，披发，徒跣，诸妇子女去笄，期功以下丈夫素冠，妇人去首饰，皆易素服。男哭床东，女哭床西，异向作魂帛（结帛绢为之）。为位于尸东前设案，奠阁余（生前食饮所余），脯盐酒果用吉器。立丧主（以适长子，无则长孙承重），主妇（以亡者之妻，无妻及母之丧，则以丧主之妻当之）护丧。"②

三、清代《人生礼俗》外销画背后的中西民俗观

1843年，时任英国驻香港副领事的亨利·查尔斯·瑟曾造访林呱（Lamqua，关乔昌）的画室，在画室中他看到林呱弟弟庭呱（Tinqua，关联昌）绘制的通草画。这批通草画中最出色的是描述一位官员由生到死整个人生历程的作品。绘画内容与莎士比亚的诗《人生的七个阶段》非常相似，让他十分惊讶。③而伊凡·威廉斯在俄罗斯科学院人类学与民族学博物馆内观摩外销画藏品时，则被描绘一个孩子成长过程的画册吸引，他认为该画册告诉西方人在中国如何衣着打扮，怎样的行为举止是得体的，就像一部社会发展的纪实文献。④可以说，清代《人生礼俗》外销画因其独特的写实性成为研究中国民俗文化最好的图像资料。

关于人生礼俗，清代研究著作甚少，相关内容基本分散在清人札记或地方志中。民国许世英曾言："中国风俗，古无专书，唯方志中略有所载……是以留心风俗者，每无从考证。"⑤相对而言，晚清西方人来华游记中却留下许多关于中国礼俗的记录，尤其在婚俗和葬俗上面。西方人对中国包办婚姻难以理解，马戛尔尼使团总管巴罗曾写道："人们根本不允许订婚者事先进行交谈。男人娶女人是因为习俗对他

①（战国）孟子：《孟子》，牧语译注，江西人民出版社，2017，第185页。

②（清）来保、李玉鸣：《钦定大清通礼》卷五十《凶礼》，《钦定四库全书荟要》卷八千三百八十，吉林出版集团有限责任公司，2005，第509页。

③［英］伊凡·威廉斯：《广州制作：欧美藏十九世纪中国蓪纸画》，程美宝编译，第23页。

④［英］伊凡·威廉斯：《俄国王储尼古拉斯东方旅途中的礼物——中国外销通草水彩画》，邓玉梅译，《广州文博》2008年第1期。

⑤张紫晨：《中国民俗学史》，吉林文史出版社，1993，第693—694页。

的要求，男子 20 岁还独身，会被人看不起，称为'老光棍'。"① 美国传教士卫三
畏则认为中国女性是不幸福的，认为她们的意愿与认识没有超过家务圈子，她们
在母亲的房间里受到女性的各种职责和技能的训练，即使转移到丈夫家里也没有
发生大的变化。②

如果说中国婚俗对西方人来说是难以理解的，那么葬俗对他们来说则是匪夷
所思。见识过中国葬俗的西方人，不少用文字记录了他们的困惑，尤其是美国传
教士卫三畏和倪维思。卫三畏认为："父亲还活着就送棺材，这种习惯和我当初
设想的孝道大不相同，莫名其妙。"③ 倪维思则详细描述了他所看到的奇怪葬俗：

> 中国人作为成年人，特别是为双亲所操办的丧礼程序之庞杂、费用
> 之高昂以及整个过程中所表现出来的深切的悲痛之情也同样让人感到匪
> 夷所思。人死后，其亲友首先要在家中死去活来地哭嚎一番，有时一边
> 哭一边还哀求死者起死回生。死者遗体前须摆上香、烛及祭品，同时家
> 人还要请一帮和尚老道来为亡灵诵经……我们西方人对棺木及其所引发
> 的联想常常心存反感和芥蒂，中国人则不然，他们总爱将之摆放在屋门
> 口或其他某个显著地方大肆炫耀，这些经过精雕细琢的棺材都胶合得非
> 常结实。在中国各地旅行期间，我们常在一些人家中借宿，我们住的房
> 间内有的就摆放着几口棺材，不过我们从来没问过这些棺材里面究竟有
> 没有死尸……中国人在操办红白喜事，特别是在为死者买棺择坟时从不
> 吝啬，他们的出手甚至大方到了几近浪费的程度。很多家庭由于负担不
> 起这些费用而不得不高筑债台，他们所欠的债务多得几代人都无法还清。
> 为了让死者风风光光地入土，为了图一时的炫耀，在中国有多少儿孙们
> 不得不一辈子过着衣不蔽体、食不果腹的悲惨日子啊！④

"礼"和"孝道"是中国丧葬观的核心，受儒家重伦理的思想影响，厚葬一直
在中国葬俗中占主导地位。尽管清代厚葬风气仍存，但黄宗羲、陈确等思想家极
力推崇薄葬、反对厚葬。黄宗羲曾撰写《筑墓杂言》，谕令其子弟黄百家及族人："吾
死后，即于次日升至圹中，敛以时服，一被一褥，安放石床，不用棺椁，不作佛事，

① [法]佩雷菲特：《停滞的帝国：两个世界的撞击》，王国卿、毛凤支、谷炘等译，生活·读书·新知三联书店，
2013，第 313 页。
② [美]卫三畏：《中国总论》，陈俱译，上海古籍出版社，2014，第 553 页。
③ [美]卫三畏：《中国总论》，陈俱译，第 580 页。
④ [美]倪维思：《中国和中国人》，崔丽芳译，中华书局，2011，第 205-207 页。

不做七七，凡鼓吹等一概不用。"[①] 陈确著有《葬书》，书中明确反对厚葬，认为因厚葬而破家，以骗得别人的赞誉，实在太愚蠢，对死者毫无益处。[②] 他们的尖锐言论在当时激起很大的波澜。

四、结语

　　百越民族民俗与中原移民民俗在漫长的历史岁月里，融合成广东独特且多样的民俗。其中，广州地处沿海，自汉代起已是海上丝绸之路的起点，唐开元年间广州首设"蕃坊"，北宋元丰年间是"万国衣冠，络绎不绝"的对外贸易港[③]，清乾隆时期更成为全国唯一的通商口岸。中西文化的交汇，让广东民俗有机会走向世界。在民俗学视角下，《人生礼俗》外销画册因其独特的写实性，一方面成为西方人来华游历时购买的重要特色商品，另一方面成为我国晚清文献的图像补证，是研究清代民俗文化的极佳图像资料。

（本文原刊于《艺术与民俗》2020 年第 2 期，第 33—41 页）

---

①（清）黄百家：《先遗献文孝公梨洲府君行略》，载沈善洪编《黄宗羲全集》第 11 册，浙江古籍出版社，1993，第 417 页。

②徐吉军：《中国丧葬史》，江西高校出版社，1998，第 542 页。

③《中国海洋文化》编委会编：《中国海洋文化·广东卷》，海洋出版社，2016，第 64 页。

浅析清代广珐琅的题句及其特色

王　震*

摘要：清代前期，伴随着经贸往来和东西方文化交流，欧洲画珐琅技术传入广东。乾隆时期成为画珐琅技术集大成时期。广州铜胎画珐琅在此阶段得到长足发展，在器形、绘画主题等方面，具有中西融合的特征。题句成为清代铜胎画珐琅的文化表现形式。题句内容别具一格，独有特色。

关键词：铜胎画珐琅；题句

铜胎画珐琅，被称为"洋瓷"，是一种紫铜（红铜）为胎，先在铜胎上烧一层不透明的珐琅釉作底，再以各种颜色的珐琅釉料直接在胎体上绘制图案，最后烧制而成。铜胎画珐琅是中国传统手工艺发展史上的一颗璀璨明珠。画珐琅制作是集金属加工、绘画和烧制等技艺于一体的复合型工艺。不仅制作复杂，而且风格融贯中西。其中铜胎画珐琅上的图文题句更是别具一格，独有特色。题句内容既有文人诗意，又有岭南地域风格。本文拟对广州十三行博物馆馆藏的铜胎画珐琅的题句和图文进行整理和分析，并结合海内外相关广珐琅遗存，对清代广珐琅的题记及其特色作一初步研究。关于铜胎画珐琅的图文和题句，能否作为断代标准，还有待进一步研究和考证。

自广州十三行博物馆于 2016 年 9 月 30 日开馆以来，王恒、冯杰伉俪持续不断地无偿捐赠文物给博物馆，使馆藏文物数量从开馆之初的 1 600 件（套）增加到 5 100 多件（套），这出自于王恒伉俪对传统文化的一份热忱，也是他们无私大爱的真情流露，凝聚着王恒先生对岭南文化和广府文化的真挚热爱，也是对社会公益事业的无私奉献。

---

* 王震，广州十三行博物馆副馆长。

一、清代铜胎画珐琅在广州的制作

（一）欧洲画珐琅的东传

欧洲画珐琅制作工艺在文艺复兴时期逐步得到发展。最著名的产地之一是法国的里摩居，早期以灰阶单色加彩效果闻名，主要以宗教题材为主。[①]法国里摩居珐琅作坊是家族式作坊，15 世纪末 16 世纪初，珐琅作品逐渐摆脱宗教题材，开始出现人像肖像和描绘世俗生活的图案。

清代广州得风气之先。伴随着对外经济的繁荣和东西方文化交流，欧洲画珐琅技术于康熙末年（1722 年）传入广东。康熙末年的广州、宫廷，画珐琅的试烧均获得成功，雍正年间获得进一步发展。铜胎画珐琅制作技艺逐步积累，工匠经验逐渐丰富。乾隆时期成为画珐琅技术集大成时期。铜胎画珐琅在此阶段得到长足发展，在器形、绘画主题等方面，都大胆采用西洋风格。乾隆时期宫廷逐渐将制作铜胎画珐琅委托给粤海关，广州成为铜胎画珐琅制作的重要基地。广珐琅成为当时行销欧洲的商品之一。

（二）清代广州铜胎画珐琅作坊的地点

清代广州铜胎画珐琅作坊的地点最初主要集中在十三行旧址北边长寿寺附近[②]。清末民初，广州珐琅手工作坊逐渐聚集在现在大新路一带，多采用手工业家庭作坊的形式，由商行进行经营，批量销售海外，国内较少出售。[③]据朱家溍先生的研究，清代铜胎画珐琅的制造地点，文献足征的首先是广东。[④]

有清一代，外销铜胎画珐琅数量相对于同时期的外销瓷器来说却要少得多[⑤]。原因在于一是国外市场需求相对较小，出口市场的份额不大。二是与清代的铜禁政策有关[⑥]。因此，流传于世的藏品数量也非常有限。所幸运的是我们从目前珍藏在世界各国博物馆和私人藏家的铜胎画珐琅，可以欣赏到画珐琅精美的绘画和纹饰，领略到清代广州工匠的精湛工艺。俄罗斯圣彼得堡艾尔米塔什博物馆是目前收藏外销铜胎画珐琅比较集中的博物馆之一[⑦]，收藏数量多，并珍藏很多清代广州制作铜胎画珐琅，是研究外销铜胎画珐琅的宝库。

---

① ［美］琳达·达尔蒂：《珐琅艺术》，王磊译，上海科学技术出版社，2015，第 86 页。
② 施静菲：《日月光华——清宫画珐琅》，台北故宫博物院，2012，第 178，179 页。
③ 林明体主编：《广东工艺美术史料》，广东省工艺美术工业公司，1988，第 432 页。
④ 朱家溍：《故宫退食录》，故宫出版社，2009，第 61 页。
⑤ Jorge Welsh：《华彩绽放——铜胎画珐琅器》，pp.12.
⑥ 周思中：《清宫瓷胎画珐琅研究：1716—1789》，文物出版社，2008，第 218 页-219 页。
⑦ Jorge Welsh：《华彩绽放——铜胎画珐琅器》，第 13 页。

（三）清代广州铜胎画珐琅和清宫画珐琅的良性互动

清代广州铜胎画珐琅和清宫画珐琅工艺，这两者之间存在着密切的联系和互动。首先是珐琅人才的流动。康熙晚期，广东珐琅工匠进京促进了清宫珐琅的研发和烧制。根据故宫博物院杨伯达先生的研究，康熙时期进京的广籍珐琅工匠就已达 4 人，雍正时 3 人，乾隆朝达到 17 人。① 其次是珐琅工匠回原籍后，将不断积累的制作经验也带到地方，加强了在技术层面的交流。这两者良性互动促进了铜胎画珐琅制作技艺的提高。根据许晓东的研究，广东铜胎画珐琅的制作技艺在雍正时期就已经得到了长足进步。有一实例可以说明：雍正十二年（1734 年）在广州长寿寺附近的珐琅作坊就已经开始制造黄地鼻烟壶等，并在京城出现贩卖情况。② 能够制作可以媲美皇室专用的精湛之物，我们也从中可以看到广东珐琅工艺已经取得了质的飞跃和成熟。

二、清代广珐琅的题句

广州十三行博物馆目前收藏铜胎画珐琅近 200 件，涵盖年代从清代康熙到民国，分布年代比较完整，包括清康熙铜胎画珐琅花卉纹碗、清中期铜胎画珐琅花蝶纹花形碟、清中期铜胎画珐琅功名富贵纹花口盘等。其中最有代表性的清代乾隆时期制作的铜胎画珐琅。乾隆时期，国力强盛，手工业空前繁荣，陶器制造、纺织、冶铁业高度发达。此时铜胎画珐琅已经步入制作的黄金时期，岭南工匠们技术已炉火纯青。这些能工巧匠不仅能够制作画珐琅，还能制作具有地域风格的掐丝珐琅、錾胎珐琅和透明珐琅。③ 此外，工匠们将诗书画题句文化引入了铜胎画珐琅制作领域，从而使器物更具艺术欣赏性。广州十三行博物馆馆藏广珐琅的题句内容别具一格，独具特色，具有较高的研究价值。

（一）诗书画题句文化

中华民族用勤劳和智慧创造了辉煌的诗书画文化，体现泱泱大国的文化峥嵘气象。在中国传统绘画的范畴里，完整意义的传统文人画将诗、书、画、印等艺术融合在一起。画面题句，往往能够补充和深化绘画的意境，更能生动传神地表达出作者的创作意愿。一副完整的图文题句结构包括引首、题句、句后章等几个部分。引首，又称引首章，一般采用朱文，句后章采用白文。一朱一白，呼为对应。

---

① 杨伯达：《十八世纪清内廷广匠史料纪略》，载《中国古代艺术文物论丛》，紫禁城出版社，2002，第 309-316 页。
② 许晓东：《康熙、雍正时期宫廷与地方画珐琅技术的互动》，载故宫博物馆、柏林马普学会科学史所编《宫廷与地方——十七至十八世纪的技术交流》，紫禁城出版社，2010，第 319 页。
③ 许晓东：《康熙、雍正时期宫廷与地方画珐琅技术的互动》，第 325 页。

引首位于题句之前。受中国传统文人画的影响，清代广珐琅也借用书画艺术的题句方式，集诗书画于一体，进一步丰富了珐琅的工艺创作内容，这对铜胎画珐琅制作技艺影响深远。

（二）清代广珐琅的题句

清代广珐琅的题句根据内容可以分为以下几种：①文人吟对类。②题诗明志类。③咏叹画面类。④劝谕励志类。⑤戏剧文学类。

1. 文人吟对类

明清时期，伴随着商品经济的高度发达和物质财富的积累，市民阶层不断壮大，消费文化开始兴起。文人学士交往频繁，觥筹交错，吟诗作对，成为市民生活的一部分。广州十三行博物馆收藏的这件"铜胎画珐琅山水人物纹倭角碟"（图1），画面描绘了庭院里两名仕女弹奏乐器，一名小童手执象板的其乐融融的宴乐场景。引首章此题句中的原诗内容为：

> 高髻盘云压翠翘，春风并立海棠娇。
>
> 银筝象板花前醉，疑似东吴大小乔。
>
> 销尽炉香独倚门，琵琶声断月黄昏。

这首歌咏属于明清时期文人的吟风弄月山水诗。多用于文人们潇洒风流倜傥、流连于儿女情长、吟唱歌咏的欢乐场景，也可表现明清时期人们休闲宴乐时的情景。这首诗歌也是明清士人世俗生活的真实写照，体现了诗歌创作的世俗化倾向。

图1　铜胎画珐琅山水人物纹倭角碟

2. 题诗明志类

《尚书·尧典》:"诗言志,歌咏言,声依永,律和声。"古代文人历来就有以诗词抒发情感的传统。他们在诗词中建构精神世界,诗歌也成为他们寄托情感和理想的精神家园。明末清初是社会大动荡的时期。明王朝的覆灭对士大夫阶层影响较大,他们或亲身经历朝廷更迭,潜心反省明亡教训,并著书立说。后人对明清之际的仁人志士往往给予钦佩之情,对其所著诗作推崇有加,这种情况也反映在清代的铜胎画珐琅中。

收录在 the China institute in America 编著的展览图册 *Chinese painted enamels* 铜胎画珐琅大盘,直径 78 厘米(30.75 英寸),正面描绘庭院仕女婴戏图案,背面题写清初诗人陈恭尹的诗句[①]。(图2)题句均出自于陈恭尹的《独漉堂集》。陈恭尹,清初诗人,与屈大均、梁佩兰同称岭南三大家。又工书法,时称清初广东第一隶书高手。珐琅盘诗句篇目分别为《岁暮登黄鹤楼》《客亭逢屈泰士》《送陈人白王问溪归琼州》《夜起西山草堂口占别吴又札梁颙若梁亮圃》《赠岑梵则》等。这件珐琅盘无引首章,有题句和句后章。句后章为"竹居""主人",白文。

岁暮登黄鹤楼

郊原草树正凋零,历历高楼见杳冥。鄂渚地形浮浪动,汉阳山色渡江青。
昔人去路空云水,粤客归心向洞庭。莫怨鹤飞终不返,世间无处托仙翎。

客亭逢屈泰士

山阁依依杨柳新,别君同惜少年身。追寻许事如前日,已觉相逢是老人。
仗剑几时回鸟道,攀髯无复望龙鳞。秋江酒醒还分手,各掩柴门到好春。

送陈人白王问溪归琼州

送君归去不胜情,共国犹悬两月程。黎母山前开晚照,苏公楼外正秋清。
槟榔过雨垂空地,玳瑁乘潮上古城。到日从容问耆旧,为予再拜海先生。

夜起西山草堂口占别吴又札梁颙若梁亮圃

无成三十老渔蓑,旧国深惭此屡过。生计未知何事好,诗篇唯觉别人多。
高城晓角收凉月,岐路西风长白波。犹幸交亲不相弃,夜烧银烛为悲歌。

---

①CHINA HOUSE GALLERY&THE CHINA INSTITUTE IN AMERICA: *Chinese painted enamels*: *from private and museum collections*, 1970, pp.48.

赠岑梵则

江乡深径引茅茨，十载无忘独到时。高柳秋阴笼日薄，小堂寒磬出花迟。

丹砂不秘还童诀，白发尤工幼妇词。今夕三城笑相看，先生如旧我长髭。

图 2　铜胎画珐琅仕女婴戏图盘及背面题句

（图片来源：the china institute in America 编著的展览图册 *Chinese painted enamels*）

陈氏诗歌之所以受到画珐琅能工巧匠们的格外青睐，原因有二：一是陈恭尹诗作内容多是咏叹岭南风物，诗歌取自于民间，有深厚的群众基础，流传度高，能够引起士大夫的共鸣；二是陈恭尹一生经历可谓颠沛流离，其所经历朝代更迭之痛、见识之深，都赋予其诗歌更深厚的感情基调。他感怀身世，举目时艰，矢志报国，寄情于诗作，因此诗作感情充沛，思想内容具有时代性，影响着清初诗坛，引导着岭南诗风的走向。[1] 因此可以说，陈氏诗歌独特魅力和人格影响力，使之成为画珐琅工匠的选取题材，从而让诗歌在另外一种工艺形式得以充分展现。

此外，国外藏家 R. Albuquerque 收藏一件类似铜胎画珐琅大盘[2]，背面也题写有陈恭尹诗句，同样取自于《独漉堂集》（图 3）。标题分别是《同方蒙章酌秋月下怀梁药亭》《同梁器圃宿罗澹峰石湖》《怀罗浮》《新塘早春怀蔡艮若何不偕》《夜发甘竹滩》《送雁》《宿冲虚观》《过薛剑公不值》《鹤口》《题画二首·其二》。

---

[1]（清）陈恭尹撰：《独漉堂集》，郭培忠点校，中山大学出版社，1988，第 5—7 页。

[2] Jorge Welsh：《华彩绽放——铜胎画珐琅器》，第 23 页。

同方蒙章酌秋月下怀梁药亭

空阶布席共良宵，村浦千家带晚潮。秋色苍凉风在树，水光摇漾月当桥。
虫经晏岁吟偏苦，酒得高谈力尽消。江海论心几人在，碧天相望雁行遥。

同梁器圃宿罗澹峰石湖

一湖烟景在登楼，足耐闲人十日留。隔岸山光横枕上，远天帆影落墙头。
溪多暗响常惊雨，竹有寒声不待秋。况是溪翁共疏放，玉尊开酒夜传筹。

怀罗浮

琪树西风粤国秋，十年前记住罗浮。山光一半来蓬岛，海色三更上石楼。
云护药苗侵腊长，寺分泉响入房流。葛洪丹井分明在，一下人间渐白头。

新塘早春怀蔡艮若何不偕

春云漠漠虎头东，几日移居杏再红。三径草生残雨后，数家门掩落花中。
乡山久别吟兼梦，水驿多情浪与风。有约扁舟未能去，幽期空负钓鱼翁。

夜发甘竹滩

滩头潮落树昏昏，夜半移舟出水村。一渚暗云迷大雁，片帆春雨下江门。
愁来每失芳菲节，老去多惭父母恩。明日冈州花下醉，此心持与故人言。

送雁

数声嘹呖起汀沙，乱点晴空暮影斜。六翮欲冲辽海雪，一行先别岭南花。
但令处处无飞缴，莫恨年年不到家。荇叶芦芽春渐遍，无穷烟水在天涯。

宿冲虚观

碧削群峰列四垣，仙宫高坐不知寒。春前萤火明丹灶，夜静流星落斗坛。
几穴雕梁巢白蚁，一家衰草住黄冠。山尊对语梅花下，福地而今路亦难。

过薛剑公不值

竹窗虚掩读书堂，远近游踪日已黄。舍瑟定偕童子去，采芝还入老人行。
苔侵旧绿缘金井，花散高红点石床。一度不留君未惜，年年归路属春阳。

鹤

远视高肩有凤文，生来不称在人群。朱门香稻长如客，明月沧江总为君。
一种昂藏临水岸，数声清迥落寒云。碧天路近飞犹懒，自啄霜毛向夕曛。

题画二首·其二

深山深处有人争，拟寄闲身画里行。净扫柴门无个事，碧溪寒叶一声声。

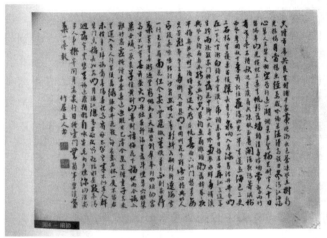

图4
铜胎画珐琅盘
（及盘背细节）
清乾隆
© R. ALBUQUERQUE收藏

图 3　铜胎画珐琅盘背面题句

（图片来源：Jorge Welsh《华彩绽放——铜胎画珐琅器》）

3. 咏叹画面类

铜胎画珐琅的题句辅助表达画面涵义，犹如点睛之笔，让画面获得更多的延伸。

（1）雅致文化。这是广州十三行博物馆馆藏的铜胎画珐琅提梁茶壶（图 4）。画面主要营造宁静、安谧的田园景色。茶壶题句为"明月松间照，清泉石上流"，诗句出自唐朝诗人王维《山居秋暝》。这首诗写出了清新、幽静、恬淡、优美的山中景色，意境深邃幽远。中国古代文人生活都有"采菊东篱下，悠然见南山"的理想，向往淡泊名利，期待一个远离尘世喧嚣的地方生活。茶壶正是理想的真实写照。

图 4　铜胎画珐琅山水提梁壶

山居秋暝

空山新雨后，天气晚来秋。
明月松间照，清泉石上流。
竹喧归浣女，莲动下渔舟。
随意春芳歇，王孙自可留。

图 5　铜胎画珐琅山水人物纹碟

（2）田园文化。这是广州十三行博物馆馆藏的铜胎画珐琅盘（图 5）。盘中心描绘了一幅漂亮的山水画卷。题句为"亭高出鸟外，客到与云齐"，出自于唐朝诗人岑参的诗作《早秋与诸子登虢州西亭观眺》。凉亭高耸入云，连鸟只能高飞到它的半腰；客人到亭子来，宛如和云朵一样持平。诗词采用夸张手法，将观景的视角由近及远，给读者以无尽的遐想。

早秋与诸子登虢州西亭观眺

亭高出鸟外，客到与云齐。树点千家小，天围万岭低。
残虹挂陕北，急雨过关西。酒榼缘青壁，瓜田傍绿溪。
微官何足道，爱客且相携。唯有乡园处，依依望不迷。

图 6　铜胎画珐琅山水人物纹碟

（3）闲逸生活。这件铜胎画珐琅碟（图 6）的题句是"舍南舍北皆春水，但见群鸥日日来"，出自于唐代杜甫的《客至》。起句写水，浑然天成，描绘一个自然和谐的旖旎风光，渲染客至的欢快氛围。鸥鸟群集，环境清幽，人与自然和谐共处。

客至

舍南舍北皆春水，但见群鸥日日来。
花径不曾缘客扫，蓬门今始为君开。
盘飧市远无兼味，樽酒家贫只旧醅。
肯与邻翁相对饮，隔篱呼取尽馀杯。

（4）行旅文化。此铜胎画珐琅碟（图7）题句是"山色无远近，看山终日行"，出自于宋代欧阳修的《远山》。本诗主要描写诗人观赏山景有感而发。无论远近，山皆成一色，每一次远足都是一次新的实践。峰峦逶迤，穷尽变换，宛如一幅壮观山水画卷，行客如何能一一辨明？实写景物，却寄托志向。

图7 铜胎画珐琅山水人物纹碟

远山

山色无远近，看山终日行。

峰峦随处改，行客不知名。

4. 劝谕励志类

图8是广州十三行博物馆馆藏的铜胎画珐琅攒盘。攒盘由一个中央圆盘与八个扇形盘组成。扇形盘边沿环饰弦纹、雷纹。攒盘有七个题句，分别为"雪夜起谈千古意，寒冻不冷读书心""月黑雁飞高，单于夜遁逃""明月松间照，清泉石上流""山色无远近，看山终日行""花径不曾缘客扫，蓬门今始为君开""爆竹声中一岁除""桑柘影斜春社散，家家扶得醉人归"。其中"寒冻不冷读书心"为劝谕学子发奋读书，励志功名之意。

图8 铜胎画珐琅山水人物纹攒盘

5. 戏剧文学类

铜胎画珐琅所绘画面题材涵盖中国的戏剧文学，这类画珐琅因为富含东方文化色彩而深受西方社会贵族和上层人士的欢迎。此铜胎画珐琅盘题材是《西厢记》剧本中的一段独白（图9）。《西厢记》无论从语言形式，还是思想内容，直接影响了《牡丹亭》《金瓶梅》《红楼梦》等古典文学名著的创作。

图9 铜胎画珐琅盘

（三）广珐琅的题句和图文研究

（1）广珐琅题句从诗文来源上看，有唐宋词、明代戏剧、岭南名人诗词等，引用的范围和来源比较广泛。从题句内容的诗文分类来看，大多是山水田园诗、咏物诗、行旅诗、抒情诗、叙事诗等。

（2）广珐琅题句多出现在盘、碟、碗、茶壶和攒盘等器形，在其他器形中较少出现。出现位置一般在器物画面的上方。从题句内容的句式排列来看，有时三列，五五四；或者五列，每列两字，主要根据画面的留白面积来定。广州十三行博物馆馆藏的铜胎画珐琅文物中，凡是具有题句的边沿部分都描绘墨彩描金卷草纹（图1、4、5、6、7、8）。画面环绕一圈红色（或蓝色）弦纹或者回纹，以作装饰。有的器物底部摹绘"赏心"方印或花卉岭南佳果图案。"赏心"方印为清代铜胎画珐琅的流行底款之一，其他底款还包括"竹居""瑞祥""万延年制""敬制""奇珍"等[①]。广州十三行博物馆馆藏的铜胎画珐琅文物很多都有底款，显示店名的包括"广东省城许燕记造"款、"粤东省小甫南许燕记造"款、"义和成制"款、"于斯堂"款等，标识时期的有"乾隆年制"款、"大清乾隆年制"款。

（3）广珐琅上的图文结构并非严格遵守中国传统绘画、书法的图文结构和布局。传统绘画讲究诗书画一体，引首章、题句、题后章齐备，而铜胎画珐琅的图文有时只有题句和句后章，没有引首，具有很大的随机性（图7、8、9）。广州十三行博物馆馆藏的广珐琅文物，题句前款（或称引首章），多为朱文，有时写为"半山"（图1），有时却寥寥数笔，宛如树叶形状（图4），这可能是画珐琅工匠所做的签名或记号，工匠不同所做记号也不尽相同。题句后的"白石"章（图1、4、5、6、7、8），在广珐琅作品中经常出现，但不清楚白石是指珐琅作坊的名称还是指一名画师。根据 R. Soame Jenyns 和 William Watson F. S. A. 在《中国艺术（第二部）》的研究，"白石的印章经常出现在广州珐琅上。……霍布森认为，白石仅仅是一位广州艺术家的名字，他的画经常被珐琅工匠借用，他还可能曾经为珐琅工匠们专门设计画面。在这些有白石印章的器物的整体风格和款式并不是一样的"[②]。"白石"印章在清代广州珐琅作坊广泛使用，和当时珐琅行业业态关系密切。限于相关文字资料，对当时清代广州铜胎画珐琅作坊的运营和生产情况，仍需要进一步的分析和研究。

（4）广珐琅并非一定有题句。画珐琅主要表现形式还在画面，题句只是补充和说明。同时，画面和题句的关系也并非一一对应。例如前面的"明月松间照，

---

① Tatiana Arapova：《艾尔米塔什博物馆藏中国画珐琅器》，1988，第260页。

② R.Soame Jenyns&William Watson F. S. A：*Chinese Art II(Gold, Silver, Later Bronzes, Cloisonne, Cantonese Enamel, Lacquer, Furniture, wood)*, New York: RIZZOLI INTERNATIONAL PUBLICATION, 1966, pp.147

清泉石上流"就有诸多画面与之对应。其实题句在清代铜胎画珐琅也并非常见。根据俄罗斯圣彼得堡艾尔米塔什博物馆策展人 Tatiana Arapova 在 1988 年出版的《艾尔米塔什博物馆藏中国画珐琅器》，该博物馆珍藏有 267 件珐琅，其中器物有题句的有 4 件。外销铜胎画珐琅大多是私人订制，相对瓷器来说量小，加上对中国传统文化的了解认知，大多对题句没有硬性要求。外销铜胎画珐琅从器形来看种类丰富，中西文化交流的特征明显。伴随着对外贸易的繁荣，广州工匠为满足欧美市场需求，进一步吸收了西方银器、外销瓷器特征，催生了带盘执壶、花口盘等器形，纹饰主题保留中国传统特色，因此独具中西合璧的特点。

（5）清代铜胎画珐琅的画面既有中国传统的人物、花鸟、山水，又包括西洋人物图案，呈现出独特的艺术魅力。图像内容包括中国传统山水景色、人物故事、戏曲文化、神话传说等。其中福禄寿在中国吉祥文化中使用较广。在铜胎画珐琅中，象征福禄寿文化的鹿、蝙蝠、喜鹊、仙鹤等，寓意富贵长寿，福祉连绵。寿星美髯长须，精神矍铄，仙鹿环绕。三羊开泰、八仙题材、"功名富贵"等吉祥图案在铜胎画珐琅也较为常见。

（6）关于清代广州铜胎画珐琅的一些特征。Jorge Welsh 的《华彩绽放——铜胎画珐琅器》是系统介绍清代铜胎画珐琅的专著，对该领域的研究与推动贡献较大。《艾尔米塔什博物馆藏中国画珐琅器》一书集合了清代广州外销铜胎画珐琅的精华，并配以彩图，对研究广州铜胎画珐琅提供了极大便利。

根据上述书籍，综合研究，铜胎画珐琅器物边沿采用墨彩描金卷草纹的装饰技法，在清代广州铜胎画珐琅中较为常见。清乾隆时期墨彩描金工艺也达到顶峰。一方面，此时期描金细致，做工精致，越到后期，技术越粗糙，做工马虎，铜胎画珐琅技术持续下滑。另一方面，清代广州铜胎画珐琅保留了对中国传统纹饰文化的延续，继续采用回纹、弦纹等装饰纹样，多出现在器物的颈、肩、腹、胫等部位，也是对中国古代陶器及青铜器纹饰特征的继承和发展。此外，西洋风景人物主题是广州铜胎画珐琅最主要的特色。广州得风气之先，1684 年，清康熙皇帝实行开海贸易政策，东西方贸易迅速发展，广州成为对外贸易的主要商品集散地，西方新兴科技、制作技艺从广州传入，欧洲画珐琅制作工艺开始传入广州。因此对西洋风景人物的描绘成为广州铜胎画珐琅最主要的特色之一。

浅析广州十三行时期纹章瓷定制者的构成

田蔚恩[*]

　　摘要：广州十三行时期，是清代中外贸易的黄金时期。这一时期，大量的中国工艺品销往海外，瓷器往往是出口最多的商品，其中便有大量的纹章瓷。纹章瓷，按照国外定制者的要求在瓷器上绘制有特殊意义的纹章，是一种"来样加工"的高档私人定制，是身份、地位的象征。本文通过对纹章瓷上的纹章解读，查找出纹章的定制者及其社会阶层，从而分析纹章瓷定制者的构成。结合欧美的历史发展，通过纹章瓷不同发展阶段的定制者构成的变化，反映欧美当时纹章的功能变化及社会阶层的变动。

　　关键词：广州十三行；纹章；纹章瓷；外销瓷；定制

　　广州十三行，早在明代就已经存在。梁廷枏在《粤海关志》中写道："国朝设关之初，蕃舶入市仅二十余舵。至则劳以牛酒，令牙行主之。沿明之习命曰'十三行'，舶长曰大班，次曰二班，得居停十三行，余悉守舶，仍明代怀远驿旁建屋居番人制也。"① 可见明代已有广州十三行参与处理海外贸易，由牙行演变而来。至清康熙二十五年（1686年），继粤海关设立② 后，为了防止洋商与内地商人勾结，政府决定指定一些可靠且资深的商人与洋商打交道③。为了进一步约束外商，政府在珠江畔修建了一条街市，沿街皆为"洋货行"，即是现今广州市荔湾区的十三行街。明末清初人屈大均曾写有关于十三行的诗词："洋船争出是官商，十字门开向二洋。五丝八丝广缎好，银钱堆满十三行"④。而这首竹枝词在康熙二十六年（1687年）

---

* 田蔚恩，广东省博物馆藏品管理与研究部馆员。
① 沈云龙：《近代中国史料丛刊续编（第十九）》，文海出版社，1966，第1797-1799页。
② 康熙二十四年（1685年），宣布广东的广州为对外贸易港口之一，设立粤海关，征收关税，对海外贸易进行管理。
③ 黄启臣：《广东海上丝绸之路史》，广东经济出版社，2003，第538-539页。
④ 屈大均：《广州竹枝词》。

就已经流传，间接证明清十三行成立于 1687 年之前①。直到 1856 年第二次鸦片战争爆发，广东军民出于对外国列强的愤恨，迁怒于十三行，火烧十三行，曾经繁荣昌盛的广州十三行被付之一炬。因此，本文探讨的广州十三行时期，采用的是狭义的广州十三行时期，即清代广州十三行时期，约 1686 年至 1856 年。

广东十三行是由官方特许，专门负责经营对外贸易的大型机构。十三行自成立后，凭借其半商半官的政治优势，垄断了对外瓷器进出口贸易。十三行商业街区有大量的商店经营瓷器。据 1764 年荷兰公司的通商报告，当时在广州十三行商业区，销售高品质瓷器的商店多达五十多家。②一部分外商直接从这些瓷器商店采购瓷器，一部分外商向这些商店订购高档瓷器。十三行对外陶瓷贸易的对象，不仅是这些小型瓷器行商，还经常和大型垄断公司进行贸易往来，如东印度公司每季度都会向十三行订购大批瓷器。十三行同时也接收大量的外国使馆发来的订单。

事实上，纹章瓷的定制最早可追溯到 16 世纪上半叶，葡萄牙的皇室和贵族开始在中国定制绘有家族纹章的纹章瓷。17 世纪晚期，欧洲与中国重建海贸关系③，尤其是广州十三行成立后，各国国立的贸易集团"东印度公司"纷纷来华贸易，公司的货物管理员承接来自欧洲的皇家、贵族、公司等的纹章瓷订单。这些订单随着货船来到广州，一部分辗转送至景德镇制作，但有大量的纹章瓷订单则是在广州进行制作。等货船返航时，载上这些烧制好的纹章瓷回到欧洲，送到定制者的手上。至 18 世纪，纹章瓷的定制达到顶峰，大量的纹章瓷订单发往广州。19 世纪，随着海外贸易的扩大化，美洲国家也开始来华定制纹章瓷。本文基于清代海贸繁荣发展的广州十三行时期，试图从这一时期纹章瓷上的纹章解读，探究出定制者的身份地位，结合欧美纹章发展史，来剖析纹章瓷不同发展阶段的定制者构成的变化。从而达到以小窥大，见一物而见世界，以分析纹章瓷定制者身份构成变化，折射出欧美社会阶层的变化。

一、纹章与纹章学

纹章瓷因瓷器上绘制的纹章纹而成为一个特别的瓷器品种。因此，了解纹章以及纹章学的发展，成为着手研究纹章瓷的基础。

纹章起源的时间目前仍然存在许多争议。国外一些学者称可能最早源于 9 世纪左右查理曼大帝的继承者，但还未有太多佐证。另一些学者认为纹章起源于

①梁嘉彬：《广东十三行考》，国立编译馆，1937。
②冷东、肖楚雄：《十三行与瓷器加工制造业的发展》，广州大学学报，2011.10(10)，87—90 页。
③清康熙二十二年（1683 年），清政府解除"海禁"。

1066 年的黑斯廷斯战役 ① 中。目前收藏于法国巴约博物馆的巴约挂毯（Bayeux Tapestry），以纺纱刺绣的形式记录了诺曼底公爵威廉征服英格兰的故事，生动形象地描绘了黑斯廷斯战役。巴约挂毯上多处出现士兵的盾牌上画着类似纹章的图案（图 1），有些是类似龙、鹰等动物，有些是较为抽象的几何图案。这些盾牌上的图案从侧面证明，纹章可能最早源于 11 世纪，甚至在黑斯廷斯战役中的军队可能已经开始使用纹章。

图 1　巴约挂毯（巴约博物馆藏）

虽然纹章的起源时间还不能确定，但是可以推测出纹章最初出现于战场上，在军队双方身穿盔甲，难分敌我，于是在盾牌上绘制辨认身份的图案。而盾牌上的图案也逐渐演变为盾形的纹章纹一代代传承为家族的标志，成为身份和地位的象征。

中世纪的欧洲，基本结束了迁徙游牧，确定了村落和城市的中心，贵族的家庭根基也更加稳定。贵族阶层的血统意识和骑士精神，促使纹章成为家族的象征，纹章关乎家族的继承和世袭。目前，学术界公认最早的纹章出现于 12 世纪。安茹伯爵杰弗里 ② 的墓牌上画有精美的纹章盾牌，而其孙威廉·朗斯沃德墓碑上的雕像手持一个相似纹章图案的盾牌，证明了盾形纹章图案具有了上一代传于下一代的继承性，是目前公认最早的纹章证明 ③。

---

① 黑斯廷斯战役：1066 年，由于英格兰王位的继承纷争，诺曼底公爵威廉与英格兰国王哈罗德的军队交战于黑斯廷斯，最终诺曼底公爵威廉取得了战争的胜利。这场战役也被称为欧洲中世纪盛期开始的标志。
② 安茹伯爵杰弗里·金雀花，为英格兰国王亨利一世的女婿。1128 年，亨利一世赐予他安茹伯爵的爵位。
③ Stephen Slater, The Complete Book of Heraldry, Anness Publishing, 2003, P.13.

　　13 世纪，纹章逐渐形成一门关于家族继承和世袭的学问，即纹章学。中世纪欧洲纹章学的发展离不开欧洲纹章官的推动。纹章官最初是贵族家庭的奴仆，代表家族宣布比武挑战的信使，或是组织比武。中世纪骑士比武之风盛行。骑士们模仿实战，使用剑、棍棒等武器进行比武，不惜冒着生命危险激烈交战。其中，"马上比武"① 是比较正式、有规章的比武，通常有栏杆围起的比武场地，比武场两边设有绘满纹章的观众席和参赛骑士的营帐。纹章官在比武中要负责组织骑士比武，分辨骑士纹章，宣布比武结果等事宜（图 2）。14 世纪，几乎每个贵族家庭都会有纹章官，佩戴主人的纹章，担任家族的宣战代表、私人信使等，出席在各种重要场合，记录场合上出现的各种纹章信息。随后，纹章官权利不断扩大，会作为主帅的随行出现在战场上，协助调度士兵，负责与敌方交涉等。

　　中世纪欧洲的纹章官员分为三个等级，纹章主官、纹章官和纹章院属官。纹章主官权利不小，负责监督纹章样式、处理颁发纹章等事务以及引进新贵族等。纹章官对纹章的研究也更加深入，会配图记录各家族的纹章，并且研究其使用情况，整理出详细的"纹章卷"。

图 2　纪念费迪南德一世的马上比武油画，展示了参赛者的纹章

（图片来源：Stephen Slater, *The Complete Book of Heraldry*, Anness Publishing, 2003, p.23）

---

①马上比武：骑士骑马进行的枪术、剑术比武。

二、葡萄牙纹章瓷的定制者构成

虽然最早的纹章发现于英国，但是最早来华定制纹章瓷的是来自葡萄牙的定制者，这与 15、16 世纪葡萄牙的海上霸主地位息息相关。1497 年，葡萄牙航海家达·伽马绕过好望角，打通东西方的海上航路，开辟了新的海上贸易之路。随后，葡萄牙人逐步控制马六甲等亚洲海域，积极建立商站。

1515 年，随着葡萄牙航海家拉斐尔·佩雷斯特雷洛（Rafael Perestrello）航行中国的意大利人安德烈·克萨利（Andrea Corsali）写了封信给美第奇公爵（Duke Giuliano de Medici），书信中记载了中葡贸易最初的情况，其中就有提到中国商人带来瓷器进行贸易[①]。目前，就考古发掘资料来看，发现于广东台山上川岛的一批明代早中期的青花、红绿彩瓷片，可能正是中葡贸易早期经葡萄牙人远销海外的中国瓷器[②]。这一时期，中葡贸易还是由航海家引导的非正式贸易。

目前所见，最早的葡萄牙定制纹章瓷上的纹章多为王室的纹章，而纹章瓷的定制者却不一定为王室。现藏于土耳其托普卡比宫博物馆的明青花纹章纹碗（图 3），口沿有一圈葡萄牙语 "PEMTEMPO DE PERO DE FARIA DE 541"，碗外壁腹部绘有浑天仪图案和倒置的葡萄牙皇室纹章，纹章和浑天仪图案两两相对。由此碗的铭文[③]可知，此碗是 1541 年由别球佛哩（Pero De Faria）定制，曾担任两届马六甲总督[④]。而另一个明青花纹章纹盘（图 4），由葡萄牙藏家 Colecção Comandante Alpoim Calvão 收藏，盘外壁上同样绘有浑天仪图案和葡萄牙皇室纹章，此外还绘有耶稣会的标志"IHS"[⑤]，此盘虽然有皇室纹章，但是同时又有耶稣会的标志"IHS"，应该为葡萄牙宗教团体所定制。

---

① 意大利人安德烈·克萨利（Andrea Corsali）写给美第奇公爵（Duke Giuliano de Medici）的书信中记载："中国商人也越过大海湾航行至马六甲，以获取香料，他们从自己的国内带来了麝香、大黄、珍珠、锡、瓷器、生丝，以及各种纺织品。……去年，我们葡萄牙人中有些乘船往中国。中国人不许他们登陆，因为中国人说，让外国人进入寓所是违背常规的。不过，这些葡萄牙人卖掉了自己的货物，获得厚利。"

② 详见黄薇、黄清华:《广东台山上川岛花碗坪遗址出土瓷器及其相关问题》,《文物》2007 年 5 期, 第 78-88 页。

③ 此碗和葡萄牙莉娜皇后博物馆所藏的同时期明青花纹章纹碗极为相似。葡萄牙莉娜皇后博物馆所藏的青花碗上的铭文为 "EM TEMPO DE PERO DE FARIA DE 1541"。两者应为同样的铭文，由于中国工匠不懂葡萄牙语造成误差。

④ Le Guide Du Routard , Do Tejo Aos Mares Da: *China-Uma Epopeia Portuguesa-Exhibit of Trade Between Portugal and China*, Hachette, 1992, p.82.

⑤ "IHS"为耶稣拉丁文 Ι Η Σ Ο Υ Σ 的缩写。1534 年, 耶稣会创立, 以"IHS"三个字母的设计图案作为会徽。

图3　明青花葡萄牙皇室纹章纹碗（土耳其托普卡比宫博物馆藏）

图4　明青花纹章纹盘（葡萄牙藏家 Colecção Comandante Alpoim Calvão 收藏）

　　上文举例的两件绘有葡萄牙皇室纹章纹的青花瓷，虽然瓷器上均绘有葡萄牙皇室的纹章纹，而瓷器的定制者却不是葡萄牙皇室。青花瓷碗的定制者为马六甲总督，而另一个青花瓷盘的定制者为葡萄牙宗教团体。可见，早期的葡萄牙纹章纹瓷的定制者除了葡萄牙皇室，还有殖民地官员、宗教人士。葡萄牙皇室纹章的纹章瓷，也可能是通过葡萄牙殖民地官员、航海家、传教士等定制。明确定制者为葡萄牙殖民地官员、宗教人士的纹章瓷也会绘有皇室纹章瓷，也许是为了宣扬、彰显葡萄牙皇室的势力。

至 17 世纪之后，越来越多的纹章瓷销往葡萄牙，纹章瓷的品种也种类繁多，有青花、五彩、粉彩等。葡萄牙纹章瓷的定制者也更加广泛。不仅王室贵族仍然有定制纹章瓷，殖民地官员、航海家、商人、宗教人士、绅士、大学教授等也会定制纹章瓷。

一套约 1730—1740 年的纹章纹杯及托碟（图 5），现收藏于葡萄牙里斯本东方基金会，杯身及托碟上绘有葡萄牙国王若昂五世（King João V）及其妻子奥地利的玛丽亚·安娜女大公（D. Maria Ana）的联姻纹章。1708 年，葡萄牙国王若昂五世迎娶了奥地利的玛丽亚·安娜女大公，两人育有六名子女。这套杯碟的纹章纹大小不成比例，且彩料也不同于景德镇的粉彩纹章瓷，

图 5　清雍正至乾隆纹章纹杯及托碟
（葡萄牙里斯本东方基金会藏）

很可能是在广州定制的广彩纹章纹瓷。1962 年，西方学者 Beurdeley，也提出这套杯碟可能由广州的广彩瓷作坊制作①。当时广州十三行的瓷器贸易兴盛，开设有多家与外商交易的瓷器店，同时广州本地有许多给这些瓷器店供货的广彩瓷器工作坊。1769 年，William Hickey 在叙述广彩瓷加工作坊的情形时，亦感叹同样的工坊有一百多个②。1815 年，美国商人 John R Latimer 描述"福昌"瓷器手工坊有 80 到100 个工匠，同时提及十三行附属的瓷器加工作坊规模更大。③

现藏于葡萄牙格鲁兹宫的一套约 1775 年的广彩纹章纹餐具（图 6），是葡萄牙国王佩德罗三世（King Pedro Ⅲ）定制的。这套餐具包括带盖汤盅、沙拉碗、带盖奶壶、茶杯及托碟等。整套餐具以胭脂红彩描金为装饰，每件餐具上都绘有佩德罗三世的纹章。佩德罗三世，1717 年 7 月 5 日出生于葡萄牙王国里斯本的里贝拉宫，逝于 1786 年。他的父母是葡萄牙国王若昂五世（King João V）及其妻子奥地利的玛丽亚·安娜女大公（D. Maria Ana）。1760 年 6 月 6 日，43 岁的佩德罗迎娶了自己的侄女玛丽亚，成为葡萄牙国王。当时，玛丽亚是佩德罗之兄葡萄

① *Caminhos da porcelana the porcelain route*, p.170.
② 周思中：《中国陶瓷经典名著选读》，武汉大学出版社，2013，第 220 页。
③ CHARLES B HUMMEL: *John R. Latimer and the China Trade*, Winterbur Newsletter, 1958(December).

牙国王若泽一世（King José I）的王位继承人。格鲁兹宫，便是最初设计为葡萄牙国王佩德罗三世的避暑行宫，华丽非凡，被称为葡萄牙的凡尔赛宫。

图6　清乾隆广彩葡萄牙国王佩德罗三世纹章纹餐具（葡萄牙里斯本东方基金会藏）

图7　清乾隆广彩 D. Gaspar de Saldanha de Albuquerque 纹章沙拉碗（葡萄牙里斯本东方基金会藏）

现藏于葡萄牙里斯本东方基金会的广彩沙拉碗（图7），年代约为1765年，波浪形口沿，深腹。盘内纹饰极具洛可可风①，盘沿一周绘丝带花卉纹，其间绘有 D. Gaspar de Saldanha de Albuquerque 的纹章，并且散落写着有铭文"Saldanha de Albuquerque"。盘心绘花丛上托着火腿，外绕一圈花卉装饰，碗内壁一圈绘有各种食材，有鱼、鸭、兔子及各类蔬菜。D. Gaspar de Saldanha de Albuquerque 曾任科英布拉大学（Universidade de Coimbra）②的校长、

①洛可可风：洛可可风格在18世纪风靡整个欧洲。体现在瓷器纹饰上，多使用卷蔓、花朵、贝壳、花边丝带等图案，精致而优美。
②科英布拉大学（Universidade de Coimbra）：一所位于葡萄牙首都里斯本以北科英布拉的著名公立大学，是葡萄牙历史最悠久的大学，亦是世界上最古老的大学之一。科英布拉大学创建于1290年。

里斯本宗法会高级学士、首席法官等。

同样是收藏于里斯本东方基金会的一对约 1790 年的广彩花插（图 8），以卷蔓花卉纹为边饰，点缀小花，边沿描金，器身开光内绘有圣奥古斯丁皇家修道院（Sào Vicente de Fora）的纹章。纹章由两部分组成，一边是葡萄牙皇室的纹章，代表其受皇室的庇佑；另一边则是航海图纹章。圣奥古斯丁皇

图 8　清乾隆广彩圣奥古斯丁皇家修道院纹章花插
（里斯本东方基金会藏）

家修道院位于葡萄牙里斯本，是一家历史悠久的葡萄牙修道院，12 世纪由葡萄牙阿方索一世·恩里克斯（King Afonso Henriques）建立。

现藏于广东省博物馆的清嘉庆葡萄牙波尔图主教（António de São José de Castro）纹章纹盘（图 9），以绿釉地加金彩草叶纹装饰，盘心留白花瓣形开光内绘纹章。波尔图主教座堂（葡萄牙语：Sé do Porto）是天主教波尔图教区的主教座堂，位于葡萄牙城市波尔图的中心，建于 1110 年前后，完成于 13 世纪，是该市最古老的古迹之一和葡萄牙最重要的罗曼式建筑之一。19 世纪初的波尔图主教 António de São José de Castro 是 Resende 伯爵一世的私生子，曾经担任葡萄牙波尔图市市长，是摄政团及政府成员。

图 9　清嘉庆葡萄牙波尔图主教纹章（广东省博物馆藏）

三、荷兰纹章瓷的定制者构成

　　17 世纪，荷兰人开始进入亚洲海域，试图打破葡萄牙对海上贸易的垄断。1602 年，为了与葡萄牙海上的强大势力相对抗，荷兰国内多家亚洲贸易为重点的海贸公司联合起来，成立了荷兰东印度公司（荷文为 Vereenigde Oostindische Compagnie，简

图 10　粉彩荷兰东印度公司纹章杯和杯碟（1730—1735）
（英国维多利亚与艾伯特博物馆藏）

称 VOC）。荷兰政府极为支持荷兰东印度公司，特批了许多特权，诸如允许公司组建军队、建立军事要塞，甚至可以使用政府的名义同外国签订条约等。荷兰东印度公司成立后，联合起来的团体进行贸易较为稳定，并且加上荷兰商人比葡萄牙人更加懂得迎合市场而变通，逐渐筑造了一定的商业规模，垄断了东到好望角、西到麦哲伦海峡间的贸易，逐渐取代葡萄牙人海上贸易的主导地位。粉彩荷兰东印度公司纹章杯和杯碟（图 10），现藏于英国维多利亚与艾伯特博物馆，制作于1730—1735 年。杯和杯碟都饰有荷兰共和国的纹章，下方饰有一组花体 VOC 字样的纹章代表荷兰东印度公司。盘上的纹饰其实是仿照 1728 年铸造的专门用于亚洲贸易银币上的图案。这套杯碟是定制作为荷兰贸易史上重要事件的纪念品。

　　收藏于英国维多利亚与艾伯特博物馆的一套荷兰坎普斯家族纹章纹套碟（图11），定制于 1695 年，是目前所知荷兰人最早定制的彩绘纹章瓷。这组套碟，包括了一个中间的八角星形碟和八个配套的小碟，饰以绿色、紫色和黄色的素三彩彩绘。这组瓷器中的每一件上面都带有约翰内斯·坎普斯（Johannes Camphuijs，1634—1695 年）的纹章。纹章纹是一个盾形开光里画有一只穿戴着盔甲的手臂举着榔头，顶饰是一个头盔和以及一只同样举着榔头穿戴着盔甲的手臂。这个纹章可能暗示了

图 11　荷兰坎普斯家族纹章纹套碟（1695）
（英国维多利亚与艾伯特博物馆藏）

约翰内斯·坎普斯在荷兰哈勒姆（Harlem）从事的第一份职业是银匠[①]。1645年，他在巴达维亚担任初级职员。之后，他官运亨通，一路高升，并在1684—1691年担任巴达维亚总督。他也曾在亚洲任职，因而十分喜爱日本饮食，所以这套瓷碟可能是定制用来盛装日本食物的。

　　进入18世纪，荷兰人定制的纹章瓷越来越多，定制者的身份也越来越广泛。仍然有大量的荷兰殖民地官员定制纹章瓷，在巴达维亚或亚洲的海贸中心，例如孟加拉、乌木（Coromandel）、苏拉特、苏门答腊和马六甲等地的官员们，以及荷兰派驻非洲南端开普敦殖民地的官员们也会定制纹章瓷。荷兰王室贵族也定制大量的纹章瓷，尤其是数量众多的成套纹章纹餐具。18世纪，荷兰市场定制的成套纹章纹餐具有600至700套[②]，早期一套不会超过50件瓷器，而后期定制成套餐具的数量越来越多。同时，也有大量纹章瓷的定制者是荷兰东印度公司的官员、职员、货船的船长、水手、商人等。荷兰东印度公司有六个分部：阿姆斯特丹、米德尔堡、鹿特丹、代尔夫特、霍伦和恩克赫伊曾[③]，这些分部的主管和职员，都曾定制过纹章瓷。还有派驻在广州的荷兰东印度公司的主管、货物管理员等职员，也会定制纹章瓷。这一时期定制纹章瓷成为一种风尚，被视为去过中国长途旅行或者在亚洲的纪念品，被展示在家中炫耀，或作为礼物赠送给亲朋好友。

　　英国维多利亚与艾伯特博物馆藏有一套1734年荷兰王室纹章的瓷杯和杯碟（图12）。瓷杯和此碟上面都彩绘以当时的奥兰治王子[④]（Prince of Orange）和英格兰安妮

图12　荷兰王室纹章的瓷杯和杯碟（英国维多利亚与艾伯特博物馆藏）

---

①Jochem Kroes: *Chinese Armorial Porcelain for the Dutch Market*, Waanders Publishers, 2007, p.105.

②柯玫瑰、孟露夏：《英国国立维多利亚与艾伯特博物馆中国外销瓷》，张淳淳译，上海书画出版社，2014，第6页。

③Jochem Kroes: *Chinese Armorial Porcelain for the Dutch Market*, Waanders Publishers, 2007, p.80−86.

④即奥兰治威廉四世。

公主①（Princess Ann of England, 1709—1759）的联姻纹章。两枚纹章各自独立又相交叠，中间以一支橙树树枝相间隔，顶饰为皇冠。在奥兰治王子纹章的周围饰以座右铭"对勋章心存邪念者可耻"（Hony soit qui mal y pense）。这组杯碟原属于一套餐具，但这一套组里已知还仅存另外三件瓷器。整套餐具可能是用以纪念奥兰治王子与安妮公主的婚礼，也有可能是为了纪念1747年荷兰省长世袭厅的重建②。

现藏于广东省博物馆的清乾隆广彩纹章纹镂空双耳高足盖罐（图13），罐作镂空设计，花形盖钮，喇叭形高足。盖与足作菊瓣纹装饰，与镂空处融为一体，互相呼应。这是西方人用于盛装板栗等干果的容器，因此需要镂空透气的设计。此盖罐绘有荷兰拿骚家族和普鲁士王室的联姻的纹章。该套餐具于1791年献给奥兰治的威廉五世和普鲁士公主。威廉五世是英格兰安妮公主之子、乔治二世之孙。整套餐具原共有一千余件，精美而华丽。

图 13　清乾隆广彩纹章纹镂空双耳高足盖罐（广东省博物馆藏）

清乾隆广彩 Valckenier 家族纹章纹瓷盘（图14），现藏于广东省博物馆。盘中心绘荷兰驻巴达维亚总督 Adrian Valckenier 的纹章。纹章占据了瓷盘的中间部分。边饰的里层是展开的花果纹。边饰是金色折枝花卉纹与四个开光相间。边饰左边开光内画的是位于荷兰克莱夫小镇（Cleves）的威廉国王城门（King Willam Cate），右边描绘的可能是位于巴达维亚的荷兰东印度公司仓库；上方画的是一个不知名的荷兰小镇，下方则是 Valckenier 家族纹章冠饰相同的展翅飞禽。1740年，Adrian Valckenier 被提升为荷兰东印度公司驻巴达维亚总督。Adrian Valckenier 十分喜爱中国瓷器，订购了至少15套纹章瓷器餐具，总共3 500—4 000件，其中1 000—1 200件都被保存了下来③。

①英格兰安妮公主是英国国王乔治二世的长女。

②Jochem Kroes: *Chinese Armorial Porcelain for the Dutch Market*, Waanders Publishers, 2007, p.499–500.

③Jochem Kroes: *Chinese Armorial Porcelain for the Dutch Market*, Waanders Publishers, 2007, p.54.

图14　清乾隆广彩 Valckenier 家族纹章纹瓷盘（广东省博物馆藏）

四、英国纹章瓷的定制者构成

18 世纪 30 年代开始，英国的造船技术发展迅速，海上军事实力也随之增强。1750 年左右，英国拥有战舰 278 艘，法国 229 艘，荷兰 95 艘。[①] 在亚洲的海贸争夺战中，英国开始屡屡占上风，英国对华贸易量也随着国力的增强不断攀升，逐渐取代荷兰成为亚洲海域贸易的霸主。

1699 年（康熙三十八年），英国在广州成立了东印度公司的常设机构。此后，英国商船不断来华。1751 年，到达黄埔港的外国商船总共 17 艘，其中英国商船占半数之多。到 1753 年，英国停靠在广州的商船众多，已经超过外商船总数的三分之一。至 1757 年，在广州的英国商行多达 13 家，远远多过欧洲其他国家。

英国对华的瓷器贸易也遥遥领先，在海上华瓷贸易呈现一家独大的现象。1730 年后，在华瓷贸易中，英国开始超过荷兰占领先地位，欧洲华瓷贸易中心也从阿姆斯特丹转移到伦敦。1773—1774 年，英国进口的华瓷量约 4 095 担，是荷兰进口华瓷数量的 2 倍。1777—1778 年，英国进口华瓷多达 348 吨，远超于其他国家。[②]

英国有着使用纹章的悠久传统，英国人习惯于在其私人物品上装饰家族纹章，以此凸显家族的高贵。因此，英国人是定制纹章瓷的主要客户。通过大量调查研究，戴维德·霍华德（David Howard）从自己收藏的大约 5 000 件瓷器中，发现超过 3 000 件纹章瓷是为英国市场制作的。[③] 18 世纪的英国市场纹章瓷的定制者的身

① Jochem Kroes: *Chinese Armorial Porcelain for the Dutch Market*, Waanders Publishers, 2007, p.54.
② 李金明：《明清时期中国文化在欧洲的传播与影响》，《中国社会经济史研究》1999 年第 2 期。
③ Jochem Kroes: *Chinese Armorial Porcelain for the Dutch Market*, Waanders Publishers, 2007, p.47.

份也比较广泛，大致可以分为皇室和贵族、官员政要、地主乡绅、东印度及西印度公司员工、公司社团机构等。

英国的王室贵族虽然在英国所占的人口比例较小，但是定制的纹章瓷是相对较多的。广东省博物馆收藏清乾隆广彩描金英国 Annesley 家族纹章纹盘（图 15）。盘口沿一周描金锦地青花边饰，板沿上绘描金葡萄藤蔓。盘心绘 Annesley 家族纹章纹，盾牌上红色斜条纹斜跨蓝白相间的竖条纹，盾牌后面侧立一位摩尔人，左侧站一位罗马骑士，右侧站一位摩尔王子，下面丝带上写着铭文"Virtutis amore"（爱的力量）。整个纹饰的上方，还绘有代表纹章主人身份为伯爵的王冠。此盘可能为 Francis Annesley 订制。他获封 Annesley 伯爵，承袭父亲的子爵爵位，是 Glenawly 子爵二世。他生于 1740 年，死于 1802 年。广东省博物馆还收藏一套清乾隆广彩花卉 Fraser 家族纹章纹杯及托碟（图 16），做工精致。此套杯碟均绘有 Fraser 家族纹章纹。杯子外壁绘 Fraser 家族纹章纹，内口沿一周青花锦地蝴蝶花卉纹。托碟则是盘心绘 Fraser 家族纹章纹，口沿一周青花锦地蝴蝶花卉纹。纹章纹中心是画着花朵和王冠的盾牌，盾牌上方是骑士头盔和鹿首，盾牌下的丝带上写着铭言"Je Suis Prest"（时刻准备着）。此杯碟为 Archibald Fraser 定制，他从同父异母的哥哥那里承袭了 Lovat 勋爵爵位。此纹章纹饰按照藏书标签绘制。因为当时他被褫夺了公权，爵位头衔还不合法，纹章图案添加了男爵头盔。直至 1837 年，他才恢复了勋爵头衔。

图 15　清乾隆广彩描金英国 Annesley 家族纹章纹盘（广东省博物馆藏）

图 16　清乾隆广彩花卉 Fraser 家族纹章纹杯及托碟（广东省博物馆藏）

　　当时，英国的家庭殷实的社会名流也会定制纹章瓷，来彰显家族的荣耀。藏于广东省博物馆的清乾隆广彩花卉 William Chambers 纹章纹咖啡壶（图 17），壶整体装饰颇具洛可可风，优雅精致；壶盖满绘细小花朵花；壶身绘有折枝西洋花卉，辅以丝带、花朵花边等装饰；壶颈处绘 "VIGILANDUM" 纹章纹。此壶为著名建筑家 William Chambers 通过瑞典东印度公司所定制，在造型和装饰上都模仿了迈森瓷器。William Chambers 是位出生于瑞典的苏格兰人，父亲是位商人。他跟随瑞典东印度公司来过三次中国。他是首位研究中国建筑和装饰的欧洲人。1757 年，他出版了自己的著作《中国建筑设计》（*Designs of Chiese Buildings*），对建筑界产生了巨大深远的影响。在英国皇室的资助下，他设计并建造了伦敦邱园（Kew Gardens），其中包括著名的"中国塔"（Chiese Pagoda）。之后，他又写了《东方园艺论》（*Dissertation on Oriental Gardening*），继续研究中国建筑。1796 年，他逝世于伦敦。

图 17　清乾隆广彩花卉 **William Chambers** 纹章
纹咖啡壶（广东省博物馆藏）

　　随着英国资本主义的迅速发展，英国商人也一跃成为新贵。不少英国商人由于出色的成就，被授予新贵族身份。有些商人会和贵族联姻来提高身份。英国商人也会定制大量的纹章瓷，来彰显自己的身份地位。广东省博物馆收藏的清雍正广彩 Gibbon 家族纹章纹盘（图 18），盘沿粉彩绘折枝花卉，色调柔和淡雅。折沿处装饰一圈锦地开光花卉纹，颇具雍正时期风格。盘心绘英国肯特郡（Kent）Gibbon 家族纹章纹。此盘为 Edward Gibbon 定制。Edward Gibbon 是一位伦敦金融城的商人，非常有才能。在安妮女王（Queen Anne）统治期间（1702—1714），他担任海关税务司。博林布鲁克勋爵（Lord Bolingbroke）曾称赞他"非常精通金融贸易，无人能及"。但在 1720 年，他被卷入南海公司（South Sea Company）的股票泡沫破灭事件[①]，作为公司董事，他的大部分财产被罚没，只剩下 1 万英镑。广东省博物馆藏有一件清乾隆广彩描金 Wood 家族纹章纹茶匙碟（图 19），此碟小巧精致，花口浅腹，平底。纹饰简洁大方，盘沿一周金色箭头花边，盘心粉彩绘 Wood 家族纹章纹。Wood 家族是一个伦敦的商人家族。1606 年，这个纹章纹被授予 Wood 家族。

图 18　清雍正广彩 Gibbon 家族纹章纹盘　　　图 19　清乾隆广彩描金 Wood 家族纹章纹茶匙碟
（广东省博物馆藏）　　　　　　　　　　　　（广东省博物馆藏）

① "南海泡沫事件"，是发生在英国工业革命前夕，曾经轰动资本主义世界的重大经济案件。南海公司创建于 1711 年，由英国皇室及不少上层人物入股。该公司主要从事与南大西洋的海外贸易活动，并获得了专卖非洲黑奴给西班牙美洲殖民地 30 年的垄断权，但该公司在开业后数年内并未取得任何成功。其时英国财政欠下巨额国债，于是该公司贿赂政府，向国会推出以南海公司股票换英国国债的计划。公司经理还趁英国当时兴起的股票投机热潮，大肆鼓吹公司经营的前景美妙，诱使全国成千上万的人盲目购买其发行的大量巨额股票，使得南海公司股票价格在 1720 年 4 月至 7 月由 120 镑涨至 1020 镑。由此导致国会在 6 月份通过了《泡沫法案》（Engish Bubble Act），以管控此不法行为。其股票泡沫随后在 9 月份迅速破灭，降到 190 镑以下，导致大量商人和市民破产。南海公司在 1853 年正式关闭。

1708 年，伦敦东印度
公司在与较晚建立的公司
合并，组成"荣誉东印度公
司"（Honourable East India
Company，缩写为 HEIC）。
之后，此公司逐渐成为当时
在亚洲海贸最有势力的欧洲
贸易机构。维多利亚与艾伯
特博物馆收藏有一套"荣誉
东印度公司"纹章的镂空餐
具（图 20），一个镂空水果篮
和两个镂空托盘。这套餐具

图 20　"荣誉东印度公司"纹章的镂空餐具
（维多利亚与艾伯特博物馆藏）

很可能是为了公司一百周年纪念而定制的。

英国东印度公司进口了大量的华瓷在欧洲进行贸易，其中也有大量的纹章瓷。
而在英国东印度公司工作的官员和职员、船长、水手等，由于工作的便利，也定
制了不少纹章瓷。广东省博物馆收藏的清乾隆广彩 Craigie 家族纹章纹镂空盘（图
21），盘心绘纹章纹。半黑半白为底色的盾牌上绘有金色箭头纹和三个金色月亮，
盾牌后侧立一位戴着鸟喙形头盔的骑士，背后围绕着红色卷叶纹。此盘纹章纹是
英国格伦多里克（Glendoick）的 Craigie 家族纹章纹。18 世纪至 19 世纪，Craigie
家族很多人在东印度公司工作。

图 21　清乾隆广彩 Craigie 家族纹章纹镂空盘（广东省博物馆藏）

五、美国纹章瓷的定制者构成

　　1776 年,《独立宣言》向全世界宣告了一个新国家——美国的诞生。通过艰苦的独立战争,美利坚最终取得战争的胜利。1783 年,英国和殖民地的代表签订《巴黎条约》,承认美国的自由和独立,美国从此摆脱殖民压迫。

　　美国独立后积极发展经济,突破英国对美国的种种阻挠,决定开辟去中国的海上航线,拓展东亚海上经济贸易。1784 年 2 月,以罗伯特·莫里斯、丹涅尔·巴驾为首,一群纽约商人乘着"中国皇后号",满载花旗参等北美特产,启航去广州。他们绕过好望角,横渡印度洋,经澳门沿珠江而上,历经约 6 个月抵达广州。很快,船上的货物销售一空,盈利多达约 3 万美元①。同年的 12 月,"中国皇后号"又满载着中国特产返航,于 1785 年 5 月回到纽约。回国后,采购的瓷器、茶叶、丝绸等商品在美国市场掀起购买热潮。"中国皇后号"的首航成功意义非凡,不仅开辟了东去广州的航海线路,也开通了中美的贸易往来。

　　远航东方归来的商船都获得了巨大的利润,吸引更多的美国商船远航来华贸易。1833 至 1834 年,仅一年的时间内,美国来华的商船就多达 70 艘②。随船来到广州的美国商人也越来越多,他们纷纷在广州设立商馆。为了防止商行内恶性竞争,每个商行都各有经营范围,有的偏重皮货,有的偏重采购中国瓷器、茶叶等。这些商行和当时的广州十三行积极开展各种贸易,有力地推动了中美双方的贸易,再加上 18 世纪末许多欧洲在华公司的破产,美国一跃成为中国重要的贸易对象,美国对华贸易金额逐年上升。1784 年美对华的贸易额为 27000 银两,到 1833 年就增至 176 万银两。③中美贸易兴盛,商船往来不断,大量的中国商品被运送到美国。由于美国的陶瓷业起步晚,而且并不太重视发展陶瓷业,而国内市场又有大量的瓷器需求,中国的瓷器在中美贸易中所占的比重逐年上升。1796 到 1818 年,即清嘉庆年间,美国商场上装载的瓷器比例由最初的 15%,增加到 24% 之多。④

　　受欧洲定制纹章瓷风尚的影响,美国人也定制了大量的纹章瓷。由于美国是个新兴的国家,美国人大多是由欧洲移民而来,很大一部分人是没有家族纹章的。因此,美国纹章瓷上的纹章大多为"伪纹章",即仿照欧洲贵族的纹章的形制,如借鉴盾形图案、飘带、铭文、顶饰等元素,自行设计出的纹章。有些美国人甚至只是用花体写姓名的缩写用来做纹章。图 22 是华盛顿夫人(即玛莎·华盛顿,

①黄启臣:《广东海上丝绸之路史》,广东经济出版社,2003,第 492 页。
②王晓玲:《广州与世界》,广州出版社,2010,第 95 页。
③袁钟仁:《广州和美国的早期贸易》,《岭南文史》1999 年第 1 期。
④陈玲玲:《广彩——远去的美丽》,九州出版社,2007,第 57 页。

Martha Washington）纹章茶盘，她的名字的缩写"MW"叠加在一个太阳上。太阳下的飘带上写着"Decus Et Tutamen Ab Illo"（荣誉和防御来自于此）。盘沿一周15个椭圆形的连环环环相扣，每一个椭圆形都写了一个国家的名字。此盘是费城的荷兰移民商人 Andreas E . van Braam Houckgeest（1739—1801）定制送给华盛顿夫人的茶具之一。1796年，当他乘坐"路易莎夫人号"（Lady Louisa）从中国返回费城后，他将一套茶具献给了玛莎·华盛顿。玛莎·华盛顿十分珍爱这套茶具，她甚至在遗嘱中特地写明将这套茶具留给她的孙子乔治·华盛顿·帕克·卡斯蒂斯（George Washington Parke Custis）。[①]

图 22　华盛顿夫人（Martha Washington）纹章茶盘

（图片来源：Herbert Peter and Nancy Schiffer. *China for America: Export Porcelain of the 18th and 19th Centuries.* Schiffer Pub Ltd, 1997）

美国对鹰的崇拜使鹰几乎成为美国的象征，所以也出现大量美国人定制鹰纹章瓷。1782年，象征独立、自由、力量、勇气的秃鹰被设计成美国国徽的主体图案。[②]自此之后，鹰图案作为美国国家的象征，大量运用在建筑、制服、邮票、美元纸币、

---

① 在华盛顿夫人的遗嘱中写明"a set of tea china that was given me by Mr, Van Bram（sic）every piece MW on it（一套范·布拉姆先生送给我的'MW'纹章茶具）"留给孙子。

② William R. Sargent: *Treasure of Chinese Export Porcelain Ceremics from the Peabody Essex Museum*, 2012. p.411.

硬币等，融入到美国人生活的方方面面。而在 1784 年，"中国皇后号"首航中国成功后，中美海上贸易迅速发展。在 1784—1810 年间，有大量绘有老鹰图案的广彩瓷出口到美国，"与其他特殊设计图案的瓷器相比，其数量是最大的"[1]。图 23 是广彩美国徽章纹酒壶。这个酒壶腹部的一面绘有鹰图案，雄鹰展翅飞翔，其中一爪握美国国旗。鹰的周围一圈写有铭文："凭借美德和勇气，我们解放了我们的国家，扩展了我们的商业，奠定了一个伟大帝国的基础"。鹰面板的对面是一艘船的航海图。壶流正下方，写有"MARY SWIFT"。"美国皇后号"第一次远航广州的事务长是 John White Swift。他的兄弟 Charles 于 1783 年 12 月 31 日与 Mary Rich 结婚。这个棕榈酒壶可能是为这对新人定做的结婚礼物。图 24 是广彩鹰纹菲茨休（Fitzhugh）盘，年代约为 1800 年。此盘的中央绘有美国鹰图案，展翅飞翔的雄鹰，鹰胸前有红白蓝色的盾牌。鹰图案的周围装饰有菲茨休纹饰。菲茨休纹饰，大多由四组八宝花纹对称装饰，在中国俗称"八宝花"。因英国东印度公司常驻广州管理会主任的菲茨休经常定制这种瓷器，故称之为菲茨休纹饰。18 世纪末期，菲茨休纹饰瓷兴起，大量销往欧洲。至 19 世纪，菲茨休纹饰瓷转销美国，美国人非常喜欢这种纹饰，大量定制菲茨休纹饰瓷，并在纹饰中添加了美国的标志性图案——鹰。并且，美国人会定制各种彩料的菲茨休纹饰瓷，最常见的是青花，然后是矾红、绿彩、褐彩、胭脂红、黄色、墨彩、金彩等。图 25 为费城富有的卡德瓦拉德（Cadwalader）家族定制的几件菲茨休瓷。绿、黄、红、蓝、黑几种不同颜色的菲茨休瓷摆在一起，产生了有趣的对比。

图 23　广彩美国徽章纹酒壶（图片来源同图 22）

---

[1] David Howard, John Ayers: *China for the West, Chinese Porcelain and Other Decorative Arts for Export Illustrate from the Mottahedeh Collection.* Sotheby Parke Beret. 1978, p.499.

图 24　广彩鹰纹菲茨休盘（1800 年）（图片来源同图 22）

图 25　费城卡德瓦拉德（Cadwalader）家族定制的几件菲茨休瓷（图片来源同图 22）

美国除了个人定制的纹章瓷，还有不少协会、商会等定制纹章瓷。图 26 是广彩辛辛那提纹章盘。此盘的中央绘有辛辛那提协会纹章，以一只张开双翅的白头秃鹰为主体，在鹰腹部有椭圆形徽章。这个纹章模仿自辛辛那提勋章。在 1783 年，辛辛那提协会由一群曾在华盛顿革命期间服役的军官建立。1783 年 4 月 15 日，Henry Knox 将军提议组建该协会。Samuel Shaw（1754—1794）船长曾是 Henry Knox 将军的助手。Samuel Shaw 是 1784 年"美国皇后号"从纽约出发前往广州，后来担任了美国在广州的领事。他曾在广州的个人日记中写道："我希望在一套瓷器上有一件象征辛辛那提勋章的东西。"由此推测 Shaw 随后设计定制了一批辛辛提那徽章的瓷器。图 27 是美国共济会①定制纹纹章纹潘趣碗②，碗外壁腹部画着共济会的勋章。此碗是由纽黑文市的共济会所定制③。

图 26　广彩辛辛那提纹章盘

（图片来源同图 22）

图 27　美国共济会定制纹纹章纹潘趣碗

（图片来源同图 22）

六、结语

纹章瓷，将代表身份地位的纹章和瓷器完美结合起来，在展示远洋而来的珍贵瓷器的同时还能彰显家族的荣耀。在当时的社会，欧美人十分重视家庭族谱和贵族之间的联姻关系，甚至企业都要表明在社会中的地位，这些对维护和发展社交关系是至关重要的。再者，随着中西海贸的发展，中国的茶叶、丝绸、瓷器等流入欧美市场，掀起了欧洲的"中国热"。尤其是欧洲人前所未见的瓷器，精致又实用，成为了欧美人的宠儿，大受追捧。纹章瓷，这种展现当时社会地位和家族关系的理想器物，更是备受欧美人的喜爱和推崇，对那时的欧美人来说意义非凡。而现在，欧美纹章瓷对今人同样意义非凡：其上绘制的纹章纹，可以带领今人了解瓷盘的定制者身份，了解曾经的欧美社会。

通过上文的论述，可以看出随着年代的不同，纹章瓷的定制者身份和社会阶

---

① 共济会：全称为 "Free and Accepted Masons"，最早出现在 18 世纪的英国伦敦，是一种带宗教色彩的兄弟会组织，目标是建立大一统的世界政府或世界联邦政府。共济会在 18 世纪 30 年代便随着移民新大陆的潮流而进入北美。

② 潘趣碗：当时欧洲人在宴会中用于调盛果酒的大碗，曾大量从景德镇和广州定制（从广州定制的为广彩瓷器），欧洲人称之为 "punch bowl"（华人称之为 "宾治碗" 或 "潘趣碗"）。碗一般口径在 30～60 厘米。

③ Herbert Peter and Nancy Schiffer: *China for America: Export Porcelain of the 18th and 19th Centuries*. Schiffer Pub Ltd, 1997, p.104.

层都是变化的。可以看出，欧美国家纹章瓷定制数量由少到多，定制者总体趋势也由社会上层逐渐下沉：最初都是供给王室贵族居多，然后随后定制者的社会阶层慢慢变广泛，既有王公贵族，也有社会新贵、社会名流政要等，甚至到最后普通的富庶家庭也可以拥有纹章瓷。这是与陶瓷的贸易密切相关的。中西贸易之初，路途艰辛，海贸艰难，物以稀为贵，珍贵的瓷器自然也是供给当时的上层社会使用。广州十三行时期，随着中西贸易往来蒸蒸日上，大量的瓷器销往欧美，市场价值也相应地降低了一些，使得欧美的普通富裕家庭也能够购买得起瓷器。当然，纹章瓷从贵族的专属专用器物，到社会富裕阶层都可以拥有，这与欧洲王室贵族权利逐渐旁落的历史原因也有一定关联。欧美资本主义的兴起，不断瓦解之前封建社会王室贵族的权利，王室贵族的专属权利也逐渐弱化，造成纹章瓷也可以为更广泛的社会阶层所拥有。

然而，这种总结也是不完善的。每个国家的历史情况不同，实际上还是造成定制者身份变化的不同。例如，葡萄牙纹章瓷的定制者，虽然早期是以王室纹章居多，但是定制者实际上还是以航海家、商人、殖民地官员为多。当时最初能够直接与中国接触的便是航海家、海贸商人居多。葡萄牙是最早建立海上霸权的欧洲国家，不断向海外建立殖民地，因而殖民地官员的定制纹章瓷也是占先机的。同样是较早建立发展海贸和海外殖民地的荷兰，最初定制的纹章瓷也带有浓厚的殖民地和海贸色彩，以殖民地官员和海贸相关人士居多。

英国则不大相同，虽然在 18 世纪定制纹章瓷的社会阶层较为广泛，但是相对而言仍然是上层社会定制的数量较多。英国的纹章瓷学家霍华德曾就自己收藏进行了统计，对英国纹章瓷的定制者进行了社会地位的划分，并算出各自所占的比例[①]。从表 1 可以看出，首先，乡绅阶层是定制纹章瓷最多的。英国工业革命之前，拥有大量土地的乡绅还比较富裕，有定制纹章瓷的消费能力，但是其实，乡绅也是占当时英国人口较多的阶层。其次，定制纹章瓷较多的是英国印度公司的工作人员，这些人大多是在中英贸易初期利用职务之便定制。但之后，随着中英贸易的格局打开，海贸相关人员定制纹章瓷的比重下降。再下来，就是王室贵族定制纹章瓷较多。但是由于王室贵族在英国社会人口中是较少的，定制数量能够占比达 11.1%，可见相对来说英国纹章瓷的定制者，还是以皇室贵族居多。这与英国严格的社会阶级意识以及在英国对纹章的使用较为严格、不无关系。在英国，任

[①] 详见 David Sanctuary Howard: *Chinese Armorial Porcelain II*, 第 815 页。

何人在没有合法授权的前提下，不得佩戴或使用纹章。

表 1　广州十三行纹章定制者构成

	Services	*Percentage*
The East and West India trades	473	14.1
The Professions	184	5.5
Royalty and the Nobility	366	11.1
British Landed Families	1 508	45.5
American and families of Britons living abroad	71	2.2
Livery Companies, Societies, etc.	103	3.1
Not identified to any of the above groups	620	18.5
Total services illustrated in Volumes I and II	3 325	100.0

　　美国定制者的身份情况更不同。由于美国是新独立的一个国家，阶级意识没有欧洲国家顽固。再加上美国社会人口大多是移民，很少是拥有贵族血统的。所以，美国纹章瓷的定制者身份更加广泛，只要是小康的家庭都可以定制纹章瓷。而且，纹章瓷上的纹章也大多不是很规范，有些是"伪纹章"，有些则是姓名的缩写，有些只是用美国的国徽鹰作为纹章定制纹章瓷。

　　最后，本文由于资料和研究能力所限，还仍有许多未尽之处。欧美国家定制纹章瓷，本文只以葡萄牙、荷兰、英国、美国为代表展开探讨。实际上，欧洲其他国家都有定制纹章瓷，只不过数量均低于以上四国。定制者的情况与以上四国都有相似的情况。例如，法国纹章瓷的定制者，包括了王室、船主、银行家、殖民地官员等；瑞典人通过瑞典东印度公司也定制了一些纹章瓷，定制者不仅有王室贵族，也有富裕阶层。

十三行时期广彩瓷器用彩的西方特质

黄 静[*]

摘要：广彩瓷器是清代康熙末年至雍正早期出现的一个专门为了外销的釉上彩瓷品种。清代广彩主要是从景德镇购回烧好了白釉的瓷胎，在广州根据西方客商的需求而进行彩绘，二次焙烧后在广州直接出口外销。本文所言之十三行时期，是指清康熙开海（康熙二十三年，1684 年）至第一次鸦片战争结束（道光二十二年，1842 年）清政府开放五口通商，即 17 世纪末至 19 世纪上半叶，十三行兴盛的时期。广彩瓷器在十三行时期的主要市场是欧洲，同时也是其发展的第一个高峰。因此，广彩呈现出独特的中西合璧的艺术特征。其中最突出的表现是，纹饰的描绘及用彩方面明显受到西方审美取向及西洋绘画技法的影响。

关键词：十三行时期；广彩；用彩的西方特质

广彩瓷器是清代康熙末年至雍正早期出现的一个专门为了外销的釉上彩瓷品种，发展至今已走过了三百余年的历程。因广州不产优质瓷土，所以清代广彩主要是从景德镇购回烧好了白釉的瓷胎，在广州根据西方客商的需求而进行彩绘，二次焙烧后在广州直接出口外销。本文所言之十三行时期，是指清康熙开海（康熙二十三年，1684 年）、次年粤海关的设立，以及乾隆时期的广州一口通商（乾隆二十二年，1757 年），至第一次鸦片战争结束（道光二十二年，1842 年）清政府开放五口通商，十三行走向式微止。即 17 世纪末至 19 世纪上半叶，十三行兴盛的时期。广彩瓷器在十三行时期的主要市场是欧洲，并且甫一出现即迅速迎来第一个发展的高峰。因此，广彩呈现出独特的中西合璧的艺术特征。其中最突出的表现是，纹饰的描绘及用彩方面明显受到西方审美取向及西洋绘画技法的影响。

---

* 黄静，广东省博物馆研究馆员。

一、时代背景

（一）康熙开海及海关的建立

明崇祯十七年（1644 年），明王朝灭亡，经历了近千年的市舶制度也随之消亡。到了清代，迎来了海关管理海外贸易的时代。

清初为了防范沿海反清势力，曾实行严厉的海禁政策。清康熙二十三年（1684）正式停止海禁。次年下令于广东广州、江苏松江（今上海）、浙江宁波、福建厦门设置粤、江、浙、闽等四个海关，负责管理对外贸易和征收关税等事务，中国历史上正式建立海关。至此，中国海禁结束，海外贸易进入海关管理时期。

清政府在乾隆二十二年（1757 年）十一月宣布仅限广州一口对西方海路通商。同时，通过政令对外商的管理和限制，以及行商的职责等都有了具体的规定。从1757—1842 年，清代的海外贸易为广州一口通商的时期。

道光二十二年（1842 年），中英签订《南京条约》，规定清朝政府开放广州、厦门、福州、宁波、上海等五口通商。由此，结束了广州一口通商的时代，十三行日渐式微。

在清海关建立前后到广州一口通商，正是欧洲"中国风"盛行的历史时期。广彩瓷器在此历史背景下应时出现并迅速发展，以其"式多奇巧""岁无定样"的艺术特质迎来了第一个发展高峰。因专为外销西方而生产，广彩瓷器呈现出独特的中西合璧特征。

（二）西方商馆的建立

清代康熙、雍正、乾隆时期，随着对外贸易政策的调整，到广州贸易的西方商人不断增多，中西海外贸易进入极为繁盛的阶段。许多国家先后在广州设立商馆，兼行外交和贸易管理的功能。这些外国商馆都由行商出租场地，供其办公和居住，每个商馆门前都竖立本国国旗，以示明国籍。清海关的设置及西方各国商馆的设立，可视为广州十三行的滥觞。

其中主要的商馆（表 1）有：法国于康熙三十七年（1698 年）最早在广州设立商馆，后来一度舍弃，至雍正六年（1728 年）恢复；英国东印度公司于康熙五十四年（1715）在广州设立商馆，直到乾隆三十五年（1770 年）才派有常驻管理人员；荷兰东印度公司商馆设立于雍正七年（1729 年）；丹麦东印度公司商馆设立于雍正九年（1731 年）；瑞典东印度公司商馆设立于雍正十年（1732 年）。此外，德意志的普鲁士、汉堡、不来梅，意大利的来航、热那亚、托斯卡纳，以及神圣罗马帝国的匈牙利、奥斯坦德（今比利时的主要港口城市之一）都在此前后进入广州进行贸易。西班牙主要在厦门和澳门贸易，葡萄牙则限于澳门。

表 1　清代西方各国东印度公司在广州设置商馆一览表

国家	设置时间	备注
法国	康熙三十七年（1698 年）	后来曾一度舍弃，于雍正六年（1728 年）恢复
英国	康熙五十四年（1715 年）	至乾隆三十五年（1770 年）才派有常驻的管理人员
荷兰	雍正七年（1729 年）	
丹麦	雍正九年（1731 年）	
瑞典	雍正十年（1732 年）	

资料来源：章文钦《广东十三行与早期中西关系》，广东经济出版社，2009，第 339-340 页。

　　鸦片战争以前，外国人到中国做生意，必须通过政府特许从事外贸的行商进行交易。行商在对外贸易时，必须个人提出申请，由官府审核批准后才能进行。康熙二十五年（1686 年），广东巡抚李士桢协同两广总督吴兴祚和粤海关监督宜尔格图，把广州从事国内贸易的"金丝行"和从事外贸的"洋货行"区别开来，分别收税。"洋货行"简称洋行，可能是因为某一时期共有十三家，故又称十三行，或十三夷馆。（图 1）十三并非固定数目，多时达几十家，最少时仅四家。根据乾隆二十五年（1760 年）生效的《防范夷人章程》规定，行商代表清政府管理海路邦交和对外贸易，对官府负有承保和交纳外洋税饷、规礼、传达政令及管理外洋商务人员等义务，也享有对外贸易特权，具有半官方的性质。至此，广州十三行的行商成为一个特殊的商人群体，在清代对外贸易的历史中占有重要的地位。广州十三行的盛衰也反映了清代对外关系的一个重要时代。

（三）西方彩料的输入

　　西方彩料的输入，与欧洲珐琅器传入中国有着密切关系。

　　在广彩出现以前，中国传统的釉上彩瓷有五彩、斗彩、粉彩等。五彩和斗彩瓷器出现在明代早期的宣德时期。斗彩在明中期、五彩在晚明时发展至高峰。其色彩比较少，有黄、绿、矾红等，蓝色由釉下青花所代替。这些都是中国瓷器上的传统彩料，呈色剂分别为氧化铁（黄、矾红）、氧化钴（青花蓝色）和氧化铜（绿）。

　　粉彩瓷器出现于清康熙末年。17 世纪末由来华的西方传教士带来的金属胎珐琅器，深得康熙皇帝的喜爱。当时广东作为通商口岸，也不断进口珐琅制品和珐琅彩料，由此导致了广东地区颇有一批工匠具备制作画珐琅的技术。因此广东地方官员频频向康熙皇帝举荐能做画珐琅的工匠。康熙皇帝命传教士及来自广州的工匠，使用进口的彩料，在宫里尝试制作珐琅器。

...

图1 清乾隆广彩十三行通景图大碗（广东省博物馆藏）

康熙五十五年（1716年）以后，随着广州和欧洲的画珐琅器制作匠师进入内廷，康熙皇帝参与指导造办处珐琅器的制作，甚至亲自操作，画珐琅器的生产逐渐呈现繁荣景象。康熙五十五年，经广州巡抚杨琳推荐，广东画珐琅匠师潘淳、杨士章，并有西洋人三名、法蓝（珐琅）匠两名、徒弟两名，进入内廷。即："广东巡抚奴才杨琳为奏闻事。西洋人严嘉乐、戴进贤、倪天爵三名俱会天文，广东人潘淳能烧法蓝物件，奴才业经具折奏明。今又查有能烧法蓝杨士章一名，验其技艺，较之潘淳次等，亦可相帮潘淳制造。奴才并捐给安家盘费。于九月二十六日，西洋人三名、法蓝匠二名、徒弟二名，具随鸟林大、李秉忠启程赴京。讫。再奴才觅有法蓝表、金刚石戒指、法蓝铜画片、仪器、洋法蓝料，并潘淳所制桃红色的金子搀红铜料等件，交李秉忠代进。尚有已打成底子，未画、未烧金钮坯，亦交李秉忠收带，预备到日便于试验。合先具折同李秉中奏折进呈。谨奏。康熙五十五年玖月二十八日奴才杨琳。"在折尾，康熙皇帝朱批曰："知道了。"①

康熙五十八年（1719年），法国画珐琅艺术家陈忠信（也是传教士）被召至内廷指导画珐琅器的生产。此事见于该年"广东巡抚杨琳奏报续到洋舡折"。即："本年五月十二日到有法兰西洋舡一只，内有法兰西行医外科一名安泰，又会烧画法琅技艺一名陈忠信。奴才业会同巡抚公折奏闻，于六月十八日遣人伴送赴京在案。

①中国第一历史档案馆编：《康熙朝汉文朱批奏折汇编》第七册，档案出版社，1985，第451页。

今于六月十一日到英咭唎洋舡一只，装载胡椒、黑铅、鱼翅等货。六月十五日又到英咭唎洋舡一只，装载黑铅、哆啰呢等货。二舡内并无搭有西洋学问技艺之人，所有续到洋舡二只，理合具折奏报。谨奏。康熙伍拾捌年陆月贰拾肆日，奴才杨琳。"在折尾，康熙皇帝朱批曰："知道了。"①

在尝试烧制金属胎珐琅器的同时，康熙皇帝亦尝试并成功烧制瓷胎画珐琅（即珐琅彩瓷）（图 2）。在宫里造办处珐琅作烧制的珐琅彩瓷，逐步发展为在景德镇御窑厂烧制的洋彩瓷器。民国时期的文献开始把这类洋彩瓷器称为"粉彩"（图 3）。

图 2　清康熙款珐琅彩花蝶纹碗（广东省博物馆藏）

图 3　清乾隆粉彩三国故事吕布戏貂蝉图大盖罐（广东省博物馆藏）

---

① 中国第一历史档案馆编：《康熙朝汉文朱批奏折汇编》第八册，档案出版社，1985，第 547 页。

这些从西洋进口的珐琅彩料颜色较为艳丽、丰富，含有大量的硼，这是中国传统瓷绘彩料所没有的。包括有金红（胭脂红、广彩称为西红）、柠檬黄、茄紫（西红和水青调配而成）、白、月白、深及浅亮绿、亮青、浅蓝、黑色等，呈色剂分别为黄金（胭脂红）、锑（柠檬黄）等。至雍正四年（1726年）仍有珐琅彩料进口的记载："西洋国……雍正四年五月复遣使进贡……各色珐琅彩料十四块。"①

雍正六年（1728年）以后，这些彩料逐步国产研制成功，颜色增加到了十多种："雍正六年二月廿二日……奉怡亲王谕，着试烧炼珐琅料……七月十二日据圆明园来帖内称，本月初十日怡亲王交西洋珐琅料……旧有西洋珐琅料月白色……以上九样，新炼珐琅料月白色、白色、黄色、浅绿色、亮青色、蓝色、松绿色、亮绿色、黑色，共九样。新增珐琅料软白色、秋香色、淡松黄绿色、藕荷色、浅绿色、深葡萄色、青铜色、松黄色，以上共九样。"②在使用国产料的同时，仍有部分彩料继续从西洋进口。

广彩使用的彩料，主要也包括这些西洋进口的和后来国产化的彩料，以及传统的彩料，色彩鲜艳、丰富。

（四）西洋绘画的输入

明末清初西方传教士带来的西方铜版画和油画，以宗教题材为主，是西洋美术作品传入中国的开端。但早期的这种传入更多地局限于对宫廷绘画的影响。清雍正至乾隆时期，西洋绘画开始在民间产生影响，主要范围在重要的外贸港口广州、澳门，以及以印刷、出版和商业所闻名的苏州等地。③"从18世纪中叶开始，广州已有相当数量的职业画师在绘制西画了。他们以西画的材料，以或成熟、或稚嫩的西画技法，描绘中国这个东方文明古国淳厚的风土人情，描绘广州、澳门等地中西交融的商港上奇异的风光景物，以及来来往往的中外人士。这些画畅销一时，不但成为外国旅游者踊跃购买的纪念品，也成为中国向西方输出的大宗商品。这就是应运而生的外销画。"（图4）④当时不少西方画家还在广州、澳门等地招收中国学徒教授西洋绘画。虽然目前还没有资料能说明当时的广彩艺人有去参加这种学习，但由此可见，西方绘画的相关知识在广州及其周边地区传播已较为广泛。

---

① 清雍正《广东通志》卷五八，转引自中国硅酸盐学会编《中国陶瓷史》，文物出版社1997，第425页。
② 清官造办处档案造字3318号，转引自中国硅酸盐学会编《中国陶瓷史》，文物出版社1997，第425—426页。
③ 张国刚、吴莉苇：《中西文化关系史》，高等教育出版社，2006，第538—542页。
④ 王镛主编：《中外美术交流史》，湖南教育出版社，1998，第213页。

图4　19世纪外销画通草画《闹元宵》图册（广东省博物馆藏）

二、十三行时期广彩用彩的西方特质

（一）五彩、粉彩与广彩的用彩特点

五彩，俗称"古彩""硬彩"等。五彩的主要着色剂是铜、铁、锰等金属盐类。基本色调以红、黄、绿、蓝、紫等彩料为主。按纹饰需要施于釉上，再在770～800℃彩炉中二次焙烧而成。五彩是景德镇窑在宋、元时期釉上加彩的基础上发展起来的。明宣德时已有五彩，以红、绿、黄三色为主；嘉靖、万历时期，五彩极盛一时。清康熙时发明了蓝彩和黑彩，使釉上五彩取代了青花五彩，成为彩瓷的主流；雍正至乾隆时期粉彩流行，五彩制作趋于衰落。五彩的用彩特点是平涂，基本不表现画面的明暗关系和阴阳向背（图5）。

图5　清康熙五彩人物大盘（广东省博物馆藏）

粉彩是清康熙末期出现的一种瓷器低温釉上彩，是五彩进一步发展与升华的结果，至雍正、乾隆时期盛行。粉彩又称"洋彩"与"软彩"，其工序是先在高温烧成的白瓷上用墨线起稿，绘出图案的边线，然后在图案内填上一层可作熔剂又可作白彩的玻璃白，彩料施于玻璃白之上，再经过画、填、洗、扒、吹、点等技

法将颜色依深浅的不同需要晕开，使纹饰有浓淡明暗层次，经 720 ～ 750℃的低温烧成。粉彩器由于掺入粉质（玻璃白），吸收了中国画与西洋绘画的表现方法，使画面风格近于写实，立体感较五彩更强（图 3）。

中国画设色技法中的勾线填彩法为：先用墨线勾勒出对象的轮廓，然后用颜色在勾好墨线的范围内填满颜色，要求填得平整均匀，因此也称单线平涂。（图 6）五彩虽不用黑彩勾勒边线，便彩绘技法与之较为接近。粉彩的技法是在玻璃白打底的基础上渲染彩料，能表现一定的明暗关系，在某种程度上已受到西洋绘画的影响。同时，以黑彩勾勒边线再在勾好轮廓的范围内渲染彩料，亦是受到中国画设色技法的影响。

图 6　清改琦《红楼梦人物·宝玉·黛玉》（中国国家博物馆藏）

粉彩使用的彩料相较于五彩已大为丰富。前文所述的康熙末年开始从西洋进口的六种彩料，以及雍正六年以后国产研制成功后多达十余种颜色，在粉彩瓷器绘制上都有使用。

广彩瓷器因在重要的海外贸易港口广州根据西方客商的需求进行彩绘，因而较多使用西洋进口的彩料。如胭脂红，亦称金红，广彩行话称西红，由于其呈色剂是黄金，价格较为昂贵，在景德镇粉彩瓷器中一般为官窑使用，普通民窑是极少使用的。还有黄彩，中国传统瓷器使用的是以氧化铁为呈色剂的，俗称铁黄。来自西洋的锑黄（以氧化锑为呈色剂，呈现出娇柔的柠檬黄色）进入中国后，主要用于官窑瓷器，一般民窑瓷器使用较少。但金红和锑黄等彩料，在西方订购或定制的外销瓷器中则较多使用。如"清乾隆粉彩三国故事吕布戏貂蝉图大盖罐"，即为当时外销欧洲的瓷器，画面中较多地使用了金红和锑黄（图3）。而广彩瓷器中西红是最主要的彩料之一，广泛使用于描绘人物衣服、花卉等。用西红加水青（亦称法蓝，为釉上蓝色彩料）调制成的茄紫色，这也是在雍正至乾隆时期的广彩中使用较多的色彩。广彩所使用的黄色基本是锑黄，不用铁黄（图7—8）。

　　虽然粉彩与广彩均使用较多的颜色，但广彩用彩浓厚、艳丽，并且使用金彩较多，呈现了华丽与绚丽的视觉效果（图9）。

图7　清乾隆广彩锦地开光洋人狩猎图潘趣碗（广东省博物馆藏）

图8　清乾隆广彩人物纹大碗（广东省博物馆藏）

图9　清乾隆广彩描金贵妃醉酒图盘（广东省博物馆藏）

（二）色彩鲜艳源自西方的审美喜好

广彩瓷器在其出现之初，因师傅及彩料均来自景德镇，因而其呈现的风格与景德镇的粉彩瓷器并无二致：用彩较薄、较淡雅，技法也是粉彩的勾勒、渲染技法（图 10）。至雍正后期至乾隆时期，广彩自身独特的特色形成，呈现出用彩丰富绚丽、追求华丽的效果，这些特点的出现主要是受到西方审美习惯的影响：一方面是受到油画色彩的影响；另一方面是受到当时欧洲社会流行的巴洛克与洛可可风尚的影响。

图 10　清雍正薄胎广彩"五羊山居"铭花鸟纹瓷碟（广东省博物馆藏）

"巴洛克"（Baroque）一词源于西班牙语及葡萄牙语的"变形的珍珠"。巴洛克艺术是指 1600 年至 1750 年间在欧洲盛行的一种艺术风格，它最基本的特点是打破文艺复兴时期的严肃、含蓄和均衡，注重强烈情感的表现，具有动人心魄的艺术效果。巴洛克艺术于 16 世纪后半期在意大利兴起，17 世纪步入全盛期，18 世纪逐渐衰落。巴洛克艺术对于 18 世纪的洛可可艺术与 19 世纪的浪漫主义都有积极的影响。其艺术特点是打破理性的宁静与和谐，强调激情、动感与想象力，具有浓郁的浪漫主义色彩。

洛可可艺术是 18 世纪产生于法国、流行遍及欧洲的一种艺术形式或艺术风格，盛行于法王路易十五统治时期（1715—1774 年期间执政），因而又称作"路易十五式"。该艺术形式具有轻快、精致、细腻、繁复等特点。"洛可可"（Rococo）一词由法语 Rocaille（贝壳工艺）和意大利语 Barocco（巴洛克）合并而来。Rocaille 是一种用贝壳或鹅卵石做成的装饰，常用于 17 世纪意大利的人造山洞或花园，后来传入法国。作为一种室内设计、装饰艺术、绘画、建筑和雕刻风格，其一般特征是连绵的叶形花纹，过度地使用卷曲和自然的形式，制造轻柔、精致、优美、高雅的格调，而最显著的特征是大量使用 C 形和 S 形曲线，以及贝壳或其他自然物体的线条作为装饰。有人将洛可可风格看作是巴洛克风格的晚期。洛可可风尚于 18 世纪在巴黎兴起，成为遍及建筑、装饰、美术、音乐等社会生活各个方面的艺术风格，并迅速从法国宫廷蔓延到欧洲各地，成为一种生活态度。这股时尚之风之所以能迅速蔓延，也与当时欧洲的政治形势不无关系。经过 16 至 17 世纪的文艺复兴和新教改革之后，在 17 世纪末至 18 世纪初，欧洲社会的神权统治大为削弱，宗教的束缚也大为松弛，各国君主逐步把昔日掌握在教会手里的政治、经济、文化、教育等权力转移到自己手中。商业的繁荣使富人阶层、中产阶级迅速崛起，他们热切希望着以财富融入上层社会，由此而导致了享乐之风的蔓延。此时虽然仍是君主制，但民主的思想和个性的追求逐渐在社会各阶层渗透，追求轻松、享乐和个性化成为时代理想。法王路易十五曾说出"在我之后管它洪水滔天"，"现世一周的享受胜过死后八百年的荣耀"等"名言"。洛可可风尚以优雅、轻柔、华丽、欢快的特质，充满了畅快和享乐的艺术效应。

至 18 世纪下半叶，随着洛可可艺术风尚的式微，欧洲新古典主义（Neoclassicism）兴起，希望以重振古希腊、古罗马的艺术为信念，以典雅、端庄的高贵气质和简洁、雅致为艺术特征。

在广州十三行兴盛的时期，也正值欧洲"中国风"盛行，正是广彩瓷器大量生产并外销欧洲的时期。此时巴洛克和洛可可风尚的流行使华丽的装饰、对生活享乐的追求成为时尚。由此导致此时的广彩亦以绚丽明艳的画风、享乐愉悦的纹饰主题迎合西方的市场。到乾隆后期，新古典主义兴起，部分广彩的纹饰亦相应呈现出简洁的风格，但用彩仍然延续了前期厚重浓烈的特征。"清乾隆广彩花卉瑞典'William Chambers'家族纹章纹咖啡壶"，主题纹饰以西红、茄紫等色料绘花卉纹，壶身近口沿处及壶盖绘带状小碎花为边饰（图 11）。这种简约的带状碎花边饰正是新古典主义风格的体现，与较早前繁复华丽的风格（图 1、图 7、图 9）差异明显。

图 11　清乾隆广彩花卉瑞典"William Chambers"家族纹章纹咖啡壶（广东省博物馆藏）

　　综观文艺复兴以来西方的油画作品，尤其是在较早期的宗教绘画里，多用红色、蓝色、茄紫色、黄色、白色、绿色等颜色，用彩都较为鲜艳、丰富（图12—15）。这些彩料的颜色在广彩瓷器中也较为常见，而在景德镇等其他彩瓷中却相对少见。即使是同样使用红、绿等色彩，在中国传统审美理念中，彩瓷仍以素雅的风格取胜，浓艳厚重、热闹繁复的彩绘通常被认为"艳俗"而不受欢迎。

图12　阿尼奥·加迪（1345—1396，意大利）《洛抹大拉的圣玛利亚、圣本尼迪克特、克莱维尔的圣伯纳德与亚历山大的圣凯瑟琳》（约1380—1390）（［美］纽菲尔兹印第安纳波利斯艺术博物馆藏）

图13　拉斐尔（1513—1514）《西斯廷圣母》（［德］德累斯顿茨温格博物馆藏）

图14　安东尼·凡·戴克（1599—1641，弗兰德斯）《基督进入耶路撒冷》（约1617）（［美］纽菲尔兹印第安纳波利斯艺术博物馆藏）

图 15　让·奥诺雷弗拉·戈纳尔（1732—1806 法国）《母爱的乐趣》（约 1754）
（［美］纽菲尔兹印第安纳波利斯艺术博物馆藏）

（三）写彩技法源自西方绘画的影响

清雍正、乾隆时期的粉彩瓷器，尤其是外销瓷器，也较多使用进口的或后来国产的彩料，如胭脂红、柠檬黄、法蓝、湖水绿、白色、月白色等。但其写彩技法是勾勒边线后填彩，多使用玻璃白打底，然后在其基础上渲染彩料，以达到渐变或表现明暗关系的效果。人物描绘的衣纹处理仍是粉彩的技法——以黑彩勾勒边线后填彩、衣纹皱褶以黑彩线条表现（图 16）。虽然粉彩彩绘借鉴了西方油画的焦点透视，但这种写彩的技法与西方油画相比还是有所不同的。

图 16　清乾隆粉彩西洋人物图杯、碟（广东省博物馆藏）

广彩的绘画在融汇五彩和粉彩技法的基础上，更多的是运用西洋油画焦点透视的技法，重视光影的运用，不用玻璃白打底，直接在瓷胎上写彩，用彩厚重，表现明暗关系更到位。

人物纹样是广彩最为常见的纹饰之一。广彩人物的绘画技法主要有"折（设）色人物"及"长行人物"。

"折（设）色人物"：以黑彩勾勒边线，然后在边框内填彩。但不用玻璃白打底，直接在瓷胎上写彩，并通过运笔表现出明暗关系（图17—18）。

图17　清雍正广彩人物纹杯、碟
（广东省博物馆藏）

图18　清乾隆广彩人物花瓣形扁瓶（广东省博物馆藏）

"长行人物"：少部分关键部位勾勒边线定位，其余部位直接用彩料写出人物的姿态及衣纹肌理（图19—21）。

"折（设）色人物"出现较早，源于粉彩技法。"长行人物"技法出现于雍正晚期至乾隆早期，在乾隆时已相当成熟，此后与"折（设）色人物"同时使用。这种情况一直延续至今。但"长行人物"技法为广彩所独有，其他彩瓷是没有的。

通过与外销画及西方油画的对比，不难发现，无论是"折色"或是"长行"，此时广彩的人物绘画技法和外销画均与西方油画的写彩技法、对光影的运用均如出一辙——通过直接写彩表现出人物衣纹的肌理、明暗关系。又如图20与图13比较，绘人物衣服紧贴腿部的画法和所呈现的效果都是一致的。可见，无论是广彩瓷器还是外销画，在绘画方面，一是大量使用了西方进口彩料，二是绘画技法主要还是受到西洋绘画的影响。

图 19　清乾隆广彩洛克菲勒式人物纹鱼盘（广东省博物馆藏）

图 20　清乾隆广彩西洋人物上学图花口小碟　　　　图 21　清道光广彩人物图长方形瓷板
（广东省博物馆藏）　　　　　　　　　　　　（广东省博物馆藏）

花卉纹是广彩的另一个常见纹样，贯穿于广彩发展历程的始终。十三行时期广彩的花卉纹饰常用颜色有西红、茄紫，其中尤以西红使用最为广泛（图22—23）。同时期欧洲所生产的瓷器亦非常流行西红与茄紫色描绘的花卉纹样。这种艳丽的花卉纹样尤其受到当时欧洲女性的青睐，这与当时欧洲洛可可风尚的盛行有着密切的关系（图24）。而这一时期景德镇生产的外销瓷也常见胭脂红描绘的花卉纹，使用粉彩的技法，即在玻璃白打底的基础上渲染彩料（图25）。而广彩是直接在胎釉上写彩，以细致的工笔线条描绘出花瓣的明暗关系，与欧洲瓷器的绘画技法是一样的。

图 22　清乾隆广彩雕瓷
花卉纹盖瓶
（广东省博物馆藏）

图 23　清乾隆广彩胭脂红花草纹地开光花卉纹茶具
（广东省博物馆藏）

图 24　18 世纪中叶德国
迈森花卉纹执壶（剑桥大
学费茨威廉博物馆藏）

图 25　清雍正粉彩花卉纹瓣口盘
（广东省博物馆藏）

19 世纪中叶（道光）以后，广彩描绘花卉转为使用"挞花头"的技法：即用水或油调色，不勾勒轮廓线，仍然是直接在胎釉上写彩，以彩料的浓淡和笔触的轻重点染出花瓣的阴阳面，使花卉表现出立体感（图 26—27）。这种技法借鉴的是清初画家恽寿平（1633—1690）的没骨画法（图 28）。色彩仅使用西红，基本不再使用茄紫。之所以用"挞"字，是表现用笔的快速和灵活。"挞花头"技法对绘者的技艺水平要求非常高，成为广彩的传统技法延用至今。

图 26 清同治广彩开光人物花鸟纹双兽耳瓣口大瓶（广东省博物馆藏）

图 27 清光绪广彩开光人物花鸟纹椭圆盘
（广东省博物馆藏）

图 28 清恽寿平花卉册页
（故宫博物院藏）

（四）常用色彩

广彩的彩料多达十余种。在十三行时期，为满足西方需求，使用较多的颜色，主要有西红、茄紫、金彩、麻色、水青、干大红、黄彩等，极具特色。

西红：即景德镇的金红、胭脂红。原先是从西洋进口的彩料，雍正六年（1728年）以后逐步国产化，以黄金为呈色剂。景德镇多用油调开，故色彩浓厚，而广彩多用水调开，故施彩厚薄自如，即使厚重也是透明的。在描绘人物衣纹或花瓣时，易于化开渲染、根据需要表现出纹理和阴阳面。这种彩料因成本昂贵，景德镇民窑瓷器中除外销瓷器外使用极少。广彩因外销需求（西方尤其是女性特别钟爱这种颜色）而使用较多，是广彩使用最为常见的色料，贯穿了广彩的整个发展历程。

法蓝：也称水青，接近青花的釉上蓝色。

茄紫色：用西红和水青调配而成，但颜色较景德镇茄紫清淡、明艳。与西红一样，多用于花卉与人物衣服。19世纪中叶以后逐渐少用。

金色：用于器物边饰及口沿或把、纽处（斗金），以及花纹之间的空白处（积金或织金）。是广彩使用较多的颜色之一，贯穿于广彩的整个发展过程，尤其在道光以后大量使用于织金。在早期使用的是成色很高的黄金，称为乳金。乳金指用黄金熔成金片，用乌金纸间隔分叠，捶打成金箔，然后放在大瓷乳盆中，用人工研磨成糊状金粉。使用金彩的工序一般由作坊老板（清代广彩行业称"揽首"）或他的家人、亲信完成。清末开始有的使用化学金水。

干大红，即景德镇的矾红，以氧化铁为呈色剂，但较矾红色浅而鲜亮。制作色料时先把青矾煅烧，脱水后用水漂洗，取其浮在水面的"红种"，调入铅粉研磨，再加入牛皮胶制成干料块，彩绘时直接用毛笔沾水在干料上挑调。在十三行时期的广彩中常用于描绘建筑、作为背景的山水风景、边饰图案、锦地纹边饰等，有时也用于描绘人物衣服（图19、图29）。

麻色：用干大红（即景德镇的矾红）与黑色调配而成，根据需要可调出酱、褐、棕、橙红、橙黄等深浅不同的色调。这种颜色在景德镇彩绘瓷中极少使用，而广彩使用较多，是欧洲人非常喜欢的一种颜色。使用时有单一使用的，也有与金彩相结合的，或与其他颜色搭配使用的。或许是因为这种色调与西方的油画比较接近，在18世纪销往欧洲为主的广彩瓷中，麻色的运用尤其突出（图19、图30）。19世纪广彩市场转移向美国为主以后，麻色的广彩瓷器仍然有生产。

黄彩：所使用的是进口的锑黄，色泽更为明艳，与中国传统的铁黄不同。

图29　清乾隆广彩人物故事图海棠形盘
（广东省博物馆藏）

图30　清乾隆广彩麻色西洋风景图碟
（广东省博物馆藏）

三、小结

随着对外贸易市场的变化，广彩的用彩及纹饰特点在 19 世纪中叶以后逐步产生了变化：用彩方面改变为以大红、大绿、大金为主。此时广彩使用的彩料主要有西红、大绿、湖水绿（广彩行话称"鹤春"）、黄彩和金彩。纹饰构图改变为指甲形（亦称 C 字形）开光分隔的程式化纹样。在人物纹样方面仍保留了西洋油画的写彩特征，人物中的"折色人物"和"长行人物"继续使用。花卉中借鉴中国画中的没骨法，创新了"挞花头"技法。这些用彩特点和技法成为了广彩的传统而延续至今。

明清广州琶洲塔与珠江口航道的关系

王元林　肖东陶*

提要： 琵琶洲位于广州附近珠江水道要冲，宋时已是广州海舶停靠之处。明万历时，地方官绅于洲上修建海鳌塔（琶洲塔），最初希望以此巩固地方风水，振兴文教。由于琶洲塔在广州中外商贸黄埔港旁，清代东印度公司在许多珠江口航道测绘图中将琶洲塔标为外国商船驶入黄埔港的重要航标。因此在西方人的记载中，琶洲塔得名"黄埔塔""中途塔"，其航标作用在清中期以后逐渐凸显。清道光时，广州十三行行商捐资重修琶洲塔，加强了琶洲塔与广州贸易的联系。明末至清，珠江口沿岸的莲花塔、琶洲塔、赤岗塔逐渐成为珠江口航道的航标与地标，三塔中尤以琶洲塔令外国人印象深刻。

关键词： 琵琶洲；琶洲塔；黄埔港；广州地标；珠江口航道

琶洲塔修建于明万历二十五年至二十八年（1597—1600），坐落在明清广州城东南琵琶洲上。最早因其在明代有"水中冒金鳌"的传说而被称为"海鳌塔"，至清代转而以地为名，被称为"琶洲塔"（Pachow Pagoda）。清中晚期，琵琶洲成为黄埔岛的一部分，西方记载往往也将琶洲塔称为"黄埔塔"（Whampow Pagoda）。琶洲塔与清代

广州珠江口航道联系密切，是外国商船进入黄埔港的重要航标和广州珠江口航道的重要地标之一。今琶洲塔与赤岗塔（Chih-Kang Pagoda）、莲花塔（Shih-Li Pagoda）已共同列入广州海上丝绸之路申报世界文化遗产的遗产点。有关明清黄埔港的研究成果多见，而有关琵琶洲、琶洲塔的成果少见[①]。本文拟通过梳爬琵琶

---

* 王元林，广州大学广州十三行研究中心暨人文学院历史系教授。肖东陶，广州大学广州十三行研究中心暨人文学院历史系2019级硕士研究生。

① 陈宇云：《琶洲古塔今昔》，《广州文史》第62辑，广州出版社，2004，第289-298页；冷东、赵春晨、章文钦、杨宏烈：《广州十三行历史人文资源调研报告》，广州出版社，2012，第30页。以上论著对琵琶洲、琶洲塔的阐述多为介绍性文字。

洲、琶洲塔和黄埔港等相关史实，探讨琶洲塔形象演变的过程与原因，揭示琶洲塔与珠江口航道的关系。不当之处，还望方家正之。

一、琵琶洲位置与琶洲塔营建

琵琶洲是广州城东南三十里珠江水道上的一个河心洲，扼珠江水道要冲，以其地形似琵琶得名（图1），宋时已见诸史载。"琵琶洲：《地经》云：'形若琵琶。'"①《宋史·外国传》也云：宋真宗大中祥符八年（1015年），注辇国（今印度科罗曼德尔海岸一带）使臣三文等入贡，从印度洋东行二百零九昼夜而至三佛齐（今印度尼西亚苏门答腊岛巨港、占卑一带），由此北航三十八昼夜经南海中南部，"度羊山、九星山至广州之琵琶洲"②。而《南海百咏》也描述："琵琶洲，在郡东三十里，以形似名。俗传洲在水中，与水升降，盖海舶所集之地。"③可见，宋代琵琶洲是海舶抵广后一聚泊之处，海船林立，而注辇国贡使也驻泊于此，故琵琶洲应是一般意义上广州的一处外贸港口。

图1　广州府舆图［约绘于康熙二十四年至雍正前（1685—1723年）。本图根据原图改绘］
资料来源：广州市档案馆、中国第一历史档案馆、广州市越秀区人民政府：《广州历史地图精粹》，中国大百科全书出版社，2003，第5页。

---

① （宋）王存：《元丰九域志》卷九《广州》，中华书局，1984，第694页。
② 《宋史》卷489《外国传》，中华书局，1977，第14098页。《文献通考》也记载了注辇国前往广州琵琶洲的海路航线与航程，"（注辇国）……至广州之琵琶洲。离本国凡千一百五十日至广州焉"。（元）马端临：《文献通考》卷332《四裔考九》，中华书局，2011，第9168页。
③ （宋）方信孺：《南海百咏》，刘瑞点校，广州人民出版社，第34-35页。

宋方信孺《南海百咏》附诗云："仿佛琵琶海上洲，年年常与水升降。客船昨夜西风起，应有江头商妇愁。"① 广州作为宋代海上丝绸之路的始发地之一，海外贸易繁荣，诗中所谓"西风客船"当为每年秋冬时节乘西北风前往南海贸易的商舶。琵琶洲作为宋元时期广州海上丝绸之路的港口，其江阔水深的水口位置，正适合锚泊大型海舶。明代中后期，广州民间海外贸易持续发展，海内外货物多在广州集散。"浙人多诈，窃买丝锦、水银、生铜、药材一切通蕃之货，抵广变卖。复易广货归浙，本谓交通，而巧立名曰'走广'。"② 明代琵琶洲"绾毂其口"，仍为广州一处重要的港口，这些自浙抵广贸易的海舶中就有不少泊于琵琶洲。《大明一统志》载："琵琶洲，在(广州)府城东南三十里，上有三阜，形如琵琶，闽浙舟楫入广者多泊于此。"③ 明清之际，广州内联外接的海上贸易发达，"广州舶船往诸番，出虎头门，始入大洋，分东西两路"④，交通中外，达安南、占城、佛郎机等数十国。琵琶洲作为广州的外贸港口，同时兼具有国内海上贸易港口的作用。⑤

琵琶洲除了作为广州的港口，还是广州水上重要的形胜之地，"故形家者流皆言会城水口宜塔，是人文之英锷也"⑥。明万历二十四年(1596年)⑦，光禄卿郭棐、大理寺丞王学曾、户部主事杨瑞云"请于院司于洲上建九级浮屠，屹峙海中，壮广形势，名曰'海鳌'。制府陈大科、戴耀、御史刘会、顾龙祯捐资鼎建"⑧。而海鳌塔的得名，还因传说云："盖以常有金鳌浮出，光如白日也。"⑨ 广州官绅希望"兹塔成，屹然与白云并秀为捍门，其势皆逆趋而上，地力益厚，引海珠、海印为三关并海，远山壁立，而外护灵气完矣"⑩。故明末营建琶洲塔是地方官绅出于壮风水与强文昌两方面的愿望。

① (宋)方信孺:《南海百咏》，刘瑞点校，第35页。
② (明)郑若曾:《筹海图编》卷十二《经略三》，中华书局，2007，第831页。
③ (明)郑若曾:《筹海图编》卷十二《经略三》，中华书局，2007，第831页。
④ (清)顾炎武:《天下郡国利病书》第33册《交趾西南夷备录》，黄坤等点校，上海古籍出版社，2012，第3832-3833页。
⑤ 王元林:《内联外接的商贸经济：岭南港口与腹地、海外交通关系研究》，中国社会科学出版社，2012，205-215页。
⑥ (明)袁昌祚:《琶洲鼎建海鳌塔记》，载冼剑民、陈鸿钧编《广州碑刻集》，广东高等教育出版社，2006，第1095-1096页。部分字词改动据康熙《广东通志》卷二十七《艺文补遗》(下同)。
⑦ (明)万历《广东通志》卷十四《广山》所载琶洲塔营建时间为万历二十六年(1598)有误，据《琶洲鼎建海鳌塔记》考，琶洲塔营建时间实为万历二十五(1597)至二十八年(1600)，士绅上书请建时间为万历二十四年(1596)。
⑧ (明)万历《广东通志》卷十四《广山》，万历三十年刻本，第702页。
⑨ (清)仇巨川、陈宪猷校注:《羊城古钞》卷七《古迹·海鳌塔》，广东人民出版社，1993，第601-602页。
⑩ (明)袁昌祚:《琶洲鼎建海鳌塔记》，载冼剑民、陈鸿钧编《广州碑刻集》，第1096—1097页。

当然，这次兴建海鳌塔也与地方官绅的倡导有关。郭棐、王学曾、杨瑞云三人赋闲在穗，热衷于参与地方公共事务，关心地方社会与文教的发展。在郭棐的首倡下，王、杨二人均力主营建琶洲塔，并先后得到两广总督陈大科与戴耀的支持。同时大批地方官绅也积极捐资参与琶洲塔的修筑。其中戴耀在琶洲塔营建期间出资出力，贡献颇大，[①] 民间为纪念其贡献，在琶洲塔下"葺寺三座于前，中为制府戴耀生祠，制香灯田八十三亩零"[②]。正是官方与士绅的合作，才有琶洲塔的修成，故"琶洲建塔以树捍门，众水所趋一方攸奠，是华表之胜也"[③]。虽然官绅语境中把海鳌塔作为壮形胜与倡文气之塔，实际上海鳌塔所在的琵琶洲，地处广州与珠江口适中的交通要冲之地，是广州城外适宜的内外贸易港口。

二、清代十三行商重修琶洲塔及其形象转变

清代珠江河道的琵琶洲，仍然是广州城外重要的港口。"琵琶洲，府东南三十里江中"[④]，琵琶洲距离广州城有一定距离。于此设港既便于管理商贸船只与人员，亦可防止外国船威胁广州城。基于商贸与安全考虑，广州城外珠江上的琵琶洲无疑仍是作为港口的理想之地。

正是因为琶洲塔位于琵琶洲上，清代不少诗文都将琶洲塔与广州海上贸易联系起来，此塔成为珠江口航道的标志与象征。清初澹归和尚（金堡）《登海鳌塔》诗云："琵琶洲上水连空，突出神鳌见一峰。百宝生成环日月，千艘来往失鱼龙。"[⑤]康熙朝重臣陈廷敬有《送张金事之南海三首》诗云："五羊城边竹马过，琶洲洲上估人歌。"[⑥]还有民间诗歌籍琶洲塔寄托商妇对出海经商谋生夫君的思念。清中叶顺德人罗天尺《珠江竹枝词》云："琶洲塔口月初低，雁翅城头又夕晖。日月西沉有时出，暹罗郎去几时归。"[⑦]清代琶洲塔逐渐成为珠江口航道的地标性建筑，也是羊城的风物，"琶洲砥柱"位列清康熙《南海县志》所载"羊城八景"之一[⑧]。在清人的视野中，明代琶洲塔的风水塔与文塔形象俨然转变为广州珠江口航道的象征风物与广州地标。

---

①（明）袁昌祚：《琶洲鼎建海鳌塔记》，载冼剑民、陈鸿钧编《广州碑刻集》，第1095-1097页。
②（清）乾隆《番禺县志》卷五《寺观》，清内府本，第133页。
③（明）万历《广东通志》卷首《郭棐〈广东通志序五〉》，第33页。
④（清）顾祖禹：《读史方舆纪要》卷一百零一《广东二》，中华书局，2005，第4600页。
⑤（清）金堡：《偏行堂集》卷八《诗集》，清乾隆五年刻本，第3043-3044页。
⑥（清）陈廷敬：《午亭文编》卷十五《今体诗一百二十四首》，人民出版社，2017，第234页。
⑦（清）罗天尺：《瘿晕山房诗删》卷十二《七绝·珠江竹枝词》，清乾隆三十一年增修本，第188页。
⑧（清）康熙《南海县志》卷一《舆地》，清康熙三十年刻本，第62页。

　　清代琶洲塔与广州对外贸易的关系进一步密切，还与道光二十四年（1844 年）十三行商人主导重修琶洲塔有关。琶洲塔曾于雍正年间有过修缮，至道光年间已逐渐坍圮，亟须重修。①当时重修的初衷是希望通过修塔振兴风水，使琶洲塔可以持续荫护广州城。同治《南海县志》载："（道光）二十四年五月，修琶洲、赤岗两文塔，形家言两塔为会城保障，先是庚子（道光二十年，1840 年）某绅等劝捐议重修，遂各毁其塔轮，项罄竟辍。辛丑（道光二十一年，1841 年）乱作至，是年亟议修复。"②道光二十年，地方士绅商议捐资修塔，但因鸦片战争爆发而未能成事。与此前明代地方长官主导修塔的传统不同。清末财政困顿，地方官绅虽曾主持修塔，但是"重修屡议，苦集腋而未完"③，说明士绅在筹备修塔的过程中面临着巨大的财政困境，而广州行商由于经营外贸而积累了大量的财富，具有足够的经济实力主导修塔。故此次修塔以十三行商人潘仕成、伍崇曜捐资为主导。

　　潘仕成"轻财好义，地方善举资助弗吝，尤著军务。后贡院鞠为茂草，仕成独力捐修增建号舍五六百间"④。他还曾于道光年间捐制水雷，后又出资钜万增修考棚，甚至捐出京城宅邸作为本地学子赴京赶考落脚的会馆。而伍崇曜"多财善贾，总中外贸迁事，手握货利，柜机者数十年，性格喜施予"⑤。伍崇曜曾于道光年间与卢观恒合捐十万两修缮桑园围，又赈西江水灾，咸丰年间又出资组织募丁参与镇压红巾起义。⑥潘、伍二行商家族家财万贯，充裕的财力支持了他们参与地方公共事务。

　　十三行商人潘仕成、伍崇曜两次请谭莹代笔上书力陈修塔之利，在字里行间展现出极大慷慨，"所有所费经费约七八千余金，皆某等两人捐出"⑦。琶洲塔作为珠江口航道地标的形象已为清人所熟知，出资修塔既有壮会城形胜的作用，亦有助广州海外贸易持续发展的考量。相比于官员士绅，行商对于参与地方事务同样抱有极大的热情，他们通过大量捐资积极参与各种地方公共工程的建设，希冀抬升社会地位与声望。当然，这其中也不排除地方长官命行商摊派捐输的可能。不管怎样，两位行商出资重修的事实不容否定。

　　清代十三行商虽多为官商，捐有官衔，但始终难获传统科举出身官绅的认可，

---

① （清）谭莹：《乐志堂文续集》卷二《代闽省绅士为潘德畬廉访、伍紫垣观察请修赤岗、琶洲两文塔启》，清咸丰十年刻本，第 117 页。

② （清）同治《南海县志》卷三《舆地略》，清同治十一年刻本，第 194 页。

③ （清）谭莹：《乐志堂文续集》卷二《代潘德畬廉访、伍紫垣观察请同修赤岗、琶洲两文塔启》，第 118 页。

④ （清）宣统《番禺县续志》卷十九《人物·国朝》，稿本，第 3 页。

⑤ （清）同治《南海县志》卷十四《列传》，第 48 页。

⑥ （清）同治《南海县志》卷十四《列传》，第 48 页。

⑦ （清）谭莹：《乐志堂文续集》卷二《代潘德畬廉访、伍紫垣观察请同修赤岗、琶洲两文塔启》，第 118 页。

他们参与地方公共事务时往往受限于其身份,致使行商与士绅之间的关系较为微妙。因此,一方面行商倚靠与自己熟识的士绅代为经办地方公共事务,另一方面则排斥其他地方名绅的参与,试图在地方公共事务树立其地位与声望。潘仕成、伍崇曜在两次上书中都着重强调: "董事者即委知县徐序经、教谕黄元章、训导谭莹等三人,无庸令派委员。一切工程公举绅士督办,岂烦他人。"[1] 这三人虽然具有地方官员的身份,但亦是与潘、伍二位行商保持亲密关系的地方官绅。谭莹与二人关系匪浅,除两次代其上书请修琶洲塔外,还曾代潘仕成上书力陈捐修考棚[2],后又为伍崇曜编订《粤雅堂丛书》[3]。黄元章此前在道光二十三年(1843年)代潘仕成经办捐修考棚一事,可见二人应早已熟识。而徐序经与黄元章或为好友[4],且徐为琶洲本地人[5],二行商托其经办修塔一事或有倚靠其本地人身份的考量。行商虽通过设立与自己熟识的士绅为代理人,获得了参与地方公共事务的便利,但在行商的视角中并未提及其他地方名绅。陈其锟曾为广东督抚幕僚,"自后洋务、军务,日起筹兵、筹饷,大宪必有咨询,故凡省中修文庙,办团防,广考棚,修赤岗、琶洲二塔无不从"[6]。陈其锟作为地方名流虽有参与重修赤岗、琶洲二塔的咨询,但在二行商的语境中无不一再突出他们独力出资的功绩。通过此次修塔,他们也希望 "既合其尖功德共知无量"[7] 以此突出在地方公共事务中的声望。

　　行商作为中外贸易中最大的获利者,通过出资主导重修琶洲塔,在与地方士绅的微妙博弈中占据上风,并取代地方传统士绅获得了参与琶洲塔事务的主导权。虽然此次重修仍然立足于琶洲塔作为地方风水塔和地标塔的传统形象,但同时也反映了行商力图保持琶洲塔作为广州海外贸易地标的完好形象[8],在一定层面上进一步强化了琶洲塔与珠江口航道的联系。

_____

① (清)谭莹:《乐志堂文续集》卷二《代闽省绅士为潘德畬廉访、伍紫垣观察请修赤岗、琶洲两文塔启》,第117页。

② (清)谭莹:《乐志堂文续集》卷二《代潘德畬观察请增修省闱号舍并修学署考棚启》,第120页。

③ 高炳礼:《伍崇曜、谭莹与〈粤雅堂丛书〉》,《图书馆论坛》1997年第1期,第74页。

④ (清)同治《南海县志》卷十三《列传》,第466页。曾提及何文绮曾捐助徐序经、黄元章一事,"其(何文绮)同年故交,或仕宦不前,或家道中落,身后不振者,必量力资助,多百金,少数十金,如徐序经、黄元章辈非可一二计也"。

⑤ (清)光绪《广州府志》卷一百三十一《列传二十》,清光绪五年刊本,第4013页。

⑥ (清)光绪《广州府志》卷一百三十一《列传二十》,第4014-4015页。

⑦ (清)谭莹:《乐志堂文续集》卷二《代闽省绅士为潘德畬廉访、伍紫垣观察请修赤岗、琶洲两文塔启》,第117页。

⑧ (清)谭莹:《乐志堂文续集》卷二《代闽省绅士为潘德畬廉访、伍紫垣观察请修赤岗、琶洲两文塔启》,第117页。其中提及: "两江东下浮图镇而始完本⋯⋯我省会城隔河赤岗、琶洲两文塔⋯⋯形实关乎省垣水复山重,民安吏恪。"

三、清代琶洲塔航标与黄埔港的交通

随着清代珠江河道泥沙淤积，琵琶洲与其下游的黄埔洲相连，成为一片面积较大的岛屿①，外国人将其称为黄埔岛（Whampow Island）。"珠江……趋至治（即广州府）东南三十二里有琵琶洲横列江中……下至鹿步巡司之东又分一支南下小黄浦海。"②外国商船来广贸易主要锚泊于琶洲与黄埔相连的黄埔港，"黄埔在水中央，周围皆洋货船，而入地尤帆樯如林"③。乾隆年间，一些外国航海图已经能相对准确绘制出黄埔岛的形状和位置。清中期，在外国珠江航海图和航海指南中，外国商船为了方便导航，开始将靠近黄埔港西侧的琶洲塔命名为"黄埔塔"。时外国商船进入广州，通常先望"黄埔塔"才进黄埔港，琶洲塔屹立高耸于黄埔港西，逐渐被外国人作为商船驶入黄埔港地文导航的航标。清代黄埔港的繁荣使琶洲塔与珠江口航道的联系更加密切，进一步确立了其地标、航标的形象。

康熙二十三年（1684年）清政府议定解除海禁，次年设立粤海关。开海早期来广州贸易的"外洋商艘从前皆在虎门口外湾泊"，相当不便。"迨康熙五十年（1711）间移入番禺县之黄埔。距省城仅三四十里"④。1720年法国人绘制的《广州河及其周边地区描绘图》（图2）已经大致标注了从澳门经虎门溯狮子洋而上进入黄埔港的航线与沿途宝塔、地标的位置，该图还描绘了沿江陆地的轮廓。早期外国商船对珠江水道的了解相对粗浅，从珠江口进入黄埔港必须依赖引水人的引导。目前可见较早利用琶洲塔进行导航的航海图是1787年法国的《珠江口从虎门到黄埔航线图》（图3）。该图明确将琶洲塔标注为黄埔塔，黄埔岛包括琵琶洲与黄埔村一带，以虚线表示商船驶入黄埔港的航线。根据该图的指示，商船从狮子洋水道转而向西进入珠江上游水道前需要在今头道滩（First Bar，大蚝沙）附近江面眺望琶洲塔与其他地理标志确定船的位置，以绕行通过浅滩，并最终到达黄埔港。

①（清）康熙《广东舆图》卷一《广州府·附郭南海、番禺县图》，清康熙二十四年刻本，第46页。
②（清）汪日晫：《广东水道通考》，《广州大典》第34辑《史部·地理类》第15册，广州出版社，2015，第330页。
③（清）林则徐译：《华事夷言》，清光绪十七年上海著易堂铅印《小方壶斋舆地丛钞》本，第7页。
④（清）《世宗宪皇帝朱批谕旨》卷二一五之二《雍正十年九月十九日》，载文渊阁《四库全书》本，第14841页。

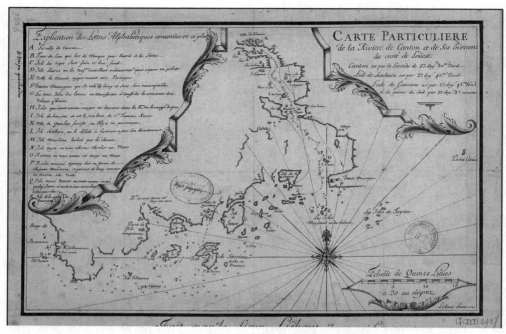

图 2 广州河（珠江）及其周边地区描绘图

（图片来源：法国国家图书馆 GE SH 18 FP 179 DIV 9 P 13 D 号藏品）

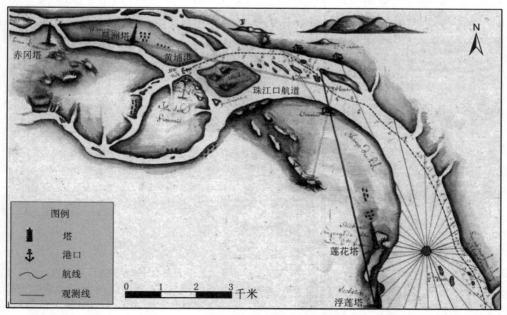

图 3 珠江口从虎门到黄埔航线图（局部）（据原图局部改绘）

（图片来源：法国国家图书馆 GE SH 18 FP 179 DIV 10 P 3-2 号藏品）

　　1818 年荷兰东印度公司测绘的《联合东印度公司实测珠江口图：从蚝墩浅到琶洲塔》[2]与图 3 内容相似，但描绘更为详尽、清晰。该图中详细标注了外国商船利用琶洲塔及其附近景观进行地文导航绕行大蚝沙进入黄埔港的方法（图 4），并在图的右侧画有缩略示意图（图 5）。清代大蚝沙附近航道有上下两处浅滩，对岸为今长洲岛，水道较为狭窄。"以琶洲塔为航标，若能观测到其左侧 Nº.3 位置的山坡可以确认通过下浅滩的安全位置。"继续行驶一段距离后，"若视线可以穿过琶洲塔，观测到其左后方 Nº.2 位置两个山峰交叉处，可以安全通过下浅滩"。当航行至大蚝沙尽头时，"可以看到位于 Nº.1 位置的琶洲塔，可以确认安全通过上浅滩"[1]。与之相配套的还有一本航海指南。这类航海指南一般与东印度公司测绘的航海图结合使用，它们利用地文导航的方法指引商船通过关键河段。为方便导航，这些航海图和航海指南对珠江两岸的地标逐渐形成了简单而固定的称呼，并详细标注了珠江口航道的水深情况。一份 1852 年的航海指南完整说明了外国商船避开头道滩的方法。"当看到黄埔塔位于一大片丛林或丹麦人岛（今深井岛与长洲岛）山峰背后时，说明船只在接近头道滩下方的浅滩……通过这片浅滩进入航道的方法是观测黄埔塔的位置，当看到它好像是位于一座大山斜坡上的时候，就是进入航道的标志……直到黄埔塔可以对着对面或南岸的陆地为止，这样就可以放心通过头道滩上方的浅滩了。"[2]头道滩的浅滩十分危险，有些地方在低潮时能露出水中的沙石，商船容易在此搁浅。通过观察琶洲塔的位置变化可以使外国商船安全通过此处危险水域，安全到达黄埔港。在进入黄埔港的过程中，通过头道滩后还有一块名为"布伦瑞克礁石"（The Brumswick Rock）的险礁——因 1815 年英国东印度公司商船"布伦瑞克号"商船在此触礁而得名[3]。布伦瑞克礁石靠近珠江北岸，仅有南侧狭窄的水道可以通行。因此要注意利用江岸景物确定船的位置，"若商船位于礁石北侧，则可以从船上观测到的琶洲塔位于船西北的二分之一

①以上引文皆引自 Newell, D. R, J Bateman, and H. P Auber: *To the Honble, the Court of Directors of the United East India Company, this survey of Canton River, from the second bar creek to the upper part of Whampoa Reach, is respectfully inscribed,* James Horsburgh, hydrographer to the Honble East India Company.

②James Horsburgh, et: *India Directory or Dicections for Sailing to And From The East Indies, China, Australia, And The Interjacent Ports of Africa And South Amercia,* Booksesellers to the Honorable East India Company.

③James Horsburgh, et: *India Directory or Dicections for Sailingto And From The East Indies, China, New Holland, Cape of Good Hpoe, Brazil And The Interjacent Ports,* Kingsbury, Parbury and Allen, Booksesellers to the Honorable East India Company.

方向"①。

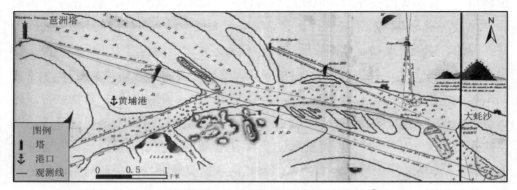

图 4 头道滩观测琶洲塔位置与方法指示图②
（图片来源：美国国会图书馆 G7822.P4P5 1818.N4 号藏品）

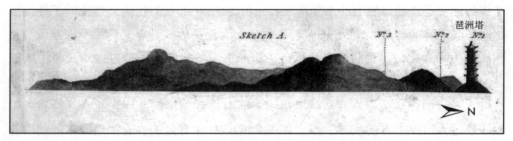

图 5 从头道滩观测琶洲塔及周边景物示意图

清代琶洲塔是外国商船地文导航驶入黄埔港的重要航标与地标。航海图与航海指南文献展示了外国航海者前往黄埔港的航海方法，通过在船上观测琶洲塔的位置可以帮助外国商船避开珠江口航道的一些礁石险滩，顺利到达黄埔港。在外国航海者眼中，琶洲塔与黄埔港是一个整体，并在清代珠江口航道交通中发挥着航标塔的作用。

四、清代珠江口航道与外国人眼中的琶洲塔

清代外国商船溯珠江到达广州的过程中，最引人注目的莫过于珠江两岸的莲花塔、琶洲塔、赤岗塔等数座宝塔，它们既是外国商船地文导航的标志，也

---

① James Horsburgh, et: *India Directory or Dicections for Sailingto And From The East Indies, China, New Holland, Cape of Good Hpoe, Brazil And The Interjacent Ports.*
② 图 4 为根据《联合东印度公司实测珠江口图：从蚝墩浅到琶洲塔》原图局部改绘。

是外国人眼中广州珠江口航道的重要地标。格雷夫人在家书中写道："我初次见识了珠江河上美丽的自然风光，有宝塔，有当铺的高高碉楼，还有无数外形奇特的中国船在河面上。"①清代的外国航海指南、航海图和画作都反复出现了珠江口航道三塔的形象，它们成了外国人了解广州、认识中国的窗口。外国人对琶洲塔的认识始于他们对"三塔"的整体印象，而黄埔港的繁荣使琶洲塔更为外国人所熟知。

莲花塔修建于琶洲塔落成之后，最早因其立于石砺山（今莲花山）上得名"石砺塔"；后又因该山东面有石壁状如狮子，因此山亦名"狮石山"，塔亦名"狮子塔"，至近代才逐渐被称为"莲花塔"②。明时石砺山扼珠江海口，"高耸二百余丈，广袤十余里，四周皆海，屹立中流，下即狮子洋……形家言以山有五兽锁截下流，为巨海捍门，关系会城风水"③。石砺建塔始于万历四十年（1612年），此举与明中后期官府勒禁地方劣绅在石砺山盗石以维护穗城风水有关，"明时有南海监生庞瑞业、生员郭琦等冒认税山，招商采石，伤地脉，人文罹扼。万历四十年邑（番禺县）举人李惟凤、刘如性、林彦枢、崔知性、梁瑛等告官封禁，复建浮屠其上，今呼'石砺塔'。塔高九层，山在琶洲之下，虎门之上"④。番禺地方士绅通过禁盗石、建浮屠，寄托了维护珠江海口风水形胜的愿望。而赤岗塔始建于万历四十七年（1619年），是三塔中最晚落成的，位于琶洲塔之西，因其位于广州城外东南的赤石岗上而得名⑤；又因其旁有磨碟沙涌，亦被称为"磨碟沙涌塔"。赤岗建塔亦出自地方士绅壮风水、促文昌的意图，"万历四十七年，直指王命璿谓建浮屠赤石岗壮捍门文笔于形家"⑥。建塔未半，工程因资金不足暂停，后由南海县籍户部尚书李待问促建成于天启年间。⑦

三塔既成之初，与浮丘、海珠、海印三关（三石）构成了捍卫珠江口的风水格局，"形家者以为中原气力至岭南而薄……其东水口空虚……法宜塔补之……于是赤岗

① [英]格雷夫人：《在广州的十四个月》，梅贝坚译，香港茉莉花出版社，2011，第8页。
② 朱光文、陈铭新：《"南越封疆之华表"——明清以来广州府番禺县"莲花山"之山、塔、城名演变考》，《文化遗产》2017年第1期，第125–134页。
③（清）乾隆《番禺县志》卷四《山水》，第77页。
④（清）乾隆《番禺县志》卷四《山水》，第77页。
⑤（清）康熙《广东通志》卷二三《亭馆附》，清康熙三十六年刻本，第3031页。
⑥（清）康熙《南海县志》卷一《舆地》，清康熙三十年刻本，第61页。
⑦（清）康熙《南海县志》卷一《舆地》，第61页。

为巽方而塔其上……其东二十里有濠洲……而虎门之内，又有浮莲塔（莲花塔）^①以束海口，使山水回顾有情，势力愈重"^②。随着清代广州贸易的开展，除琶洲塔外，莲花塔、赤岗塔也逐渐与珠江口航道联系起来，它们逐渐发挥着珠江航标的作用。莲花、赤岗二塔在清中期已多见于外国航海图（图3）^③。其中赤岗塔位于黄埔至十三行之间的河段，外国商船不得驶入，因此其仅为货运舢板、商人等从黄埔前往十三行途中的航标。而莲花塔临狮子洋与虎门，镇扼珠江海口，为航道要冲，"狮子山屹立中流，虎门蹲踞海口，为夷船聚泊之所"^④，因此起着一定的导航作用。狮子洋一带礁石暗布，位置险要，因此商船需要利用莲花塔进行地文导航以绕行暗礁、浅滩（图6）。"莲花塔可以为商船标示二道滩上游（Second Bar）的位置"^⑤，因此也被外国航海者称为"二道滩塔（Senond Bar Pagoda）"。此外，通过观测莲花塔处于正确的方位，还可以确保商船绕行布伦瑞克礁石的上游。^⑥明末以来，从珠江口溯江而上，莲花塔、琶洲塔、赤岗塔三个航标塔就像三根桅杆，不仅作为海上航行的重要参照物，还给外国人留下了对广州美好的印象。亨特在《旧中国杂记》写道："外国人溯江而上前往广州，过了虎门以后，往往就会被沿途看到的几个高耸的宝塔所吸引。……在广州至黄埔之间就有两座最好的塔。离广州最近的一座被外国人称为磨碟沙涌塔，另一座是黄埔塔。"^⑦由于广州体制的管控，大部分外国船员、水手在黄埔居留时间最长，又因琶洲塔是黄埔港的重要航标、地标，因此对琶洲塔的认识更为深入。

---

① （清）廖廷相：光绪《广东地舆图说》卷一，宣统元年重印本，第30页，云："莲花山有……石砺塔。又南浮莲冈有浮莲塔，东滨狮子洋。"又见《"南越封疆之华表"——明清以来广州府番禺县"莲花山"之山、塔、城名演变考》，《广东新语》所载"浮莲塔"实为今莲花塔（石砺塔），位于今莲花山上，而真正的浮莲塔位于今莲花塔以南的石楼镇大淳莲岗公园一带，今无存。

② （清）屈大均：《广东新语》卷十九《坟语》，中华书局，1985，第502页。

③ 同时期的航海图还有 *A Survey of The Tigris From Canton to The Island of Lankeet*，法国国会图书馆 GE SH PF DIV P / 号藏品。该图所绘内容与图相似，为英文航海图。

④ （清）乾隆《番禺县志》卷一《县境图》，第34页。

⑤ Newell, D. R, J Bateman, and H. P Auber: *To the Honble, the Court of Directors of the United East India Company, this survey of Canton River, from the second bar creek to the upper part of Whampoa Reach, is respectfully inscribed.*

⑥ James Horsburgh, F.R.S.A.S: *India Directory or Dicections for Sailingto And From The East Indies, China, New Holland, Cape of Good Hpoe, Brazil And The Interjacent Ports.*

⑦ ［英］亨特：《广州番鬼录；旧中国杂记》，冯树铁、沈正邦译，广东人民出版社，2009，第407-408页。

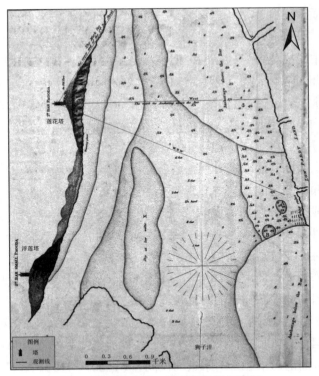

图 6　利用莲花塔、浮莲塔导航示意图

　　当外国商船进入黄埔港后，除商人可以继续前往广州商馆区开展贸易外，其余的船员、妇女只能停留在黄埔附近，不得随处活动，距黄埔港不远处的琶洲塔是他们目力所能及之处。外国对琶洲塔的介绍性文字与图画多见于清中晚期，对琶洲塔及其周边景观有不少的描述。《中国丛报》描述："琶洲塔，外国人习惯称之为'黄埔塔'，位于城市东面约 40 英里处的小岛上面，岛的形状像琵琶，约 50 英尺高，上面有三个小丘，因此得名琶洲塔。琶洲塔的建造得到官府的允许，共九层，最初被称为'海鳌塔'。塔的北边是一座供奉北方神灵的院子（即北帝宫），和一座供奉着深渊怪兽的圣殿（即海鳌寺）。"[1] 这段描述与乾隆《番禺县志》的记载[2] 极其相似，都基本介绍了琶洲塔建造的背景和附近几座神庙的情况。在中西文化的差异下，外国人多从宗教角度了解琶洲塔背后的文化内涵。"黄埔附近的宝塔有九层，高达 170 英尺……琶洲塔是一座著名的宝塔，建于公元 1600 年左右……

[1] *Chinese Paqoda , Chinese Repositotry* Vol., Aug, Printed for the Proprietors.
[2]（清）乾隆《番禺县志》卷四《山水》，第 74−75 页。

它具有宗教性质，与宗教机构有联系。"①清代广州对外贸易的开放，使外国人得以进入黄埔和广州，琶洲塔是清代外国人了解广州与中国传统文化的窗口，尽管很多认识带有中西文化差异的隔阂，但琶洲塔依然是他们眼中羊城的风物标志。

合法的广州贸易体制下，外国商船需要在黄埔港卸下船货，并用舢板将货物运至十三行，途中会经过琶洲塔。因塔在广州城与黄埔之间，琶洲塔也被称为"中途塔"（Middle Pagoda 或 Half-wayPagoda）。"黄埔塔坐落在一条小溪（今黄埔冲）的岸边，这条小溪连接着广州主要的河流，位于广州和黄埔之间，大约有 10 到 12 英里的距离。在广州的欧洲人根据塔所在的位置，将其命名为'中途塔'。"②"中途塔位于黄埔和广州之间，它有非常漂亮的结构，装饰得很漂亮，完全是白色的，应该是由陶瓷或白色的釉面构成的。"③广州贸易时期的琶洲塔地处黄埔港至广州商馆区航道要冲，作为中途的航标为外国人所熟知。而晚清广州贸易下并非仅有合法贸易，当时的非法走私也相当猖獗。

随着澳门作为鸦片走私港的衰落，嘉道间黄埔港的鸦片走私大行其道。携有大量鸦片的外国商船在黄埔锚泊时趁机与中国买家进行非法交易④，如"（1814 年）8 月间……在黄埔的散商船上则发现同样的鸦片约 250 箱"⑤，交易完成后，这些鸦片由小艇转运至窑口暂贮，或运至十三行、联兴街等处巧立名目售卖⑥。这些小艇时常穿梭于黄埔港与十三行的水道河汊间，"（1820 年）10 月 23 日，（英国东印度）公司船'埃塞克斯号'（Essex）的一只小艇从黄埔驶往广州途中，船上只有舵手和五名小童，被一只海关小艇拦截搜查。发现一个瓦罐内有马尔瓦鸦片 10—12 磅重，并将其没收"⑦。这类走私活动常有周边地方土棍、疍民，甚至乡族参与。道光十七年（1837 年），给事中姚庆元奏报开设窑口的人中有"风闻有赤沙广一名，姓徐，番禺县沙湾司人……又王振高一名，亦系沙湾司人，走私起家"⑧。他们组织严密，且熟悉水道河汊，沿途建立走私据点（窑口）以躲避官府的追查。一些外国文献披露了在琶洲塔附近的小河就有一处走私据点。"从高大的黄埔塔俯瞰，有

① William B. Langdon: *Ten Thousand Things Relating to China And Chinese*.
② Captain Robert Elliot, R.N: *View In The East Comprising India, Canton And The South of The Red Sea with Historical And Descriptive Illustrations* vol.
③ Robert Burford: *Description of a view of Cantnon*, T. Brettell, Rupert Street Haymarkt.
④〔美〕马士：《中华帝国对外关系史》卷一，张汇文等译，上海书店出版社，2006，第 199 页。
⑤〔美〕马士：《东印度公司对华贸易编年史（1635—1834 年）》卷三，广东人民出版社，2016，第 280 页。
⑥ 萧致治、杨卫东：《鸦片战争前中西关系纪事（1517—1840）》，湖北人民出版社，1986，第 357 页。
⑦〔美〕马士：《东印度公司对华贸易编年史（1635—1834 年）》卷三，第 398 页。
⑧（清）姚庆元：《奏请严缉私开窑口之赤沙广等人片》，载中国第一历史档案馆《鸦片战争档案史料》第 1 册，上海人民出版社，1987，第 231–232 页。

一条小一点的河，有一两条小河从较大的那条支流分出，在分开的溪流的水田和灯芯草上可以看到走私者的桅杆，它们聚集在一起，让它们的主人计划下一次的夜半探险。"[1] "走私者的大汇合点在黄埔冲与珠江交汇处下面一点，几乎就在黄埔塔的对面，以便随时准备沿着任何一条小溪流往下走。"[2] 琶洲塔（黄埔塔、中途塔）附近河汊密布，水网复杂，黄埔冲的支流远离珠江主航道，地方走私者可以藉此躲避官兵的巡逻和搜查，逐渐形成了走私的据点。广州贸易后期的走私活动往往内外勾结，琶洲塔也成为走私活动之地。

清代广州中外贸易的繁荣，使外国人深入认识了琶洲塔，又因清政府严格的对外管理政策，琶洲塔作为黄埔附近的景观，成为外国人认识中国的重要标志物。外国人以他们的思维理解琶洲塔所具有的宗教文化内涵，并以此推及中国文化中"宝塔"的形象。从黄埔深入广州的过程中，琶洲塔作为途中航标被外国人进一步认识。而广州贸易后期的走私活动，又使外国人眼中的琶洲塔（中途塔）成为走私据点之地。总之，清代外国人眼中的琶洲塔与珠江口航道密切相关。

五、结论

琵琶洲地处珠江水道要冲，地理位置特殊，地方官绅以堪舆的理论营建琶洲塔，体现了其风水塔与文塔的作用。宋元明的琵琶洲扼港口要冲，而清代珠江口向东延伸，琵琶洲作为广州外贸港口的地位也被黄埔港所取代，清人的诗文描绘了琶洲塔作为广州海上贸易象征与羊城风物的形象。取代官绅建塔的行商潘仕成、伍崇曜积极参与重修琶洲塔，他们对外贸易受惠者的身份，巩固了琶洲塔与广州对外贸易关联的形象。由于琵琶洲与黄埔洲空间位置相连，使外国航海图与航海指南中出现了黄埔岛的概念。为方便导航，外国人将琶洲塔命名为黄埔塔，作为商船驶入黄埔港的航标。琶洲塔与黄埔港地理位置的重要性，也使外国人将琶洲塔视为羊城风物与地标，故琶洲塔不仅是一个风水塔、航标塔，还是清代珠江口航道上的重要地标。

（本文原刊于《中国历史论丛》2022 年第 1 期。有改动）

---

[1] *The Select Circulating Library Containing The Best Popular Literature Including Memoirs, Biography, Novels, Tales, Travels, Voyages & C*, Printed And Published by Adam Waldie.

[2] *The Select Circulating Library Containing The Best Popular Literature Including Memoirs, Biography, Novels, Tales, Travels, Voyages & C.*